Charakteristika von Lehr-Lern-Prozessen
im Mathematikstudium

AF280087

Waxmann Verlag GmbH
Steinfurter Straße 555, 48159 Münster
info@waxmann.com

Empirische Studien zur Didaktik der Mathematik

herausgegeben von

Götz Krummheuer
und Aiso Heinze

Band 22

Editorial

Der Mathematikunterricht steht vor großen Herausforderungen: Neuere empirische Untersuchungen legen (erneut) Defizite und Unzulänglichkeiten offen, deren Analyse und Behebung einer umfassenden empirischen Erforschung bedürfen. Der Erfolg derartiger Bemühungen hängt in umfassender Weise davon ab, inwieweit hierbei auch mathematikdidaktische Theoriebildung stattfindet. In der Reihe „Empirische Studien zur Didaktik der Mathematik" werden dazu empirische Forschungsarbeiten veröffentlicht, die sich durch hohe Standards und internationale Anschlussfähigkeit auszeichnen. Das Spektrum umfasst sowohl grundlagentheoretische Arbeiten, in denen empirisch begründete, theoretische Ansätze zum besseren Verstehen mathematischer Unterrichtsprozesse vorgestellt werden, als auch eher implementative Studien, in denen innovative Ideen zur Gestaltung mathematischer Lehr-Lern-Prozesse erforscht und deren theoretischen Grundlagen dargelegt werden. Alle Manuskripte müssen vor Aufnahme in die Reihe ein Begutachtungsverfahren positiv durchlaufen. Diese konsequente Begutachtung sichert den hohen Qualitätsstandard der Reihe.

Stefanie Rach

Charakteristika von Lehr-Lern-Prozessen im Mathematikstudium

Bedingungsfaktoren für den Studienerfolg im ersten Semester

Waxmann 2014
Münster • New York

Die vorliegende Arbeit wurde 2014 von der Mathematisch-Naturwissenschaftlichen Fakultät der Christian-Albrechts-Universität zu Kiel als Dissertation unter dem Titel „Individuelle Lernprozesse im Mathematikstudium: Charakteristika mathematischer Lehr-Lern-Prozesse in der Studieneingangsphase und individuelle Bedingungsfaktoren für erfolgreiche Lernprozesse im ersten Semester" angenommen.

Bibliografische Informationen der Deutschen Nationalbibliothek

Die Deutsche Nationalbibliothek verzeichnet diese Publikation in der Deutschen Nationalbibliografie; detaillierte bibliografische Daten sind im Internet über http://dnb.d-nb.de abrufbar.

Empirische Studien zur Didaktik der Mathematik, Band 22

ISSN 1868-1441
Print-ISBN   978-3-8309-3126-3
E-Book-ISBN   978-3-8309-8126-8

© Waxmann Verlag GmbH, Münster 2014

www.waxmann.com
info@waxmann.com

Umschlaggestaltung: Christian Averbeck, Münster
Titelbild: © Karin Vierk und Stefanie Rach (beide IPN Kiel)
Gedruckt auf alterungsbeständigem Papier, säurefrei gemäß ISO 9706

Zusammenfassung

Hohe Studienabbruchquoten in Studiengängen mit substanziellem Mathematikanteil geben Anhaltspunkte dafür, dass individuelle Lernprozesse z. T. nicht adäquat verlaufen. Diese wenig erfolgreichen Lernprozesse sind nach Theorien zur Person-Umwelt-Passung auf eine mangelhafte Passung zwischen Merkmalen der Personen und Merkmalen der Lernumwelt zurückzuführen. Die Lernumwelt in der Studieneingangsphase eines Mathematikstudiums ist durch Besonderheiten geprägt, die durch eine Literaturanalyse dargestellt und systematisiert werden: Eine erste Besonderheit ist der Lerngegenstand, die wissenschaftliche Mathematik, die sich durch deduktive Beweisprozesse und abstrakte, formal definierte Begriffe auszeichnet. Eine zweite Besonderheit ist die Lernumgebung, die sich durch einen hohen Anteil an Selbststudiumsphasen kennzeichnen lässt und deren unbefriedigende didaktische Qualität des Lehrangebots häufig kritisiert wird. Durch diese Besonderheiten scheinen für die Nutzung des Lehrangebots selbstregulative und elaborative Lernstrategien von Nöten zu sein. Aufgrund dieser spezifischen Merkmale der Lernumwelt kann nicht zwingend davon ausgegangen werden, dass Erkenntnisse der Mathematikdidaktik im Kontext Schule sowie der allgemeinen Hochschulforschung vollständig auf das Lernen wissenschaftlicher Mathematik in der Studieneingangsphase übertragbar sind. Um empirisch gestützte Erkenntnisse zu individuellen Lernprozessen im ersten Studiensemester im Fach Mathematik zu generieren, werden, gestützt auf ein entwickeltes Angebots-Nutzungs-Modell, die Forschungsfragen in drei Bereiche eingeteilt: (a) kognitive und motivationale Lernvoraussetzungen von Studierenden; (b) Nutzung des Lehrangebots durch Studierende; (c) Einfluss der Merkmale (a) und (b) auf den Studienerfolg im ersten Semester. Als relevante Lernvoraussetzungen werden die mathematische Kompetenz, die allgemeine Schulleistung, das fachspezifische Interesse und Selbstkonzept sowie die extrinsische Studienmotivation betrachtet. Die Angebotsnutzung wird durch die Verwendung von Selbsterklärungen in Selbststudiumsphasen und durch allgemeine Lernorientierungen sowie das Anstrengungsmanagement operationalisiert. Indikatoren für den Studienerfolg im ersten Semester bilden die positive Entwicklung motivationaler Merkmale, der mathematische Kompetenzerwerb sowie der erfolgreiche Abschluss in einem Studienmodul. Die Stichprobe der quantitativen, längsschnittlichen Untersuchung besteht aus 182 Studierenden (42 1-Fach-Bachelor, 140 2-Fächer-Bachelor) im ersten Studiensemester. Die folgenden Ergebnisse sind zentral: (a) Die motivationalen Merkmale der Studierendenschaft verringern sich im Verlauf des Semesters im mittleren Effektstärkenbereich. (b) Die Angebotsnutzung hängt positiv mit der Entwicklung motivationaler Merkmale zusammen und ist Prädiktor für den Modulerfolg; jedoch kann keine Wirkung der Angebotsnutzung auf den mathematischen Kompetenzerwerb festgestellt werden. (c) Die mathematische Kompetenz zu Semesterende und der Modulerfolg können zu mehr als 40% durch die allgemeine Schulleistung und die mathematische Kompetenz zu Studienbeginn vorhergesagt werden. Eine methodische Herausforderung dieser empirischen Untersuchung stellt die nicht zufällige Stichprobenmortalität dar. Insbesondere die identifizierten Bedingungsfaktoren für den Studienerfolg im ersten Semester können die mathematikdidaktische Hochschulforschung bereichern. Speziell die analysierten Besonderheiten der universitären Lernumwelt können allgemeine, universitäre Lehr-Lern-Theorien erweitern. Durch die Ergebnisse dieser Arbeit werden Vorschläge für Unterstützungs-maßnahmen in einem Mathematikstudium entwickelt.

Summary

At university, high dropout-rates in mathematical courses give hints that students' learning processes are partly not adequate. According to the theories of the person-environment fit, the unsuccessful learning processes may derive from lacking fit between individual characteristics of person and characteristics of the learning environment. In mathematics, the learning environment in the first academic year is characterized by features which are described and systematized by a literature review: A first feature is the (learning) subject matter, mathematics as a scientific discipline, which is characterized by deductive proof processes and abstract, formally defined concepts. A second feature is the learning context which is characterized by a high degree of self-study phases and which is often criticized for its lack of didactical learning opportunities. Due to these special features of the learning environment and in order for students to adequately use provided learning opportunities, self-regulative techniques as well as elaboration strategies seem to be necessary. Because of these specific features of the learning environment, it can not be imperatively assumed that the findings of mathematical didactics in the context of school as well as the results of academical teaching research are completely transferable to the learning of mathematics as a science. In order to generate empirically founded results of individual teaching-learning processes regarding the first academic semester in mathematics, the research questions are, based on an offer-use model, divided into three parts: (a) cognitive and motivational learning prerequisites of students; (b) students' individual use of learning offer; (c) influence of factors (a) and (b) on the study success in the first semester. As relevant cognitive and motivational learning prerequisites, the mathematical competence as well as previous school performance, interest in mathematics, mathematical self-concept and extrinsic study motivation are analyzed. The use of learning offers is operationalized through the use of self-explanations in self-study phases, general approaches to learning and effort regulation. Indicators for the academic success in the first semester are the positive development of motivational variables, the acquisition of mathematical competence and the successful participation of one course. The sample of the quantitative, longitudinal survey consists of 182 students (42 1-subject-bachelor, 140 2-subjects-bachelor) in their first semester. The following results are central: (a) The motivational variables of the student body decrease with a medium effect during the first semester. (b) The use of learning offers positively influences the development of motivational learning prerequisites and is a predictor of the success of the course; but there is no evidence for any influence of the use of learning offers on the acquisition of mathematical competence. (c) The mathematical competence at the end of semester and the success in the course can be explained to more than 40% by the previous school performance success and the mathematical competence at the beginning of the studies. A methodic challenge of this empirical study is the not-at-random missing mortality rate. Especially the conditional factors to explain academic performance in the first semester may enrich the university-level research in mathematical education. In particular, the characteristics of the learning environment may enhance the general university-level teaching-learning research. Based on these results, proposals for courses to support first semester students are developed.

Inhalt

1 Einführung: Ziele und Aufbau der Arbeit

Ziele der Arbeit

Das Forschungsfeld „Lehr-Lern-Prozesse in einem Hochschulstudium" wird in den Bildungswissenschaften und Fachdidaktiken seit einiger Zeit verstärkt in den Blick genommen, was sich beispielsweise an der Forschungsinitiative des BMBF „Kompetenzmodellierung und Kompetenzerfassung im Hochschulsektor" (2011-2015) mit 23 Projekten zeigt. In vielen Projekten in diesem Feld werden praktische Maßnahmen entwickelt und implementiert, um Lernprozesse von Studierenden zu unterstützen (z. B. im Qualitätspakt Lehre, BMBF, 2012), und sind somit der Entwicklungsforschung zuzuschreiben. Diese Ausweitung der Forschung auf die Bildungsinstitution Hochschule hängt z. T. mit politischen Maßnahmen und gesellschaftlichen Entwicklungen zusammen. In Kombination mit der Bologna-Reform wurde die Struktur vieler Studiengänge verändert, beispielsweise durch die Einführung der Abschlüsse Bachelor und Master (DMV, 2004). Trotz einer steigenden Anzahl an Studienanfängerinnen und Studienanfängern werden aus der Wirtschaft einzelne Stimmen laut, dass zu wenig qualifizierte Absolventinnen und Absolventen vor allem aus mathematikhaltigen Studiengängen wie den MINT[1]-Studiengängen die Hochschule verlassen (z. B. Kaufmann & Marquart, 2012). Insbesondere in der Studieneingangsphase, im ersten Jahr eines Studiums, brechen mehr als 30% der Studierenden im Fach Mathematik ihr Studium ab (Dieter, 2012). Von Seiten mancher Hochschulen wird die Attribution dieser Problematik an die Schulen gegeben, indem sich über die an der Schule nicht adäquat ausgebildeten Studienanfängerinnen und Studienanfänger beklagt wird (z. B. Focus, 2012; Ludwig, 2014). Diese nicht adäquat ausgebildeten Studienanfängerinnen und Studienanfänger in einem Mathematikstudium könnten auch darauf zurückgeführt werden, dass sich die mathematischen Lehr-Lern-Prozesse zwischen Schule und Hochschule substanziell, z. B. in den Kompetenzanforderungen und in der Struktur des Lehrangebots, unterscheiden (Fischer, Heinze & Wagner, 2009). Insgesamt ist festzustellen, dass erstens eine große Umstrukturierung vieler Studiengänge in den letzten Jahren stattgefunden hat und dass zweitens ein zu hoher Anteil an studentischen Lehr-Lern-Prozessen nicht optimal verläuft, was – insbesondere für ein Studium der Mathematik – die folgenden Fragen impliziert: *Welche Charakteristika weist ein mathematisches Hochschulstudium zu Beginn des Studiums auf und welche individuellen Faktoren sind für ein erfolgreiches Mathematikstudium verantwortlich?*

Diese Fragestellungen wurden und werden aus den beiden folgenden, unterschiedlichen *Forschungsperspektiven* untersucht: (1) Die mathematikdidaktische Hochschulforschung konzentriert sich verstärkt auf Charakteristika des Studienfachs in mathematikhaltigen Studiengängen, z. B. fachspezifischen Herausforderungen, die möglicherweise für nicht erfolgreiche Lehr-Lern-Prozesse verantwortlich sein könnten. Aufgrund der hohen Studienabbruchquote insbesondere in der Studieneingangsphase verwenden viele Arbeiten in diesem Bereich die Begriffe Übergang bzw. Transition und stellen die

---

1   MINT steht für Mathematik, Informatik, Naturwissenschaften und Technik.

Merkmale der Lernumwelt, bestehend aus Lerngegenstand und Lernumgebung, an der Hochschule mit denen an der Schule gegenüber (z. B. national: Fischer et al., 2009; Reichersdorfer, Ufer, Lindmeier & Reiss, 2014 bzw. international: Clark & Lovric, 2009; Engelbrecht, 2010; Godfrey & Thomas, 2008; Gueudet, 2008; Hoyles, Newman & Noss, 2001; Liston & O'Donoghue, 2010; de Vleeschouwer, 2010). Diese mathematikdidaktischen Beiträge sind häufig stoffdidaktisch geprägt und die präsentierten Erkenntnisse basieren oft auf theoretischen Überlegungen sowie deskriptiven Daten. Der Veränderung der Mathematik von einer eher anwendungsorientierten Disziplin zu einer eigenständigen Wissenschaft wird in diesem Ansatz eine große Bedeutung zugeschrieben – die Evidenz dieser Annahme ist jedoch bisher nicht hinreichend belegt.

(2) Dagegen verwenden viele Arbeiten der pädagogisch-psychologisch geprägten Hochschulforschung Konzepte und Methoden der Lehr-Lern-Forschung bzw. der Unterrichtsforschung, um Lehr-Lern-Prozesse mittels empirischer Untersuchungen zu beschreiben. Mit Hilfe quantitativer Methoden werden relevante Prädiktoren für erfolgreiche Lehr-Lern-Prozesse identifiziert (z. B. Schiefele, Streblow, Ermgassen & Moschner, 2003), wobei als Stichprobe meist Studierende verschiedener Studiengänge und Fachrichtungen verwendet werden. Die Bedeutung der betrachteten Merkmale in Form von Lernvoraussetzungen und Lernstrategien wird dadurch begründet, dass in der Bildungsinstitution Hochschule ein stärker selbstreguliertes Lernen stattfindet (z. B. Creß & Friedrich, 2000; Grünwald, Kossow, Sauerbier & Klymchuk, 2004; Streblow & Schiefele, 2006; Wild, 2005). Diese fachunabhängigen Erklärungsansätze sind jedoch nicht ausreichend, wenn Unterschiede in der Prädiktionskraft der betrachteten Merkmale bezüglich des Studienerfolgs zwischen verschiedenen Studienfächern identifiziert werden (z. B. Fellenberg & Hannover, 2006). Zur kausalen Interpretation solcher empirischer Ergebnisse sind Erklärungsansätze notwendig, die Charakteristika des Studienfachs berücksichtigen.

Die Grundannahme meiner Arbeit zur Erklärung der z. T. nicht erfolgreichen Lehr-Lern-Prozesse in der mathematischen Studieneingangsphase ist, dass Merkmale der Lernumwelt (z. B. Anforderungen) und Merkmale der Studierenden (z. B. Fähigkeiten) in einem gewissen Maß zusammenpassen müssen, um erfolgreiche Lehr-Lern-Prozesse zu induzieren (vgl. Theorien zur Person-Umwelt-Passung; Nagy, 2006; Rindermann & Oubaid, 1999). Ausgehend von dieser Grundannahme untersuche ich, inwiefern sich die Schwierigkeiten der Studierenden in der mathematischen Studieneingangsphase durch eine mangelhafte Passung zwischen Merkmalen der Lernumwelt und Merkmalen der Studierenden erklären lassen. Die in Forschungsperspektive (2) als potenziell relevant identifizierten Prädiktoren für erfolgreiche Lehr-Lern-Prozesse überprüfe ich für mathematische Lehr-Lern-Prozesse in der Studieneingangsphase, indem ich die in der Forschungsperspektive (2) genutzten Konzepte, Methoden und Interpretationsansätze verwende. Um die aus der von mir durchgeführten empirischen Untersuchung identifizierten Faktoren noch stärker kausal unterfüttern zu können, nutze ich zusätzlich Erkenntnisse aus der Forschungsperspektive (1) zu Besonderheiten des Lerngegenstands und der Lernumgebung. Insgesamt stelle ich eine Verknüpfung der beiden Forschungsperspektiven (1) und (2) her, um theoretisch fundierte und empirisch gestützte Erkenntnisse zu mathematischen Lehr-Lern-Prozessen zu Studienbeginn zu generieren. Die beiden Hauptziele meiner Arbeit lauten deshalb:

I   Theoretische Grundlegung der Besonderheiten mathematischer Lehr-Lern-Prozesse in der Studieneingangsphase

II Generierung empirisch gestützter Erkenntnisse über Lehr-Lern-Prozesse im ersten Studiensemester im Fach Mathematik, konkret über

(a) kognitive und motivationale Lernvoraussetzungen von Studierenden,

(b) die Nutzung des Lehrangebots durch Studierende und

(c) den Einfluss der Merkmale (a) und (b) auf den individuellen Studienerfolg im ersten Semester.

Aus den Besonderheiten mathematischer, universitärer Lehr-Lern-Prozesse leite ich Anforderungsprofile für mathematische Studiengänge ab und identifiziere auf theoretischer Ebene mögliche Herausforderungen für Lernende bei der Nutzung von Lerngelegenheiten im Mathematikstudium (Ziel I). Diese Anforderungsprofile und Herausforderungen bilden dann die Grundlage, um mathematische Lehr-Lern-Prozesse nicht nur theoretisch, sondern auch empirisch zu beschreiben (Ziel II). Die empirische Studie mit einer Stichprobe von 182 Studierenden mit Hauptfach Mathematik ist längsschnittlich im ersten Fachsemester angelegt, und es werden quantitative Erhebungs- und Analysemethoden verwendet. Die erwarteten Ergebnisse sollen die o. g. Forschungsperspektive (2) erweitern, indem zusätzliche *fachspezifische* Erklärungsansätze für die als relevant identifizierten Merkmale universitärer Lehr-Lern-Prozesse generiert werden. Durch die empirische Prüfung der theoretisch angenommenen Herausforderungen beim Lernen wissenschaftlicher Mathematik soll ein Mehrwert für Forschungsperspektive (1) geschaffen werden. Neben den theoretischen Implikationen für diese beiden Forschungsperspektiven sollen die erwarteten Erkenntnisse auch als Startpunkte für fundierte Ansätze zur Verbesserung des Lehrangebots in der Studieneingangsphase dienen.[2] Aus diesem Grund sind die Ziele dieser Arbeit nicht nur aus wissenschaftlichen, sondern auch aus gesellschaftlichen Gründen relevant, da die berichtete hohe Studienabbruchquote durch Weiterentwicklung des Lehrangebots, geeignete Unterstützungsprogramme für Studienanfängerinnen und Studienanfänger bzw. Studieninformationsveranstaltungen für Schülerinnen und Schüler verringert werden könnte. Insgesamt soll ein Mehrwert geschaffen werden, indem auch die (öffentliche) Diskussion (z. B. Focus, 2012; Naue, 2014) über Lehr-Lern-Prozesse in einem Mathematikstudium mit empirischen Befunden angereichert wird.

---

2   Entsprechend werde ich allgemeine Persönlichkeitseigenschaften wie die big five (Goldberg, 1990; z. B. von Künsting & Lipowsky, 2011 untersucht) nicht betrachten, da diese Eigenschaften als schwer veränderlich angesehen werden.

Aufbau der Arbeit

Diese Arbeit steht im Kontext der mathematikdidaktischen Forschung, die nach Reiss und Ufer (2009a) vier verschiedene Ebenen bzw. Felder untersucht: die Ebene / das Feld des Fachs mit Inhalten und Zielen, die Ebene / das Feld des Unterrichts mit Lehrmaterialien und Lernumgebungen, die Ebene / das Feld der Schülerinnen und Schüler mit fachbezogenen Lernprozessen und die Ebene / das Feld der gesellschaftlichen Anforderungen (siehe Abbildung 1.1).[3]

4. Feld	Ebene der gesellschaftlichen Anforderungen: Standards und Tests
3. Feld	Ebene der Schülerinnen und Schüler: Fachbezogene Lernprozesse
2. Feld	Ebene des Unterrichts: Lehrmaterialien und Lernumgebungen
1. Feld	Ebene des Fachs: Inhalte und Ziele

Abbildung 1.1:   **Felder der mathematikdidaktischen Forschung nach Reiss und Ufer (2009a)**

Das erste und das vierte Feld sind stärker normativ ausgerichtet, während das zweite und das dritte Feld stärker unterrichtspraktisch angelegt sind. In meiner Arbeit werde ich die ersten drei Felder bezogen auf mathematische Lehr-Lern-Prozesse in der Studieneingangsphase fokussieren, wobei ich die Merkmale des ersten und zweiten Feldes theoretisch analysiere (Ziel I) und meine empirische Untersuchung im dritten Feld, dem Feld der fachbezogenen Lernprozesse, angesiedelt ist (Ziel II). Meine Arbeit ist global angelegt, um das Forschungsfeld „Lehr-Lern-Prozesse in der Studieneingangsphase im Fach Mathematik" in seiner Breite zu erfassen. Ausgehend von den beiden Zielen I und II ist die vorliegende Arbeit in zwei Teile gegliedert.

Nach einem Einführungskapitel zur Bedeutung von Übergängen zwischen Institutionen in der Bildungsbiographie (*Kapitel 2*) ist *Teil I* der Arbeit vor allem theoretischer Natur, in dem ich eine Analyse von Besonderheiten mathematischer, universitärer Lehr-Lern-Prozesse vorstelle, die hauptsächlich auf theoretischen Überlegungen und Ergebnissen qualitativer (Fall-)Studien basiert. Zum Ersten stehen Charakteristika des Lerngegenstands wissenschaftliche Mathematik, speziell im Bereich des Beweisens und der

---

3   Der Begriff Feld wird in dieser Arbeit statt des Begriffs Ebene verwendet, da beim Begriff der Ebene eine hierarchische Anordnung mitschwingt, die in dieser Form nicht nachvollziehbar erscheint.

Begriffsbildung, im Vordergrund (*Kapitel 3*), zum Zweiten werden Besonderheiten des universitären Lehrangebots und dessen Nutzung präsentiert (*Kapitel 4*). In diesen beiden Kapiteln werde ich jeweils Unterschiede und Gemeinsamkeiten beider Bildungsinstitutionen am Übergang Schule und Hochschule betrachten: Zum einen soll diese Analyse die Besonderheiten des Mathematikstudiums in Hinblick auf den Lerngegenstand wissenschaftliche Mathematik und die Notwendigkeit selbstständiger Lernprozesse herausstellen, zum anderen soll ergründet werden, welche Erfahrungen zu mathematischen Lernprozessen Studienanfängerinnen und Studienanfänger an die Hochschule mitbringen. Die Lernumwelt, in der die Lernprozesse der Studentinnen und Studenten in einem Mathematikstudium eingebettet sind, wird anhand dieser Analyse beschrieben (Zusammenfassung in *Kapitel 5*). Die in Teil I identifizierten Besonderheiten mathematischer Lehr-Lern-Prozesse in der Studieneingangsphase verdeutlichen somit die Relevanz einer empirischen Untersuchung individueller Lernprozesse zu Beginn eines Mathematikstudiums und dienen als Grundlage für Teil II der Arbeit.

Teil II beginnt mit einem Kapitel zum Stand der Forschung, in dem Erkenntnisse zur Bedeutung individueller Merkmale (z. B. zum fachbezogenen Interesse und Selbstkonzept) und der Rolle einer adäquaten Angebotsnutzung für den Lernprozess vorgestellt werden (*Kapitel 6*). Basierend auf der Strukturierung vorhandener Forschungsarbeiten (Abschnitt 2.4), den theoretischen Analysen zu mathematischen, universitären Lehr-Lern-Prozessen (Kapitel 3 und 4) sowie den dargestellten Erkenntnissen zu individuellen Merkmalen und zur Angebotsnutzung im Lernprozess (Kapitel 6) werden relevante Forschungslücken identifiziert. Bisher ist beispielsweise ungeklärt, zu welchem Grad Lernvoraussetzungen der Studierenden, z. B. mathematische Vorläuferfähigkeiten oder das Interesse an Mathematik, bzw. die Qualität der Angebotsnutzung den Studienerfolg in einem Mathematikstudium substanziell beeinflussen. Die aus den identifizierten Forschungslücken entwickelten Forschungsfragen unterteile ich in drei verschiedene Bereiche (siehe Seite 17), die sowohl genuin mathematikdidaktische Fragestellungen, z. B. die Beschreibung mathematischer Kompetenz in einem spezifischen Inhaltsgebiet, als auch stärker pädagogisch-psychologische Fragestellungen, z. B. die Identifizierung von Prädiktoren für erfolgreiche Lernprozesse, umfassen (*Kapitel 7*). Das längsschnittliche Design und die verwendeten quantitativen Methoden (*Kapitel 8*) sowie die Ergebnisse der empirischen Untersuchung (*Kapitel 9*) werden im Anschluss vorgestellt. Abschließend folgen neben einer Zusammenfassung und Diskussion der empirischen Ergebnisse auch eine Analyse der Einschränkungen der Studie, Ideen für resultierende Fragestellungen und Möglichkeiten der praktischen Implementierung der Erkenntnisse (*Kapitel 10*). Im letzten Kapitel (*Kapitel 11*) werden die Ergebnisse der theoretischen Überlegungen und der empirischen Untersuchung resümiert.

2 Übergänge zwischen Bildungsinstitutionen: Hürden im individuellen Lernprozess?

Allgemein wird angenommen, dass Übergänge im Bildungssystem Heranwachsende vor beträchtliche Herausforderungen stellen. Ganz allgemein können Übergänge Schnittstellen in der Lernbiographie sein. Kutscha (1991, S. 113) bezeichnet sie beispielsweise als „Nadelöhr für gesellschaftlichen Erfolg, aber auch Stationen des Scheiterns und Mißerfolgs". Im Folgenden wird für verschiedene Übergänge zwischen zwei Bildungsinstitutionen thematisiert, welche konkreten Herausforderungen sich bei einem Übergang zeigen, wie sich diese Herausforderungen auswirken können und welche fachspezifischen Aspekte zu beachten sind. Diese vorangestellte Analyse soll es ermöglichen, die in den nächsten Kapiteln 3 und 4 präsentierten Besonderheiten beim Übergang von der Schule zur Hochschule im Fach Mathematik einzuordnen und die Relevanz dieser Arbeit zu verdeutlichen.

2.1 Theorien zur Person-Umwelt-Passung

Beim Übergang von einer Bildungsinstitution in eine andere ist es möglich, dass sich die Lernumwelt so verändert, dass der Lernende mit den Charakteristika der neuen Lernumwelt nicht mehr zurecht kommt – wie solch eine Veränderung aussieht und welche Gründe für diese Änderung vorliegen können, wird in Abschnitt 2.2 illustriert. Auswirkungen einer mangelnden Passung zwischen Individuum und Umwelt (in der neuen Bildungsinstitution) werden beispielsweise in den Theorien zur *Person-Umwelt-Passung* (*person-environment fit*) beschrieben. Diese Theorien basieren auf Überlegungen aus dem Bereich der Arbeits- und Organisationspsychologie und dienen dazu, Ursachen anzugeben, die zu einer gesundheitlichen Beeinträchtigung (z. B. Stress) in Arbeitssituationen führen (Lühring & Seibel, 1981). Die Grundhypothese von Theorien zur Person-Umwelt-Passung ist, dass eine nicht passende Kombination von Merkmalen der (Arbeits-)Umwelt (z. B. Anforderungen) und Merkmalen der Person (z. B. Wünschen und Fähigkeiten) zu Stress führen kann. Für den pädagogischen Bereich und insbesondere für Übergänge im Bildungsprozess wurden diese Theorien mit anderen Theorien, z. B. theory of work adjustment (vgl. Lubinski & Benbow, 2000) oder der Berufswahltheorie von Holland (1997, vgl. Nagy, 2006), weiterentwickelt.

Kombinationen zwischen Merkmalen der Umwelt und der Person werden häufig durch zwei Passungsverhältnisse beschrieben: (1) durch den „Grad der Übereinstimmung zwischen arbeitsbezogenen Bedürfnissen und Erwartungen (*needs and motives*) und den Möglichkeiten ihrer Realisierung in der Arbeit (*supplies*)" (Lühring & Seibel, 1981, S. 397) und (2) durch den „Grad der Übereinstimmung zwischen Arbeitsanforderungen (*demands and requirements*) und Arbeitsfähigkeiten (*skills and abilities*)" (Lühring & Seibel, 1981, S. 397). Das erste Passungsverhältnis kann durch den Begriff „satisfaction" (fulfillment) beschrieben werden, es geht darum, dass die persönlichen Bedürfnisse durch die Umwelt erfüllt werden. Das zweite Passungsverhältnis kann mit dem Begriff „satisfactoriness" (competence) bezeichnet werden, da die vorhandenen Fähigkeiten einer Person mit den benötigten Fähigkeiten in der Umwelt zusammenpassen sollten (Lubinski & Benbow, 2000). Nagy (2006, S. 1-2) hat diese beiden Passungsverhältnisse mit einem Lernprozess in Verbindung gesetzt und formuliert die beiden Bedingungen folgendermaßen: „(1) die erreichte Passung zwischen den individuellen Wünschen und den gegebenen Möglichkeiten, diese zu verwirklichen und (2) die erreichte Passung zwischen den individuellen Kompetenzen und den umweltseitigen Anforderungen". Insgesamt versprechen sich Theorien zur Person-Umwelt-Passung von der Optimierung der Passungsverhältnisse zwischen Personenmerkmalen (Fähigkeiten, Bedürfnissen, Erwartungen) und Umweltmerkmalen (Anforderungen, Angeboten, Fachimages) bzw. von der Bewältigung unpassender Verhältnisse einen verbesserten Arbeits- bzw. Lernerfolg. Diese Theorien sind sowohl auf motivationale als auch auf kognitive Personenmerkmale anwendbar. Den individuellen Lernprozess können somit neben inadäquaten Fähigkeiten bezüglich der Lernsituation auch inadäquate Erwartungen behindern (Rindermann & Oubaid, 1999).

Die vorgestellten theoretischen Überlegungen wurden schon auf Übergangssituationen in eine berufliche Ausbildung (z. B. von Nagy, 2006) oder in ein Hochschulstudium (z. B. von Blömeke, 2009 sowie von Rindermann & Oubaid, 1999) angewendet. Um diesen Ansatz für den Übergang zwischen zwei Bildungsinstitutionen zu nutzen, werden drei Grundannahmen getroffen (vgl. Swanson & Fouad, 1999):

(1)   Personen verlassen Umwelten, die mit ihren Merkmalen (weitestgehend) harmonisiert haben.

(2)   Der Fit bestimmt das Outcome. Der Grad der Passung zwischen Merkmalen der Personen und Merkmalen der Umwelt bestimmt beispielsweise den Lernerfolg der Person, z. B. die Aufenthaltsdauer an einer Institution.

(3)   Die Person und die Umwelt beeinflussen und prägen sich gegenseitig, der Prozess der Passung ist wechselseitig.

Beispielsweise kann die erste Annahme dadurch untermauert werden, dass die Lernenden erfolgreich die erste Bildungsinstitution (Umwelt) abgeschlossen und die Berechtigung für die zweite Institution erworben haben.

Bezogen auf ein Hochschulstudium geht es bei diesem Ansatz im Besonderen um eine Passung zwischen den Fähigkeiten der Studierenden und den Anforderungen des Studiengangs. Eine adäquate Passung in einem Studium ist dann gegeben, wenn Lernende mit ihren Merkmalen das Bildungsangebot und die Bildungschancen adäquat nutzen (Griebel & Niesel, 2004) und die gestellten Anforderungen in der neuen Lernumwelt Hochschule bewältigen können. Dabei geht es nicht darum, dass die Anforderungen einen geringeren Anspruch als die vorhandenen Fähigkeiten aufweisen, sondern dass die individuellen Fähigkeiten adäquat eingesetzt werden können, um anspruchsvolle Anforderungen zu bewältigen (Lubinski & Benbow, 2000; Nagy, 2006, S. 262): „Die Studienleistung hängt wesentlich von der Fähigkeitsadäquatheit der implementierten Studienfachwahl ab". Ansonsten wird z. B. das Grundbedürfnis des

Kompetenzerlebens nicht entsprechend erfüllt und die Konsequenzen nach der Selbst-bestimmungstheorie (Deci & Ryan, 1993) wären wenig selbstbestimmte Lernprozesse (vgl. Abschnitt 6.3.2).

Ausgehend von Theorien zur Person-Umwelt-Passung ist die Grundannahme der vorliegenden Arbeit, dass eine Passung zwischen Merkmalen der Lernumwelt (be-schrieben durch den Lerngegenstand Mathematik, vgl. Kapitel 3, und die Lernumge-bung Hochschule, vgl. Kapitel 4) und individuellen Personenmerkmalen (Fähigkeiten, Interessen und Erwartungen) erforderlich ist, um erfolgreiche Lernprozesse zu induzie-ren. Nicht erfolgreiche Lernprozesse würden in einem Studienabbruch münden (vgl. Abschnitt 2.3), erfolgreiche Lernprozesse bilden einen Indikator für einen gelungenen Übergang von der Schule zur Hochschule im Fach Mathematik. Zusätzlich zu den Per-sonenmerkmalen Interessen und Fähigkeiten (vgl. Nagy, 2006), die im in der vorliegen-den Arbeit verwendeten Modell (Abbildung 2.1) unter „individuelle Merkmale" zu-sammengefasst sind, ziehe ich als weiteres Personenmerkmal die „Nutzung des Lehran-gebots" heran. Dieses Modell (Abbildung 2.1) wird durch die Ausführungen in den Kapiteln 3 und 4 inhaltlich angereichert.

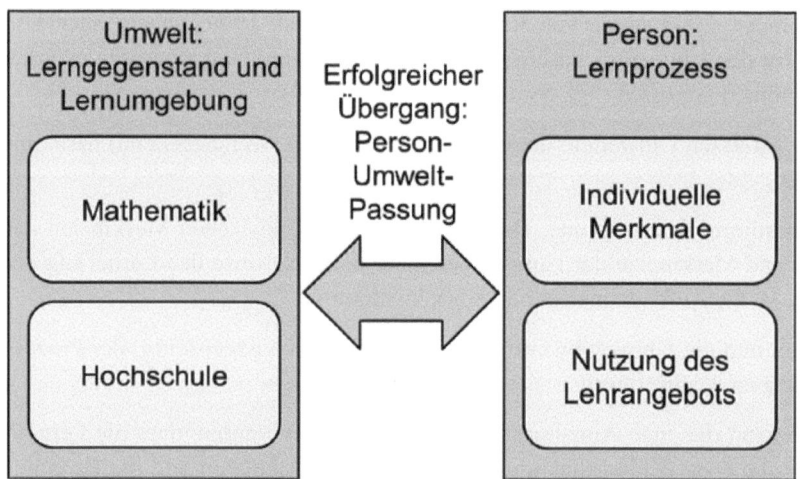

Abbildung 2.1:   Modell zur Person-Umwelt-Passung für die Studieneingangsphase im Fach Mathematik

2.2 Charakterisierung verschiedener Übergänge im Bildungsprozess

Wie im ersten Abschnitt ausgeführt, können Übergänge Brüche in der Lernbiographie darstellen. Allgemein wird vermutet, dass, bedingt durch unterschiedliche Curricula, unterschiedliche Lernkulturen in verschiedenen Bildungsinstitutionen etabliert werden und eine kontinuierliche Kompetenzentwicklung behindert wird (Heinze & Grüßing, 2009). Durch die Theorien zur Person-Umwelt-Passung ist eine Grundlage geschaffen, die die Bedeutung der Merkmale der Lernumwelt, der Merkmale der Personen und insbesondere deren gegenseitige Passung herausstellt. Neben diesem Ansatz gibt es weitere Theorien, die Übergänge zwischen Bildungsinstitutionen beschreiben, z. B. als kritische Lebensereignisse (Benner, 2011; Clark & Lovric, 2008; Griebel & Niesel, 2004; Ufer, 2009) oder als Entwicklungsaufgaben (Cortina, 2006; Griebel & Niesel, 2004; Kirsch & Vo Thi Anh, 1996), die Lernende zu bewältigen haben. Eine Entwicklungsaufgabe beim Übergang von der Schule zur Hochschule ist mit der Abnabelung vom Elternhaus im sozialen Bereich zu finden. Diese eher soziologisch fundierte Betrachtung von Übergängen im Bildungsprozess wurde beispielsweise in dem groß angelegten, längsschnittlichen Projekt „Krise und Kontinuität in Bildungsgängen: Der Übergang Schule – Hochschule" eingenommen (Bornkessel & Asdonk, 2011). Für die Ziele dieser Arbeit sind soziologisch fundierte Betrachtungen eher weniger zielführend, weswegen ich verstärkt Theorien heranziehen werde, die sich auf den eigentlichen Lernprozess beschränken. Beispielsweise schließe ich mich der Auffassung von Griebel und Niesel (2004) an, die beim Übergang vom Kindergarten bzw. der Familie in die Schule als eine Ursache der Anpassungsschwierigkeiten der Lernenden die mangelhafte Passung zwischen Anforderungen und den von den Lernenden mitgebrachten Kompetenzen (insbesondere eine Überforderung) vermuten.

Der Übergang zwischen zwei Bildungsinstitutionen kann nach dem theoretischen Modell des Erwachsenenwerdens in drei Phasen eingeteilt werden, hier am Beispiel des Übergangs von der Schule zur Hochschule (in Mathematik) dargestellt (Clark & Lovric, 2008, S. 35):

- „separation (from high school); this stage takes place while students are still in high school, and includes anticipation of forthcoming university life;

- liminal phase (from high school to university) includes the end of high school, the time between high school and university, and the start of first year at a university;

- incorporation (into university) includes, roughly, first year at a university."

Viele Studien beschäftigen sich vor allem mit der ersten Phase im Übergangsprozess und insbesondere mit dem Gebiet der Bildungsentscheidungen. Denn beispielsweise im Bildungssystem der Bundesrepublik Deutschland werden Lernende zusammen mit ihren Eltern früh mit Entscheidungssituationen, z. B. beim Übergang von der Primarschule in eine weiterführende Schulform, konfrontiert, die weitreichende Konsequenzen nach sich ziehen (Maaz, Hausen, McElvany & Baumert, 2006). Für den Übergang Schule – Hochschule wäre in der ersten Phase die Studienwahl einzuordnen. Diese Arbeit ist dagegen in der zweiten bzw. schwerpunktmäßig in der dritten Phase, in der Studieneingangsphase, angesiedelt, so dass nur wenige Erkenntnisse aus Arbeiten zu Bildungs- bzw. Studienfachentscheidungen verwendet werden können.

Um Besonderheiten des Übergangs zwischen den beiden Institutionen Schule und Hochschule im Fach Mathematik hervorzuheben, gehe ich kurz auf entsprechende Charakteristika anderer Übergänge im Bildungsbereich ein. Der Übergang vom *Elementar-in den Primarbereich* ist in vielen Fächern durch eine Formalisierung der Lerngelegenheiten gekennzeichnet. Im Kindergarten werden in informellen Kontexten mathematische Basiskompetenzen erworben, die in der Schule genutzt werden können (Heinze & Grüßing, 2009). Während die Lerngelegenheiten im Elementarbereich häufig in Spielsituationen, also kontextualisiert, vorliegen, wird das Lernen im Primarbereich institutionalisiert und die schon erworbenen Basiskompetenzen weiterentwickelt sowie ggf. systematisiert. Nach Grüßing (2009, S. 53) handelt es sich um „zwei unterschiedlich organisierte Bildungsinstitutionen mit unterschiedlichen Bildungsaufträgen". Der Übergang vom *Primar- in den Sekundarbereich* ist durch mehrere, charakteristische Brüche gekennzeichnet. Zum einen vollzieht sich meist bei diesem Übergang der Wechsel vom Klassen- zum Fachlehrkräfte-Prinzip, so dass der Kontakt zwischen Schülerin bzw. Schüler und Lehrkraft im Sekundarbereich weniger intensiv ist (Anderson, Jacobs, Schramm & Splittgerber, 2000; Ufer, 2009). Doch nicht nur auf der sozialen, sondern auch auf der didaktischen Ebene zeigt dieser Prinzipienwechsel Auswirkungen. Fachlehrkräfte am Gymnasium strukturieren im Gegensatz zu Primarstufenlehrkräften die Inhalte im Fach Mathematik eher an der (wissenschaftlichen) Disziplin Mathematik (Gellert, 2010) und verknüpfen die Lerninhalte weniger mit Alltagserfahrungen der Schülerinnen und Schüler (Gellert, 2010; Ufer, 2009). Auf methodischer Ebene ist die abnehmende Möglichkeit zu selbstreguliertem Lernen bzw. zu entdeckendem Lernen in der Sekundarstufe I zu beachten (Ufer, 2009). Durch die meist stattfindende Leistungssortierung nach der Grundschule (in Sekundarschulen und Gymnasien) finden sich die Kinder in einer neuen sozialen Bezugsgruppe mit neuen Peers zusammen. Durch diese Selektion entsteht ein anderes soziales Gefüge, und eine Homogenisierung von Interessenlagen und Kompetenzen wird vermutet. Eine empirische Untersuchung hat an dieser Schnittstelle die Veränderung des individuellen Selbstkonzepts in den Blick genommen. Bei dieser Untersuchung haben Schwarzer, Lange und Jerusalem (1982) festgestellt, dass kurz nach dem Übergang von der Grundschule Schülerinnen und Schüler an Gymnasien ein höheres Selbstkonzept als Schülerinnen und Schüler an Hauptschulen berichten. Doch schon im ersten Schulhalbjahr glichen sich die Selbstkonzepte der beiden Gruppen zur Mitte hin an, was durch einen sozialen Bezugsgruppeneffekt erklärbar ist (Köller, Trautwein, Lüdtke & Baumert, 2006; vgl. ähnliche Studie von Aust, Watermann & Grube, 2010; differenzierte Auswertung in Roos & Schöler, 2013). Nicht nur Übergänge zwischen Bildungsinstitutionen, sondern auch Übergänge innerhalb des *mathematischen Wissensaufbaus*, z. B. Grundvorstellungsumbrüche, sind für Lernende zu bewältigen. Grundvorstellungsumbrüche sind in vielen Bereichen, z. B. bei der Erweiterung von Zahlbereichen oder bei der Erweiterung von Begriffen, z. B. dem Variablenbegriff, zu leisten (vgl. Wartha & Güse, 2009). Während beispielsweise in der Grundschule eine Variable als Platzhalter für eine feste Zahl steht, wird der Variablenbegriff in der Sekundarstufe I so erweitert, dass eine Variable für mehr als eine Zahl und sogar für unendlich viele Zahlen stehen kann. Der Übergang von der *Schule in die berufliche Ausbildung* ist geprägt durch eine zunehmende Berufsorientierung in der Berufsschule. Die zu lernenden Inhalte werden nicht mehr in Fächer unterteilt, sondern in Lernfelder (vgl. Lindmeier et al., 2013; Riedl, 2004), die den beruflichen Anforderungen entsprechen: „Während der allgemeinbildende Mathematikunterricht an der Bezugswissenschaft Mathematik orientiert ist und über diese Orientierung Standards für zu erwerbende mathematische Kompetenzen abgeleitet werden, beschreibt die berufsspezifische Handlungskompetenz ein Konstrukt, das einer Integration verschiedener Kompetenzen gleichkommt, bei denen die Mathematik nur ein Aspekt unter vielen ist" (Heinze & Grüßing, 2009, S. 331). Die Auswahl und Strukturierung der Inhalte wird demnach nicht mehr anhand der Domäne Mathematik ausgerichtet, sondern wird an Anwendungssituationen mathematischer Aussagen und Algorithmen orientiert (Musch, Rach & Heinze, 2009).

Bei dieser Analyse von Veränderungen in Übergangssituationen haben sich einige übergreifende Eigenschaften herauskristallisiert, die eine Bildungsinstitution charakterisieren:

- Zieldimensionen der Institution: Auswahl des Lerngegenstands (z. B. Orientierung an der wissenschaftlichen Domäne, an Berufsanforderungen etc.)

- Qualität der Lerngelegenheiten: Strukturierung und inhaltliche Aufbereitung des Lerngegenstands (z. B. Stärke der Kontextualisierung etc.)

- Sozialer Bereich: Bezugsgruppe und Beziehung zur Lehrperson.

Bei allen drei vorgestellten Übergängen zwischen zwei Bildungsinstitutionen wird vermutet, dass Anforderungen der nächsten Institution bzw. Vorerfahrungen aus der früheren Institution Lehrpersonen wenig bekannt sind und deshalb eine Kommunikationsstruktur zwischen den Lehrpersonen der verschiedenen Institutionen geschaffen werden sollte (z. B. Griebel & Niesel, 2004). Dazu merkt beispielsweise Ufer (2009) an, dass aber bisher nur wenige, empirische Studien zu den folgenden relevanten Fragen existieren, z. B. inwieweit Begriffsvorstellungen aus einer Bildungsinstitution anschlussfähig für die Verwendung in einer anderen Institution sind und wie diese Vorstellungen in der späteren Institution wieder aufgegriffen werden können.

Insgesamt wurden in diesem Abschnitt Hinweise dazu präsentiert, dass an den Schnittstellen Elementarbereich – Primarbereich, Primarbereich – Sekundarbereich und Schule – berufliche Ausbildung Inkohärenzen auftreten, die durch unterschiedliche Bildungspläne (Curricula) in den jeweiligen Institutionen bestimmt sind (Heinze & Grüßing, 2009). In welcher Form solche Inkohärenzen auch beim Übergang von der Schule zur Hochschule auftreten und welche Besonderheiten mathematische Lehr-Lern-Prozesse in der Studieneingangsphase aufweisen, wird mit Hilfe der eben genannten Aspekte zur Charakterisierung einer Bildungsinstitution in den Kapiteln 3 und 4 dargestellt.

2.3 Studieneingangsphase im Fach Mathematik als Hürde: empirische Ergebnisse zur Studienabbruchquote

Der Erfolg bzw. Misserfolg des Bildungssystems Hochschule kann an mehreren Maßen sichtbar gemacht werden. Diese Erfolgsmaße können auf verschiedenen Ebenen, z. B. auf der Ebene des Studiengangs oder der Ebene der Lehrveranstaltung, definiert werden. Neben objektiven Kriterien, z. B. der Studienabbruchquote oder dem Lernerfolg der Studierenden, spielen stärker subjektiv geprägte Maße, z. B. die Studienzufrieden-heit, die Wahrnehmung der Lehrqualität durch die Studierenden sowie die Selbstein-schätzung der Studierenden, vor allem bei der Verbesserung des universitären Lehran-gebots eine bedeutende Rolle. Durch die Interpretation beider Arten von Maßen können Aussagen darüber getroffen werden, ob bestimmte Merkmale des betrachteten Studien-gangs bzw. der betreffenden Lehrveranstaltung als Hindernisse im individuellen Lern-prozess eingeschätzt werden müssen (vgl. Abschnitt 6.2).

Die Definition der *Studienabbruchquote* einer Kohorte als Quotient aus der Anzahl der Studierenden, die den Studiengang nicht erfolgreich abgeschlossen haben, und der Anzahl der Studierenden, die den Studiengang begonnen haben, ist komplexer, als es den Anschein besitzt. Sind Studienabbrecherinnen bzw. Studienabbrecher Personen, die komplett die Universität verlassen oder nur den Studiengang gewechselt haben? Wird jemand als Studienabbrechender bezeichnet, der von einem Lehramtsstudium in den Fächern Deutsch und Mathematik für die Grundschule auf ein gymnasiales Lehramts-studium in den gleichen Fächern wechselt? Neben konzeptuellen Schwierigkeiten ist die praktische Erhebung der Studienabbruchquote aufwändig, da diese Untersuchungen über einen längeren Zeitraum angelegt sein müssen (vgl. Sarcletti & Müller, 2011). Mit solchen längsschnittlichen Untersuchungen können schwerlich aktuelle Trends beobachtet werden. Beispielsweise beziehen sich Gold und Souvignier (2005) in ihrem Beitrag auf Daten zu Abiturjahrgängen der Jahre 1972 bis 1976. Aus diesen Gründen zeigen die geschätzten Studienabbruchquoten nur erste Anhaltspunkte für Studierenden-schwierigkeiten auf und geben insbesondere nur bedingt Auskunft, aus welchen Grün-den die Lernenden ihr Studium aufgegeben haben.

Aktuelle Untersuchungen zum Studienabbruch in Deutschland führt das Hochschul-Informations-System in regelmäßigen Abständen durch (Heublein, Richter, Schmelzer & Sommer, 2012). Bei diesen Analysen wird die Studienabbruchquote durch einen Kohortenvergleich eines Absolventen-Jahrgangs mit den korrespondierenden Studien-anfängerinnen- und Studienanfänger-Jahrgängen bestimmt (Heublein et al., 2012). Stu-dierende, die den Studiengang oder die Hochschule wechseln, werden demnach nicht als Studienabbrechende bezeichnet. Als Studienabbruchquote für den Absolventenjahr-gang 2010 wird im Bachelorstudiengang Mathematik (ohne Lehramt) ein Wert von 55% angegeben (vgl. auch Autorengruppe Bildungsberichterstattung, 2012). Das bedeutet, dass 55% der Studierenden, die ein Mathematikstudium beginnen, die Hochschule ohne einen Abschluss (in irgendeinem Fach) verlassen. Allein für das erste Studienjahr schätzt Dieter (2012) in ihrer Dissertation mit denselben Datensätzen des statistischen Bundesamtes und einer ähnlichen Definition des Studienabbruchs die Abbruchquoten auf 31% bis 42% für den Studienstart im und nach dem Jahr 2000.[4] Aufgrund der vor-gestellten konzeptuellen und methodischen Schwierigkeiten ist es problematisch, die berichteten Werte der Studienabbruchquoten für ein Mathematikstudium absolut zu interpretieren. Aus diesem Grund bietet sich ein Vergleich mit anderen Studienfächern

---

4   Aufgrund methodischer Probleme sind keine Angaben für Lehramtsstudiengänge im Fach Mathematik möglich.

bzw. anderen Studiengängen an. Beispielsweise liegt die Studienabbruchquote im Studiengang Staatsexamen Medizin bei 9%, im Studiengang Staatsexamen Rechtswissenschaften bei 26%, im Studienbereich Bachelor Sprach- und Kulturwissenschaften bei 39% und im Studiengang Bachelor Biologie bei 20%, so dass in diesen Studienfächern bzw. Studiengängen deutlich niedrigere Werte als im Studiengang Bachelor Mathematik geschätzt werden (Heublein et al., 2012).

Auffällig beim Vergleich des Studienfachs Mathematik mit anderen Fächern ist nicht nur die hohe Studienabbruchquote, sondern auch die kurze Verweildauer in einem Mathematikstudium. Der Abbruch im Studienbereich Mathematik erfolgt tendenziell in den ersten Semestern (Median des Studienabbruchs bei 4,1 Hochschulsemestern)[5], während in anderen Fächern die Studierenden länger im Fach eingeschrieben sind; über alle Studienfächer an der Hochschule liegt der Median bei 5,7 Semestern (Heublein et al., 2009; vgl. auch Brandstätter, Grillich & Farthofer, 2002). Zusammenfassend stellt Dieter (2012, S. 61) fest: „Die Studieneingangsphase ist von besonderer Bedeutung. In keinem anderen Studienbereich wie in der Mathematik wechseln so viele Studierende während der ersten beiden Fachsemester den Studiengang oder exmatrikulieren sich". Demnach entscheiden Studierende in einem Studiengang mit Hauptfach Mathematik schon in den ersten Semestern, dass sie dieses Studium nicht zu Ende führen können bzw. möchten.

Mögliche Gründe, warum Studierende ihr freiwillig gewähltes Studium abbrechen, werden häufig durch Befragungen von Studierenden (Heublein et al., 2009; Killen, 1994) und von Lehrpersonen (Grünwald et al., 2004; Killen, 1994; Thomas & Klymchuk, 2012) gewonnen. Studierende im Fach Mathematik machen vor allem Leistungsschwierigkeiten (von 33% der Personen genannt) und mangelnde Studienmotivation (von 25% der Personen genannt) verantwortlich (Heublein et al., 2009), während Lehrpersonen insbesondere Unterschiede im Lerngegenstand und im Lehrangebot der beiden Institutionen Schule und Hochschule nennen, aber auch konkret das Lernverhalten der Studierenden bemängeln (Grünwald et al., 2004; Thomas & Klymchuk, 2012). Während beispielsweise bei Studierenden im Studienbereich Rechtswissenschaften ein externes Maß, das Prüfungsversagen, an erster Stelle der Studienabbruchgründe steht oder im Studienbereich Sprach- und Kulturwissenschaften die finanzielle Situation häufig als problematisch angesehen wird (Heublein et al., 2009), scheinen in einem Studium der Mathematik vor allem inadäquate Merkmale von Studierenden, z. B. mangelnde Studienmotivation, zu einem Studienabbruch zu führen. Aufgrund der unterschiedlichen Studienabbruchquoten und der vor allem dahinter vermuteten variierenden Gründe sind Sarcletti und Müller (2011) der Ansicht, dass das Phänomen Studienabbruch fachspezifisch betrachtet werden sollte.

---

5   Für Bachelor-Studiengänge wird der Wert als deutlich niedriger vermutet (Heublein, Hutzsch, Schreiber, Sommer & Besuch, 2009).

2.4   Beiträge zu Lehr-Lern-Prozessen in einem Hochschulstudium: Überblick über das Forschungsfeld

In diesem Abschnitt wird ein Überblick über Ziele, Methoden und Erkenntnisse der mir bekannten Arbeiten zu universitären Lehr-Lern-Prozessen gegeben. Für diesen Überblick wird eine grobe Einteilung der Beiträge in Typen vorgeschlagen, die keinen Anspruch auf Vollständigkeit oder absolute Trennschärfe erhebt (siehe Tabelle 2.1).

Tabelle 2.1:   **Überblick über Arbeiten zu Lehr-Lern-Prozessen in einem Hochschulstudium**

Typ	Ziele und Charakteristika	Stichprobe und Methoden	Ergebnisse	Arbeiten z. B. in
Entwicklungsprojekte	Entwicklung und z. T. Evaluation von Unterstützungsmaßnamen für Lehrpersonen und Studierende (z. B. in Form von hochschuldidaktischen Fortbildungen bzw. Brückenkursen)	Lehrpersonen und Studierende, meist in einem Lehramtsstudium oder in einem Studiengang mit Mathematik als Nebenfach (z. B. Ingenieurwissenschaften); Evaluation mittels Personenbefragungen	Ausgearbeitete Konzepte, meist nur theoretische bzw. erfahrungsbasierte „Evidenzen" zur Wirkung dieser Angebote	Wood (2001); Zimmermann, Bescherer und Spannagel (2012)
Allgemeine Lehr-Lern-Prozesse in einem Hochschulstudium	(1) Betrachtung von soziologischen Aspekten beim Übergang Schule – Hochschule und beim Phänomen Studienabbruch (2) Identifikation von Prädiktoren für den Studienerfolg	Studierende aller Studiengänge (1) theoretische Betrachtung bzw. Studierendenbefragungen (2) quantitative Erhebungs- und Auswertungsmethoden	(1) theoretisch basierte Modelle zum Übergang Schule – Hochschule und zum Phänomen Studienabbruch (2) Prädiktoren für den Studienerfolg (z. B. schulische Leistung)	(1) Tinto (1975); Heublein et al. (2012) (2) Schiefele et al. (2003)
Lehr-Lern-Prozesse in einem Lehramtsstudium	Charakterisierung von Lehramtsstudierenden; Identifikation von Prädiktoren für den Studienerfolg	Studierende in einem Lehramtsstudium; quantitative Erhebungs- und Auswertungsmethoden	Charakterisierung von Lehramtsstudierenden (z. B. Studienmotivation von Studierenden verschiedener Schulstufen)	Projekt PALEA (Kauper et al., 2012); Eilerts (2009)
Wissenschaftliche Mathematik als Lerngegenstand	(1) Beschreibung der Charakterverschiebung der Domäne Mathematik (2) Beschreibung der Beweisfähigkeit und des Begriffserwerbs von Studierenden	Theoretische Analysen, Fallstudien bzw. qualitative Erhebungs- und Auswertungsmethoden	(1) Beschreibungen zum „Advanced Mathematical Thinking" (2) deskriptive Analysen zu (Fehl-)Vorstellungen von Studierenden	(1) Tall (2008) (2) Roh (2008)

Zu jedem der vier Typen werden Beispielarbeiten präsentiert. Aufgrund dieser Charakterisierung des Forschungsfeldes soll verdeutlicht werden, auf welchen Grundlagen die vorliegende Arbeit basiert, in welchen Bereichen Forschungsbedarf besteht und inwiefern die Ergebnisse dieser Arbeit die Erkenntnisse zu Lehr-Lern-Prozessen in der Studieneingangsphase im Fach Mathematik erweitern könnten.

2.4.1 Entwicklungsprojekte zu Unterstützungsmaßnahmen an Hochschulen

Der erste Typ von Beiträgen zu universitären Lehr-Lern-Prozessen bilden die z. T. theoriegeleiteten Entwicklungsprojekte, in denen Unterstützungsmaßnahmen für Studierende vor allem von mathematikdidaktischen und hochschuldidaktischen Arbeitsgruppen konzipiert und durchgeführt werden. Diese Projekte sind dem Paradigma der Entwicklungsforschung zuzuschreiben. Derartige Unterstützungsangebote für Lernende und auch Lehrende sind an deutschen Hochschulen vielfach zu finden (Überblick über innovative Konzepte z. B. in Ableitinger, Kramer & Prediger, 2013b; Beutelspacher, Danckwerts & Nickel, 2010; Zimmermann et al., 2012; international z. B. in Leviatan, 2008), da Stiftungen (z. B. Deutsche-Telekom-Stiftung oder Volkswagen-Stiftung), das BMBF (über den Qualitätspakt Lehre, BMBF, 2012) oder einzelne Universitäten (z. B. Universität Paderborn: Frischemeier, Panse & Pecher, 2013) derartige Maßnahmen finanzieren.

Da sich vor allem der Übergang in ein Hochschulstudium (im Fach Mathematik) als schwierig herausstellt (siehe Abschnitt 2.3), werden Unterstützungsmaßnahmen häufig schon vor dem ersten Semester in Form von Brückenkursen / Vorkursen angeboten (z. B. Reichersdorfer et al., 2014). Überblicke über Ziele und Konzepte mathematischer Brückenkursen finden sich in Bausch et al. (2014), Meiner, Seiler und Wagner (2009) sowie Wood (2001). Ein bedeutender Zweck dieser entwickelten Unterstützungsmaßnahmen ist, die Passung zwischen dem Lehrangebot und der Nutzung des Lehrangebots durch die Studierenden zu verbessern (vgl. Abschnitt 2.1; z. B. Alcock & Simpson, 2001). Im Zentrum der Bemühungen stehen häufig Studentinnen und Studenten in einem Lehramtsstudium (z. B. Ableitinger, Hefendehl-Hebeker & Herrmann, 2013a) oder in einem Studium mit Nebenfach Mathematik (z. B. in einem Ingenieurstudium im Projekt von Griese, Glasmachers, Härterich, Kallweit & Roesken, 2011), da diesen Gruppen von Studierenden scheinbar die größten Probleme im Umgang mit dem Lerngegenstand Mathematik zugeschrieben werden.

Da es aus ethischen Gründen nicht vertretbar ist, Studierenden Unterstützungsangebote zu verweigern, ist der Vergleich zwischen einer Experimentalgruppe und einer Kontrollgruppe aufgrund der Annahme von selektiven Stichproben problematisch (Ausnahme z. B. in Griese et al., 2011). Aus diesem Grund ist nur eine begrenzte Evaluation, z. B. durch Befragungen von den an den Angeboten teilnehmenden Personen, möglich (gelungene Evaluation z. B. in Buchholtz & Kaiser, 2013). Da zudem häufig mehrere, unterstützende Konzepte gleichzeitig angeboten werden, z. B. ein peer-tutoring bei der Aufgabenbearbeitung und eine didaktische Modifikation von Tutorien (Biehler, Hochmuth, Klemm, Schreiber & Hänze, 2012), findet eine Konfundierung von

Maßnahmen statt, und es bleibt ungeklärt, welche Modifikationen für den möglicherweise auftretenden Lernerfolg von Studierenden verantwortlich sind.

Insgesamt ist zu beachten, dass bei einigen berichteten Projekten nicht deutlich wird, auf welchen theoretischen oder empirischen Grundlagen diese Innovationen entwickelt wurden und welche Maßnahmen den Lernprozess der Studierenden nachhaltig gefördert haben. In diesen Projekten steht vielmehr eine rasche Verbesserung der als problematisch eingeschätzten Situation in mathematikhaltigen Studiengängen im Vordergrund, weniger eine Analyse der Anforderungen in solchen Studiengängen bzw. weniger eine Analyse von Bedingungsfaktoren für erfolgreiche Lernprozesse. Marton und Säljö (1984) weisen jedoch darauf hin, dass Anforderungsanalysen essentiell sind, um aus den Gegebenheiten Ziele möglicher Fördermaßnahmen entwickeln zu können. Zur Lücke der fehlenden zusammenfassenden Analysen der Anforderungen versucht diese Arbeit für die Studieneingangsphase im Fach Mathematik einen Beitrag zu leisten (siehe Kapitel 3 und Kapitel 4).

2.4.2 Allgemeine Lehr-Lern-Prozesse in einem Hochschulstudium

Die Beiträge zu diesem Typ lassen sich in zwei große Gruppen einteilen. In der ersten Gruppe werden Arbeiten zusammengefasst, die vor allem unter soziologischen Gesichtspunkten den Übergang von der Schule zur Hochschule bzw. das Phänomen Studienabbruch modellieren. Diese Arbeiten sind häufig theoretischer Natur und analysieren die dynamische Wechselwirkung zwischen dem Individuum und den institutionellen Besonderheiten (z. B. in Form von Instruktionsarten) und sehen den Übergang als dynamischen Prozess an. Stellvertretend für diese Beiträge ist die Arbeit von Tinto (1975) zu nennen, auf der viele andere Beiträge zum Phänomen des Studienabbruchs aufbauen (z. B. Pixner, 2008; Ulriksen, Møller Madsen & Holmegaard, 2010). In diese erste Gruppe werden auch Untersuchungen eingeordnet, die mit Hilfe von Studierendenbefragungen Faktoren für einen Studienabbruch postulieren (z. B. Heublein et al., 2012; Ramm, 2008), jedoch wenige, belastbare Hinweise für diese Faktoren liefern.

Die zweite Gruppe lässt sich nach Tinto (1975) scharf von der ersten Gruppe abgrenzen, da die Beiträge der zweiten Gruppe aus einer pädagogisch-psychologischen Forschungsperspektive vornehmlich auf Eigenschaften von Individuen fokussieren. Ziele dieser Arbeiten sind die Beschreibung von Lernprozessen in einem Hochschulstudium und die Identifikation individueller Bedingungsfaktoren für den Studienerfolg. In diesen Arbeiten werden vornehmlich quantitative Erhebungs- und Auswertungsmethoden eingesetzt, um Schilderungen von Lernhandlungen vergleichbar zu machen. Beispielstudien in dieser Gruppe sind die Arbeiten von Blüthmann, Lepa und Thiel (2008), Hailikari, Nevgi und Komulainen (2008), Valle, Cabanach, Núñez, González-Pienda, Rodríguez und Pineiro (2003) sowie das längsschnittlich angelegte Projekt „SMILE" (Schiefele et al., 2003; detaillierte Ergebnisse siehe Abschnitte 6.3 und 6.4). Da die Stichproben dieser Untersuchungen sich meist aus Studierenden verschiedener Fachrichtungen zusammensetzen, werden die berichteten Ergebnisse auf das Lernen in einem Hochschulstudium generalisiert. Jedoch gestaltet es sich als schwierig, tiefergehende Ursachen für die berichteten Bedingungsfaktoren zu identifizieren, wenn eine Verknüpfung zwischen dem Lerngegenstand, dem Studienfach, und dem Lernprozess nicht gezogen werden kann. Auch scheinen nicht alle betrachteten Konstrukte bzw. deren Operationalisierungen, z. B. das Selbstkonzept oder das kritische Prüfen als Informationsverarbeitungsstrategie, für alle Domänen gleich gut als Prädiktor für den Studienerfolg geeignet zu sein (vgl. Fellenberg & Hannover, 2006).

2.4.3 Lehr-Lern-Prozesse in einem Lehramtsstudium

Beiträge zu diesem Typ sind vor allem durch die Wahl der Stichprobe gekennzeichnet. Bei den untersuchten Probandinnen und Probanden handelt es sich ausnahmelos um Lehramtsstudierende, die durch ihr professionelles Wissen (Spinath, van Ophuysen & Heise, 2005), ihre Einstellungen (Albrecht, 2011; Winter, 2003), ihre Studienmotivation (Künsting & Lipowsky, 2011) sowie durch ihre Orientierung zum Lehren und Lernen (Heinze & Wiedenhofer, 2005; Vogel, 2001) charakterisiert werden. Auf die Entwicklung von fachlichem, fachdidaktischem und pädagogischem Wissen wird vielfach fokussiert, da diese Komponenten professionellen Wissens als essentiell für Unterrichtsqualität angesehen werden (z. B. Blömeke, Kaiser & Lehmann, 2010; Buchholtz & Kaiser, 2013). Beispielsweise konzentriert sich das groß angelegte, längsschnittliche und studienfachübergreifende Projekt PALEA (Panel zum Lehramtsstudium) direkt auf die Eigenschaften von Lehramtsstudierenden und hat erste Ergebnisse vor allem zur Studienmotivation und zum Interesse an bildungswissenschaftlichen Studieninhalten veröffentlicht (Skalendokumentation in Kauper, Retelsdorf, Bauer, Rösler, Möller & Prenzel, 2012)[6].

An der Dissertation von Eilerts (2009) lassen sich ebenfalls Charakteristika der Beiträge dieses Typs verdeutlichen. In ihrer Arbeit „Kompetenzorientierung in der Mathematik-Lehrerausbildung" hat sie verschiedene Perspektiven, Makro-, Meso- und Mikroebene, eingenommen, um die Implementierung der Kompetenzorientierung im Bereich universitärer Lehr-Lern-Prozesse zu analysieren und zu evaluieren. Als Grundlage ihrer Arbeit hat Eilerts (2009) sowohl den Begriff der Kompetenz als auch internationale Standards für die Lehrerbildung sowie ein Modell der MT21-Untersuchung (Pilotstudie der Studie TEDS-M zur Analyse von Merkmalen von Lehramtsstudierenden) verwendet. Während sie auf der Makroebene Modul- und Studienpläne einer Hochschule analysiert und auf der Mesoebene Hochschulangehörige zum Implementationsgrad der Kompetenzorientierung in der Lehramtsausbildung interviewt hat, hat sie auf der Mikroebene Prädiktoren für den mathematischen Kompetenzerwerb im ersten Semester identifiziert (detaillierte Ergebnisse siehe Abschnitt 6.3.1). In ihren Ausführungen steht weniger der universitäre Lerngegenstand, die wissenschaftliche Mathematik, im Vordergrund, sondern sie orientiert sich stärker an Inhalten und Aktivitäten der Schul-

---

6   Siehe auch http://www.palea.uni-kiel.de/veroffentlichungen/publikationsliste/ (heruntergeladen am 05.03.2014).

mathematik, was sich beispielsweise an den schulwissensnahen Aufgaben in den eingesetzten Testinstrumenten zeigt.

Insgesamt sind die Arbeiten zu diesem Typ stark an der späteren Schulpraxis, z. B.
an Charakteristika des Schulunterrichts, orientiert und gehen teilweise nicht auf ein
spezifisches Studienfach ein (z. B. Kauper et al., 2012). Mathematikspezifisch ausgerichtete Arbeiten fokussieren weniger den universitären Lerngegenstand „wissenschaftliche Mathematik", sondern stärker den schulischen Lerngegenstand „Schulmathematik" (z. B. Eilerts, 2009; Vogel, 2001). Wie in Kapitel 3 genauer ausgeführt wird, stellt
jedoch gerade das Kennenlernen von Mathematik als Wissenschaft am Übergang in ein
Mathematikstudium eine nicht zu vernachlässigende Herausforderung für Studienanfängerinnen und Studienanfänger dar.

2.4.4 Wissenschaftliche Mathematik als Lerngegenstand

Die Arbeiten zum vierten Typ fokussieren stark auf den Lerngegenstand Mathematik als
Wissenschaft und sind insbesondere von einer mathematikdidaktischen Forschungstra-
dition geprägt. In diesen Beiträgen, meist unter dem Stichwort „Advanced Mathematical
Thinking" angesiedelt, stehen die Besonderheiten des wissenschaftlichen Charakters
von Mathematik im Vordergrund und es werden die folgenden Fragen diskutiert:
(1) Welche Unterschiede bestehen zwischen dem Charakter von Mathematik an der
Schule und an der Hochschule? (2) Welche Fehlvorstellungen und unbefriedigenden
Strategien besitzen Studierende im Bereich des Problemlösens, des Beweisens sowie
der Begriffsbildung? Untersuchungen, die sich der Beantwortung der ersten Frage wid-
men, sind beispielsweise die Arbeiten von Engelbrecht (2010), Gueudet (2008) und Tall
(2008), zur Beantwortung der zweiten Frage sind die Beiträge von Davis und Vinner
(1986), Fischer (2006), Juter (2006), Ko und Knuth (2009), Roh (2008) sowie Schwarz
et al. (2008) zu nennen.

Die Ergebnisse dieser Beiträge basieren vorwiegend auf theoretischen Überlegungen, Einzelfallstudien sowie empirischen Untersuchungen nach einem qualitativen Forschungsparadigma und verbleiben häufig auf einer deskriptiven Ebene.[7] Beispielsweise
stellt Tall (2008) ein sog. three-worlds-model auf, um qualitative Unterschiede zwischen Denkprozessen in der Schulmathematik und Denkprozessen in der wissenschaftlichen Mathematik zu modellieren (siehe Abschnitt 3.2). Roh (2008) hat in ihrem Beitrag den Einfluss von mentalen Vorstellungen auf das Verständnis von formalen Definitionen zum Begriff des Grenzwertes untersucht, indem sie 23 Studierende bei der Bear-

---

[7]   Diese Arbeiten werden oft in der working group (Arbeitsgruppe) „University mathematics
      education" im Rahmen des „Congress of European Research in Mathematics Education"
      (CERME) vorgestellt. Eine Kategorisierung der für diese working group eingereichten
      Beiträge nach ihrer methodologischen Vorgehensweise ergab für die beiden letzten Konfe-
      renzen die folgenden Häufigkeiten an Beiträgen: CERME 7, 2011: 4 theoretisch, 11 quali-
      tativ (inkl. Fallstudien), 5 quantitativ, 1 mixed methods; CERME 8, 2013: 4 theoretisch,
      14 qualitativ (inkl. Fallstudien), 3 quantitativ, 2 mixed methods. Zudem ist auffällig, dass
      ein Großteil der quantitativen Beiträge rein deskriptive Ergebnisse berichtet.

beitung von Aufgaben interviewt und die Antworten der Studierenden klassifiziert hat (siehe Abschnitt 3.5.3).

2.4.5   Einordnung dieser Arbeit in das Forschungsfeld „Lehr-Lern-Prozesse in einem Hochschulstudium"

Die Einordnung der vorliegenden, fachspezifisch ausgerichteten Arbeit in das Forschungsfeld „Lehr-Lern-Prozesse in einem Hochschulstudium" wird anhand der *Ziele* der Arbeit (siehe S. 17) vorgenommen. *Ziel I* dieser Arbeit ist es, eine strukturierte Zusammenfassung der Besonderheiten der Lernumwelt (bestehend aus Lerngegenstand und Lernumgebung) und den daraus resultierenden, spezifischen Anforderungen in der Studieneingangsphase im Fach Mathematik zu entwickeln (vgl. Kapitel 3-5). Besonderheiten des Lerngegenstands (der Mathematik) und der Lernumgebung (der Hochschule) werden v. a. in den Arbeiten des vierten Typs explorativ identifiziert. *Ziel II* dieser Arbeit ist es, empirisch gestützte Erkenntnisse über Lehr-Lern-Prozesse im ersten Semester im Fach Mathematik zu generieren (vgl. Kapitel 6-10). In den Beiträgen des zweiten Typs und z. T. des dritten Typs wird ein ähnliches Ziel mit einer ähnlichen methodischen Vorgehensweise verfolgt. Die vorliegende Arbeit ordnet sich dementsprechend in die Schnittstelle zwischen den Beiträgen des zweiten und vierten Typs ein.

I Besonderheiten der Lernumwelt in der Studieneingangsphase im Fach Mathematik

Nach den Theorien zur Person-Umwelt-Passung ist für erfolgreiche Lernprozesse die Passung zwischen Merkmalen der Person und Merkmalen der Lernumwelt relevant (vgl. Abschnitt 2.1). Für nicht erfolgreiche Lernprozesse, die sich beispielsweise an einer hohen Studienabbruchquote zeigen (vgl. Abschnitt 2.3), könnte eine Ursache dementsprechend in einer schlechten Passung vermutet werden. Merkmale der Lernumwelt können beschrieben werden durch (1) Charakteristika des Lerngegenstands sowie die daraus resultierenden Anforderungen (Artelt & Lompscher, 1996; vgl. Kapitel 3) und durch (2) Charakteristika der Lernumgebung (Cortina, 2006; vgl. Kapitel 4).

3 Besonderheiten des Lerngegenstands in der Studieneingangsphase im Fach Mathematik

Im Gegensatz beispielsweise zum Studienfach Rechtswissenschaft wird das Studienfach Mathematik auch als Schulfach angeboten. Im Gegensatz aber beispielsweise zum Studienfach Chemie, in dem die universitären Inhalte direkt auf den schulischen Inhalten aufbauen (Busker, 2009; Nagy, 2006), wird beim Übergang von der Schule zur Hochschule in der Domäne Mathematik der Charakter des Lerngegenstands substanziell anders akzentuiert (Fischer et al., 2009). Aus diesem Grund werden in diesem Kapitel die Besonderheiten des Lerngegenstands Mathematik in einem Mathematikstudium herausgestellt, um darauf aufbauend Anforderungen für den studentischen Lernprozess abzuleiten. Eine tabellarische Zusammenfassung der angenommenen Besonderheiten des Lerngegenstands findet sich am Ende des Kapitels (in Tabelle 3.1, S. 84).

3.1 Charakter von Mathematik und Ziele mathematischer Lehr-Lern-Prozesse

Das Spezifische an der Domäne Mathematik beinhaltet die Art, wie Wissen generiert wird, die Aktivitäten, die für diese Wissensgenerierung notwendig sind, sowie der aus diesen Aktivitäten resultierende Typ des Wissens – das Spezifische an der Domäne Mathematik wird im Folgenden als der Charakter von Mathematik bezeichnet. Verschiedene Charaktere der Domäne Mathematik werden in diesem ersten Abschnitt 3.1.1 vorgestellt, um diese mit unterschiedlichen Bildungszielen der beiden Institutionen Schule (siehe Abschnitt 3.1.2) und Hochschule (siehe Abschnitt 3.1.3) in Verbindung zu setzen.

3.1.1 Charakter von Mathematik

Der Frage, ob die *Wissenschaft Mathematik* eine Geistes-, eine Naturwissenschaft oder etwas völlig Anderes (z. B. eine Kunst) ist, geht Bettina Heintz (2000) in ihrer Habilitationsschrift aus einer soziologischen Perspektive nach (vgl. auch Davis & Hersh, 1985). Mit Hilfe von Wissenschaftstheorien und Beobachtungen der Arbeitsprozesse von forschenden Mathematikerinnen und Mathematikern identifiziert sie Unterschiede und Gemeinsamkeiten zwischen der Wissenschaft Mathematik und mehreren Natur- und Geisteswissenschaften. In ihrer Analyse greift sie Thesen von Borel (1981) auf, der zu dem Schluss gekommen ist, dass Mathematik als eine „geistige" Naturwissenschaft aufgefasst werden kann, die sich durch Konsens und Kohärenz (ähnlich den Naturwissenschaften) auszeichnet (vgl. auch Fahr, 2005). Im Gegensatz zu den Naturwissenschaften besticht die wissenschaftliche Mathematik jedoch durch Kumulativität und sichert ihr Wissen nicht durch Experimente, sondern ähnlich den Geisteswissenschaften mit Hilfe von Deduktion ab (Heintz, 2000). Dementsprechend wird die Mathematik auch als „beweisende Disziplin" bezeichnet (vgl. Heintz, 2000; Hilbert, Renkl, Kessler & Reiss, 2008) und die enorme Bedeutung des *Beweisens* wird oft als entscheidend bei der Abgrenzung der Wissenschaft Mathematik zu anderen Wissenschaften herausgestellt (Almeida, 2000; Reiss & Thomas, 2000; Reiss & Ufer, 2009b). Die Prüfung von Aussagen mit Hilfe deduktiver Beweise ist somit charakteristisch für die Wissenschaft Mathematik, was Healy und Hoyles (1998, S. 1) folgendermaßen ausdrücken: „Proof is at the heart of mathematical thinking, and deductive reasoning, which underpins the process of proving, exemplifies the distinction between mathematics and the empirical sciences". Neben der Bedeutung deduktiver Beweise betrifft eine zweite wichtige Besonderheit die Objekte, mit denen in der Wissenschaft Mathematik operiert wird. Während die naturwissenschaftliche Forschung sich zumeist in ihren Beschreibungen auf reale Objekte bezieht und mit diesen Experimente durchführt, beschäftigt sich die Wissenschaft Mathematik mit Objekten und Relationen zwischen diesen Objekten, die weitestgehend von Phänomenen der realen Welt losgelöst sind, z. B. die unendliche Menge der natürlichen Zahlen (Heintz, 2000), und führt ggf. Gedankenexperimente mit diesen Objekten durch (Davis & Hersh, 1985). Die Gegenstände der Wissenschaft Mathematik sind *abstrakte Konstrukte*, die nur über Darstellungen vermittelt werden, für die eine eigene Symbolsprache entwickelt wurde (Davis & Hersh, 1985; Hefendehl-Hebeker, 2013a). Das Ziel der Wissenschaft Mathematik liegt dementsprechend in der Produktion von wahren Aussagen über abstrakte Objekte und deren Relationen in einem festgelegten, formalen Axiomensystem (Dörfler & McLone, 1986), um Strukturen und Muster zu entdecken, die das Universum ordnen und vereinfachen (Griffiths, 2000).

In den letzten Jahrzehnten hat sich das Bild von Mathematik als Wissenschaft, die allein durch Gedankenverknüpfungen Wissen generiert und sichert, durch den Einsatz von Computern in Beweisprozessen (z. B. beim Vier-Farben-Satz) verändert (Davis & Hersh, 1985; Thurston, 1994). Bei dieser neuen Form der Erkenntnisgenerierung besitzt die Mathematik auch Aspekte einer empirischen Wissenschaft, z. B. der Naturwissenschaft Physik. Die Validierung einer mathematischen Aussage mittels Computerberechnungen ist jedoch umstritten, was sich aus dem Selbstverständnis der Wissenschaft Mathematik ergibt. Die Exploration von möglicherweise wahren Aussagen mittels Computerberechnungen ist dagegen etablierter (vgl. Heintz, 2000).

Neben diesem ersten Charakter von Mathematik als deduktive Wissenschaft besitzt die Mathematik noch einen zweiten Charakter, der sich in der Art des generierten Wissens und den für die Generierung notwendigen Aktivitäten vom ersten Charakter unterscheidet. Mathematische Erkenntnisse werden in vielen naturwissenschaftlichen (z. B. Beschreibung von Bewegungen mittels Differentialgleichungen), ingenieurwissenschaftlichen (z. B. Modellierung von Dehnungskurven mit Hilfe funktionaler Zusammenhänge), betriebswissenschaftlichen (z. B. Berechnung von Gewinnmaximierungen mit Hilfe von (linearen) Optimierungsprozessen) oder gesellschaftswissenschaftlichen (z. B. Modellierung von Bevölkerungswachstumsprozessen durch Exponentialfunktionen) Kontexten angewendet (vgl. Hefendehl-Hebeker, 2013b). Die Mathematik erhält in diesem Zusammenhang die Rolle einer „*Hilfswissenschaft*", die dazu dient, Problemstellungen anderer Wissenschaften darzustellen und zu lösen (Blum et al., 2002; Davis & Hersh, 1985; Nagy, 2006).[8] Bei diesem zweiten Charakter von Mathematik steht somit die Modellierung außermathematischer Problemsituationen im Vordergrund und mit dieser Aktivität wird vornehmlich Wissen in anderen Disziplinen als der Mathematik generiert.

Diese beiden Charaktere von Mathematik wurden durch eine Innenperspektive, durch eine Analyse mathematischer Arbeitsprozesse und Erkenntnisse, identifiziert. Aus einer Außenperspektive heraus operiert die Forschung zu *Beliefs*, um die Frage nach dem individuell konstruierten Charakter von Mathematik zu erörtern. Diese Forschungsperspektive untersucht die Vorstellungen von Personen zu einem Objekt, in diesem Zusammenhang der Mathematik. Für die Untersuchung individueller Vorstellungen bezüglich Mathematik wird häufig das Modell der Weltbilder von Mathematik (Grigutsch & Törner, 1998; Törner & Grigutsch, 1994) genutzt, das vier bzw. fünf Aspekte von Mathematik aufgreift: (1) Schema-Aspekt, (2) Formalismus-Aspekt, (3) Prozess-Aspekt und (4) Anwendungs-Aspekt.[9] Unter dem Schema-Aspekt wird das Einhalten und Anwenden von mathematischen Regeln, Schemata und Rechenverfahren verstanden. Der Formalismus-Aspekt fokussiert auf präzisen Begriffsbildungen und Begründungen. Der Prozess-Aspekt stellt das Herstellen von Zusammenhängen und das Generieren neuer Ideen in den Vordergrund. Der Anwendungsaspekt betont, dass mathematische Erkenntnisse in außermathematischen Situationen angewendet werden können. Neben dieser aus dem deutschsprachigen Raum bekannten Einteilung werden in anderen Forschungsarbeiten zu Vorstellungen bezüglich Mathematik häufig Gegen-

---

8   Offen ist, ob heutige Mathematikerinnen und Mathematiker wissenschaftliche Theorien entwickeln, um sie später zur Lösung realer Problemstellungen (aus anderen Wissenschaften) anzuwenden (vgl. Griffiths, 2000), wie z. B. Issac Newton Theorien der Differentialrechnung systematisiert hat, um Bewegungen darstellen zu können, oder ob heutige Mathematikerinnen und Mathematiker ihre Forschungsmotivation überwiegend aus rein innermathematischen Problemstellungen ableiten.

9   Später entwickelt wurde der rigide Schema-Aspekt, der für diese Betrachtung nicht separat benötigt wird.

satzpaare wie unzusammenhängend (fragmented) – zusammenhängend (cohesive) (Crawford, Gordon, Nicholas & Prosser, 1998) oder Produkt – Prozess (Yusof & Tall, 1999) gebildet. „Unzusammenhängend" meint in diesem Zusammenhang, dass Mathematik aus Regeln und Aussagen besteht, die wenig miteinander in Verbindung stehen. Hinter der Bezeichnung „zusammenhängend" steht die Auffassung, dass Mathematik ein Denkprozess zum Problemlösen ist. Dass Mathematik scheinbar oft als ein in sich abgeschlossenes Produkt gesehen wird, könnte mit der Darstellung mathematischer Erkenntnisse, z. B. in Form einer „definition-theorem-proof"-Abfolge, zusammenhängen (vgl. Abschnitt 3.2.1). Arbeits- und Denkprozesse von Mathematikerinnen und Mathematikern, bei denen Begriffsdefinitionen in einem ständigen Wechsel modifiziert werden oder Beweisansätze in Irrwegen enden, kommen im schulischen Mathematikunterricht oder in mathematischen Lehrveranstaltungen an der Hochschule wenig vor (Fischer et al., 2009). Es wird vielmehr die „finale" Begriffsdefinition, eine wahre mathematische Aussage und ein dazugehöriger Beweis kommuniziert (für eine detaillierte Analyse siehe Abschnitt 4.2.2). Für den außenstehenden Betrachter scheint die Mathematik demnach produktorientiert zu sein. Diese subjektiven Betrachtungsweisen werden in Abschnitt 3.6 aufgegriffen, um mögliche Schwierigkeiten der Lernenden mit dem für sie ungewohnten Charakter von Mathematik in der Studieneingangsphase zu erklären.

3.1.2   Ziele mathematischer Lehr-Lern-Prozesse in der Schule

Das Kennen von Lernzielen ist wichtig für die Analyse von Lernprozessen, da durch vorgegebene Lernziele verschiedene Aspekte des Lerngegenstands akzentuiert sowie die Form der Lerngelegenheiten beeinflusst werden. Zudem werden durch Lernziele die Anforderungen für die Lernenden festgelegt, inklusive der spezifischen Fähigkeiten, die Lernende zur Erreichung dieser Ziele benötigen. Für den schulischen Mathematikunterricht können die zu erreichenden Lernziele aus verschiedenen Perspektiven identifiziert werden: aus einer bildungstheoretischen (pädagogischen) sowie aus einer fachlichen Perspektive. Zur Identifikation von Lernzielen werden in dieser Arbeit unterschiedliche Arten von Bezugsquellen – wissenschaftliche Beiträge und Expertisen sowie Beschreibungen der konkreten Anforderungen wie Lehrpläne und Bildungsstandards – verwendet.

Sicherlich spielt die bildungstheoretische Perspektive von Klafki (1991) bzw. Heymann (1997), die den Allgemeinbildungscharakter des Schulunterrichts in den Vordergrund stellt und didaktische Prinzipien wie die Exemplarität aufstellt, für den heutigen Mathematikunterricht eine wichtige Rolle. Wie eine Konkretisierung von Allgemeinbildung speziell für das Fach Mathematik aussehen kann, hat Winter (1995) mit der Idee der drei Grunderfahrungen umgesetzt. Diese drei grundlegenden Ziele (*Grunderfahrungen*) für den Mathematikunterricht lassen sich mit den sieben Bildungsaufgaben von Heymann in Verbindung bringen (z. B. Grunderfahrung (2) bei Winter, 1995 mit „Stiftung kultureller Kohärenz" bei Heymann, 1997) (Winter, 1995, S. 37):

„(1)   Erscheinungen der Welt um uns, die uns alle angehen oder angehen sollten, aus Natur, Gesellschaft und Kultur, in einer spezifischen Art wahrzunehmen und zu verstehen,

(2)   mathematische Gegenstände und Sachverhalte, repräsentiert in Sprache, Symbolen, Bildern und Formeln, als geistige Schöpfungen, als eine deduktiv geordnete Welt eigener Art kennen zu lernen und zu begreifen,

(3)   in der Auseinandersetzung mit Aufgaben Problemlösefähigkeiten, die über die Mathematik hinaus gehen, (heuristische Fähigkeiten) zu erwerben."

Die *Grunderfahrung (1)* stellt die Verknüpfung zwischen Mathematik und der realen Welt dar. Inhalte des Faches Mathematik sollen dazu beitragen, die reale Lebensumwelt zu beschreiben und zu verstehen. Als exemplarischen, mathematischen Inhalt geht Winter (1995) auf die Zinsrechnung und die Konsequenzen aus Zinsgeschäften ein, die aus mathematischer Sicht keine neuen, inhaltlichen Erkenntnisse zur Prozentrechnung, zur Bruchrechnung bzw. ggf. zu Exponentialfunktionen beinhalten. Für das Alltagsgeschehen spielen die Vorgänge bei Zinsgeschäften jedoch eine entscheidende Rolle, was von den Schülerinnen und Schülern erfahren werden soll. Die Grunderfahrung (1) ist eng mit dem Charakter von Mathematik als Hilfswissenschaft verknüpft. Bei der *Grunderfahrung (2)* steht dagegen der Charakter von Mathematik als deduktive Wissenschaft im Vordergrund, der insbesondere im Bereich der Geometrie im schulischen Mathematikunterricht zu finden ist. Durch das didaktische Prinzip des lokalen Ordnens (Freudenthal, 1973) können z. B. mathematische Aussagen über Winkelpaare an Geradenkreuzungen deduktiv voneinander abgeleitet und so prinzipiell authentische, mathematische Arbeitsprozesse durchgeführt werden. Mit der *Grunderfahrung (3)* wird die Mathematik als „Schule des Denkens" (Winter, 1995, S. 40) angesprochen. Dieses dritte Ziel unterrichtlicher Prozesse, die Förderung von Problemlösefähigkeiten, ist auch in anderen Schulfächern bedeutend. Zu diesem Ziel gehören nicht nur die Reflexion eigener Denkprozesse, sondern auch die Bewertung fremder Argumentationsmuster und die sprachlich mathematisch korrekte Ausdrucksfähigkeit. Als ein inhaltliches Beispiel eignet sich der Bereich der Stochastik, speziell Zufallsexperimente. Bei der Diskussion von Zufallsexperimenten wird eine passende sprachliche Ausdrucksfähigkeit benötigt, um z. B. ein unmögliches Ereignis von einem unwahrscheinlichen Ereignis zu unterscheiden (vgl. Lindmeier, Reiss, Barchfeld & Sodian, 2012).

Zusammenfassend ist am Begriff der Primzahl die Verschränkung der drei Grunderfahrungen erkennbar: Primzahlen spielen in den Anwendungswissenschaften beispielsweise bei Verschlüsselungsalgorithmen in Kodierungsprozessen eine wichtige Rolle, sind zentral im mathematischen Gebiet der Zahlentheorie und eignen sich aufgrund der relativ einfachen Begriffsbeschreibung für Problemlöseprozesse.[10] Aus bildungstheoretischer Sicht haben sich diese Ziele für den Mathematikunterricht durchgesetzt (Henn & Kaiser, 2001) und finden sich in Expertisen (z. B. Borneleit, Danckwerts, Henn & Wei-

---

10   Diese Ziele des Mathematikunterrichts sind in der Praxis nicht zwangsläufig als trennscharf zu betrachten, sondern mit mathematischen Unterrichtsprozessen können auch mehrere Grunderfahrungen angesprochen werden.

gand, 2001) sowie Präambeln von Lehrplänen (z. B. Ministerium, 2002) und von Bildungsstandards (z. B. KMK, 2012).

Eine weitere Sichtweise auf die Ziele mathematischer Unterrichtsprozesse wird durch eine Orientierung auf zu erwerbende (fachspezifische) *Kompetenzen* eingenommen. Vor dem Jahr 2000 standen Lernziele und vor allem die zu lehrenden Inhalte im Fokus, der Begriff der Wissensvermittlung ist hier prägend. Als Folgerung aus den großen Schulleistungsstudien, z. B. der PISA-Studie, wurden in Deutschland länderübergreifende, fachspezifische Bildungsstandards formuliert. Zum Ersten wird in diesen Bildungsstandards der inhaltliche Fokus von Wissen auf Kompetenzen verschoben. Kompetenzen beinhalten nicht nur das Wissen über Sachverhalte, sondern auch die Fähigkeit, Wissen in Situationen anzuwenden, und die Motivation, diese Fähigkeit zu nutzen (Köller, 2009). Der neue Fokus der Kompetenzorientierung hängt eng mit dem Begriff der „Umwelterschließung" (Borneleit et al., 2001; Vollrath, 1983) zusammen (vgl. Grunderfahrung (1)). Zum Zweiten liegt die Konzentration im Bereich des Unterrichts weniger auf einer Input-Orientierung (Lehren von Inhalten), sondern stärker auf einer Output-Orientierung (Erwerb von Kompetenzen). Den Bildungsstandards Mathematik für das Ende der Primar- und das Ende der Sekundarstufe I liegt ein dreidimensionales, normatives Kompetenzmodell zugrunde, das beispielweise die beiden prozessbezogenen Kompetenzen „mathematisch modellieren" (ähnlich zur Grunderfahrung (1)) und „Probleme mathematisch lösen" (ähnlich zur Grunderfahrung (3)) enthält. Die Grunderfahrung (2) von Winter (1995) findet sich in Formulierungen aller prozessbezogener Kompetenzen (implizit) wieder. Auch für die allgemeine Hochschulreife im Fach Mathematik wurden im Jahr 2012 Bildungsstandards verabschiedet (KMK, 2012), die auf einem ähnlichen, dreidimensionalen Modell basieren (eine Analyse der Bildungsstandards findet sich in den Abschnitten 3.4.2 und 3.5.2). Neben den relativ gut beschriebenen Kompetenzstandards werden auch konzeptuell weniger gut unterfütterte Begriffe wie „allgemeine Studierfähigkeit" genannt, um die Ziele schulischer Lehr-Lern-Prozesse zu beschreiben („Vermittlung der allgemeinen Studierfähigkeit und der Berufsfähigkeit", Ministerium, 2002, S. 5; vgl. KMK, 2012).

Der Mathematikunterricht in der Schule steht somit im Fokus der Allgemeinbildung und in den letzten Jahren einer stärkeren Kompetenzorientierung, welches sich beides in den formulierten Bildungsstandards wiederfindet (vgl. Reichersdorfer et al., 2014). „Nach Winter (1996) bedeutet dies, dass Schülerinnen und Schüler eben nicht nur den deduktiven Aufbau der Mathematik als vom Menschen geschaffene Theorie kennenlernen, sondern dass sie auch bei der Auseinandersetzung mit Mathematik heuristische Problemlösefähigkeiten ausbilden und in die Lage versetzt werden, Mathematik zu verwenden, um Erscheinungen der Welt zu verstehen und damit umzugehen" (Rach & Heinze, 2013a, S. 125). Entsprechend der letzten Aussage im Zitat werden mathematische Erkenntnisse im schulischen Unterricht häufig als Werkzeug verwendet, um außermathematische Probleme zu modellieren und zu lösen (Borromeo Ferri, Greefrath & Kaiser, 2013).

Zusammenhängend mit den Überlegungen zu Lernzielen stellt sich die Frage, welcher Charakter von Mathematik im Schulunterricht im Vordergrund steht. Dörfler und

McLone (1986, S. 63) verwenden den Begriff „*school mathematics*" und gehen davon aus, dass durch die Ziele des schulischen Mathematikunterrichts der Lerngegenstand Mathematik speziell akzentuiert ist. Nach Witzke (2012) ist in der Schule eine eher empirisch-gegenständliche Auffassung von Mathematik zu finden, was der naturwissen-schaftlichen bzw. anwendungsorientierten Sichtweise von Mathematik entspricht (vgl. Abschnitt 3.1.1). Er ist der Ansicht, dass „mathematisches Wissen an Objekten der Empirie entwickelt" (Witzke, 2012, S. 950-951) wird. Diese Vorgehensweise steht seiner Meinung nach im Gegensatz zur formalistischen (bzw. abstrakten) Sichtweise der wissenschaftlichen Mathematik, die Objekte untersucht, die weitestgehend von Phäno-menen der realen Welt losgelöst sind. Auf diese angenommenen graduellen (z. B. Ver-wendung mathematischer Notation) sowie prinzipiellen Unterschiede (z. B. neue Stufe der Theoriebildung bzw. variierende Denkprozesse; Hefendehl-Hebeker, 2013a) zwi-schen Mathematik in der Schule und an der Hochschule und deren Auswirkungen auf den Lernprozess wird in den Abschnitten 3.2, 3.4 und 3.5 näher eingegangen.

3.1.3   Ziele mathematischer Lehr-Lern-Prozesse an der Hochschule

Zu den Zielen universitärer Lehr-Lern-Prozesse – hier sind wiederum übergeordnete Bildungsziele und nicht Ziele einzelner Studienmodule gemeint – sind mir bis auf Stu-dien- und Prüfungsordnungen nur wenige Beiträge bekannt. Als Folge des Bologna-Prozesses ist im letzten Jahrzehnt sicherlich eine Tendenz zu einer stärkeren Berufsori-entierung und zu einer vermehrt internationalen Orientierung entstanden, doch scheint die praktische Umsetzung stark vom Studienfach bzw. Studiengang abhängig zu sein. Die Berufsfelder inklusive der daraus resultierenden, beruflichen Anforderungen, die Absolventinnen und Absolventen eines Mathematikstudiums besetzen bzw. bewältigen müssen, scheinen sehr divergent zu sein: „The job of ‚mathematician' is not obvious, visible or well defined. It encompasses a wide range of careers that are related through the tools, techniques and ideas of mathematics" (Petocz et al., 2007, S. 440). Auf die Heterogenität der späteren, beruflichen Anforderungen ist möglicherweise auch die folgende allgemeingehaltene Formulierung in der Rahmenordnung für den Diplomstu-diengang Mathematik zurückzuführen: „Die dabei erworbene Fähigkeit zu selbständi-gem Umgang mit mathematischen Arbeitstechniken, abstraktem Denken und zur Be-handlung von Problemen ist von entscheidender Bedeutung für die Berufsfähigkeit" (KMK, 2002, S. 32).

Außer Frage zu sein scheint, dass ein (Mathematik-)Studium, insbesondere die Stu-dieneingangsphase, nicht primär eine Vorbereitung auf die späteren, während des Studi-ums noch unbekannten, beruflichen Tätigkeiten leistet, sondern vielmehr einen Einblick in wissenschaftliche Arbeitsweisen und Erkenntnisse geben sollte (DMV, 2004). Ant-worten auf die Frage, welche konkreten Ziele bzw. Anforderungen in der Studienein-gangsphase eines Mathematikstudiums zu erreichen bzw. zu bewältigen sind, liefert die Rahmenordnung für den Diplomstudiengang Mathematik (KMK, 2002) nur in einem geringen Maße. Während in den Prüfungsbestimmungen und in der Struktur des Grund-studiums die mathematischen Inhaltsgebiete „Lineare Algebra", „Analysis" und „Angewandte Mathematik" (KMK 2002, S. 23-24) explizit genannt werden, geht es im Mathematikstudium jedoch „nicht um die Anhäufung von Faktenwissen […], sondern um das Erlernen präzisen Argumentierens und um das Aneignen der mathematischen Fachmethodik sowie der Fähigkeit zum Problemlösen" (KMK 2002, S. 31). In dieser letzten Formulierung wird eine stark prozessbezogene Sichtweise eingenommen, wobei ein Zusammenhang mit den Inhaltsgebieten nicht erkennbar gezogen wird.

In Beiträgen zu Zielen mathematischer, universitärer Lehr-Lern-Prozesse (z. B. KMK, 2002) wird der Begriff des „Problemlösens" nicht näher spezifiziert; für den Schulunterricht wird diese Aktivität ebenso explizit gefordert (KMK, 2012). Meiner Ansicht nach gibt es jedoch deutliche Unterschiede bei der Verwendung des Begriffs für schulische bzw. universitäre Lehr-Lern-Prozesse. Diese Unterschiede zeigen sich im Typ der behandelten Probleme und der mit dem Typ zusammenhängenden, kognitiven Prozesse zur Problemlösung. Im Kontext der Ziele eines Hochschulstudiums wird stärker von einer allgemeinen Problemlösefähigkeit ausgegangen, die für spätere, noch zu spezifizierende Berufstätigkeiten nützlich sein kann und die durch die Bearbeitung mathematischer, komplexer Beweisprobleme (vgl. Abschnitt 3.4.1) mittels Transfer erworben werden soll.[11] Die Probleme im Schulunterricht scheinen dagegen einen geringeren Komplexitätsgrad aufzuweisen und zudem neben innermathematischen auch außermathematische Problemlösesituationen zu umfassen.

Festzuhalten bleibt nach diesen Ausführungen, dass ein übergeordnetes Ziel eines Mathematikstudiums ist, die Studierenden in die Welt der Mathematik und der Mathematik betreibenden Personen einzuführen (Tall, 1992b) und Argumentationskompetenzen zu erwerben (Reiss & Ufer, 2009b): „die Vermittlung eines soliden Wissens und einer breiten Kenntnis mathematischer Methoden, vor allem aber um das Erlernen logischer Strukturen und Modellierung, um die Einübung strukturellen Denkens und um das Aneignen abstrakter mathematischer Vorgehensweisen" (KMK, 2002, S. 36).

Das Studienfach Mathematik steht nicht nur im Diplom-, 1-Fach-Bachelor- bzw. 1-Fach-Master-Studiengang Mathematik im Vordergrund, sondern auch in den mathematischen Lehramtsstudiengängen. Insbesondere in den Lehramtsstudiengängen ist die schon erwähnte Berufsorientierung, in diesem Zusammenhang „Berufsfeld: schulische Lehrkraft", zur Formulierung von Zielen und inhaltlichen Anforderungen des Studiengangs verstärkt zu finden. Beispielsweise nehmen die „KMK-Standards zur Lehrerbildung" (KMK, 2008, S. 2) den folgenden Standpunkt ein:

> „Die inhaltlichen Anforderungen an das fachwissenschaftliche und fachdidaktische Studium für ein Lehramt leiten sich aus den **Anforderungen im Berufsfeld von Lehrkräften** ab; sie beziehen sich auf die Kompetenzen und somit auf Kenntnisse, Fähigkeiten, Fertigkeiten und Einstellungen, über die eine Lehrkraft zur Bewältigung ihrer Aufgaben im Hinblick auf das jeweilige Lehramt verfügen muss."

---

11   Solch eine automatische Transferleistung in andere Domänen ohne weitere Anleitung gilt jedoch nicht als gesichert (Heinze, 2007).

Diese Berufsorientierung wird ebenfalls deutlich an Zielen des fachmathematischen Teils des Lehramtsstudiums, die im Projekt „Mathematik Neu Denken" stichpunktartig formuliert wurden (vgl. Beutelspacher et al., 2010).

Bei einem Studium von Mathematik als Hauptfach können somit zwei verschiedene Zieldimensionen unterschieden werden: das Kennenlernen der Wissenschaft Mathematik (Reichersdorfer et al., 2014) versus der Orientierung am späteren Berufsfeld (KMK, 2008). Während in einem Fachstudiengang Mathematik das erste Ziel, das Kennenlernen der Wissenschaft Mathematik, im Vordergrund steht, orientieren sich die Anforderungen in einem Lehramtsstudium stärker am zweiten Ziel, dem Erwerb lehrkraftspezifischer Kompetenzen. Das erste Ziel hängt dabei eng mit dem Charakter der wissenschaftlichen Mathematik zusammen, während das zweite Ziel mit einer Mischung aus dem Anwendungscharakter (ähnlich der Schulmathematik) und dem wissenschaftlichen Charakter von Mathematik verbunden ist. Welche spezifischen Kompetenzen im Gebiet der wissenschaftlichen Mathematik für die späteren, beruflichen Anforderungen als Lehrkraft vonnöten sind, scheint bei dieser Diskussion jedoch nicht endgültig geklärt zu sein (Vorschläge z. B. in Beutelspacher et al., 2010; Blömeke et al., 2010; Krauss et al., 2011; Loch, Lindmeier & Heinze, 2013). In Lehramtsstudiengängen ist zudem ein Unterschied zwischen theoretischer Zieldimension und praktischer Umsetzung zu erkennen. Vor allem in gymnasialen Lehramts- bzw. 2-Fächer-Bachelor-Studiengängen sind die Lehrveranstaltungen häufig mit den Lehrveranstaltungen der entsprechenden Diplom- bzw. 1-Fach-Bachelor-Studiengänge zusammengelegt und werden von Professorinnen bzw. Professoren des Fachbereiches Mathematik gehalten. Aus diesem Grund werden mögliche Verknüpfungen zwischen Schulmathematik und wissenschaftlicher Mathematik häufig mit Hilfe wissenschaftlicher Darstellungen präsentiert bzw. unterschiedliche inhaltliche Akzente gesetzt, so dass mögliche Verknüpfungen zwischen Schulmathematik und wissenschaftlicher Mathematik für die Studierenden nicht transparent werden (Bauer & Partheil, 2009; vgl. Abschnitte 3.4.2 und 3.5.2).

Anhand dieser Analyse wird insgesamt deutlich, dass die Ziele eines Mathematikstudiums noch nicht hinreichend geklärt sind und sich die Zielsetzungen zwischen den beiden Studiengängen reines Fachstudium (Diplom- bzw. 1-Fach-Bachelor) versus Lehramtsstudium (Staatsexamen bzw. 2-Fächer-Bachelor) z. T. unterscheiden. Für die in dieser Arbeit relevante Studieneingangsphase wird vermutet, dass sich das Ziel eines (gymnasialen) Lehramtsstudiums nicht von dem Ziel eines reinen Mathematikstudiums unterscheidet: einen Einblick in die Arbeitsweisen und Erkenntnisse der Wissenschaft Mathematik zu erhalten.

3.2 Bestandteile und Darstellung wissenschaftlicher Mathematik sowie mathematische Denkprozesse

3.2.1 Bestandteile und Darstellung wissenschaftlicher Mathematik

Aus den variierenden Zieldimensionen und den variierenden Charakteren von Mathematik können einige Unterschiede zwischen der Schulmathematik („school mathematics") und der universitären Mathematik („tertiary mathematics") abgeleitet werden. Leviatan (2008, S. 105) charakterisiert den Unterschied folgendermaßen:

> „There is a distinct cultural gap between school mathematics and tertiary mathematics. While school mathematics tends to concentrate on problem solving skills, tertiary mathematics is more abstract and emphasizes the inquisitive as well as the rigorous nature of mathematics. Many first-year college students find it difficult to adapt to a culture where concepts are abstract, yet require rigorous definitions; theorems have to be proved, and their assumptions meticulously verified before their results can be applied, etc."

Die Beschreibung der universitären Mathematik von Leviatan (2008) ähnelt stark der Charakterisierung von Mathematik als deduktive Wissenschaft (vgl. Abschnitt 3.1.1). In vielen Arbeiten wird ebenfalls angenommen (z. B. Almeida, 2000; Bergsten, 2007), dass der Lerngegenstand Mathematik in der Hochschullehre, insbesondere in der Studieneingangsphase durch ein DTP-Schema (*definition-theorem-proof*) gekennzeichnet ist, wobei *definition* meist eine formal-abstrakte Begriffsdefinition ist, *theorem* eine Aussage in einem mathematischen Axiomensystem darstellt und es sich beim *proof* größtenteils um einen deduktiven Beweis handelt. Die Darstellung mathematischer Inhalte und die Kommunikation über Mathematik an der Hochschule erfolgt häufig anhand dieses Schemas (Engelbrecht, 2010), wobei dieses Schema nicht die authentische Quelle mathematischer Erkenntnisse widerspiegelt (Thurston, 1994).

Die Objekte bzw. Aktivitäten, die den Lerngegenstand in einem Mathematikstudium kennzeichnen, ergeben sich nicht nur aus den Zieldimensionen universitärer Lehre (vgl. Abschnitt 3.1.3) oder durch Analysen universitärer Lernmaterialien – diese Methoden werden für detaillierte Untersuchungen des Lerngegenstands und des Lehrangebots in den Abschnitten 3.4, 3.5 sowie 4.2 verwendet –, sondern werden auch in Befragungen von Lehrpersonen genannt. Grünwald et al. (2004) haben Hochschuldozierende verschiedener Länder nach den Unterschieden zwischen Mathematik in der Schule und Mathematik an der Hochschule befragt. Von 72% der Personen wurde das „höhere[s] Denkniveau in der Hochschulmathematik" (Grünwald et al., 2004, S. 285) genannt, wobei dieser Begriff durch die Autorin und die Autoren geprägt wurde und sehr verschiedene Aussagen der Befragten enthält, z. B. „Die meisten unserer Studenten haben noch nie einen formalen Beweis gesehen, bevor sie zur Universität kamen" bzw. „Sie lernen in der Oberschule Mathematik fast ohne theoretische Erläuterung und nur das Berechnen" (Grünwald et al., 2004, S. 285). In der Studie von Thomas und Klymchuk (2012) wurden schulische Lehrkräfte und Dozierende an der Hochschule zu mathematischen Aktivitäten befragt, die in der Schule bzw. in der Hochschule relevant sind. Als weniger wichtig für die Hochschule wurden „Prozeduren" und „Modellieren" eingeschätzt, als deutlich relevanter wurden „Begriffe", „mathematisches Denken" und „Problemlösen" genannt.

Diese bei Personenbefragungen genannten Unterschiede zwischen schulischem Mathematikunterricht und einem universitären Mathematikstudium betreffen nicht nur den formalen Aufbau der mathematischen Theorie, sondern auch die individuelle Genese mathematischen Wissens. Mögliche, individuelle mathematische Denkprozesse werden im folgenden Abschnitt vorgestellt, um den von Grünwald et al. (2004, S. 285) verwendeten Begriff „höheres Denkniveau" zu erläutern.

3.2.2 Mathematische Denkprozesse

Das Forschungsfeld bezüglich mathematischer Denkprozesse wird in der internationalen Mathematikdidaktik als „*Advanced Mathematical Thinking*" (AMT) bezeichnet und beschäftigt sich „mit den psychologischen Besonderheiten des Mathematiklernens auf Hochschulniveau" (Fischer et al. 2009, S. 252; Überblick z. B. in Harel, Selden & Selden, 2006). Nach Tall (1992b) ist AMT durch zwei Aspekte festgelegt: „*precise mathematical definitions*" und „*logical deduction* of theorems" (Tall, 1992b, S. 495), die in den vorhergehenden Abschnitten als essentielle Bestandteile der Wissenschaft Mathematik identifiziert wurden. Als eine wichtige Theorie im Bereich des AMT hat Tall das „three worlds-model" entwickelt, das mathematische Denkprozesse in drei verschiedene Welten einteilt (Tall, 2008, S. 7):

- „the *conceptual-embodied world*, based on perception of and reflection on properties of objects, initially seen and sensed in the real world but then imagined in the mind;
- the *proceptual-symbolic world* that grows out of the embodied world through action (such as counting) and is symbolised as thinkable concepts (such as number) that function both as processes to do and concepts to think about (procepts);
- the *axiomatic-formal world* (based on formal definitions and proof), which reverses the sequence of construction of meaning from definitions based on known objects to formal concepts based on set-theoretic definitions."

Talls (2008) Auffassung nach vollzieht sich beim Übergang von der Schule in ein Mathematikstudium der Schritt von der „proceptual-symbolic world" zur „axiomatic-formal world", was bedeutet, dass völlig neue mathematische Denkprozesse in der Hochschule benötigt werden. Für einen Erfolg in einem Mathematikstudium muss somit ein höheres Denkniveau („axiomatic-formal world") als in der Schule erreicht werden (Grünwald et al., 2004; Thomas & Klymchuk, 2012). Dieser Ansatz steht neben kognitions- bzw. entwicklungspsychologischen Ansätzen beispielsweise dem Ansatz von van Hiele (1986), der formales Denken, z. B. das Arbeiten mit Axiomensystemen, auch als Endniveau hierarchisch angeordneter Anforderungslevel versteht, aber offen lässt, zwischen welchen Leveln der größte Übergang im Denken stattfindet.

Das three-worlds-model von Tall (2008) wurde im Projekt von Wagner (2011) als Grundlage verwendet, um mathematische Kompetenzanforderungen im Schulunterricht und in einem Mathematikstudium zu beschreiben und gegeneinander abzugrenzen. Den mathematischen Inhalten in einem Mathematikstudium wurde ein erhöhter Grad an

Komplexität zugesprochen, der sich durch Formalisierung, Abstraktion und Deduktion auszeichnet (vgl. Alcock & Simpson, 2002). Aufbauend auf diesem Modell entwickelte Wagner (2011) Testitems, für deren Lösung formal-abstrahierende Denkprozesse entweder sehr wenig oder notwendigerweise benötigt werden. Items, die sich auf der Ebene mit sehr wenig Formalisierung, Abstraktion und Deduktion befinden, sollten der Annahme nach auch von Schülerinnen bzw. Schülern der Sekundarstufe II gelöst werden; Items, für die ein substanzieller Grad an Formalisierung, Abstraktion und Deduktion benötigt wird, sollten erst am Ende des ersten Fachsemesters Mathematik lösbar sein. Erste Ergebnisse bestätigen, dass die Lösungshäufigkeiten der verschiedenen Items sich der Annahme entsprechend verhalten und die Studierenden somit im ersten Semester Kompetenzen bezüglich formal-abstrahierender Denkprozesse (in der axiomatic-formal world) erwerben (Wagner, 2011).

Eine zweite Anwendung des three-worlds-models ist die Analyse des individuellen Begriffserwerbs und der möglicherweise dabei auftretenden Fehlvorstellungen (vgl. Hänisch, 2011; Juter, 2006). Derartige Fehlvorstellungen zeigen sich insbesondere in der Studieneingangsphase (2012, S. 286): „Many students are exposed to a formal deductive approach in mathematics for the first time only upon entry to university and may therefore experience a significant amount of cognitive conflict in their first year". Um Probleme von Lernenden bei einem kohärenten Begriffserwerb zu beschreiben (z. B. zum Begriff der Unendlichkeit: Kolar & Cadez, 2012; zum Begriff der unendlichen Folge: Martínez-Planell, Gonzalez, DiChristina & Acevedo, 2012), wird in vielen Beiträgen zusätzlich die APOS-Theorie verwendet (Cottrill, Dubinsky, Nichols, Schwingendorf, Thomas & Vidakovic, 1996; Engelbrecht, 2010; Gueudet, 2008). Das Akronym steht für die Sequenz „Action-Process-Object-Schema" und benennt verschiedene Aspekte eines Begriffes, die nacheinander für einen vollständigen Begriffserwerb erlernt werden sollten (Dubinsky & McDonald, 2001).

Diese beiden Theorien, three-worlds-model und APOS-Theorie, hat Tall (2008, S. 8) in einer graphischen Darstellung zusammengefasst, die auch das entwicklungspsychologische Modell zum Begriffsaufbau von van Hiele (1986) am Beispiel der Geometrie enthält (Abbildung 3.1). Dieses Modell von Tall (2008) beschreibt somit verschiedene Denkprozesse, die zu bestimmten „Welten" von Mathematik gehören. Dieses Modell (Abbildung 3.1), das verschiedene Theorien im Bereich des AMT vereinigt, fokussiert auf verschiedene Denkprozesse, die bei der kognitiven Entwicklung im mathematischen Bereich durchlaufen werden. Einige der dargestellten Theorien werden in den Abschnitten 3.4 und 3.5 wieder aufgegriffen, um die Herausforderungen der Studierenden mit den fachlichen Inhalten in der Studieneingangsphase zu beschreiben und z. T. zu erklären.

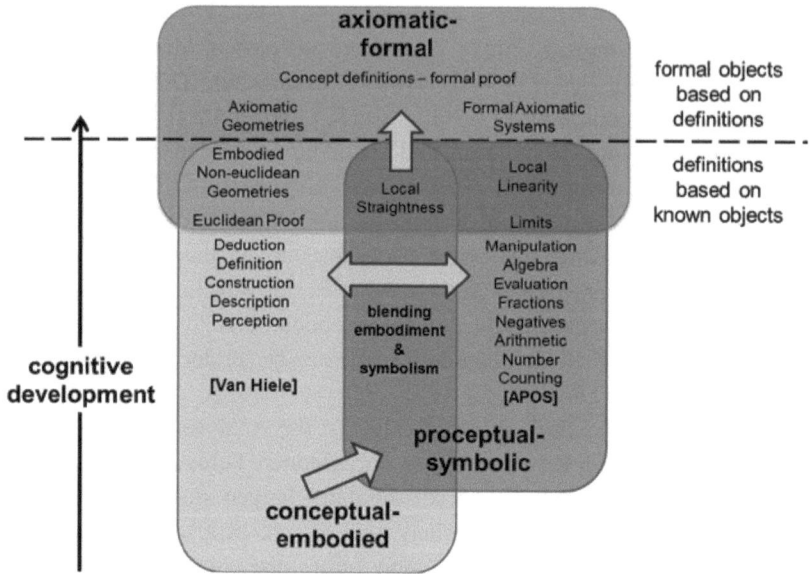

Abbildung 3.1:   Strukturierung verschiedener Theorien zum Advanced Mathematical Thinking aus Tall (2008, S. 8)

Um einen konkreten Eindruck zu erhalten, mit welchen fachlichen Inhalten die Lernenden zu Beginn eines Mathematikstudiums konfrontiert werden, werden im folgenden Abschnitt 3.3 relevante mathematische Begriffe und Aussagen des Inhaltsgebiets „Reelle Folgen und Reihen" dargestellt. Diese kurze Darstellung eines exemplarischen Inhaltsgebiets der wissenschaftlichen Mathematik knüpft an die Ausführungen in Abschnitt 3.2.1 an.

3.3 Mathematischer Theorieaufbau am Beispiel des Inhaltsgebiets „Reelle Folgen und Reihen"

Dass der mathematische Theorieaufbau gut am Inhaltsgebiet „Reelle Folgen und Reihen" verdeutlicht werden kann und sich das Vorgehen für diese Arbeit anbietet, wird mit den folgenden Aspekten begründet: (1) Aus fachlicher Sicht ist dieses Gebiet durch präzise, formale Definitionen und daraus deduktiv abgeleitete Aussagen charakterisiert. Damit spiegelt es Arbeitsweisen der Wissenschaft Mathematik wider. (2) Erkenntnisse dieses Teilgebietes der Analysis sind für das gesamte Gebiet der Analysis (und der gesamten Mathematik) essentiell. (3) Aus didaktischer Perspektive ist dieses mathematische Gebiet wichtig, da mathematische Arbeitsweisen den Studienanfängerinnen und Studienanfängern häufig bei diesem Thema konkret begegnen. (4) Es ist ein in sich abgeschlossenes Inhaltsgebiet und somit gut darstellbar. Zudem ist die empirische Untersuchung (dargestellt in den Kapiteln 6-10 der vorliegenden Arbeit) teilweise in diesem mathematischen Inhaltsgebiet angesiedelt, was vor allem durch Aspekt (3) motiviert ist. Die exemplarische Darstellung wichtiger Begriffe, Aussagen und Beweistechniken zeigt zudem die fachlichen Hintergründe der Itementwicklung für zwei Kompetenztests auf (vgl. Abschnitt 8.3.3).

Zeitlich vor diesem Inhaltsgebiet werden in Lehrveranstaltungen im Gebiet der Analysis häufig Grundlagen der Mathematik, z. B. grundlegende Aspekte der Mengenlehre, Zahlbereiche $\mathbb{N}$ (mit dem Prinzip der Induktion) und $\mathbb{Q}$ sowie grundlegende Eigenschaften von Funktionen (z. B. Bijektivität und Monotonie) behandelt. Die Ausführungen in diesem Abschnitt zum Inhaltsgebiet „Reelle Folgen und Reihen" orientieren sich an den Darstellungen in Forster (2004) und Königsberger (2004).

Der Begriff der Folge

Definition 1

Eine Abbildung $f : \mathbb{N} \to \mathbb{R}$ heißt (reelle) <u>Folge</u> und wird häufig mit $(a_n)_{n \in \mathbb{N}}$ bezeichnet. Man sagt, dass eine Folge $(a_n)_{n \in \mathbb{N}}$ gegen $a \in \mathbb{R}$ <u>konvergiert</u>, wenn für alle $\epsilon \in \mathbb{R}_{>0}$ ein $N \in \mathbb{N}$ existiert, so dass für alle $k \in \mathbb{N}_{\geq N}$ gilt: $|a_k - a| < \epsilon$. $a \in \mathbb{R}$ heißt <u>Grenzwert</u> der Folge $(a_n)_{n \in \mathbb{N}}$.

Eine Folge, die nicht konvergiert, <u>divergiert</u>.

Auf eine formale Definition einer konvergenten Folge, z. B. Definition 1, folgt häufig die Frage nach der Eindeutigkeit des Grenzwertes einer konvergenten Folge, um überhaupt von *dem* Grenzwert einer Folge sprechen zu können.

Satz 1

Der Grenzwert einer konvergenten, reellen Folge ist eindeutig.

<u>Beweis zu Satz 1</u>

Sei $(a_n)_{n \in \mathbb{N}}$ eine konvergente, reelle Folge. Wären $a, a' \in \mathbb{R}$ mit $a \neq a'$ zwei Grenzwerte dieser Folge, dann gäbe es zu $\epsilon := \frac{1}{3}|a - a'| > 0$ Indizes $N \in \mathbb{N}$ und $N' \in \mathbb{N}$ derart, dass $|a_n - a| < \epsilon$ für alle $n \in \mathbb{N}_{\geq N}$ und $|a_{n'} - a'| < \epsilon$ für alle $n' \in \mathbb{N}_{\geq N'}$. Wähle $k \in \mathbb{N}$ mit $k \geq \max\{N, N'\}$. Dann folgt mit der Dreiecksungleichung

$$|a - a'| = |a - a_k + a_k - a'| \leq |a - a_k| + |a_k - a'| < 2\varepsilon = 2 \cdot \frac{1}{3}|a - a'|.$$

Aus diesem Widerspruch folgt, dass der Grenzwert einer konvergenten Folge eindeutig ist.

<u>Anmerkung</u>: An dieser Aussage und dem präsentierten Beweis sind Charakteristika der Wissenschaft Mathematik erkennbar. Die mathematische Aussage erscheint plausibel, jedoch ist ein deduktiver Beweis zur Evidenzgenerierung unabdingbar. In diesem kurzen Beweis sind zudem mehrere für die Wissenschaft Mathematik bzw. für das Gebiet „Reelle Folgen und Reihen" spezifische Strategien enthalten. Beispielsweise handelt es sich bei diesem Beweis um einen Beweis durch Widerspruch, der bei vielen Eindeutigkeitsaussagen Anwendung findet. Themenspezifische Strategien bestehen in der Einführung einer „nahrhaften 0" in Form von $|-a_k + a_k|$ und in der Verwendung der Dreiecksungleichung. Auch ist die Wahl eines geeigneten ε vor allem für den Beweis von Konvergenzaussagen essentiell, wobei der mathematische Arbeitsprozess genau andersherum verläuft: Erst am Ende eines mathematischen Beweis(findungs)prozesses steht eine geeignete Wahl eines ε, während bei diesem Beweis (als fertiges Produkt) die Wahl zu Beginn des Beweises getroffen wird.

Der präsentierte Beweis zu Satz 1 ist eng angelehnt an die Ausführungen in Königsberger (2004). Diese Darstellung ist ein Beispiel einer produktorientierten Darstellung in Lernmaterialien mit wenig expliziten Beweisstrategien, was häufig in hochschuldidaktischen Beiträgen kritisiert wird (z. B. Beutelspacher et al., 2010). Dieses Buch von Königsberger (2004) besitzt wahrscheinlich mehr die Funktion eines Wissensnachschlagewerkes denn eines Lehrbuches – ein Lehrbuch, was zum Selbststudium und vor allem zur Einführung in mathematische Arbeitsweisen geeignet wäre (z. B. Schichl & Steinbauer, 2009: „Einführung in das mathematische Arbeiten").

Das Grenzwertverhalten einer konvergenten Folge kann durch den Begriff der Umgebung eines Punktes visualisiert werden (vgl. Bemerkung 1 und Abbildung 3.2).

<u>Bemerkung 1</u>

Für alle $\epsilon \in \mathbb{R}_{>0}$ und alle $a \in \mathbb{R}$ sei $I_\epsilon(a) := \{x \in \mathbb{R} : |x - a| < \epsilon\}$ die ϵ-<u>Umgebung von</u> a in $\mathbb{R}$. Dann gilt für alle konvergenten, reellen Folgen $(a_n)_{n \in \mathbb{N}}$ mit Grenzwert $a \in \mathbb{R}$:

a) Jede ϵ-Umgebung von a enthält unendlich viele Folgenglieder von $(a_n)_{n \in \mathbb{N}}$.

b) Außerhalb jeder ϵ-Umgebung von a liegen nur endlich viele Folgenglieder von $(a_n)_{n \in \mathbb{N}}$.

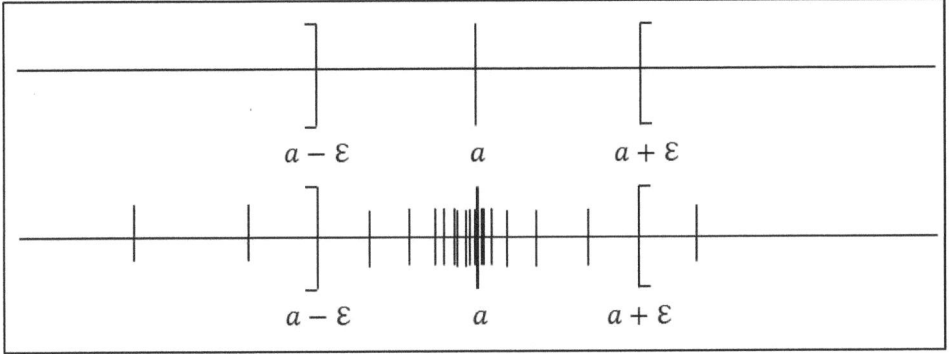

Abbildung 3.2:   **Visualisierung einer konvergenten Folge mit Grenzwert a mit Hilfe einer ε-Umgebung (Forster, 2004, S. 28-29)**

Beispiele und Gegenbeispiele zum Begriff der konvergenten Folge haben zwei wichtige Funktionen: Zum Ersten unterstützen sie den Begriffserwerb (didaktische Perspektive; vgl. Abschnitt 3.5.1) und zum Zweiten können sie z. T. als Majoranten- oder Minorantenfolgen dienen, mit denen die Konvergenz bzw. Divergenz weiterer Folgen gezeigt werden kann (fachliche Perspektive).

- Sei $a \in \mathbb{R}$. Dann konvergiert die Folge $(a)_{n \in \mathbb{N}}$ gegen a.

- Sei $a \in \mathbb{R}_{\geq 0}$. Dann konvergiert die Folge $\left(\dfrac{1}{n^a} \right)_{n \in \mathbb{N}}$ gegen 0.

- Sei $a \in \mathbb{R}_{>0}$. Dann konvergiert die Folge $\left(\sqrt[n]{a} \right)_{n \in \mathbb{N}}$ gegen 1.

- Sei $a \in \mathbb{R}$ mit $|a| < 1$. Dann konvergiert die Folge $\left(a^n \right)_{n \in \mathbb{N}}$ gegen 0.

- Die Folge $\left((1+\dfrac{1}{n})^n \right)_{n \in \mathbb{N}}$ konvergiert in $\mathbb{R}$, jedoch nicht in $\mathbb{Q}$ und besitzt den Grenzwert e.

- Die Folge $\left((-1)^n \right)_{n \in \mathbb{N}}$ ist nicht konvergent. Sie besitzt zwei konvergente Teilfolgen, $\left((-1)^{2n} \right)_{n \in \mathbb{N}}$ und $\left((-1)^{2n+1} \right)_{n \in \mathbb{N}}$.

- Die Folge $\left(n^2 \right)_{n \in \mathbb{N}}$ ist nicht beschränkt und aus diesem Grund nicht konvergent.

Die formal definierten, mathematischen Begriffe bilden eine Grundlage, um darauf aufbauend Aussagen zu formulieren, die die benannten Objekte beschreiben. Diese mathematischen Aussagen lassen sich im Gebiet „Reelle Folgen" in zwei Gruppen einteilen. Die erste Gruppe besteht aus Konvergenzkriterien:

- Die Summe und das Produkt konvergenter Folgen bilden konvergente Folgen.

- Eine Folge, die von konvergenten Folgen mit einem gemeinsamen Grenzwert eingeschlossen werden, ist wiederum konvergent (Einschließungsregel).

- Eine Folge, die monoton und beschränkt ist, ist auch konvergent.

In die zweite Gruppe fallen Aussagen zu Eigenschaften von Folgen:

- Jede konvergente Folge ist beschränkt.

- Mögliche Fassung des Satzes von Bolzano-Weierstraß: Jede beschränkte Folge besitzt eine konvergente Teilfolge.

Der wichtige Begriff der Cauchy-Folge (siehe Definition 2) kann vor oder nach dem Begriff der konvergenten Folge (in Lehrveranstaltungen) behandelt werden. Die Aussage „Jede Cauchy-Folge ist eine konvergente Folge" ist äquivalent zur Vollständigkeitseigenschaft des Körpers der reellen Zahlen. Weitere Begriffe in diesem Gebiet, die aber nicht in jeder Lehrveranstaltung behandelt werden, sind die Begriffe Häufungspunkt, rekursive Folge sowie uneigentlicher Grenzwert.

Definition 2

Eine reelle Folge $(a_n)_{n \in \mathbb{N}}$ heißt <u>Cauchy-Folge</u>, wenn zu jedem $\epsilon \in \mathbb{R}_{>0}$ ein $N \in \mathbb{N}$ existiert, so dass für alle $n, m \in \mathbb{N}_{\geq N}$ gilt: $|a_n - a_m| < \epsilon$.

Der Begriff der Reihe

Der Begriff der Reihe schließt an den Begriff der Folge als Spezialfall an.

Definition 3

Sei $(a_n)_{n \in \mathbb{N}}$ eine Folge. Für alle $m \in \mathbb{N}$ heißen $s_m := \sum_{n=0}^{m} a_n$ die m -te <u>Partialsumme</u> der Folge $(a_n)_{n \in \mathbb{N}}$ und $(s_m)_{m \in \mathbb{N}} = (\sum_{n=0}^{m} a_n)_{m \in \mathbb{N}} =: \sum_{n=0}^{\infty} a_n$ (unendliche) reelle <u>Reihe</u>.

Man sagt, dass die Reihe $\sum_{n=0}^{\infty} a_n$ <u>absolut konvergiert</u>, wenn $\sum_{n=0}^{\infty} |a_n|$ konvergiert.

Die folgenden Objekte sind typische Beispiele und Gegenbeispiele zum Begriff der konvergenten Reihe.

- Sei $x \in \mathbb{R}$ mit $|x| < 1$. Dann konvergiert die (geometrische) Reihe $\sum_{n=0}^{\infty} x^n$ gegen

  $\dfrac{1}{1-x}$.

- Die Reihe $\sum_{n=1}^{\infty} \dfrac{1}{n^s}$ konvergiert für alle $s \in \mathbb{R}_{>1}$ absolut und divergiert für alle

  $s \in \mathbb{R}_{\leq 1}$ (Spezialfall $s = 1$, $\sum_{n=1}^{\infty} \dfrac{1}{n}$ als harmonische Reihe bezeichnet).

- Sei $x \in \mathbb{R}$. Dann konvergiert die Reihe $\sum_{n=0}^{\infty} \dfrac{x^n}{n!}$ gegen $\exp(x)$.

- Für alle $a \in \mathbb{R} \setminus \{0\}$ divergiert die Reihe $\sum_{n=0}^{\infty} a$.

Eine wichtige, notwendige Bedingung für die Konvergenz einer reellen Reihe ist in der folgenden Bemerkung 2 zusammengefasst. Die Kontraposition dieser Aussage wird häufig verwendet, um die Divergenz einer reellen Reihe zu zeigen.

Bemerkung 2

Sei $\sum_{n=0}^{\infty} a_n$ eine konvergente, reelle Reihe. Dann ist $(a_n)_{n \in \mathbb{N}}$ eine Folge, die gegen 0 konvergiert.

Spezielle Konvergenzkriterien für reelle Reihen sind beispielsweise das Majoranten-, Wurzel- und Quotientenkritierium (siehe Satz 2).

Satz 2 (Quotientenkriterium)

Seien $\sum_{n=0}^{\infty} a_n$ eine reelle Reihe und $N \in \mathbb{N}$ mit $a_n \neq 0$ für alle $n \in \mathbb{N}_{\geq N}$. Ferner existiere $q \in \mathbb{R}$ mit $\left| \dfrac{a_{n+1}}{a_n} \right| \leq q < 1$ für alle $n \in \mathbb{N}_{\geq N}$. Dann konvergiert die Reihe $\sum_{n=0}^{\infty} a_n$ absolut.

<u>Beweis zu Satz 2</u>

Sei $N \in \mathbb{N}$ so gewählt, dass $|\dfrac{a_n}{a_{n-1}}| \leq q$ für alle $n \in \mathbb{N}_{\geq N+1}$ gilt. Dann folgt

$|a_n| \leq q |a_{n-1}| \leq \ldots \leq q^{n-N} |a_N|$ für alle $n \in \mathbb{N}_{\geq N}$. Die Reihe $\displaystyle\sum_{n=N}^{\infty} |a_n|$ hat also in

$\displaystyle\sum_{n=N}^{\infty} q^{n-N} |a_N| = |a_N| \, q^{-N} \sum_{n=N}^{\infty} q^n$ eine konvergente Majorante, da $\displaystyle\sum_{n=N}^{\infty} q^n$ eine konver-

gente (geometrische) Reihe ist. Mit Hilfe des Majorantenkriteriums ist die Behauptung gezeigt.

<u>Anmerkung</u>: Bei der Formulierung des Quotientenkriteriums wird ein weiteres Merkmal mathematischer Aussagen deutlich. Das Quotientenkriterium beruht darauf, dass die

Glieder der Reihe $\displaystyle\sum_{n=0}^{\infty} a_n$ sich nicht unkontrollierbar vergrößern, sondern dass der dazu-

kommende Summand a_{n+1} betragsmäßig immer (deutlich) kleiner ist als der vorherige Summand a_n. Diese Forderung wird in der Formulierung des Kriteriums durch die mathematische Aussage ausgedrückt, dass fast alle Glieder der Quotientenfolge

$(q_n)_{n \in \mathbb{N}} = (|\dfrac{a_{n+1}}{a_n}|)_{n \in \mathbb{N}}$ kleiner gleich einer Zahl $q \in \mathbb{R}_{<1}$ sind. Diese Formalisierung

wird jedoch erst für den eigentlichen Beweis dieser Aussage benötigt. Im dargestellten Beweis (als Produkt) wird deshalb die inhaltliche Idee der „kontrollierbaren Vergröße-rung" der Reihe häufig hinter der technischen Formalisierung versteckt und kann ggf. durch die Lernenden kaum erkannt werden.

Bedeutung dieses Gebietes für die Analysis und die Mathematik

Die Mathematik wird als die Wissenschaft charakterisiert, die den Unendlichkeitsbegriff enthält (vgl. auch Davis & Hersh, 1985; Courant & Robbins, 2010, S. 62):

> „Nichtsdestoweniger durchdringt der Begriff des Unendlichen die ganze Mathematik, da mathematische Objekte gewöhnlich nicht als Individuen sondern als Glieder einer Klasse oder Gesamtheit untersucht werden, die unendlich viele Objekte desselben Typus enthält, wie z. B. die Gesamtheit der ganzen Zahlen oder der reellen Zahlen oder der Dreiecke in einer Ebene."

Folgen besitzen unendlich viele Folgenglieder und die häufig verwendete Definition einer konvergenten Folge beinhaltet eine All-Aussage über die Eigenschaft einer unend-lich großen Teilmenge von Folgengliedern. Der Terminus „Unendlichkeit", der keine Entsprechung in der realen Welt besitzt bzw. für den kein konkretes Beispiel in der realen Welt existiert, wird in diesem konkreten Fall über das ε-N-Kriterium formalisiert. Diese formale Definition des Begriffs der konvergenten Folge verdeutlicht zwei Aspek-te: Zum Ersten ist der Begriff der konvergenten Folge ein Prototyp für die Wissenschaft Mathematik, zum Zweiten illustriert er die Entwicklung der modernen Mathematik. Erst spät in der Geschichte der Mathematik, im 17.–19. Jahrhundert, ist, z. B. durch die Arbeiten von Gottfried Wilhelm Leibniz, Isaac Newton, August-Louis Cauchy und Karl Weierstraß eine Systematisierung und Formalisierung der Differentialrechnung gelungen – in Toeplitz und Köthe (1949) sowie Witzke (2009) findet sich jeweils eine gute Übersicht.

An den Begriff der Unendlichkeit anschließend ist der Begriff des Grenzwertes ein zentraler Begriff der Analysis (Ferrini-Mundy & Geuther Graham, 1991). Tall (1992b) argumentiert, dass zwar der Funktionenbegriff in der modernen Mathematik eine große Bedeutung besitzt, der Grenzwertbegriff aber einen noch höheren Stellenwert einnimmt. Dieses sei der erste Begriff, der nicht durch Berechnungen entsteht und „surrounded with mystery" sei (Tall, 1992b[12]). Grenzwerte kommen in verschiedenen mathematischen Kontexten vor: als Grenzwert von Folgen, von Reihen sowie von Funktionen, bei Themen wie Unendlichkeit, Differentiation sowie Integration.

Nicht nur für den wissenschaftlichen Charakter von Mathematik, sondern auch für den anwendungsorientierten Charakter ist das Inhaltsgebiet „Reelle Folgen und Reihen" relevant. Außermathematische Anwendungen von Aussagen aus diesem Inhaltsgebiet finden sich beispielsweise in der Physik bei der Beschreibung von Bewegungen durch Exponentialreihen und in der Kodierungstheorie bei der Verschlüsselung von Nachrichten sowie Generierung von Zufallszahlen.

3.4 Beweisen: Prozess des Beweisens, Bedeutung in den Bildungsinstitutionen Schule und Hochschule sowie Herausforderungen für Lernende

Um die Besonderheiten des Lerngegenstands Mathematik und der daraus resultierenden, fachlichen Anforderungen in der Studieneingangsphase zu verdeutlichen, wurden im Abschnitt 3.2 eine häufig verwendete fachliche Darstellung wissenschaftlicher Mathematik sowie kognitionspsychologische bzw. didaktische Perspektiven bezüglich individueller, mathematischer Denkprozesse diskutiert. Diese Ausführungen werden in den nächsten beiden Abschnitten 3.4 und 3.5 vertieft, indem Unterschiede in den Aktivitäten „Beweisen" und „Begriffsbildung" zwischen den beiden Bildungsinstitutionen Schule und Hochschule analysiert werden. Bei dieser Analyse wird insbesondere an die Ziele mathematischer Lehr-Lern-Prozesse angedockt (vgl. Abschnitte 3.1.2 und 3.1.3).

3.4.1 Prozess des Beweisens

Wie schon in Abschnitt 3.1.1 ausgeführt, ist das Führen von Beweisen und vor allem von formal-deduktiven Beweisen eine wichtige Aktivität in der Wissenschaft Mathematik und steht somit im Fokus der Studieneingangsphase eines Mathematikstudiums. In diesem ersten Abschnitt wird geklärt, was unter dem Begriff des Beweisens verstanden

---

12   Die Seitenzahl des Zitates ist mir nicht bekannt, da der Beitrag in einer HTML-Datei veröffentlicht wurde. Das Zitat befindet sich ungefähr auf 2/5 der Länge des Beitrags.

wird und welche individuellen sowie kontextuellen Faktoren den Prozess des Beweisens beeinflussen. Der Prozess des Beweisens selber, der Beweisprozess, wird dabei vom Produkt des Prozesses, dem Beweis, abgegrenzt (Heinze & Reiss, 2004b).[13]

Das *Produkt des Beweisens*, ein mathematischer Beweis, definiert Griffiths (2000, S. 2) folgendermaßen (vgl. Stylianides, 2007): „A mathematical proof is a formal and logical line of reasoning that begins with a set of axioms and moves through logical steps to a conclusion". Griffiths (2000) setzt einen (mathematischen) Beweis in den Kontext eines vorgegebenen Axiomensystems, so dass ein Beweis primär über formale Kriterien definiert werden kann (vgl. Hanna, 1990; Lai & Weber, 2014). Ein Beweis zeichnet sich demnach dadurch aus, dass er von Voraussetzungen (in Form von Axiomen oder schon bewiesenen Aussagen) mit Hilfe deduktiver Schlussfolgerungen zu einer Behauptung führt (Heinze & Reiss, 2004a). Da jedoch ein Beweis selten bis ins kleinste Detail ausgeführt wird (Davis & Hersh, 1985), also vollständig auf die logischen, mathematischen Grundlagen zurückgeführt werden kann, basiert ein Beweis in der Realität auf einem weiteren Prozess. Ein Beweis wird erst durch einen sozialen Akt als ein Beweis akzeptiert („A proof becomes a proof only after the social act of ‚accepting it as a proof"', Manin, 2010, S. 45) – dieser Akt wird durch eine (mathematische) Community durchgeführt (Balacheff, 1999; Heinze & Reiss, 2004b). Neben den inhaltlichen, mathematischen Grundlagen müssen demnach zur Konstruktion eines Beweises auch die Normen der betreffenden Gemeinschaft bekannt sein und angewendet werden. Wie schon ausgeführt, haben Beweise in der Wissenschaft Mathematik gewiss eine Verifikationsfunktion. Weitere wichtige *Funktionen* von Beweisen sind eine Erklärungs-, Systematisierungs-, Kommunikations- und Entdeckungsfunktion (de Villiers, 1990; Heintz, 2000). In einem Beweis werden somit auch Arbeitsmethoden und soziomathematische Normen der Disziplin bzw. der betreffenden Gemeinschaft deutlich (Heintz, 2000; Hilbert et al., 2008).

Neben verschiedenen Funktionen von Beweisen werden auch verschiedene *Typen* von Beweisen unterschieden. In formal-deduktiven Beweisen wird mit Hilfe formaler, mathematischer Notation die Allgemeingültigkeit einer Aussage gezeigt und hierfür häufig eine formale Axiomatik genutzt (vgl. Beweise zu Satz 1 und Satz 2 in Abschnitt 3.3). Konzepte des inhaltlich-anschaulichen (Wittmann & Müller, 1988), operativen (Müller & Wittmann, 1978) oder präformalen (Blum & Kirsch, 1991) Beweises eint die Idee, dass Aussagen in einem konkreten Fall angewendet werden, aber intuitiv verallgemeinerbar sind (vgl. Blum & Kirsch, 1991; Wittmann & Müller, 1988). Der genannte Beweistyp besteht aus einer Sequenz von Aussagen, die generelle Zusammenhänge an einem konkreten Fall auf eine Art und Weise aufzeigen, dass die mögliche Verallgemeinerung auf beliebige Fälle aus dem konkreten Einzelfall ersichtlich wird.

---

13   Verwandte Begriffe zum Beweisen sind Argumentieren und Begründen (Brunner, 2013). In einigen Arbeiten werden sie vom Begriff des Beweisens dadurch unterschieden, dass keine deduktiv hergeleiteten Schlussfolgerungen benötigt, sondern auch induktive Schlüsse akzeptiert werden (vgl. Brunner, 2013). Die Aktivität „Argumentieren" beinhaltet darüber hinaus auch das Nachvollziehen (Hilbert et al., 2008) sowie die Bewertung fremder Argumente in Hinblick auf deren Plausibilität und Bezug zur Aussage (KMK, 2012).

Die Basis eines solchen, im Folgenden präformal genannten Beweises bilden meist weniger Axiome, die Teil eines formal-axiomatischen Systems sein können oder als „wahr" akzeptierte Aussagen über idealisierte Alltagsbegriffe sind, sondern induktiv erkannte Invarianzen in bestimmten konkreten Operationen. Durch einen weiteren Beweistyp, den experimentellen Beweis (auch als beispielgebunden bzw. empirisch bezeichnet), ist dagegen keine mathematische Aussage beweisbar. Bei diesem Vorgehen werden „nur" plausible Beispiele angeführt, um eine Vermutung zu untermauern (Brunner, 2013). In speziellen Fällen ist zum Beweis einer Aussage nur ein Beispiel notwendig, z. B. bei einem Beweis durch Beispiel zum Beweis einer Existenz-Aussage oder bei einem Beweis durch Gegenbeispiel zur Widerlegung einer All-Aussage, was natürlich nicht als experimenteller Beweis bezeichnet wird. Experimentelle Beweise auf der einen Seite und präformale bzw. formal-deduktive Beweise auf der anderen Seite unterscheiden sich insbesondere in (der Möglichkeit) der Allgemeingültigkeit. Präformale und formal-deduktive Beweise unterscheiden sich vor allem in der Darstellungsweise mit Hilfe eines mathematischen Repräsentationssystems (vgl. Abschnitt 3.5).

Der *Prozess des Beweisens*, also die Konstruktion eines Beweises, wird häufig als komplexer Prozess eingeschätzt (Heinze, 2004a; Hilbert et al., 2008; Moore, 1994; Reiss & Ufer, 2009b). Das Produkt eines Beweisprozesses ist ein Beweis, der aber oft nicht die Komplexität des Beweisprozesses widerspiegelt (Hilbert et al., 2008). Aufgrund vielfältiger Gemeinsamkeiten werden Beweisprozesse oft als spezielle Problemlöseprozesse aufgefasst (Brunner, 2013; Weber, 2001; Weber, 2005), da in einem Beweisprozess meist eine vermutet wahre Aussage in verschiedenen Entwicklungsstadien (Zielzustand) und Axiome bzw. wahre Aussagen als Prämissen (Ausgangssituation) vorliegen, aber die Verknüpfung zwischen diesen Objekten noch nicht besteht, also eine Lücke und eine Barriere vorliegen (Dörner, 1976; Vollrath, 1992).

Welche Handlungen in Beweisprozessen eine Rolle spielen, wird mit Hilfe von Beobachtungen mathematisch arbeitender Personen und durch Befragungen dieses Personenkreises untersucht (z. B. Boero, 1999; Inglis & Alcock, 2012; Weber & Mejía-Ramos, 2011). Einen wichtigen ersten Schritt zur Beschreibung von Beweisprozessen hat Boero (1999) durch die Entwicklung eines sechsstufigen Modells geschaffen, das die folgenden Phasen enthält (genauere Beschreibung siehe Heinze, 2004b):

(1) Entwicklung einer Behauptung,

(2) Formulierung der Behauptung nach den formalen Konventionen,

(3) Exploration der Hypothese und möglicher Argumentverknüpfungen,

(4) Auswahl von Argumenten und Verknüpfung in einer Kette von Deduktionsschlüssen,

(5) Organisation der Elemente zu einem Beweis, der den mathematischen Publikationsstandards entspricht,

(6) Annäherung an einen formalen Beweis.

Diese Phasen werden jedoch nicht stringent durchlaufen, sondern Expertinnen und Experten scheinen in ihrem Arbeitsprozess immer wieder in eine „frühere" Phase zu wechseln, beispielsweise wenn ihre Beweisidee in eine Sackgasse geführt hat (Wechsel zur Phase 3) oder sie ein Gegenbeispiel zur Behauptung entwickelt haben (Wechsel zu Phase 1). Auffällig und entscheidend ist, dass das Modell neben Formulierungsphasen z. B. zur Formulierung einer Behauptung (Phase 2) oder eines Beweises (Phasen 5 und 6) auch Explorationsphasen (Phasen 1, 3 und 4) beschreibt. Gerade in diese Explorationsphasen investieren Expertinnen und Experten viel Zeit, wodurch die „experimentelle Dimension der Mathematik" (Heintz, 2000, S. 151) deutlich wird.

Eine notwendige Voraussetzung zur Konstruktion von (formal-deduktiven) Beweisen sind Axiome, axiomatisch definierte Begriffe und schon bewiesene Aussagen. Jedoch verwenden Mathematikerinnen und Mathematiker formale Begriffsdefinitionen eher als Orientierung zur Systematisierung der inhaltlichen Ideen und beim Kommunizieren bestehender Beweisideen (mittels schriftlicher Beiträge), während sie für explorative Phasen, also den eher unbekannten Aspekten im Beweisprozess, informelle Repräsentationen und daraus resultierende, mentale Modelle von Begriffen nutzen (Reiss & Ufer, 2009b; Wilkerson-Jerde & Wilensky, 2011).

3.4.2 Steigerung der Bedeutung formal-deduktiver Beweise beim Übergang Schule – Hochschule: Fundierung und Illustration

Anknüpfend an die Beschreibung eines Beweisprozesses und der unterschiedlichen Funktionen sowie Typen von Beweisen werden in diesem Abschnitt Unterschiede und Gemeinsamkeiten von Beweisprozessen in den beiden Bildungsinstitutionen Schule und Hochschule analysiert. Zur Analyse werden Ausschnitte aus den intendierten Curricula und Ergebnisse empirischer Beiträge zu diesem Thema genutzt. Aufbauend auf diesen Beiträgen und einer Verknüpfung mit Zielen mathematischer Lehr-Lern-Prozesse werden mögliche Unterschiede von Beweisprozessen in den beiden Bildungsinstitutionen identifiziert, die mit Beispielen aus Lernmaterialien illustriert werden.

Intendiertes Curriculum und empirische Beiträge

Um Unterschiede in der Bedeutung von Beweisprozessen und formal-deduktiver Beweise in den beiden Bildungsinstitutionen Schule und Hochschule in Deutschland zu identifizieren, wird auf die intendierten Curricula für den mathematischen Schulunterricht und für die universitären Lehrveranstaltungen Bezug genommen. Das intendierte, schulische Curriculum ist durch länderübergreifende Bildungsstandards (KMK, 2012) und länderspezifische Lehrpläne (z. B. Ministerium, 2002), für die Hochschule durch die „KMK-Standards zur Lehrerbildung" (KMK, 2008), Studiengangbeschreibungen (z. B. KMK, 2002) und z. T. durch Modulkataloge (z. B. Mathematisches Seminar, 2013) festgelegt. Zusätzlich kann die Analyse von Lernmaterialien wie Lehrbüchern oder Veranstaltungsskripts Aufschluss über die fachlichen Anforderungen im Bereich des Beweisens geben.

Henn und Kaiser (2001, S. 368) stellen in ihrem Beitrag im Jahr 2001 die These auf, dass an Gymnasien eher formale als „inhaltsbezogene Beweise" zu finden sind. Diese Vermutung würde ich für den heutigen, schulischen Mathematikunterricht nicht stützen, wie an den folgenden Ausführungen deutlich wird. Im Lehrplan Schleswig-Holstein (Ministerium, 2002, S. 35-36) wird für die Aktivität des Beweisens gefordert:

> „Für das Arbeiten in der Jahrgangsstufe 11 und in Grundkursen gilt, dass Einsicht und Verständnis für grundlegende Inhalte Vorrang haben vor formaler Exaktheit und Vollständigkeit. Daher sind auch Plausibilitätsüberlegungen legitim, wenn sie als solche deutlich gemacht werden. Die Notwendigkeit eines Beweises und seine Durchführung muss aber an geeigneten Beispielen einsichtig gemacht werden."

Die Bedeutung formal-deduktiver Beweise hat vermutlich in den letzten zehn Jahren abgenommen: Im damaligen Lehrplan von Schleswig-Holstein für Leistungskurse aus dem Jahr 2002 wird der Beweis des Hauptsatzes der Differential- und Integralrechnung vorgeschrieben (Ministerium, 2002), in der Handreichung für das Kernfach Mathematik (Ministerium, 2008) wird nur noch eine Begründung gefordert. Auch beinhalten die Bildungsstandards für das Fach Mathematik aus dem Jahr 2012 zwar die prozessbezogene Kompetenz „Mathematisch argumentieren" und beschreiben die Anforderungen für die Sekundarstufe II folgendermaßen: „Das Spektrum reicht dabei von einfachen Plausibilitätsargumenten über inhaltlich-anschauliche Begründungen bis zu formalen Beweisen" (KMK, 2012, S. 15). Auffällig an den illustrierenden Beispielaufgaben im Bereich „Mathematisch argumentieren" der Bildungsstandards (KMK, 2012) ist jedoch, dass in allen Aufgaben der Operator „begründe", anstatt „beweise" verwendet wird. Diese Beispiele liefern erste Hinweise, dass formal-deduktive Beweise in der Sekundarstufe II als fachliche Anforderungen theoretisch deklariert werden, aber dieses nur in einem geringen Maße praktisch umgesetzt wird.

Empirische Untersuchungen, die Beweisprozesse im realen Mathematikunterricht untersuchen, werden nur vereinzelt berichtet. In einer Aufgabenanalyse im Rahmen der COACTIV-Studie in Deutschland stellen Jordan et al. (2008) fest, dass kognitiv anspruchsvolle Tätigkeiten wie das Argumentieren in unterrichtlichen Situationen in der Sekundarstufe I kaum auftreten. Davis (2012) gibt eine Übersicht über Schulbuchanalysen in den USA, die belegen, dass deduktive Beweise in Schulbüchern wenig zu finden sind (siehe auch die vergleichenden Analysen von Schul- und Hochschulmaterialien von Gojdka, 2012; Ergebnisse in Vollstedt, Heinze, Gojdka & Rach, 2014). In seiner eigenen Untersuchung verdeutlicht Davis (2012), dass Beweise insbesondere in Lernaufgaben selten zu finden sind und für Lernende keine spezifischen Hinweise gegeben werden, wie z. B. Vermutungen angestellt oder Argumente entwickelt werden können.[14] Beweisprozesse scheinen im Schulunterricht eher sporadisch stattzufinden (im Gegensatz zur Vermutung von Stylianides, 2007) und wenn dann in geometrischen Sachverhalten, was z. B. an der Anzahl der Beiträge zu Beweisstudien in diesem Inhaltsgebiet erkennbar ist (z. B. Heinze, 2004a sowie Yang & Lin, 2008).[15]

Im Rahmen der „Pythagoras-Studie" zum Mathematikunterricht in der Sekundarstufe I in Deutschland und der Schweiz wurde das Auftreten verschiedener Beweistypen

---

14   Die Darstellung von Inhalten in Lernmaterialien wird in Abschnitt 4.2.2 detailliert diskutiert.

15   Aufgrund der Möglichkeit der Veranschaulichung von Problemen liegen Beweisprozessen in der Geometrie Besonderheiten zugrunde.

untersucht und von diesen bisher vorgestellten Überlegungen z. T. abweichende Ergebnisse generiert. In der „Pythagoras-Studie" wurde in der Mehrzahl der Klassen ein formal-deduktiver Beweis anstatt eines experimentellen bzw. präformalen Beweises zu einem innermathematischen Problem beobachtet (Brunner, 2013). Dieses innermathematische Problem behandelt die Frage, ob die Summe von vier aufeinander folgenden ungeraden Zahlen durch die Zahl 8 teilbar ist. Die Formalisierung dieser Aussage ist relativ vertraut und ein formal-deduktiver Beweis ist auf einem elementaren Level durchführbar. Im Gegensatz zu der Darstellung eines präformalen Beweises wurde zudem die Präsentation eines formal-deduktiven Beweises in den meisten Klassenzimmern klar von der Lehrkraft dominiert (Brunner, 2013). Aus diesen Ergebnissen zum Auftreten verschiedener Beweistypen kann geschlossen werden, dass teilweise auch formal-deduktive Beweise im Schulunterricht bzw. in diesen beobachteten Klassenzimmern zu finden sind, jedoch aufgrund der wenigen Aktivitäten der Lernenden keine bedeutenden, inhaltlichen Anforderungen im Mathematikunterricht darstellen. Möglicherweise steht das Kennenlernen formal-deduktiver Beweise stärker im Vordergrund („Beweismethoden nachzuvollziehen", Ministerium, 2002, S. 27) als die eigene Problemlöseerfahrung in diesem Bereich. Insgesamt wird der Eindruck gewonnen, dass (formal-deduktive) Beweise im mathematischen Schulunterricht, insbesondere als kognitive Anforderungen für die Lernenden, nur in einem geringen Maße zu finden sind.

Für die Hochschulbildung besitzt das Beweisen einen deutlich höheren Stellenwert. Laut der „KMK-Standards zur Lehrerbildung" (KMK, 2008, S. 30) sollen die Studierenden in einem Lehramtsstudium die folgenden Kompetenzen erwerben: „[…] können beim Vermuten und Beweisen mathematischer Aussagen fremde Argumente überprüfen und eigene Argumentationsketten aufbauen […]", laut Diplom Rahmenordnung (KMK, 2002, S. 31) geht es bei einem Mathematikstudium „um das Erlernen präzisen Argumentierens". In den Beschreibungen der Christian-Albrechts-Universität zu Kiel (CAU Kiel) für das Modul Analysis 1 sind als Lernziele die folgenden Stichwörter zu finden: „Erwerb grundlegender Begriffe, Methoden und Resultate der eindimensionalen Analysis und – gemeinsam mit der Linearen Algebra I/II – Einführung in die Methodik der Mathematik" (Mathematisches Seminar, 2013, S. 31). Empirische, belastbare Ergebnisse zum Auftreten von Beweisen in der mathematischen Studieneingangsphase sind mir jedoch nicht bekannt. Da in Studien zur Qualität des mathematischen, universitären Lehrangebots häufig Beweisprozesse beobachtet werden (z. B. Bergsten, 2007; Fukawa-Connelly, 2012; Weber, 2004), kann indirekt auf die Bedeutung dieser Aktivität geschlossen werden.

Verknüpfung des Beweisens mit Zielen mathematischer Lehr-Lern-Prozesse

Anhand der intendierten Curricula und nur knapper empirischer Forschungsergebnisse sind Unterschiede zur Bedeutung von Beweisprozessen und von formal-deduktiven Beweisen zwischen dem Mathematikunterricht und universitären Lehrveranstaltungen nur bedingt aufzuzeigen. Die Bedeutung der Aktivität des Beweisens wird deshalb in diesem Abschnitt aus einer weiteren Perspektive beleuchtet. Diese Perspektive ist die Verknüpfung der Aktivität des Beweisens mit den Zielen mathematischer Lehr-Lern-

Prozesse, die in den beiden Bildungsinstitutionen z. T. divergieren (vgl. Abschnitte 3.1.2 und 3.1.3).

Anhand theoretischer Überlegungen wird von vielen Autorinnen und Autoren geschlussfolgert, dass ein substanzieller Unterschied im Lerngegenstand Mathematik zwischen Schule und Hochschule vor allem im Beweisen begründet ist (Alcock & Simpson, 2002; Engelbrecht, 2010; Fischer et al., 2009; Gueudet, 2008; Moore, 1994; Reichersdorfer, 2013; Thomas & Klymchuk, 2012). Die vermutete, relativ geringe Bedeutung mathematischer Beweise kann in der Institution Schule auf die Zieldimensionen unterrichtlicher Prozesse und dem damit verbundenen Charakter von Mathematik zurückgeführt werden (vgl. Abschnitt 3.1.2): In Lehr-Lehr-Prozessen, in denen das Allgemeinbildungskonzept eine große Rolle spielt, ist das Beweisen „nur" eine Aktivität unter vielen. Bei dem mit diesem Konzept zusammenhängenden, anwendungsorientierten Charakter von Mathematik besteht keine große Notwendigkeit, mathematische Aussagen, die als wahr gelten, zu beweisen. Wenn Beweise allein eine Verifikationsfunktion erfüllen, ist diese Einschätzung sicherlich richtig und wird z. T. von Schülerinnen und Schülern sowie Lehrkräften geteilt. Schülerinnen und Schüler könnten keine große Notwendigkeit sehen, Beweise zu führen, wenn sie die Autorität von Lehrkräften und Lehrbüchern nutzen, um die Evidenz mathematischer Aussagen sicherzustellen (Harel & Sowder, 1998). Auch Lehrkräfte nehmen andere Funktionen, wie z. B. die Erklärungs- oder Kommunikationsfunktion, von Beweisen nicht zwangsläufig wahr. In der Studie von Knuth (2002) verbindet ein Großteil der befragten 17 Sekundarstufen-Lehrkräfte einen Beweis weniger mit einer Kommunikationshilfe mathematischer Ideen, sondern sie betrachten die Aktivität Beweisen primär als einen spezifischen Lerninhalt, der nicht für alle Schülerinnen und Schüler geeignet sei. Beweise haben jedoch neben einer Verifikationsfunktion auch eine Erklärungsfunktion, die aufgrund der Ziele unterrichtlicher Prozesse, z. B. Verständnisorientierung, stärker im Vordergrund steht (Fischer et al., 2009; Hänisch, 2011; Hanna, 1990). Aus diesem Grund scheint die Herleitung mathematischer Aussagen in Form von Regeln und Prozeduren dazu zu dienen, inhaltliches Verständnis speziell für die betrachtete Aussage zu induzieren.

Für die Mathematik als Wissenschaft besitzt das Beweisen dagegen eine immense Bedeutung als zentrales Evidenzkriterium (Heintz, 2000; Heinze, 2004a), so dass diese Aktivität aufgrund der Zieldimension „Einführung in die Wissenschaft Mathematik" in der Studieneingangsphase im Fokus steht (vgl. Abschnitt 3.1.3). Neben der Erklärungsfunktion liegt ein besonderer Schwerpunkt in der Verifikationsfunktion von Hypothesen. Beispielsweise liefern Widerspruchsbeweise (vgl. Beweis 1 in Abschnitt 3.3) keinerlei Erklärungen für die Richtigkeit einer Aussage.[16] Eine weitere Funktion, die bei

---

16 Dass sie in manchen Kontexten trotzdem im Schulunterricht vorkommen (z. B. beim Beweis der Irrationalität von $\sqrt{2}$), ist sicherlich den Grunderfahrungen 2 und 3 von Winter (1995) und somit der bildungstheoretischen Perspektive auf Ziele unterrichtlicher Prozesse geschuldet. Nach Grunderfahrung 2 sollen Schülerinnen und Schüler lernen, dass Mathematik eine deduktiv geordnete Wissenschaft ist, bei der Aussagen vorgegeben sind, mit deren Hilfe weitere mathematische Aussagen argumentativ gefolgert werden können. Ebenso kann das Kennenlernen verschiedener Beweismethoden der Grunderfahrung 3 zugeschrieben werden.

Beweisen in der Studieneingangsphase im Vordergrund steht, ist die Kommunikationsfunktion von Beweisen in Hinblick auf Arbeitsmethoden der Wissenschaft Mathematik (Brunner, 2013; Gueudet, 2008). Die Mathematik als wissenschaftliche Disziplin ist ohne Beweise undenkbar, so dass insgesamt eine größere Anzahl an Beweisen in mathematischen Lehrveranstaltungen in der Studieneingangsphase mit einem stärkeren Fokus auf Verifizierung mathematischer Aussagen vermutet werden kann als im Schulunterricht.

Neben einer Verschiebung der Funktionen von Beweisen ist auch eine Veränderung der dominierenden Beweistypen beim Übergang von der Schule zur Hochschule zu vermuten. Da formal-deduktive Beweise mit Denkprozessen in der axiomatic-formal world zusammenhängen und diese Denkprozesse nach Tall (2008) erst an der Hochschule schwerpunktmäßig auftreten (vgl. Abschnitt 3.2.2), können nach dieser Annahme erst in der Studieneingangsphase formal-deduktive Beweise vermehrt behandelt werden. Dass dieser Beweistyp in der Studieneingangsphase faktisch eine große Rolle spielt, liegt in der Tatsache begründet, dass nur Beweise dieses Typs als Evidenzkriterium für mathematische Aussagen in einem formalen Axiomensystem geeignet sind. Im schulischen Mathematikunterricht scheinen experimentelle (González-Martin, Giraldo & Souto, 2013; Nardi, 1996; Witzke, 2012) sowie präformale Beweise zu dominieren (Fischer et al., 2009), wobei diese beiden Typen in den ersten beiden Welten von Tall (2008) angesiedelt sind. Beim Übergang zwischen den beiden Bildungsinstitutionen ist somit neben einer zunehmenden Bedeutung der Aktivität Beweisen auch eine Veränderung des dominierenden Beweistyps erkennbar.

Illustration

Anhand der Zieldimensionen mathematischer Lehr-Lern-Prozesse in den beiden Bildungsinstitutionen Schule und Hochschule wurden im letzten Abschnitt Unterschiede in Beweisprozessen identifiziert, die in diesem Abschnitt anhand von Beispielen aus Lehrbüchern illustriert und z. T. konkretisiert werden. An den folgenden Beispielen wird zudem deutlich, dass in der Sekundarstufe II und der Studieneingangsphase dieselben mathematischen Begriffe bzw. Begriffsbezeichnungen und Aussagen behandelt werden.

Die erste Illustration verdeutlicht unterschiedliche Beweistypen in den beiden Institutionen. Inhaltlich geht es in diesem Beispiel um Eigenschaften von Integralen. Während in diesem Schulbuch die mathematischen Aussagen an Beispielen geprüft werden (Abbildung 3.3), findet sich in diesem Lehrbuch für die Hochschule ein formal-deduktiver Beweis (Abbildung 3.4).

a) $r \cdot \int_a^b f(x)\,dx = \int_a^b r \cdot f(x)\,dx$; insbesondere ist $-\int_a^b f(x)\,dx = \int_a^b -f(x)\,dx$

b) $\int_a^b (f(x) + g(x))\,dx = \int_a^b f(x)\,dx + \int_a^b g(x)\,dx$

c) $\int_b^a f(x)\,dx = -\int_a^b f(x)\,dx$.

Bestätigung an Beispielen:

a) $4\int_0^1 x^3\,dx = 4 \cdot \left[\frac{1}{4}x^4\right]_0^1 = 4 \cdot \left(\frac{1}{4} - \frac{0}{4}\right) = 1$; $\int_0^1 4x^3\,dx = \left[\frac{4}{4}x^4\right]_0^1 = 1 - 0 = 1$

b) $\int_0^4 (2x^3 + 1)\,dx - \int_0^4 2x^3\,dx = \left[\frac{1}{2}x^4 + x\right]_0^4 - \left[\frac{1}{2}x^4\right]_0^4 = 4$; $\int_0^4 (2x^3 + 1 - 2x^3)\,dx = \int_0^4 1\,dx = [x]_0^4 = 4$

c) $\int_{-2}^1 x^2\,dx = \left[\frac{1}{3}x^3\right]_{-2}^1 = \frac{1}{3} - \left(-\frac{8}{3}\right) = 3$; $-\int_1^{-2} x^2\,dx = -\left[\frac{1}{3}x^3\right]_1^{-2} = -\left(-\frac{8}{3} - \frac{1}{3}\right) = 3$

Abbildung 3.3: **Eigenschaften von Integralen mit „Bestätigung" an Beispielen aus einem Schulbuch (Reinelt, 2008, S. 146)**

Satz: *Für Regelfunktionen f, g auf $[a; b]$ und Zahlen $\alpha, \beta \in \mathbb{C}$ gilt:*

a) $\int_a^b (\alpha f + \beta g)\,dx = \alpha \int_a^b f\,dx + \beta \int_a^b g\,dx$ *(Linearität)*,

b) $\left| \int_a^b f\,dx \right| \leq \int_a^b |f|\,dx \leq (b - a) \cdot \|f\|_{[a;b]}$ *(Beschränktheit)*,

c) $\int_a^b f\,dx \leq \int_a^b g\,dx$, *falls $f \leq g$ ist* *(Monotonie)*.

Beweis: Seien (φ_n) und (γ_n) Folgen von Treppenfunktionen auf $[a; b]$ mit $\|f - \varphi_n\| \to 0$ und $\|g - \gamma_n\| \to 0$ für $n \to \infty$.

a) Es gilt $\|(\alpha f + \beta g) - (\alpha \varphi_n + \beta \gamma_n)\| \to 0$ und damit

$$\int_a^b (\alpha f + \beta g)\,dx = \lim_{n \to \infty} \int_a^b (\alpha \varphi_n + \beta \gamma_n)\,dx = \alpha \int_a^b f\,dx + \beta \int_a^b g\,dx.$$

b) Wegen $\|\,|f| - |\varphi_n|\,\| \to 0$ gilt zunächst $\int_a^b |f|\,dx = \lim_{n \to \infty} \int_a^b |\varphi_n|\,dx$. Damit folgt die Behauptung aus

$$\left| \int_a^b f\,dx \right| = \lim_{n \to \infty} \left| \int_a^b \varphi_n\,dx \right| \leq \lim_{n \to \infty} \|\varphi_n\| \cdot (b - a) = \|f\| \cdot (b - a).$$

c) φ_n und γ_n seien jetzt reellwertig. Dann sind $\varphi_n^- := \varphi_n - \|f - \varphi_n\|$ und $\gamma_n^+ := \gamma_n + \|g - \gamma_n\|$ Treppenfunktionen mit $\varphi_n^- \leq f \leq g \leq \gamma_n^+$ sowie mit $\|f - \varphi_n^-\| \to 0$ und $\|g - \gamma_n^+\| \to 0$. Mit diesen folgt

$$\int_a^b f\,dx = \lim_{n \to \infty} \int_a^b \varphi_n^-\,dx \leq \lim_{n \to \infty} \int_a^b \gamma_n^+\,dx = \int_a^b g\,dx. \qquad \square$$

Abbildung 3.4: **Eigenschaft von Integralen mit formal-deduktivem Beweis aus einem Lehrbuch für die Hochschule (Königsberger, 2004, S. 197)**

Bei diesem Schulbuchbeispiel (Abbildung 3.3) ist jedoch fraglich, in welcher Form die Beispiele als eine „Bestätigung" für die Aussagen aufgefasst werden bzw. als exemplarisch angesehen werden können. Der formal-deduktive Beweis im Ausschnitt aus einem universitären Lehrbuch (Abbildung 3.4) liefert dagegen eine Bestätigung für die dargestellte Aussage, die von den meisten mathematischen Gemeinschaften als Beweis akzeptiert wird.

Ähnlich wie die Ausführungen zu Eigenschaften von Integralen (Abbildung 3.3) ist auch der nächste „Nachweis" einer Aussage in einem Schulbuch in keiner Weise zu einem anerkannten Beweis verallgemeinerbar, sondern stellt einen experimentellen Beweis dar. Die Aussage lautet: Die Ableitungsfunktion der Funktion $f : \mathbb{R} \to \mathbb{R}, f(x) = \sin(2x-4)$ ist die Funktion $f' : \mathbb{R} \to \mathbb{R}, f'(x) = 2 \cdot \cos(2x-4)$. Der „Nachweis" im Schulbuch von Reinelt (2008, S. 191) kann folgendermaßen inhaltlich zusammengefasst werden: ‚Mit Hilfe eines graphikfähigen Taschenrechners bildet man den Quotienten der Ableitung der Funktion f und der Funktion $g : \mathbb{R} \to \mathbb{R}, g(x) = \cos(2x-4)$. Dann lässt man sich die Wertetafel für diesen Quotienten für endlich viele x-Werte ausgeben und erhält als Quotienten immer die Zahl 2.' Durch diesen „Nachweis" lassen sich jedoch nur endlich viele Argumente der Funktion f auf diese Aussage hin überprüfen – eine notwendige Überprüfung aller (unendlich vieler) Argumente der Funktion f ist mit einem Taschenrechner auf diese Weise nicht möglich.

Das nächste Beispiel aus einem Schulbuch illustriert dagegen Plausibilitätsüberlegungen, die zu einem allgemeingültigen Beweis generalisierbar sind (Abbildung 3.5). Die mathematische Aussage hierzu lautet: Seien $n \in \mathbb{N}_{>0}$ und $f_n : \mathbb{R} \to \mathbb{R}, f(x) = x^n$. Die erste Ableitungsfunktion von f_n ist gegeben durch $f_n' : \mathbb{R} \to \mathbb{R}, f_n'(x) = n \cdot x^{n-1}$.

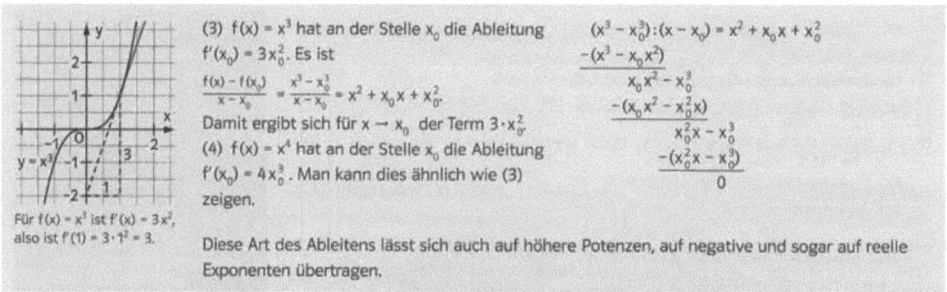

Abbildung 3.5:   Ableitung von Polynomfunktionen mit präformalem Beweis aus einem Schulbuch (Reinelt, 2008, S. 92)

Präformale Beweise werden in diesem Schulbuch für die konkreten Fälle $n=1$, $n=2$ und $n=3$ durchgeführt – der Fall $n=3$ ist in Abbildung 3.5 dargestellt. Dann wird darauf verwiesen, dass diese Methode zur Bestimmung der Ableitungsfunktion für weitere Fälle analog funktioniert (Abbildung 3.5): „Diese Art des Ableitens lässt sich auch auf höhere Potenzen, auf negative und sogar auf reelle Exponenten übertragen" (Reinelt, 2008, S. 92). Der Analogieschluss für einen Beweis für die Gesamtaussage bleibt unklar, ist aber prinzipiell für Funktionen mit natürlichen Exponenten unmittelbar möglich (vgl. Griesel, Postel & Suhr, 2008, S. 156-157 bzw. Schmidt, Körner & Lergenmüller, 2010, S. 51-52 für $n = 5$ und für alle $n \in \mathbb{N}$). Die bewiesene Aussage ist im Schulbuch unter dem Beweis dargestellt, so dass derartige Beweise in Schulbüchern eher als Hinführung auf mathematische Aussagen und als Erklärung für Aussagen verwendet werden. In diesem Beispiel scheint somit die Erklärungsfunktion von Beweisen im Vordergrund zu stehen. In einem Skript zur Lehrveranstaltung „Analysis 1" (vgl. Schütt, 2013) wird dagegen ein allgemeingültiger, formal-deduktiver Beweis durchgeführt (Abbildung 3.6). Dieser Beweis ist nach der Formulierung der Aussage dargestellt und beinhaltet einen verifizierenden, weniger erklärenden Charakter.[17]

(ii) $f : \mathbb{R} \to \mathbb{R}, f(x) = x^m, m \in \mathbb{N}$. Dann gilt $f'(x) = mx^{m-1}$. [...]

(ii) Wir setzen $x = x_0 + h$.

$$f'(x_0) = \lim_{x \to x_0} \frac{f(x) - f(x_0)}{x - x_0}$$

$$= \lim_{h \to 0} \frac{f(x_0 + h) - f(x_0)}{h}$$

$$= \frac{1}{h} \lim_{h \to 0} \{(x_0 + h)^m - x_0^m\}$$

$$= \frac{1}{h} \lim_{h \to 0} \left\{ \sum_{k=0}^{m} \binom{m}{k} x_0^{m-k} h^k - x_0^m \right\}$$

$$= \frac{1}{h} \lim_{h \to 0} \sum_{k=1}^{m} \binom{m}{k} x_0^{m-k} h^k$$

$$= \lim_{h \to 0} \sum_{k=1}^{m} \binom{m}{k} x_0^{m-k} h^{k-1} = mx_0^{m-1}$$

Abbildung 3.6: **Ableitung von Polynomfunktionen mit formal-deduktivem Beweis aus einem Hochschulskript (Schütt, 2013, S. 102)**

In diesen ersten vier Beispielen (Abbildung 3.3 bis Abbildung 3.6) wurden insbesondere die drei variierenden Typen von Beweisen in den beiden Bildungsinstitutionen Schule und Hochschule vorgestellt. Ein spezieller Unterschied zwischen einem präformalen und einem formal-deduktiven Beweis liegt in der Verwendung eines mathematischen Repräsentationssystems – dieser Unterschied wird im Folgenden illustriert. Während eine exakte Formalisierung in der Schulmathematik aufgrund der Zielsetzungen unterrichtlicher Prozesse, Verständnis- und Anwendungsorientierung, im Hintergrund bleibt, spielt eine Formalisierung für einen formal axiomatischen Theorieaufbau in der wissenschaftlichen Mathematik eine bedeutende Rolle.

Zur Illustrierung dieses Unterschiedes werden zwei Beweise der Produktregel für differenzierbare Funktionen vorgestellt.

---

17   Als ein sehr relevantes Argument in diesem Beweis ist die erlaubte Vertauschung von Grenzübergang und Summation enthalten, dessen Gültigkeit in diesem Beweis jedoch nicht expliziert wird.

Fig. 3

Um eine Vermutung über die Ableitung eines Produkts zweier Funktionen zu erhalten, kann man den Flächeninhalt eines Rechtecks betrachten, dessen Seitenlängen u und v im Laufe der Zeit zunehmen. Für den Flächeninhalt zum Zeitpunkt t_0 gilt:
$A(t_0) = u(t_0) \cdot v(t_0)$.
Betrachtet man das Rechteck zu einem etwas späteren Zeitpunkt t, so erhält man:
Zuwachs von A = (Zuwachs von u) $\cdot\, v(t_0) + u(t_0) \cdot$ (Zuwachs von v) + Rest.
Dividiert man durch $t - t_0$, so erhält man bei Vernachlässigung des kleinen Restes:
Änderungsrate von A ≈ (Änderungsrate von u) $\cdot\, v(t_0) + u(t_0) \cdot$ (Änderungsrate von v).
Der Grenzübergang $t \to t_0$ liefert $A'(t_0) = u'(t_0) \cdot v(t_0) + u(t_0) \cdot v'(t_0)$.

Produktregel: Ist f ein Produkt $u \cdot v$ von Funktionen u und v, so gilt
$$f'(x) = u'(x) \cdot v(x) + u(x) \cdot v'(x)$$
Beispiel: $f(x) = x \cdot e^x$ ergibt mit $u(x) = x$, $v(x) = e^x$ wegen $u'(x) = 1$ und $v'(x) = e^x$:
$$f'(x) = 1 \cdot e^x + x \cdot e^x = (x+1) \cdot e^x$$

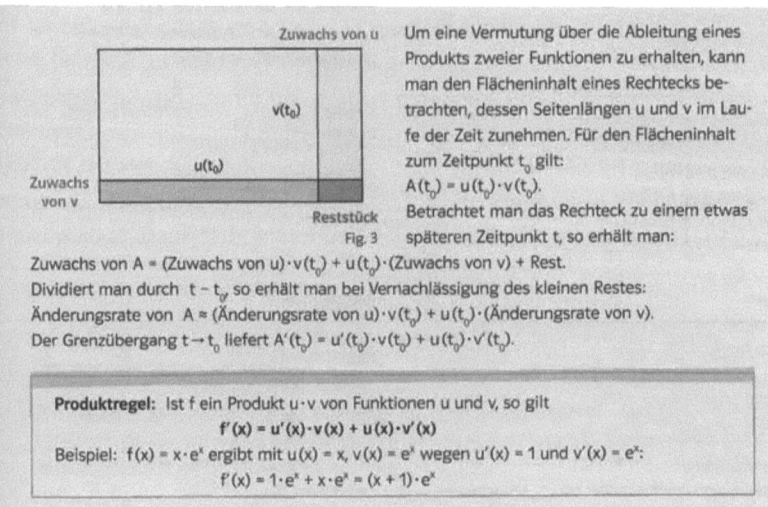

Abbildung 3.7: Produktregel für differenzierbare Funktionen mit Beweis mit geringerem Formalisierungsgrad aus einem Schulbuch (Reinelt, 2008, S. 179)

Für eine präzisere Argumentation ist es beispielsweise notwendig zu begründen, warum der „kleine Rest" (vgl. Abbildung 3.7) vernachlässigbar ist. Erst durch eine formalisierte Darstellung von Grenzwerten kann dieser Grenzübergang argumentativ untermauert werden[18] und wird am Beispiel des universitären Lehrbuchs knapp aufgezeigt (Abbildung 3.8).

Beweis. Aus den Rechenregeln 42.1 für Grenzwerte und dem Stetigkeitssatz 46.1 folgt für $x \to \xi$ sofort

$$\frac{f(x)g(x)-f(\xi)g(\xi)}{x-\xi} = f(x)\frac{g(x)-g(\xi)}{x-\xi} + g(\xi)\frac{f(x)-f(\xi)}{x-\xi}$$
$$\to f(\xi)g'(\xi) + g(\xi)f'(\xi),$$

Abbildung 3.8: Produktregel für differenzierbare Funktionen mit Beweis mit höherem Formalisierungsgrad aus einem Lehrbuch für die Hochschule (Heuser, 1994, S. 270-271)

Insgesamt charakterisieren die folgenden Aspekte Unterschiede in der Aktivität Beweisen zwischen der Schule und der Hochschule (insbesondere der Studieneingangsphase): (1) die Quantität an Beweisen, (2) die Funktion von Beweisen sowie die aus der Funktion resultierenden, dominierenden Typen und (3) der Formalisierungsgrad von Beweisen (vgl. Tabelle 3.1, S. 84).

---

18 In einem anderen Schulbuch derselben Schulbuchreihe ist der formal-deduktive Beweis nach der Formulierung der Aussage zusätzlich zu finden (Buck, Dürr, Freudigmann, Reinelt & Zinser, 2001, S. 132).

Aufgrund der abrupten Veränderungen dieser Aktivität beim Übergang Schule – Hochschule, die nicht nur in Deutschland, sondern auch international, z. B. in den USA (Moore, 1994) oder in Schweden (Brandell et al., 2008) berichtet werden, werden ungewohnte Anforderungen an die Studierenden gleich zu Beginn des Mathematikstudiums gestellt. Welche Fähigkeiten notwendig sind, um diese Anforderungen zu bewältigen, und welche Schwierigkeiten der Studierenden aus empirischen Untersuchungen zur Aktivität des Beweisens bekannt sind, wird im nächsten Abschnitt erläutert.

3.4.3 Fähigkeiten beim Beweisen und Herausforderungen für Lernende

Aufgrund der Zieldimensionen mathematischer Lehr-Lern-Prozesse stellt der Erwerb von Beweisfähigkeiten eine wichtige Anforderung in der mathematischen Studieneingangsphase dar. Für das Verständnis eines Beweises („proof comprehension") ist es notwendig, die logischen Schlüsse im Beweis nachzuvollziehen sowie die Hauptidee und die Methodik des Beweises erklären zu können (Mejía-Ramos, Fuller, Weber, Rhoads & Samkoff, 2012). Aufgrund der Komplexität eines Beweisprozesses sind (weitere) vielfältige Fähigkeiten notwendig, um selbstständig einen Beweis zu führen (Moore, 1994). Es können verschiedene kognitive und nichtkognitive Faktoren unterschieden werden, die die Entwicklung einer Beweiskompetenz beeinflussen (Überblick z. B. in Reiss & Ufer, 2009b und Weber, 2001) – diese werden im Folgenden vorgestellt.

Der erste Bereich, der prädiktiv für die Beweiskompetenz ist, kann mit *Methodenwissen* überschrieben werden, was „das Wissen über die Natur und die Funktion von Beweisen" (Reiss & Ufer, 2009b, S. 165) umfasst. Für einen Beweisprozess ist es wichtig, den gewünschten Zielzustand zu kennen, zu dem auch Charakteristika eines Beweises gehören, also wann eine Struktur einen Beweis darstellt (Brandell et al., 2008; Heinze & Reiss, 2004a; Reiss & Ufer, 2009b). Diese formalen (z. B. Beweisstruktur) und sozialen Normen (z. B. Akzeptanzprozess eines Beweises) sind meistens implizit im Beweis als Produkt enthalten, so dass den Lernenden diese Normen schon vorher bekannt sein bzw. in Lehr-Lern-Prozessen explizit gemacht werden müssen (essentiell v. a. im ersten Semester: vgl. Reichersdorfer et al., 2014). Ergebnisse empirischer Studien weisen darauf hin, dass Lernende meist Kriterien zur Unterscheidung von richtigen und falschen Beweisen kennen, diese aber nicht korrekt anwenden oder durch irrelevante Kriterien ersetzen (Schülerinnen und Schüler der achten Jahrgangsstufe: Healy & Hoyles, 1998; Abiturientinnen und Abiturienten: Reiss & Heinze, 2000; Studienanfängerinnen und Studienanfänger: Alcock & Weber, 2005; Harel & Sowder, 1998). Die dabei verwendeten, externen Faktoren können beispielsweise die Autorität einer Lehrkraft oder irgendein Argument sein, das von den Lernenden nicht auf Gültigkeit geprüft wird (Harel & Sowder, 1998). Auch manche Mathematikerinnen und Mathematiker nutzen Autoritäten in ihrem Gebiet, um die Qualität eines Beweises einzuschätzen (Weber & Mejía-Ramos, 2011). Insgesamt scheint die Bewertung von Beweisen bezüglich ihrer Korrektheit selbst für Studierende im Fach Mathematik schwierig zu sein (Alcock & Weber, 2005). Eine im weiten Sinne mit dem Methodenwissen zusammenhängende Fähigkeit ist das Kennen und Anwenden deduktiver Schlüsse, was notwendig für das Führen von präformalen und formal-deduktiven Beweisen ist (Iannone & Inglis, 2011; Reiss & Ufer, 2009b).

In den zweiten Bereich von entscheidenden Einflussfaktoren ordnet sich das *Wissen über Strategien* ein. Hier sind neben allgemeinen Problemlösestrategien auch spezifische mathematische Strategien und beweisspezifische Strategien einzuordnen. In den Bereich allgemeiner Problemlösestrategien ordnet sich beispielsweise das Anfertigen einer Graphik ein (Chinnappan & Lawson, 1996). In den Bereich der spezifischen mathematischen Strategien werden die Anwendung von Prozeduren zum Lösen einer Gleichung einsortiert (Chinnappan & Lawson, 1996) bzw. das Wissen über die Wichtigkeit und über mögliche Anwendungskontexte von Aussagen genannt (Weber, 2001). Beweisspezifische Strategien sind z. B. das Explorieren einer Vermutung mit Hilfe von Beispielen und Gegenbeispielen (Ufer & Lorenz, 2009) und sollten bei Lernenden schon als Schemata vorliegen (Weber, 2001). Neben dem Wissen über Strategien und der Fähigkeit, Strategien anzuwenden, kann auch das strategische Wissen als wichtig erachtet werden. Strategisches Wissen wird allein durch Erfahrungen in ähnlichen Problemlösesituationen individuell erworben (Chinnappan & Lawson, 1996) und umfasst z. B. metakognitives Wissen zur individuellen Steuerung des Problemlöseprozesses (Schoenfeld, 1992). Nach Chinnappan und Lawson (1996) gehören zum strategischen Wissen auch metakognitive Heuristiken, die konkret bezogen auf einen Problemtyp die Fähigkeit umfassen, bei diesem spezifischen Problemtyp eine geeignete Strategie zu erkennen und anzuwenden.

Der *Begriffserwerb*, inklusive des Faktenwissens, im Inhaltsgebiet, in dem ein Beweis geführt ist, ist als weiterer wichtiger Aspekt zu nennen. Für einen (präformalen und) formal-deduktiven Beweisprozess müssen Axiome, axiomatisch definierte Begriffe und wahre Aussagen verfügbar sein, um aus diesen deduktiv auf „neue" Aussagen schließen zu können (Reiss & Ufer, 2009b; Weber, 2001). Die Verfügbarkeit von mathematischen Begriffen und Aussagen in verschiedenen Repräsentationen (vgl. Abschnitt 3.5) ist demnach essentiell für das Führen von Beweisen, was die Abhängigkeit dieser beiden Fähigkeiten, Beweisen und Begriffsbildung, verdeutlicht (vgl. Moore, 1994). Neben Kenntnissen formaler Begriffsdefinitionen sind informelle Begriffsrepräsentationen, die zum Aufbau von mentalen Modellen genutzt werden, wichtige Instrumente zur Konstruktion von Beweisen (Reiss & Ufer, 2009b; Vollrath, 1992). Beispielsweise nutzen Mathematikerinnen und Mathematiker in Beweisexplorationsphasen nicht nur formale Begriffsdefinitionen, sondern vor allem informelle Begriffsdarstellungen wie Gesten oder Graphiken (Thurston, 1994).

Nicht nur wegen der Komplexität von Beweisprozessen, sondern auch aufgrund fehlender Vorerfahrungen aus dem Schulunterricht kann davon ausgegangen werden, dass die Konstruktion eines Beweises eine große Herausforderung für Lernende darstellt und vielfältige Schwierigkeiten auftreten. Diese Schwierigkeiten sind auch aus dem internationalen Kontext bekannt. Beispielsweise scheinen Studierende in Taiwan große Probleme zu haben, im Inhaltsgebiet stetige Funktionen Argumentationen zu führen und Gegenbeispiele zu entwickeln (Ko & Knuth, 2009). Eine Drei-Länder-Studie in

Deutschland, Hong Kong und Australien von Schwarz et al. (2008; vgl. auch Buchholtz & Schwarz, 2009) als Ergänzungsstudie zum Projekt MT21 zeigt, dass zukünftige Sekundarstufen-Lehrkräfte Probleme haben, formal-deduktive Beweise in einem relativ einfachen Inhaltsgebiet der Sekundarstufe I zu führen. Die größte Herausforderung für Lernende im Bereich des Beweisens liegt insgesamt in der Entwicklung einer deduktiven Argumentationskette (Iannone & Inglis, 2011), was Heinze und Reiss (2004a[19]) folgendermaßen ausdrücken: „Students have difficulties to bridge the gap between empirical argumentation and formal argumentation".

Auch in Schweden dokumentierte Probleme weisen darauf hin, dass Studienanfängerinnen und Studienanfänger nur vereinzelt Vorerfahrungen im Bereich des Beweisens besitzen (Brandell et al., 2008; Hemmi, 2008). Diese wenigen Vorerfahrungen könnten dazu führen, dass Studierende zu Studienbeginn es als mühsamer empfinden, Beweise in einem Inhaltsgebiet zu führen, anstatt im selben Inhaltsgebiet Berechnungen anzustellen (Brandell et al., 2008). Auch affektive Merkmale spielen somit möglicherweise bei der Beweisfähigkeit eine Rolle (vgl. auch Almeida, 2000; Brunner, 2013). An der Schnittstelle zwischen affektiven und kognitiven Merkmalen von Lernenden finden sich *Vorstellungen* bezüglich des Lerngegenstands. Offen ist die Frage, ob Studierende die Aktivität des Beweisens als inhaltliche Anforderung in der Hochschule erwarten (vgl. Rach & Heinze, 2013b) und ob mögliche inadäquate Erwartungen zum Lerngegenstand bzw. zu den mathematischen Anforderungen einen Einfluss auf den Lernerfolg haben (vgl. Abschnitt 3.6). In einer Untersuchung von Bescherer (2003) haben Studentinnen und Studenten mathematikhaltiger Studiengänge, z. B. aus dem Bereich der Wirtschaftswissenschaften, eingeschätzt, dass Beweisfähigkeiten wenig relevant für ihr Studium sind.

Zusammenfassend zeigt sich, dass vor allem fehlende Kenntnisse über den Charakter von Beweisen, über Strategien zum Führen eines Beweises und ein unbefriedigender Begriffserwerb, inklusive Faktenwissen, die größten Hindernisse darstellen: „They [Students] did not know how to start and they did not know what they could take for granted or when they had proved the statement" (Brandell et al., 2008, S. 48).

3.5 Begriffsbildung: Prozess der Begriffsbildung, Bedeutung in den Bildungsinstitutionen Schule und Hochschule sowie Herausforderungen für Lernende

Mathematik ist ein „Denken in Begriffen" (Dissertation von Wittenberg, 1957). Begriffe sind mentale Konstrukte, d. h. vom Menschen entdeckt bzw. erfunden (Vollrath, 1992), und mit diesen wird in der (Wissenschaft) Mathematik operiert. Deshalb ist das Denken in Begriffen ein essentieller Bestandteil mathematischer Arbeitsprozesse und ein wichtiges Lernziel in der Studieneingangsphase (vgl. Abschnitt 3.1.3). In diesem Abschnitt wird analog zum Abschnitt 3.4 zuerst auf den Prozess der Begriffsbildung und auf den

---

19   Die Seitenzahl des Zitates ist mir nicht bekannt, da der Beitrag in einer HTML-Datei veröffentlicht wurde. Das Zitat befindet sich am Ende des Beitrags.

Charakter eines mathematischen Begriffs eingegangen, dann werden Unterschiede im Denken in Begriffen zwischen Schule und Hochschule identifiziert und anschließend Herausforderungen für Studienanfängerinnen und Studienanfänger bei der Begriffsbildung präsentiert.

3.5.1 Prozess der Begriffsbildung und Charakter eines Begriffs

Der Prozess der Begriffsbildung kann auf verschiedene Arten ablaufen, z. B. durch Abstraktion, Konstruktion oder durch Spezifikation (Vollrath, 1984; Weigand, 1993). Aus epistemologischer Perspektive steht am Ende jeder Begriffsbildung in der Wissenschaft Mathematik – auch wenn sie Jahrzehnte oder Jahrhunderte gedauert hat (Courant & Robbins, 2010) – eine Definition dieses Begriffs mit Hilfe schon bekannter und definierter Begriffe eines Axiomensystems. Ein *Axiomensystem* kann inhaltlich oder formal geprägt sein. Bei einem inhaltlichen Axiomensystem werden die nicht zu beweisenden Ausgangssätze aufgrund ihres anschaulich wahren Wahrheitsgehaltes ausgewählt, um Naturgesetze zu modellieren (Heintz, 2000). Dieses Vorgehen zeichnet sich durch einen starken Realitätsbezug aus. Bei einem formalen Axiomensystem gibt es dagegen keine inhaltliche Qualifizierung der verwendeten Axiome, sondern diese werden nach den Kriterien „Widerspruchsfreiheit", „Vollständigkeit" und „Unabhängigkeit" ausgewählt (Heintz, 2000; Reichersdorfer et al., 2014). Da die Begriffsbildung aus *Abstraktion* für den wissenschaftlichen Charakter von Mathematik sehr relevant ist, wird diese im Folgenden näher erläutert. Im Beitrag von Reichersdorfer et al. (2014, S. 39) wird der Begriff der Abstraktion folgendermaßen definiert: „Unter Abstraktion versteht man dabei den Prozess, charakteristische Eigenschaften eines gegebenen Objekts fokussiert und unabhängig von dem speziellen Objekt zu betrachten (Harel & Tall, 1991). Damit können Strukturen über konkrete Instanzen hinweg untersucht und Systematisierungen vorgenommen werden, also Begriffe weitgehend unabhängig von ihren Repräsentanten exploriert werden" (vgl. auch Alcock & Simpson, 2002; Davis & Hersh, 1985; Fischer, 2006). Für eine derartige Untersuchung eines Begriffs unabhängig von einzelnen Objekten ist eine Form der Begriffsrepräsentation notwendig, die diesen Begriff über andere, schon axiomatisch festgelegte Begriffe und deren spezielle Eigenschaften definiert.

Charakteristisch bei einem Begriff der wissenschaftlichen Mathematik ist, dass er sich nicht direkt auf Objekte der Realität bezieht, sondern rein gedankliche Objekte umfasst (Courant & Robbins, 2010; Witzke, 2012), also abstrakter Natur ist (Kidron, 2011; Laakmann, 2013). Aus diesem Grund benötigen Begriffe Repräsentationen, um mit ihnen arbeiten zu können (Laakmann, 2013). Eine mögliche Repräsentation ist die Beschreibung bzw. Definition eines Begriffs mit Hilfe sprachlicher Ausdrücke bzw. mathematischer Symbolik. Aus fachlicher, didaktischer und kognitionspsychologischer Perspektive ist diese jedoch nicht die einzige Begriffsrepräsentation, die möglich ist. Beispielsweise kann eine mathematische Funktion auch durch einen Graph oder eine Wertetabelle dargestellt werden – in diesem Fall stehen stärker informelle Begriffsrepräsentationen im Vordergrund. Mit einer Begriffsdefinition assoziiert sind somit auch Verbindungen zu anderen Begriffen, also der Platz des Begriffs in einem Begriffsnetz, sowie (Gegen-)Beispiele zu diesem Begriff (vgl. Alcock & Simpson, 2002; Hänisch, 2011; Johnson-Laird, 1983; Moormann, 2007; Vollrath, 1984; Weigand, 1993).

Einen Zugang zu einem Begriff, vor allem in Hinblick auf einen Begriff der wissenschaftlichen Mathematik, haben Tall und Vinner (1981) aus der Perspektive der Lernenden heraus gewählt und einen Begriff in sein „concept image" und sein „concept definition" unterteilt. Tall und Vinner (1981) unterscheiden das „concept definition" zusätzlich in eine personenbezogene und eine mathematische Variante, wobei die personenbezogene Variante die individuelle Beschreibung des Begriffs mit Hilfe des concept image ist (vgl. Rösken & Rolka, 2007). Die personenbezogene Formulierung des concept definition wird deshalb in dieser Arbeit dem concept image zugeschrieben und nur die mathematische Variante des concept definition („formal concept definition") autonom verwendet (Tall & Vinner, 1981, S. 152):

> „We shall use the term *concept image* to describe the total cognitive structure that is associated with the concept, which includes all the mental pictures and associated properties and processes. [...] We shall regard the *concept definition* to be a form of words used to specify that concept. [...] In this way a *personal* concept definition can differ from a *formal* concept definition, the latter being a concept definition which is accepted by the mathematical community at large."

Eine formale Begriffsdefinition („*concept definition*") wird mit Hilfe formaler Notation, unabhängig von einem speziellen Objekt ausgedrückt, so dass wenig bis kein individueller Interpretationsspielraum zugelassen wird. Beim concept image stehen dagegen mentale Vorstellungen des Lernenden, die aus konkreten Repräsentanten des Begriffs gebildet werden, im Vordergrund (Vinner, 1983; Tall & Vinner, 1981, S. 151):

> „The concept image consists of all the cognitive structure in the individual's mind that is associated with a given concept. This may not be globally coherent and may have aspects which are quite different from the formal concept definition."

Ein *concept image* kann durch Beispiele, graphische Veranschaulichungen oder andere Erfahrungen generiert werden (Moore, 1994) und ist nicht zwangläufig kohärent (Rösken & Rolka, 2007). Diese vorgestellte Unterteilung wird in vielen Studien zur Untersuchung von Fehlvorstellungen zu Begriffen genutzt, indem das concept image der Lernenden identifiziert und analysiert wird (siehe zu Grenzwerten und Unendlichkeit: Edwards & Ward, 2004; zu Folgengrenzwerten: Roh, 2008; zu Funktionsgrenzwerten: Bezuidenhout, 2001; Juter, 2006; zu Differentialgleichungen: Rasmussen, 2001; zum Integralbegriff: Rösken & Rolka, 2007; zu komplexen Zahlen: Nordlander & Nordlander, 2012; zu Untervektorräumen: Wawro, Sweeney & Rabin, 2011; vgl. Abschnitt 3.5.3). Das concept image einer Person zu einem Begriff wird sicherlich auch aus Grundvorstellungen zu einem Begriff gespeist (vom Hofe, 1995), denn nach Fischer (2006) liegen Grundvorstellungen auf einer mittleren Abstraktionsebene und können zwischen der Erfahrungswelt der Lernenden und der formalen, mathematischen Begriffsdefinition eingeordnet werden. Die Sichtweise auf das Denken von Menschen über „mental models" liefert die Erkenntnis, dass alle Modelle, die von Objekten konstruiert werden, unvollständig sind. Aus diesem Grund ist der Begriffserwerb eingeschränkt, wenn nur anhand von Modellen bzw. über das concept image Aussagen zu einem Begriff getroffen werden (vgl. Johnson-Laird, 1983).

Doch nicht nur das concept image eines Begriffs kann unterschiedlich ausfallen, sondern auch für die Beschreibung bzw. Definition eines Begriffs gibt es variierende Möglichkeiten. Tall (1992b) unterscheidet zwei Möglichkeiten der Begriffsdefinition: „mathematical foundation" und „cognitive root". Während mathematical foundation die formal-axiomatische Definition eines Begriffs ist, ist cognitive root eine an die Vorstellungen der Lernenden angepasste Definition eines Begriffs. Die erste Möglichkeit der mathematischen Begriffsdefinition, *mathematical foundation*, soll mathematisch einfach und allgemein gehalten werden, um möglichst viele verschiedene Objekte unter denselben mathematischen Begriff fassen zu können. Als ein Beispiel eignet sich der Begriff des Vektors, der in der wissenschaftlichen Mathematik nicht nur Zahlentupel, sondern auch Funktionen umfassen kann. Solche mathematischen, anerkannten Begriffsdefinitionen haben oft lange Entwicklungsprozesse durchlaufen, bis mit der „endgültigen" Definition adäquat operiert werden kann, z. B. mathematische Aussagen bewiesen werden können, und die somit gut in das abgeschlossene Axiomensystem passt (Courant & Robbins, 2010). Die Begriffsbildung steht demnach eng mit der Evidenzgenerierung von Aussagen in Verbindung; diese Wechselwirkung macht die Mathematik als Wissenschaft aus. Durch die „endgültige" Begriffsdefinition wird jedoch z. T. der eigentliche Sinn des Begriffs verstellt. Hefendehl-Hebeker (2013a) hat für diese Annahme mehrere Beispiele zusammengestellt: (1) Lineare Unabhängigkeit von Vektoren: In den meisten Definitionen wird die nur triviale Darstellung des Nullvektors gefordert, wohingegen die nicht gegenseitige Darstellbarkeit die Idee für diesen Begriff ist. (2) Stochastisch unabhängige Ereignisse: In den meisten Definitionen findet sich die mögliche Produktbildung anstatt eine Beschreibung über bedingte Wahrscheinlichkeiten. (3) Parallelität von Geraden: Häufig wird der Begriff der parallelen Geraden so definiert, dass die verwendete Relation eine Äquivalenzrelation ist. Bei der zweiten Möglichkeit einer Begriffsdefinition, *cognitive root*, steht dagegen der Lernende im Vordergrund und sollte diese(n) Begriff(sdefinition) intuitiv aus seiner Erfahrungswelt heraus verstehen können, wobei nach Tall (1992b) die Anschlussfähigkeit an die wissenschaftliche Mathematik nicht außer Acht gelassen werden darf. Als Beispiel für diese beiden Möglichkeiten einer Beschreibung führt Tall (1992b) den Begriff der Funktion an, der einerseits aus einer axiomatischen Perspektive als Teilmenge des kartesischen Produkts zweier Mengen definiert und mathematisch aufgrund von wenigen benötigten Begriffen einfach ist, aber nicht zu einzelnen Vorerfahrungen von Lernenden passt (z. B. der Kovariationsvorstellung, vgl. Laakmann, 2013). Andererseits können Funktionen auch prozess- und lernendenorientiert als besondere Zuordnungen aufgefasst werden. Diese Unterscheidung in verschiedene Möglichkeiten der Begriffsdefinition steht sicherlich in einem engen Zusammenhang mit der Art des verwendeten Axiomensystems. Während eine inhaltliche Axiomatik und ein cognitive root Vorerfahrungen von Lernenden berücksichtigen, sind eine formale Axiomatik und ein mathematical foundation essentiell für einen formalen, mathematischen Theorieaufbau.

3.5.2 Steigerung der Bedeutung formaler Begriffsbildungen beim Übergang Schule – Hochschule: Fundierung und Illustration

Um die Besonderheiten des Lerngegenstands Mathematik in der Studieneingangsphase darzustellen, werden Unterschiede und Gemeinsamkeiten von Begriffsbildungsprozessen in den beiden Bildungsinstitutionen Schule und Hochschule analog zum Abschnitt 3.4.2, vornehmlich basierend auf theoretischen Überlegungen, analysiert.

Intendiertes Curriculum und theoretische Beiträge

Formale Begriffsdefinitionen sind neben formal-deduktiven Beweisen essentielle Produkte der Wissenschaft Mathematik (vgl. Abschnitt 3.2.1) und scheinen somit in der Studieneingangsphase eine wichtige Rolle einzunehmen. Die folgende Analyse bezüglich der Begriffsbildung in Schulen und Hochschulen steht vor allem für die Situation in Deutschland, während sich in anderen Ländern z. T. andere Nuancen ergeben, auf die im Folgenden nicht näher eingegangen wird (z. B. in Schweden, Brandell et al., 2008: Fokus in der Schule auf einem umfassenden Begriffserwerb, weniger auf prozedurale Fähigkeiten). Insgesamt ist beim Vergleich der verschiedenen Curricula auffällig, dass die genannten, mathematischen Begriffe bzw. Begriffsbezeichnung in der Sekundarstufe II und in der Studieneingangsphase häufig dieselben sind, z. B. Grenzwert, Differenzenquotient, Vektor etc. In den Bildungsstandards für das Fach Mathematik für das Ende der Sekundarstufe II (KMK, 2012) heißt es allgemein, dass ein grundsätzliches Verständnis verschiedener Begriffe vorhanden sein muss, um die Beispielaufgaben zu lösen (z. B. im Bereich der Analytischen Geometrie). Im Modulhandbuch der CAU Kiel (Mathematisches Seminar, 2013, S. 31) werden als Lernziele für das Modul „Analysis 1" genannt: „Erwerb grundlegender Begriffe, Methoden und Resultate der eindimensionalen Analysis".

Der Begriffserwerb im Schulunterricht wird in weiteren Dokumenten zum intendierten Curriculum aufgeführt. Eine normative Richtlinie für die Beschreibung von und das Arbeiten mit Begriffen im Kontext Schule ist z. B. durch die Expertise von Borneleit et al. (2001, S. 29) für die gymnasiale Sekundarstufe II gegeben, die sich stark auf die Grunderfahrungen von Winter (1995) berufen:

> „Eine angemessene Mischung formaler und präformaler Arbeitsweisen beim Begriffsbilden und beim Argumentieren, wobei besonders darauf zu achten ist, dass Lernende adäquate *Grundvorstellungen* von den zentralen Begriffen und Methoden erwerben. Solche Vorstellungen dienen der Sinnkonstruktion und schaffen die notwendigen Verbindungen zwischen Mathematik, Realität und individuellen mentalen Strukturen."

Dem Begriff der Grundvorstellung, der eng mit dem concept image in Verbindung steht, wird für den schulischen Mathematikunterricht eine zentrale Rolle zugeschrieben (Borneleit et al., 2001; Fischer et al., 2009; vom Hofe, 1995). Fischer (2006) ist überzeugt, dass das Konzept der Grundvorstellungen auch auf mathematische Begriffe an der Hochschule anwendbar ist, jedoch die Anknüpfung an dieses Konzept praktisch wenig umgesetzt wird.

Die besondere Bedeutung informeller Begriffsrepräsentationen, die mentale Modelle von Begriffen anregen, und die in den letzten Jahren abnehmende Bedeutung formaler Begriffsbeschreibungen im intendierten Curriculum des Schulunterrichts kann beispielhaft an der Entwicklung des Lehrplans im Fach Mathematik für Schleswig-Holstein aufgezeigt werden.[20] Durch einen intuitiven Grenzwertbegriff soll im Schulunterricht von der mittleren Änderungsrate ein Übergang zum Differentialquotienten (Ministerium, 2008) oder zur Integralfunktion (Ministerium, 2002) erreicht werden. Eine Veranschaulichung soll mit Hilfe eines Tabellenkalkulationsprogramms geleistet werden (Ministerium, 2002). Auch sollen laut des Lehrplans aus dem Jahr 2002 bei Kurvenscharen z. T. einfache Grenzwertbetrachtungen durchgeführt werden, in der Handreichung zu Mathematik als Kernfach aus dem Jahr 2008 werden diese Grenzwertbetrachtungen jedoch weggelassen. In der Fassung für den Leistungskurs aus dem Jahr 2002 wird die Definition der Stetigkeit einer Funktion an einer Stelle genannt und problematisiert (Ministerium, 2002), was für das Kernfach Mathematik im Jahr 2008 gestrichen ist (Ministerium, 2008). Anhand dieser Beispiele wird illustriert, dass durch die Einführung des Kernfachs Mathematik Inhalte, in denen Vorläuferfähigkeiten erworben werden können, die als relevant für das Erlernen wissenschaftlicher Mathematik gelten, weggelassen werden. Zudem werden verstärkt informelle Begriffsrepräsentationen und sich daraus entwickelnde intuitive Vorstellungen, z. B. zum Grenzwertbegriff, in den Vordergrund gestellt. Auch in den Bildungsstandards für das Ende der Sekundarstufe II heißt es, dass ein derartiger propädeutischer Begriffsaufbau geleistet werden soll: „Grenzwerte auf der Grundlage eines propädeutischen Grenzwertbegriffs insbesondere bei der Bestimmung von Ableitung und Integral nutzen" (KMK, 2012, S. 22).

In vielen Arbeiten zum „Advanced Mathematical Thinking" werden die im letzten Abschnitt 3.5.1 beschriebenen Konzepte „concept image" und „concept definition" (Tall & Vinner, 1981) verwendet, um Unterschiede in der Begriffsbildung zwischen Schule und Hochschule zu charakterisieren. Diese aus einer didaktischen Perspektive entwickelten Konzepte können mit der Begriffsbildung durch Abstraktion und der Darstellung eines Begriffs in einem formalen Axiomensystem in Verbindung gesetzt werden. Ganz grob wird davon ausgegangen, dass das concept image in der Schule überwiegt und das concept definition erst in der Hochschule an Bedeutung gewinnt (González-Martín et al., 2013; Tall, 1992b; Engelbrecht, 2010, S. 145): „many concepts in mathematics have been encountered in some informal way before they are formally defined in advanced mathematics courses". In der Schulmathematik ist somit ein Begriff an spezielle Repräsentanten gebunden, während in der wissenschaftlichen Mathematik eine Repräsentation eines Begriffs, in Form einer formalen Definition, und charakteristische Eigenschaften dieses Begriffs relevant sind, die unabhängig von speziellen Objekten sind.

---

20   Sicherlich hängt diese Entwicklung mit der Einführung der Kernfächer bzw. der Profiloberstufe zusammen, so dass das Fach Mathematik anstatt drei Stunden (im Grundkurs) bzw. fünf Stunden (im Leistungskurs) seit 2008 vier Stunden pro Woche unterrichtet wird.

Verknüpfung der Begriffsbildung mit Zielen mathematischer Lehr-Lern-Prozesse

Die Analysen der intendierten Curricula und der wenigen, theoretischen Beiträge geben nur einen knappen Einblick in die variierenden Bedeutungen formaler Begriffsbildungsprozesse in den beiden Bildungsinstitutionen Schule und Hochschule. Aus diesem Grund werden in diesem Abschnitt die Rollen dieser Prozesse in den beiden Bildungsinstitutionen anhand der Verknüpfung mit den Zielen mathematischer Lehr-Lern-Prozesse erörtert.

In vielen Beiträgen wird geschlussfolgert, dass ein Unterschied in der Mathematik zwischen Schule und Hochschule auch in der Begriffsbildung begründet ist (Artigue, 1999; Clark & Lovric, 2009; Engelbrecht, 2010; Fischer et al., 2009; Reichersdorfer et al., 2014). Diese vermuteten Unterschiede werden wiederum mit den unterschiedlichen Zieldimensionen unterrichtlicher Prozesse (vgl. Abschnitt 3.1.2 und Abschnitt 3.1.3) und dem damit verbundenen Charakter von Mathematik (vgl. Abschnitt 3.1.1) in Verbindung gebracht. Während für das Allgemeinbildungskonzept und dem daraus resultierenden, anwendungsorientierten Charakter von Mathematik inhaltlich definierte Begriffe ausreichen, um Phänomene der Realität zu beschreiben und außermathematische Probleme zu lösen, sind für einen Theorieaufbau in einem formalen Axiomensystem abstrakte, formal definierte Begriffe notwendig. Variierende Begriffsbildungsprozesse in den beiden Bildungsinstitutionen sind somit z. T. auf unterschiedliche Funktionen des entdeckten bzw. entwickelten Begriffs zurückzuführen, was im Folgenden näher erläutert wird.

Zusammenhängend mit den Funktionen eines Begriffs sind die verschiedenen Möglichkeiten der *Begriffsrepräsentation*. In der Schule stehen eher informelle Repräsentationen in Form von Beispielen, graphischen Darstellungen oder Anwendungskontexten und den daraus von Lernenden aufgebauten mentalen Modellen im Vordergrund, während in der Studieneingangsphase formale Repräsentationen, z. B. formale Definitionen, an immenser Bedeutung gewinnen. Als inhaltliches Beispiel kann der Begriff der Funktion herangezogen werden. Spezifische Funktionen werden häufig zur Beschreibung realer Situationen verwendet (z. B. explizit in den Schulbüchern von Reinelt, 2008, S. 122 und Schmidt et al., 2010, S. 108-152 angesprochen) und mit Hilfe ihrer Graphen repräsentiert. In der wissenschaftlichen Theorie stehen hingegen charakterisierende Eigenschaften von Funktionen und weniger einzelne Funktionen im Vordergrund.

Variierende Ziele mathematischer Lehr-Lern-Prozesse beeinflussen neben verschiedenen Möglichkeiten der Repräsentation auch Unterschiede in der Art des verwendeten *Axiomensystems*, z. B. einer inhaltlichen oder einer formalen Axiomatik („Formal Axiomatic Systems", vgl. Abbildung 3.1). Um das Selbstverständnis einer „Wissenschaft" nachzuweisen, ist ein Indikator die in Lehrbüchern dargestellten Begriffseinführungen. Die Schulmathematik orientiert sich insgesamt stärker an einer inhaltlichen Axiomatik, um Objekte der Empirie zu beschreiben. Diese inhaltliche Axiomatik zeigt sich teilweise daran, dass sich in Schulbüchern vor fast jeder Begriffsdefinition ein außermathematischer Kontext befindet, in dem der zu definierende Begriff eine Rolle spielt (vgl. Vollstedt et al., 2014). Beispielsweise werden verschiedene Funktionenklassen definiert, indem eine außermathematische Situation aufgezeigt wird, die durch eine Funktion dieser Funktionenklasse beschrieben werden kann. Für diese Situation wird dann die Funktionsgleichung aufgestellt und Eigenschaften der entsprechenden Funktion, z. B. Verlauf des Graphen, und ähnliche Funktionen über ein weiteres Anwendungsbeispiel identifiziert. Über Eigenschaften dieser Funktionen, die für außermathematische Phänomene eine große Rolle spielen, wird häufig die Funktionenklasse definiert und benannt. Als konkrete Funktionenklasse können exponentielle Funktionen angeführt werden, die oft über verschiedene Zerfallsprozesse motiviert werden. In der Schulmathematik wird insgesamt eher von bekannten Objekten ausgegangen und deren Eigenschaften beschrieben, wobei der Fokus in der weiteren Anwendung häufig auf diesen konkreten Objekten liegt. In der wissenschaftlichen Mathematik hingegen ist die Basis eines Begriffs ein formales Axiomensystem. In einem formalen Axiomensystem ist es kein Kriterium, ob die benannten Begriffe einen Bezug zu Phänomenen der realen Welt haben. Bei dieser Form der Begriffsbildung wird ein Objekt ausschließlich über seine Eigenschaften in einem widerspruchsfreien Axiomensystem definiert. Um diesen Unterschied zwischen verschiedenen Axiomensystemen zu illustrieren, eignet sich das Gebiet der Elementargeometrie. In der Schulmathematik werden Begriffe, z. B. Gerade und Ebene, inhaltlich definiert über ihre aus der Realität bekannten, anschaulichen Eigenschaften. Im Gegensatz dazu können diese Begriffe auch axiomatisch eingeführt werden, ohne sich auf die bekannten Eigenschaften zu beziehen (Axiomensystem der euklidischen Geometrie von Hilbert, vgl. Heintz, 2000).

Bei diesen vorgestellten Erkenntnissen basierend auf theoretischen Überlegungen werden zwei Unterschiede bezüglich des Denkens in Begriffen zwischen Schule und Hochschule deutlich: die Verwendung verschiedener informeller bzw. formaler Repräsentationen und die Verwendung verschiedener Axiomensysteme. Diese beiden Unterschiede können auf variierende Funktionen von Begriffen in mathematischen Lehr-Lern-Prozessen zurückgeführt werden: In der Schule liegt ein Fokus auf der Verwendung von Begriffen zur Beschreibung außermathematischer Phänomene und zur Lösung außermathematischer Probleme, während in der Hochschule ein Fokus auf einem formalen Theorieaufbau liegt. Aus diesem Grund sind die Begriffe in der Schulmathematik inhaltlich festgelegt und informelle Repräsentationen stehen im Vordergrund. Im Gegensatz dazu sind Begriffe in der wissenschaftlichen Mathematik abstrakte Konstrukte, die in einer formalen Axiomatik eingebettet sind und durch formale Repräsentationen dargestellt werden.[21] Eng mit diesen Ausführungen zusammenhängend sind die Konzepte „concept image" und „concept definition". Die unterschiedliche Bedeutung dieser Konzepte in den beiden Bildungsinstitutionen Schule und Hochschule wird im folgenden Abschnitt stärker konkretisiert und anhand mathematischer Begriffe illustriert.

---

21   Inwiefern unterschiedliche Beschreibungen von Begriffen (cognitive root bzw. mathematical foundation) in schulischen bzw. universitären Lehrprozessen verwendet werden, wird in Abschnitt 4.2.2 erläutert.

Illustration

Ein Begriff kann durch unterschiedliche Prozesse gebildet werden. Der Prozess der Abstraktion führt bei mathematischen Begriffen häufig zu einer Repräsentation mittels einer formalen Definition. Als konkretes Beispiel aus Lernmaterialien wird der Begriff der stetigen Funktion (bzw. der Stetigkeit einer Funktion an einer Stelle) angeführt, um Unterschiede bei der Begriffsbildung zwischen Schule und Hochschule zu illustrieren. Im Schulbuch „Analysis" (Bielig-Schulz, Jahnke & Wuttke, 2009, S. 23) wird der Begriff anschaulich über eine graphische Darstellung definiert („Funktionen mit zusammenhängenden Graphen") (vgl. Abbildung 3.9), aus der Lernende unmittelbar mentale Vorstellungen („concept image") zu diesem Begriff der stetigen Funktion bilden können. Die Beschreibung einer „stetigen Funktion" wird also klar von einem speziellen Objekt dominiert und zeigt damit einen erhöhten Interpretationsspielraum.[22]

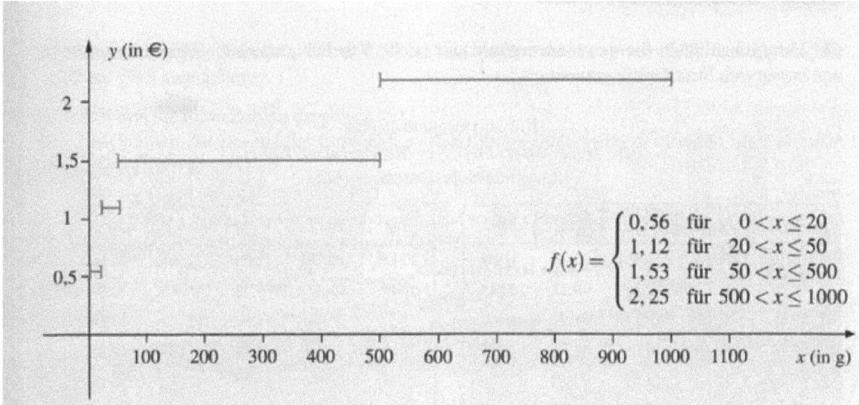

Bild 23/1: Briefporto-Funktion

Bild 23/1 zeigt den zugehörigen Funktionsgraphen; er ist an den Stellen 20, 50 und 500 nicht zusammenhängend, er hat dort Sprungstellen. Anschaulich erscheint es unmittelbar klar, was es bedeutet, dass ein Funktionsgraph zusammenhängend ist. In der Jahrtausende alten Geschichte der Mathematik hat es aber bis ins 18. Jahrhundert gedauert, bis man diesen Zusammenhang auch allgemein und unabhängig von der Anschauung beschreiben konnte. Seither nennt man Funktionen mit zusammenhängenden Graphen stetig. Unstetig sind also z. B. Funktionen, deren Graph eine oder mehrere Sprungstellen hat wie der Graph der Briefportofunktion an den Stellen 20, 50 und 500.

Abbildung 3.9:   Beschreibung einer stetigen Funktion im einem Schulbuch (Bielig-Schulz et al., 2009, S. 23)

In einem universitären Lehrbuch wird dagegen für den Begriff der Stetigkeit einer Funktion an einer Stelle die ε-δ-Definition („concept definition") verwendet (siehe

---

22   Auffällig ist, dass in der Bildunterschrift der historische Prozess der Abstraktion angesprochen, jedoch der individuell-kognitive Prozess nicht angeregt wird. Der Terminus „Beschreibung" wird in diesem Fall bewusst verwendet, um ihn vom Terminus „formale Definition" abzugrenzen (vgl. Kidron, 2011).

Abbildung 3.10). Der Begriff wird durch die Eigenschaft einer Umgebung definiert, so dass der Begriff der Stetigkeit einer Funktion an einer Stelle über einen anderen, schon (axiomatisch) definierten Begriff festgelegt wird und damit unabhängig von einem speziellen Objekt ist. Die Problematik dieser eingeschränkten Begriffsbeschreibung auf einer rein graphischen Darstellung (vgl. Abbildung 3.9) liegt in der Erweiterung des Begriffs der stetigen Funktion in der Hochschule. Beispielsweise kann der Begriff der Stetigkeit auch für Funktionen verwendet werden, die einen rein rationalen Definitionsbereich besitzen. In diesem Fall ist die graphische Darstellung keine adäquate Repräsentation und kann zu Fehlvorstellungen bei Studierenden führen (vgl. Abschnitt 3.5.3).

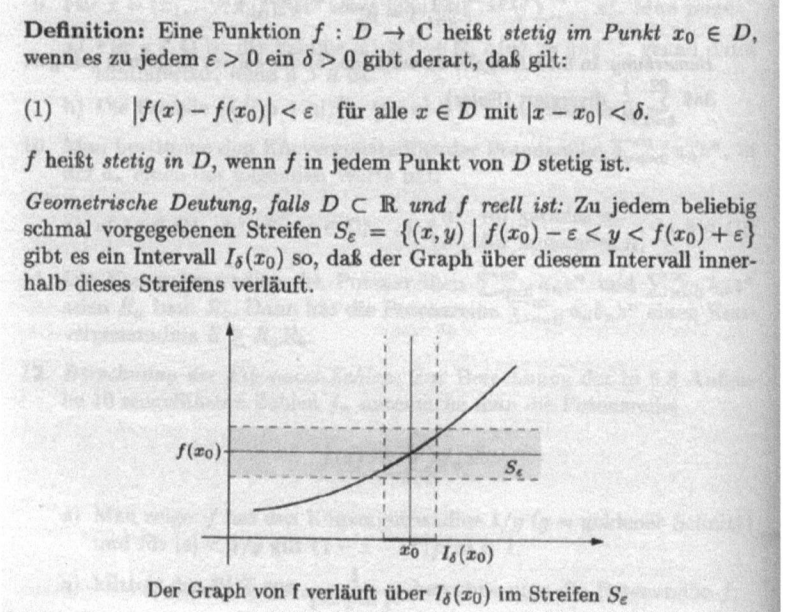

Definition: Eine Funktion $f : D \to \mathbb{C}$ heißt *stetig im Punkt* $x_0 \in D$, wenn es zu jedem $\varepsilon > 0$ ein $\delta > 0$ gibt derart, daß gilt:

(1) $\qquad \left| f(x) - f(x_0) \right| < \varepsilon$ für alle $x \in D$ mit $|x - x_0| < \delta$.

f heißt *stetig in* D, wenn f in jedem Punkt von D stetig ist.

Geometrische Deutung, falls $D \subset \mathbb{R}$ *und* f *reell ist:* Zu jedem beliebig schmal vorgegebenen Streifen $S_\varepsilon = \left\{ (x,y) \mid f(x_0) - \varepsilon < y < f(x_0) + \varepsilon \right\}$ gibt es ein Intervall $I_\delta(x_0)$ so, daß der Graph über diesem Intervall innerhalb dieses Streifens verläuft.

Der Graph von f verläuft über $I_\delta(x_0)$ im Streifen S_ε

Abbildung 3.10:   **Formale Definition einer stetigen Funktion in einem Lehrbuch für die Hochschule (Königsberger, 2004, S. 80)**

Verbunden mit der verwendeten Repräsentation ist der Formalisierungsgrad der Repräsentation, der eher als gradueller Unterschied in der Begriffsbildung zwischen Schule und Hochschule bezeichnet werden kann. Auch durch eine nicht formale Darstellung kann derselbe Inhalt ausgedrückt bzw. der Prozess der Abstraktion durchgeführt werden; die formale, mathematische Notation, z. B. in Form von Summenzeichen oder Quantoren, ist vor allem als Hilfe zur exakten Darstellung entwickelt worden (Healy & Hoyles, 1998). Durch ein eigenes Repräsentationssystem können Aussagen der wissenschaftlichen Mathematik auf einfachem Weg exakt ausgedrückt werden und der Kommunikation mit einem Computer dienen (Davis & Hersh, 1985). Auch im Schulunterricht werden mathematische Notationen verwendet, z. B. beim Variablenbegriff („second world", Tall 2008; weitere Beispiele siehe Abbildung 3.1), jedoch scheint die Formalisierung beim Übergang von der Schule zur Hochschule (graduell) zuzunehmen.

Als Illustrierung dient der Begriff „Grenzwert einer Funktion". In der Schule werden z. T. formale Notationen verwendet, jedoch sind die Ausdrücke „beliebig nahe" bzw. „hinreichend groß" noch undefiniert (vgl. Abbildung 3.11 dynamische Vorstellung und Abbildung 3.12 statische Vorstellung; vgl. Cottrill et al., 1996).

Definition: Wird x beliebig groß und kommen dabei die Funktionswerte f(x) der Funktion f einer Zahl a beliebig nahe, so nennt man diese Zahl den **Grenzwert der Funktion f** für $x \rightarrow +\infty$.

Man schreibt:

Für $x \rightarrow +\infty$ gilt: $f(x) \rightarrow a$; kurz: $\lim\limits_{x \rightarrow +\infty} f(x) = a$.

Die Gerade mit der Gleichung $y = a$ heißt **waagerechte Asymptote** des Graphen von f für $x \rightarrow +\infty$.

Entsprechend ist der Grenzwert einer Funktion f für $x \rightarrow -\infty$ definiert.

Abbildung 3.11: **Definition des Grenzwertes einer Funktion in einem Schulbuch, dynamische Vorstellung (Buck et al., 2001, S. 30)**

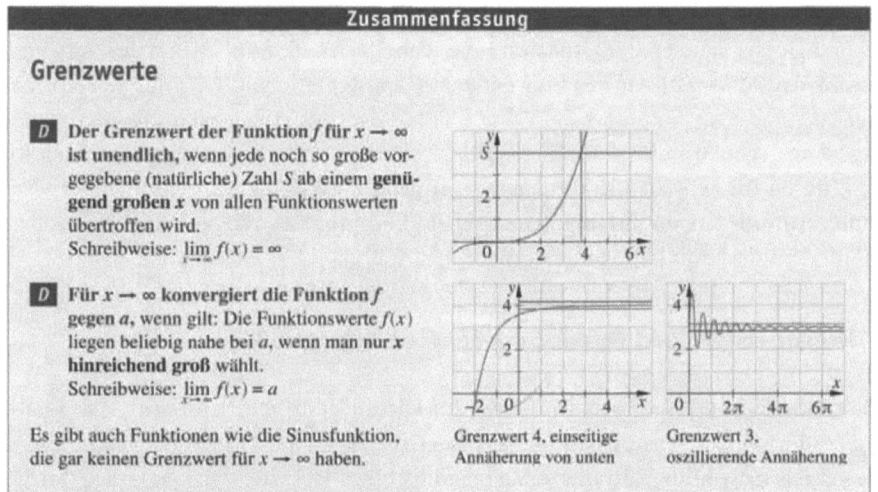

Abbildung 3.12: **Definition des Grenzwertes einer Funktion in einem Schulbuch, statische Vorstellung (Freytag et al., 2008, S. 164)**

Dagegen wird in der Hochschule die Definition stärker formalisiert (siehe Abbildung 3.13)[23].

---

23 An dieser Stelle ist anzumerken, dass bisher nicht klar ist, in welchem Umfang formale Begriffsdefinitionen in Schulbüchern zu finden sind. Beispielsweise ist im Schulbuch von Buck et al. (2001) ein Abschnitt enthalten (S. 310-339), in dem Folgen und Grenzwerte von Funktionen und deren formale Definitionen behandelt werden (vgl. auch Schmidt et al., 2010, S. 154-190). Solche Darstellungen scheinen jedoch eher Ausnahmen darzustellen und ebenjene zusätzlichen Abschnitte werden möglicherweise weniger im Schulunterricht behandelt. Analog zur Bedeutung formal-deduktiver Beweisprozesse kann auch bei der

Für die Funktion $f(x)$ einer stetigen Variablen x ersetzen wir, wenn x gegen einen endlichen Wert x_1 strebt, das „hinreichend große" n, das durch N gegeben ist, durch ein „hinreichend nahes" x_1, das durch die Zahl δ gegeben ist, und gelangen so zu der folgenden Definition des Grenzwerts bei stetiger Annäherung, die zuerst von CAUCHY (um 1820) aufgestellt wurde: *Die Funktion $f(x)$ hat, wenn x gegen x_1 strebt, den Grenzwert a, wenn sich zu jeder noch so kleinen positiven Zahl ε eine (von ε abhängige) positive Zahl δ finden läßt, so daß*

$$|f(x) - a| < \varepsilon$$

für alle $x \neq x_1$, die der Ungleichung

$$|x - x_1| < \delta$$

genügen. Wenn das der Fall ist, schreiben wir

$$f(x) \to a \quad \text{für} \quad x \to x_1.$$

Abbildung 3.13:   Definition des Grenzwertes einer Funktion, formale Definition (Courant & Robbins, 2010, S. 232)

Aus den Ausführungen in diesem gesamten Abschnitt 3.5.2 lassen sich die folgenden Aspekte identifizieren, die Unterschiede in Prozessen der Begriffsbildung zwischen Schule und Hochschule charakterisieren (vgl. Tabelle 3.1, S. 84): (1) Art des verwendeten Axiomensystems; (2) Art der verwendeten Repräsentationen; (3) Grad der Formalisierung.

Insgesamt ergeben sich für Studienanfängerinnen und Studienanfänger im Fach Mathematik durch die wachsende Bedeutung formaler Begriffsdefinitionen neue und ungewohnte Anforderungen im mathematischen Lernprozess, die zu den im nächsten Abschnitt 3.5.3 dargestellten Herausforderungen führen.

3.5.3 Begriffserwerb und Herausforderungen für Lernende

Cottrill et al. (1996), Engelbrecht (2010), van Hiele (1986) und Vollrath (1984) haben Ideen dazu formuliert, was es heißt, einen Begriff „verstanden" zu haben. In jenen Ansätzen werden sowohl das „intuitive Verständnis eines Begriffs" als auch das „formale Begriffsverständnis" angesprochen. Das intuitive Verständnis eines Begriffs bezieht sich zusammen mit dem Kennen von Beispielen und Gegenbeispielen sowie der Verwendung mentaler und visueller Begriffsrepräsentationen auf das concept image, während zu einem formalen Begriffsverständnis das Kennen eines concept definition gehört. Wie in Abschnitt 3.4.3 angesprochen, sind beide Aspekte essentiell, um formal-deduktive Beweise zu entwickeln, und bedingen sich gegenseitig (z. B. zum Begriff der konvergenten Folge: Roh, 2008; Sofronas, DeFranco, Vinsonhaler, Gorgievski, Schroeder & Hamelin, 2011).

Begriffsbildung davon ausgegangen werden, dass formale Begriffsbildungen in Schulbüchern zu finden sind, aber in einem geringen Maße als relevante Anforderungen für Schülerinnen und Schüler deklariert werden.

Bezogen auf mathematische Lehr-Lern-Prozesse in der Hochschule führt der Prozess der Abstraktion verbunden mit möglicherweise ungewohnten Formen der Begriffsrepräsentation (und zusätzlich ungünstigen Formen der Begriffseinführung, vgl. Abschnitt 4.2.2) zu großen Herausforderungen für Studierende. Während in der Schulmathematik mit Begriffsrepräsentationen (z. B. graphischen Darstellungen), die auf einzelne Objekte fokussieren, und mit dem concept image der Schülerinnen und Schüler gearbeitet wird, steht in der wissenschaftlichen Mathematik oft eine formale Definition, ein concept definition, im Fokus. Diese beiden Bestandteile, concept image und concept definition, müssen jedoch nicht zwangsläufig zueinander passen, so dass es zu einem *kognitiven Konflikt* kommen kann (Clark & Lovric, 2009, S. 756):

> „Cognitive conflict and conceptual change refer to situations in which new knowledge (learned by a child, a student, or discovered by a research scientist) is incompatible with prior knowledge, and hence might affect understanding of the material. Based on a certain amount of information, an individual uses her/his own ideas and current understanding to create an initial explanatory framework."

Beim Aufeinandertreffen eines concept image und eines concept definition können drei verschiedene Vorgehensweisen auftreten (Vinner, 1983): (1) Keine Veränderung findet statt, concept image und concept definition bleiben unverbunden im Gehirn nebeneinander stehen. (2) Concept image und concept definition werden so verändert, dass sie zusammen eine fachlich korrekte Einheit bilden (accomondation). (3) Das concept definition wird verändert, während das concept image unverändert bleibt (fehlende assimilation). Der sich in den Fällen (1) und (3) häufig ergebende kognitive Konflikt kann zum einen lernförderlich sein, wenn eine Anpassung inadäquater Vorstellungen ermöglicht und notwendig gemacht wird (vgl. Integration von Vorwissen: Krause & Stark, 2006). Zum anderen wird jedoch in mehreren Beiträgen vermutet (z. B. Juter, 2007; Wawro et al., 2011), dass die unpassende Modifizierung des concept image und die fehlende Integration des concept definition zu Fehlvorstellungen führt, die überdauernd und schwierig zu verändern sind (Ferrini-Mundy & Geuther Graham, 1991; Kidron, 2011). Bei den Vorgehensweisen (1) und (3) ist es möglich, dass Studierende weiterhin mit ihrem (nicht ausreichenden bzw. inkohärenten) concept image und nicht mit einem concept definition arbeiten (Gueudet, 2008), was zu Problemen bei der Konstruktion formal-deduktiver Beweise führen kann. Ein inkohärentes concept image kann in mathematischen Lehr-Lern-Prozessen möglicherweise dadurch entstanden sein, dass die Grenzen einer Begriffsbeschreibung nicht expliziert wurden. Beispielsweise wird der Begriff der Tangente im schulischen Kontext zuerst in geometrischen Situationen und erst später in analytischen Situationen verwendet (Clark & Lovric, 2008). In einem geometrischen Kontext ist die Aussage, dass eine Tangente ein Objekt, in diesem Zusammenhang einen Kreis nur an einer Stelle berührt, wahr; aus einer analytischen Perspektive betrachtet existieren jedoch Gegenbeispiele zu dieser Aussage. Es ist jedoch nicht klar, ob in unterrichtlichen Situationen diese beiden „Tangentenbegriffe" gegeneinander abgegrenzt werden. Dieses Beispiel verdeutlicht, dass im Schulunterricht Grenzen eines Begriffs möglicherweise nicht klar kommuniziert werden und aus diesem Grund Lernende eigene, nicht zwangsläufig adäquate mentale Modelle von Begriffen entwickeln. Als eine Beispielstudie für den Begriffserwerb von Studierenden ist die Untersuchung von Juter (2011) zu bezeichnen, in der Juter insbesondere die (fehlende) Verbindung zwischen concept image und concept definition analysiert. Ihre Stichprobe umfasst insgesamt 42 Lehramtsstudierende für die Sekundarstufe I mit ihren Fehlvorstellungen zu den im Gebiet der Analysis relevanten Begriffen Grenzwert, Stetigkeit, Ableitung und Integral. Die Ergebnisse belegen die Schwierigkeiten der Studierenden mit Verbindungen zwischen Begriffen: Verknüpfungen zwischen mentalen Vorstellungen, z. T. Grundvorstellungen, verschiedener Begriffe werden von den Studierenden selten berichtet und die generelle Qualität des concept image ist bei dieser Lernendengruppe heterogen ausgeprägt.

Der eher graduelle Unterschied zwischen Schulmathematik und wissenschaftlicher Mathematik im Formalisierungsgrad bedingt ebenfalls Herausforderungen im universitären Lernprozess (Engelbrecht, 2010; Monaghan, 1991; Moore, 1994; Selden & Selden, 1995), wobei diese Herausforderungen auch für den Schulunterricht berichtet werden (z. B. Meyer & Fischer, 2013). Clark und Lovric (2009, S. 764) verallgemeinern den Begriff der *mathematischen Notation* zum Begriff der „formalen Sprache" (vgl. Thurston, 1994) und behaupten: „The passage from informal to formal language and reasoning is certainly one of most common cognitive problems that students experience when learning mathematics". Bei diesem Übergang zwischen verschiedenen „Sprachen" spielt der Bezug zwischen Alltagssprache und mathematischer Notation eine große Rolle und wird am Beispiel des Begriffs „Grenzwert einer Folge" illustriert. Der Begriff „Grenz"wert aus der Alltagssprache übernommen impliziert, dass sich irgendwo eine Grenze (bei reellen, konvergenten Folgen eine reelle Zahl) befindet, so dass alle Folgenglieder (ab einem bestimmten Folgenglied) kleiner bzw. größer als diese Zahl sind. Diese Zahl würde dann als Grenzwert bezeichnet werden. Diese Argumentation würde dazu führen, dass die reelle Folge $(a_n)_{n \in \mathbb{N} \setminus \{0\}} = (-1)^n \cdot (\frac{1}{n})$ fälschlicherweise als nicht konvergent bezeichnet werden würde, da jedes zweite Folgenglied entweder echt größer oder echt kleiner als die Zahl 0 ist. Diese Fehlvorstellung tritt bei der Untersuchung nicht monotoner Folgen auf, so dass Studierende fälschlicher Weise vermuten, dass Monotonie eine notwendige Voraussetzung für Konvergenz ist (Davis & Vinner, 1986; Mamona-Downs, 2001). An der Idee des *Procept* (Gray & Tall, 1994; vgl. Fischer, 2006) können ebenfalls Herausforderungen der Studierenden erklärt werden, die durch eine formale Notation bedingt sind. Procept setzt sich aus den Begriffen Process und Concept zusammen und verbindet die Doppeldeutigkeit eines Begriffs (vgl. Modell in Abbildung 3.1). Dieses Konzept drückt aus, dass ein Begriff gleichzeitig eine Handlung wie auch ein Ergebnis dieser Handlung bezeichnen kann. „lim" kann gleichzeitig den Prozess der Grenzwertbildung und das Ergebnis dieser Handlung, den Grenzwert, darstellen (Courant & Robbins, 2010). Genauso kann das Symbol „4+5", einerseits den Vorgang des Addierens zweier Zahlen, andererseits auch das Ergebnis dieser Handlung „9" repräsentieren.

Wie im letzten Abschnitt 3.5.2 festgestellt wurde, werden in der Schulmathematik und in der wissenschaftlichen Mathematik *dieselben Begriffsbezeichnungen*, z. B.

Grenzwert und Vektor, verwendet. Während Begriffe in der Schulmathematik einen starken Bezug zu Objekten der Realität besitzen, stellen diese in der wissenschaftlichen Mathematik abstrakte, in einem formalen Axiomensystem definierte Konstrukte dar. Aus diesem Grund müssen Studierende den Übergang beispielsweise von einer anschaulichen Definition eines Paars paralleler Geraden zu einer Definition über eine Äquivalenzrelation und zum Arbeiten mit den Eigenschaften einer Äquivalenzrelation leisten. Dieser Übergang ist aus kognitionspsychologischen Gründen eine Herausforderung, da in einer formalen Definition, z. B. über eine derartige Äquivalenzrelation, häufig der epistemologische Aspekt der Begriffsgenese fehlt (Hefendehl-Hebeker, 2013a). Doch nicht nur aus einer kognitiven, sondern auch aus einer affektiven Perspektive heraus stellt diese Veränderung der Begriffsbildung beim Übergang Schule – Hochschule für Studierende eine Herausforderung dar. Wenn die Ziele mathematischer, formaler Begriffsbildungen in Lehr-Lern-Prozessen nicht expliziert werden, kann es für viele Studentinnen und Studenten unklar und unmotivierend sein, anschaulich existente Begriffe (noch einmal) zu konstruieren. Nicht nur in Hinblick auf das Beweisen (vgl. Abschnitt 3.4.3), sondern auch beim Denken in Begriffen scheint es essentiell zu sein, dass Studierende sich auf neue Zielsetzungen und Anforderungen mathematischer Lehr-Lern-Prozesse einlassen. Dieses Einlassen auf neue Zielsetzungen kann auch notwendig werden, wenn die Vorstellungen von Lernenden zum Begriffserwerb nicht adäquat ausgebildet sind (vgl. Rösken & Rolka, 2007). Nach Juter (2011) könnten Studierende der Meinung sein, dass sie einen mathematischen Begriff verstanden haben, wenn sie damit Berechnungen durchführen können. Aus diesem Grund könnten sie in ihrem Lernprozess einen inadäquaten Schwerpunkt legen, da sie weniger formale Definitionen (verknüpft mit mentalen Vorstellungen) für deduktive Beweisprozesse fokussieren, sondern sich auf Begriffsrepräsentanten in Hinblick auf die aus der Schule bekannte Aktivität des außermathematischen Anwendens konzentrieren.

Als Beispiele für die vorherigen Bemerkungen sind die Arbeiten zu Fehlvorstellungen und zur Entwicklung von Unterstützungsmaßnahmen bezüglich der mathematischen Begriffe Grenzwert, Folge und Reihe anzufügen (Alcock & Simpson, 2004; Bender, 1991; Dawkins, 2012; Mamona-Downs, 2001; Roh, 2008; Weigand, 1993; Williams, 1990). Aufgrund der relativ umfangreichen Arbeiten zu Fehlvorstellungen zu diesen Begriffen wurde in der vorliegenden Arbeit jenes Inhaltsgebiet exemplarisch ausgewählt, um die Bedeutung der Nutzung von Lerngelegenheiten in diesem Inhaltsgebiet in einer empirischen Studie zu untersuchen (vgl. Abschnitt 8.2). Als eine grundlegende Arbeit zum Begriff des Grenzwertes kann der Beitrag von Davis und Vinner (1986) angesehen werden, in dem verschiedene, bekannte Fehlvorstellungen zusammengetragen werden. Auswertungsmethoden zur Erforschung dieser Fehlvorstellungen sind häufig qualitativer Art, z. B. die Analyse von Antworten nach dem Einsatz diagnostischer Aufgaben in Interviewsituationen (z. B. Bezuidenhout, 2001; Roh, 2008; vgl. Abschnitt 2.4.4). Bei diesen Analysen werden nicht nur isolierte Vorstellungen betrachtet, sondern diese Vorstellungen gebündelt und zu verschiedenen Begriffsmodellen des Grenzwertes zusammengefasst (z. B. dynamisches versus intuitives Modell: Sierpinska, 1987; statische/formalistische (vgl. Abbildung 3.12) versus dynamische Vorstellung (vgl. Abbildung 3.11): Cottrill et al., 1996). In einer didaktischen Sachanalyse mit Hilfe mathematischer Lehrbücher hat beispielsweise Weigand (1993) den Folgenbegriff mit seinen vielfältigen Sichtweisen dargestellt und die dazugehörigen Vorstellungen auf Tragfähigkeit überprüft. Diese Beiträge werden als Grundlage genutzt, um zwei Kompetenztests zum Inhaltsgebiet „Reelle Folgen und Reihen" zu entwickeln (vgl. Abschnitt 8.3.3).

3.6 Erwartungen der Lernenden bezüglich des Lerngegenstands Mathematik in der Studieneingangsphase

In den bisherigen Abschnitten dieses Kapitels wurden verschiedene Charaktere von Mathematik und variierende Zieldimensionen mathematischer Lehr-Lern-Prozesse vorgestellt und anhand von zwei Aktivitäten, Beweisen und Begriffsbildung, wesentliche Unterschiede des Lerngegenstands Mathematik zwischen Schule und Hochschule identifiziert. Es ist zu vermuten, dass Studienanfängerinnen und Studienanfänger einem spezifischen Charakter von Mathematik („Schulmathematik") im schulischen Mathematikunterricht begegnen, aus dieser Begegnung bestimmte Vorstellungen bezüglich Mathematik aufbauen und dann mit gewissen Erwartungen bezüglich des Lerngegenstands und der fachlichen Anforderungen ihr Mathematikstudium beginnen. Insbesondere Lehramtsstudierende könnten aufgrund ihrer Berufsperspektive einen ähnlichen Charakter des Lerngegenstands in der Hochschule wie in der Schule erwarten.

Zu diesen möglichen Erwartungen von Studienanfängerinnen und Studienanfängern fassen Hoyles et al. (2001, S. 833) eine Analyse von Nardi (1996) folgendermaßen zusammen:

> „Nardi argues that on arrival at university most undergraduates have little idea of what mathematics is, and assume that it is merely an extension of school mathematics. They are therefore not prepared for the rigour and precision of university mathematics, and the requirement to make connections and abstractions rather than learn sets of recipes."

In den Beiträgen von Hoyles et al. (2001) und Nardi (1996) wird vermutet, dass Studierende erstens eine „extension of school mathematics" erwarten und zweitens nicht vorbereitet sind, elaborative Lernstrategien zu verwenden (zur Verwendung von Lernstrategien in einem Studium siehe Abschnitt 4.3). Diese vermutete Erweiterung von Schulmathematik scheint sich insbesondere auf den anwendungsorientierten Charakter von Mathematik zu beziehen, der jedoch im real-existierenden Schulunterricht wahrscheinlich nicht in einem Idealzustand vorliegt: Es wird vermutet, dass die Anwendungsorientierung in der mathematischen Schulpraxis nur in Form von Berechnungen bzw. Anwendungen bekannter Algorithmen (Alcock & Simpson, 2002; Anderson, 1994; González-Martin et al., 2013) und z. B. nicht in Form mathematischer Arbeitsweisen wie Validierung des Lösungsweges auftritt.[24]

---

24   Reiss und Törner (2007) vermuten dagegen, dass durch die Einführung der Bildungsstandards in Folge der Ergebnisse der PISA-Studie sich der Fokus von Algorithmen auf Problemlöseprozesse in der Schule verschiebt.

Aufgrund der eingeschränkten mathematischen Aktivitäten im Schulunterricht wird angenommen, dass die Vorstellungen mancher Studienanfängerinnen und Studienanfänger eher einem statischen Weltbild von Mathematik entsprechen (vgl. Engelbrecht, 2010; Törner & Grigutsch, 1994). Die Vorstellungen bezüglich Mathematik könnten dann die Erwartungen bezüglich des Lerngegenstands, dem wissenschaftlichen Charakter von Mathematik, beeinflussen, die dann auf den eigentlichen Lernprozess wirken könnten (vgl. Rach & Heinze, 2013b): Wenn Studentinnen und Studenten als inhaltliche Anforderungen eher Plausibilitätsüberlegungen anstatt deduktive Beweise (vgl. Abschnitt 3.4) und Arbeiten mit informellen Begriffsrepräsentationen anstatt mit formalen Begriffsdefinitionen (vgl. Abschnitt 3.5) erwarten, könnten sie in ihrem Lernprozess falsche Prioritäten setzen. Ein nicht adäquater Lernprozess könnte dann den Lernerfolg erschweren (für ein Biologiestudium siehe Hasenberg & Schmidt-Atzert, 2013).

Zusammen mit Heinze (Rach & Heinze, 2013b) habe ich deshalb eine Untersuchung durchgeführt, in der wir die Erwartungen von Studienanfängerinnen und Studienanfängern bezüglich der fachlichen Anforderungen in einem Mathematikstudium analysiert haben. Zur Erhebung der Erwartungen wurden zwölf Aufgaben aus dem Bereich der Differentialrechnung entwickelt, die jeweils einem der drei Bereiche „schematisches Rechnen", „außermathematisches Anwenden" bzw. „Beweisen" trennscharf zugeordnet werden können. Diese Aufgaben wurden den Studierenden vorgelegt und sie wurden aufgefordert einzuschätzen, ob diese Aufgaben im ersten Semester in ihrem Mathematikstudium vorkommen. Die Ergebnisse zeigen, dass die meisten Studierenden schon zu Beginn des Semesters (z. T. nach dem Besuch eines mathematischen Brückenkurses) über relativ adäquate Vorstellungen verfügen: eher wenige Aufgaben zum schematischen Rechnen, wenige zum außermathematischen Anwenden und deutlich mehr zum Beweisen. Diese Erwartungen bezüglich der fachlichen Anforderungen in einem Mathematikstudium passen sich zudem in den ersten vier Wochen an das vorhandene Lehrangebot an. Es konnte jedoch kein Zusammenhang mit dem Lernerfolg, in Form des mathematischen Kompetenzerwerbs, festgestellt werden. Somit liefert diese Studie (Rach & Heinze, 2013b) einen ersten Anhaltspunkt, dass Vorstellungen bzw. Erwartungen bezüglich des Lerngegenstands einen eher geringen Einfluss auf den Lernerfolg haben.

3.7 Zusammenfassung

Insgesamt kann davon ausgegangen werden, dass sich die Ziele und Anforderungsprofile mathematischer Lehr-Lern-Prozesse zwischen dem schulischen Mathematikunterricht (Sekundarstufe I und II) und dem Mathematikstudium substanziell voneinander unterscheiden und die verschiedenen Curricula in den beiden Bildungsinstitutionen wenig aufeinander abgestimmt sind (vgl. Abschnitt 2.2). Diese Annahmen basieren auf theoretischen Überlegungen, Befragungen von an diesem Übergang Schule – Hochschule beteiligten Personen, Analysen der intendierten Curricula, Illustrationen mit Hilfe von Lernmaterialien sowie einzelnen empirischen Studien. Die stärkere Anknüpfung der

Inhalte an die wissenschaftliche Disziplin Mathematik als an die Hilfswissenschaft Mathematik ist beim Übergang von der Schule in das Mathematikstudium festzustellen, ähnlich wie beim Übergang von der Grundschule in das Gymnasium. Verschiedene Aspekte, die die unterschiedlichen Akzentuierungen der Charaktere von Mathematik in den beiden Bildungsinstitutionen Schule und Hochschule verdeutlichen und zu unterschiedlichen fachlichen Anforderungen führen, sind in der Tabelle 3.1 zusammenfassend dargestellt.[25]

Tabelle 3.1: **Gegenüberstellung von Charakteristika des Lerngegenstands Mathematik in der Schule und an der Hochschule**

Ab-schnitt	Kategorie	Schulmathematik	(Wissenschaftliche) Mathematik in der Studien-eingangsphase
3.1	Ziel	Allgemeinbildung, v. a. Lösung außermathematischer Probleme mit mathematischen Erkenntnissen	Kennenlernen wissenschaftlicher Mathematik, v. a. mathematischer Theorieaufbau
3.2	Mathematische Denkprozesse in	*conceptual-embodied world / proceptual-symbolic world*	*axiomatic-formal world*
3.4	Beweisen: Rolle der Aktivität	Eine von vielen mathematischen Aktivitäten	Zentrale, mathematische Aktivität
	Beweisen: dominierende Funktionen und Typen	v. a. Erklärungsfunktion, z. T. Verifikationsfunktion Experimentelle oder präformale Beweise	Stärker Verifikationsfunktion und zusätzlich Kommunikationsfunktion Formal-deduktive Beweise
	Beweisen: Formalisierungsgrad	Geringerer Grad an mathematischer Notation	Höherer Grad an mathematischer Notation
3.5	Begriffsbildung: Art der beschriebenen Objekte und Bezug zu einem Axiomensystem	Begriffe haben Bezug zu konkreten Objekten der Realität, sind eingebettet in eine inhaltliche Axiomatik	Begriffe beschreiben mentale Konstrukte, sind eingebettet in eine formale Axiomatik
	Begriffsbildung: Art der Beschreibung und Grad der Abstraktheit	Beschreibung über spezifische Repräsentanten	Abstraktion: Beschreibung über charakterisierende Eigenschaften
	Begriffsbildung: Formalisierungsgrad	Geringerer Grad an mathematischer Notation	Höherer Grad an mathematischer Notation

---

25   Bauer und Partheil (2009) haben eine ähnliche, kürzere Darstellung entwickelt, die zusätzlich den Bereich „Inhalt" (z. B. das Inhaltsgebiet Geometrie – Schulmathematik: Elementargeometrie, Analytische Geometrie; universitäre Mathematik: Algebraische Geometrie, Differentialgeometrie) enthält. Diese Unterscheidung der Inhalte spielt wahrscheinlich erst in höheren Semestern eine bedeutende Rolle, da in der Sekundarstufe II und der Studieneingangsphase im Fach Mathematik die Begriffe bzw. Begriffsbezeichnungen (und somit die Inhalte) vielfach dieselben sind.

Selbstverständlich ist diese Kontrastierung nicht ausschließend gemeint. Die Evidenzen zu diesen genannten Überlegungen sind zudem aufgrund der wenigen aussagekräftigen, vor allem wenigen empirischen Studien noch als gering zu bezeichnen.

4 Besonderheiten des Lehrangebots und dessen Nutzung in der Studieneingangsphase im Fach Mathematik

Eine weitere Besonderheit mathematischer Lehr-Lern-Prozesse in der Studieneingangsphase ist die *Form* und *Qualität des Lehrangebots*. Das Lehrangebot als Bestandteil der Lernumgebung bildet zusammen mit dem Lerngegenstand die Lernumwelt, deren Passung zu Personenmerkmalen als ein entscheidender Einflussfaktor für einen erfolgreichen Übergang zwischen Bildungsinstitutionen betrachtet wird (vgl. Abschnitt 2.1). Zudem wird das Lehrangebot als wichtiger Baustein bei der Modellierung von Lehr-Lern-Prozessen mit Hilfe von Angebots-Nutzungs-Modellen bzw. Prozess-Produkt-Mediations-Modellen angesehen. Bei diesen Modellen ist der Begriff der „Lerngelegenheiten" bedeutsam (vgl. Abschnitt 6.1).

Die im folgenden Abschnitt 4.1 dargestellten Merkmale von Lehrangeboten werden, z. T. in Anlehnung an die Konzeptualisierung der COACTIV-Studie (Kunter & Voss, 2011), drei nicht zwangsläufig trennscharfen Kategorien zugeordnet: *Sichtstruktur* (z. B. Organisation von Lehrangeboten), *Tiefenstruktur* (z. B. Umgang mit den Inhalten) und *Charakteristika von Lehrpersonen* (z. B. fachdidaktische Kompetenz). Anschließend werden in Abschnitt 4.2 Besonderheiten des Lehrangebots in einem Mathematikstudium dargestellt und diese mit den Zielen universitärer Lehr-Lern-Prozesse in Verbindung gesetzt.[26] Da im empirischen Teil dieser Arbeit individuelle, mathematische Lernprozesse von Studienanfängerinnen und Studienanfängern im Vordergrund stehen, werden in Abschnitt 4.3 mögliche Auswirkungen der Besonderheiten des Lehrangebots auf den individuellen Lernprozess präsentiert. Die Erkenntnisse dieses Kapitels sind überblicksartig in Tabelle 4.1 (S. 109) dargestellt.

4.1 Merkmale von Lehrangeboten

4.1.1 Sichtstruktur von Lehrangeboten

Merkmale der Sichtstruktur beziehen sich nach Kunter und Voss (2011, S. 87) auf „übergeordnete Organisationsmerkmale des Unterrichts wie Rahmenbedingungen, Muster der Unterrichtsinszenierung oder methodische Elemente". In den Bereich der Sichtstruktur von Lehrangeboten kann neben der räumlichen und zeitlichen Struktur des Lehrangebots auch der soziale Kontext, in dem Lernen stattfindet, z. B. die Größe der Lerngruppe, sowie Merkmale des Assessments eingeordnet werden. Assessments unterscheiden sich in ihrer Form, z. B. schriftliche Tests, mündliche Befragungen, Referate, Hausarbeiten, Portfolios, sowie in ihren Einsatzzeitpunkten, formatives Assessement während oder summatives Assessment am Ende einer Lerneinheit.

---

26 Einige der beschriebenen Besonderheiten universitärer Lehrangebote können auch auf andere Studienfächer übertragen werden, z. B. die Organisation von Lehrangeboten in Vorlesungen und Kleingruppen-Veranstaltungen.

In einer groß angelegten Meta-Analyse zeigt Hattie (2008), dass Merkmale der Sichtstruktur unterrichtlicher Prozesse überwiegend einen geringeren Einfluss auf den Lernerfolg der Schülerinnen und Schüler haben als Merkmale der Tiefenstruktur. Der nur schwache bzw. wenig berichtete Zusammenhang zwischen der Sichtstruktur und Outcome-Maßen von Lehr-Lern-Prozessen kann dadurch erklärt werden, dass eine adäquate Sichtstruktur möglicherweise notwendig, aber nicht hinreichend für lernförderliche Lerngelegenheiten ist. Beispielsweise besteht bei kleineren Klassen die Möglichkeit, Schülerinnen und Schüler individuell zu fördern, jedoch muss diese Möglichkeit nicht zwangsläufig genutzt werden. Aufgrund dieser Argumentation wurde in den letzten Jahren der Forschungsschwerpunkt von der Sichtstruktur auf die Tiefenstruktur formal organisierter Lehr-Lern-Prozesse verlagert (Klieme & Rakoczy, 2008).

4.1.2 Tiefenstruktur von Lehrangeboten

Unter Tiefenstruktur von Lehrangeboten wird die Prozessebene von Lehrangeboten verstanden. Unter Tiefenstruktur fallen „Merkmale des direkten Lehr-Lern-Prozesses, beschreiben also den Umgang mit dem Lernstoff, der Lernenden untereinander und zwischen Lehrkraft und Schülern" (Kunter & Voss, 2011, S. 87). Da Merkmale der Tiefenstruktur im Gegensatz zu Merkmalen der Sichtstruktur bedeutende Zusammenhänge mit dem Lernerfolg aufweisen, werden diese Merkmale in ihrer Gesamtheit in Anlehnung an Klieme und Rakoczy (2008) auch als Unterrichtsqualität (bzw. Lehrqualität) bezeichnet.

Allgemeine Prozessmerkmale

Im Bereich der (allgemeinen) Unterrichtsforschung sind Systematisierungen der Tiefenstruktur bekannt (z. B. Clausen, 2002; Hattie, 2008). Aus einer hochinferenten Beurteilung von Prozessmerkmalen konnten vier Dimensionen von Unterrichtsqualität faktorenanalytisch getrennt werden. Die vier Dimensionen können durch ein Bündel von Indikatoren beschrieben und operationalisiert werden (Clausen, Reusser & Klieme, 2003; Reusser & Pauli, 2003): (1) *Instruktionseffizienz* (z. B. Klassenführung); (2) *Schülerorientierung* (allgemein Lernendenorientierung, z. B. individuelle Lernunterstützung); (3) *Kognitive Aktivierung* (z. B. anspruchsvolles Üben); (4) *Klarheit und Strukturiertheit* (z. B. Strukturierungshilfen).

Der Zusammenhang zwischen der Lehrqualität und dem Lernerfolg kann für den schulischen Unterricht nicht nur auf theoretischer Ebene begründet werden, sondern wird auch in empirischen Studien untersucht. In diesen Untersuchungen wird häufig die Lehrqualität durch Codierungen von Videoaufnahmen des Schulunterrichts ermittelt. Konkret für das Fach Mathematik in der Sekundarstufe I haben Klieme und Rakoczy (2008) in der „Pythagoras-Studie" festgestellt, dass Strukturiertheit des Unterrichts signifikant zur Motivationsförderung in Mathematik beitragen kann, während ein hohes Maß an kognitiver Aktivierung und Strukturiertheit die Testleistung in Mathematik positiv beeinflusst (vgl. auch Pauli, Drollinger-Vetter, Hugener & Lipowsky, 2008).

Ähnliche Ergebnisse sind aus der COACTIV-Studie bekannt, bei der hohe Ausprägungen in der kognitiven Aktivierung und der Klassenführung (ähnlich konzeptualisiert wie Instruktionseffizienz) positive Auswirkungen auf den mathematischen Lernerfolg der Schülerinnen und Schüler zeigen (Kunter & Voss, 2011).

Mathematikspezifische Prozessmerkmale

Neben allgemeinen Merkmalen des Lehrangebots sind auch konkrete Kriterien zur Bewertung fachspezifischer Lerngelegenheiten bekannt. Fachspezifität bedeutet in diesem Zusammenhang, dass die allgemeinen Qualitätskriterien mit den Charakteristika des Faches und den Zielen fachspezifischer Lehr-Lern-Prozesse in Verbindung gesetzt und z. T. konkretisiert werden. Für mathematische Lehrangebote in allen Institutionen wird die Produktorientierung, deren Indikator in universitären Lehrveranstaltungen häufig die starre Abfolge des Schemas definition-theorem-proof ist (vgl. Abschnitt 3.2), in theoretischen Beiträgen als kritisch betrachtet und der Prozessorientierung entgegengesetzt (Beutelspacher et al., 2010; Yusof & Tall, 1999). Die Prozessorientierung mathematischer Lehrangebote kann beispielsweise dadurch umgesetzt werden, dass ein historisch-genetischer Zugang zu mathematischen Inhalten gewählt wird (Beutelspacher et al., 2010) und Prozesse des mathematischen Denkens, z. B. Beweisprozesse (siehe Abschnitt 3.4.1) und Begriffsbildungsprozesse (siehe Abschnitt 3.5.1), expliziert werden (vgl. Yusof & Tall, 1999). Die Prozessorientierung wird oft als Qualitätsmerkmal mathematischer Lehrangebote genannt (Danckwerts, Prediger & Vasarhelyi, 2003; Niegemann, 2010) und kann in die Dimension (2) Lernendenorientierung eingeordnet werden, da durch diese Ausrichtung Regeln und mathematische Normen verdeutlicht werden. Wie Wittgenstein (1956; zitiert in Heintz, 2000, S. 11) formuliert, ist Mathematik ein „soziales Produkt – ein ‚Netz von Normen‘", welches für Lernende sichtbar gemacht werden muss.

In Abschnitt 3.1.3 wurde festgehalten, dass ein bedeutendes Ziel universitärer Lehr-Lern-Prozesse zu Beginn eines Studiums die Einführung in wissenschaftliche Arbeitsweisen und Erkenntnisse ist. Bezogen auf ein Mathematikstudium sind die Konstruktion formal-deduktiver Beweis(prozess)e und das Denken in mathematischen Begriffen wichtige Teilziele.

Beweisen stellt eine komplexe, kognitive Aktivität dar, die durch den Prozess selber und das Produkt dieses Prozesses, einen Beweis, gekennzeichnet ist. Diese Aktivität muss und kann von den Studentinnen und Studenten explizit erlernt werden. In Anlehnung an die vorgestellten Prädiktoren von Beweiskompetenz (vgl. Abschnitt 3.4.3) können verschiedene Qualitätsmerkmale mathematischer Lehrangebote bezüglich dieser Aktivität unterschieden werden: die Vermittlung von Methodenwissen über die Natur mathematischer Beweise, die explizite Darstellung von Strategien zum Lösen von Beweisproblemen sowie das Kennenlernen impliziter, sozio-mathematischer Normen (Bergsten, 2007; Reiss & Ufer, 2009b) – insbesondere dann, wenn Lernende über wenige Vorerfahrungen in diesem Bereich verfügen (vgl. Abschnitt 3.4.3).

Welche konkreten Strategien zur Analyse von Beweisen bzw. zum Lösen von Beweisproblemen im Lernprozess hilfreich sein können und somit explizit dargestellt werden sollten, wird in vielen theoretischen Beiträgen diskutiert. Ergänzend zum Vorgehen von Boero (1999) haben beispielsweise Wilkerson-Jerde und Wilensky (2011) untersucht, wie Expertinnen und Experten im Bereich der Mathematik bei der Betrachtung einer unbekannten mathematischen Idee vorgehen, die in weiteren Beweisen zu finden ist. Um sich diese unbekannte Idee zu erschließen, nutzen Mathematikerinnen und Mathematiker häufig Definitionen von Begriffen, fertigen Beispiele an, suchen die zugrunde liegenden Beweisideen sowie isolieren die einzelnen Unterkomponenten eines Beweises. Diese Strategien zur Beweisanalyse scheinen für Expertinnen und Experten hilfreich und wichtig zu sein, so dass davon ausgegangen werden kann, dass diese Strategien auch für Novizen hilfreich sein können. Neben Strategien zur Erschließung vorhandener Beweise werden auch Strategien zur eigenständigen Konstruktion von Beweisen vorgeschlagen, z. B. Trial-and-error-Strategien (Luk, 2005) oder das Kreieren von Beispielen (Iannone, Inglis, Mejía-Ramos, Simpson & Weber, 2011). Trainings solcher Strategien werden häufig zur Unterstützung von Lernenden durchgeführt (z. B. Iannone et al., 2011), wobei Evaluationen solcher Fördermaßnahmen noch nicht hinreichend berichtet sind. Das explizite Aufzeigen der genannten Strategien könnte aus theoretischer Perspektive ein wichtiges Qualitätsmerkmal mathematischer Lehrangebote sein. Diese Annahme wurde für den Schulunterricht untersucht (z. B. Perels, Gürtler & Schmitz, 2005), ist aber für die Hochschulbildung noch nicht hinreichend empirisch geklärt.

Ob solche Strategien zur Konstruktion von Beweisen in realen mathematischen Lehr-Lern-Prozessen explizit aufgezeigt werden, haben Heinze und Reiss (2004b) für Unterrichtssituationen in der Sekundarstufe I untersucht. Zur Analyse geometrischer Beweisprozesse haben sie das Modell von Boero (1999) genutzt. Die Ergebnisse dieser quantitativen Beobachtungsstudie besagen, dass Explorationsphasen (z. B. zur Findung oder Analyse einer Vermutung: Phasen 1, 3 sowie 4 im Modell von Boero, 1999) im Mathematikunterricht selten diskutiert werden und es nur wenige Schülerinnen- bzw. Schüleraktivitäten bei der (authentischen) Konstruktion von Beweisen gibt (Heinze & Reiss, 2004b). Stattdessen wird häufig der Beweis als Produkt schrittweise entwickelt.

Das zweite wichtige Lernziel, das in der mathematischen Studieneingangsphase im Fokus steht, ist das *Denken in mathematischen Begriffen*. Bisher gibt es nur sehr wenige Studien, die die Qualität von Begriffsbildungsprozessen von Seiten des Lehrangebots aus betrachten (z. B. Drollinger-Vetter, 2011). Aus diesem Grund werden Qualitätsmerkmale für diesen Bereich überwiegend aus theoretischen Überlegungen entwickelt. Unstrittig zu sein scheint, dass Lerngelegenheiten so ausgerichtet sein müssen, dass Lernende später mit den kennengelernten Begriffen arbeiten können. Dabei bedeutet „arbeiten mit einem mathematischen Begriff" nicht nur das Anwenden einer formalen Definition, sondern auch die Verwendung adäquater mentaler Vorstellungen zu diesem Begriff (Reiss & Ufer, 2009b; Thurston, 1994). Solche Vorstellungen können z. B. mittels geeigneter Beispiele und Gegenbeispiele sowie graphischer Repräsentationen aufgebaut werden (Bikner-Ahsbas & Schäfer, 2013; Engelbrecht, 2010). Das Aufzeigen von Verknüpfungen zwischen mentalen Vorstellungen und präsentierten formalen Begriffsdefinitionen scheint essentiell zu sein, um einen kognitiven Konflikt produktiv nutzen zu können (Hefendehl-Hebeker, 2013a; Tall, 1992a; Tall & Vinner, 1981; vgl. Abschnitt 3.5.3). Um einen Begriff sinnvoll in ein bereits bestehendes semantisches Netz einzuflechten, ist die Motivierung des Begriffs, z. B. mit Hilfe von Grundvorstellungen, ebenfalls von Bedeutung.

Diese eben aufgeführten Kriterien können als Qualitätsmerkmale für die Einführung mathematischer Begriffe angesehen werden und basieren sowohl auf fachlichen (Charakteristika eines Begriffs) als auch auf didaktischen Überlegungen (Vorkenntnisse der Lernenden). Was passieren könnte, wenn mathematische Begriffe eingeführt werden, ohne die kognitiven Prozesse der Lernenden zu beachten, beschreibt Tall (1992b[27]) folgendermaßen: „What is certain is that if we try to teach these ideas without taking account of the cognitive development of the student then we will surely fail with all but the most intelligent – and even these will have subtle creases in their minds as a result of their experiences".

4.1.3 Charakteristika von Lehrpersonen

Lehrangebote werden sicherlich durch Charakteristika der Lehrpersonen beeinflusst (vgl. Abschnitt 6.1). Der heutige Stand der Forschung spricht vor allem einer hohen *fachlichen, fachdidaktischen* und *pädagogischen Kompetenz* von Lehrpersonen eine große Bedeutung für qualitätsvolle Lehrangebote zu. In der COACTIV-Studie konnte für den Mathematikunterricht in der Sekundarstufe I beispielsweise festgestellt werden, dass sowohl das fachliche Wissen als auch insbesondere das fachdidaktische Wissen von Lehrkräften Prädiktoren für den fachlichen Lernerfolg der Schülerinnen und Schüler sind (Baumert & Kunter, 2011; vgl. auch Hill, Rowan & Ball, 2005 für den Primarstufenbereich).

Eine andere Herangehensweise stellt die Beschreibung von Lehrorientierungen von Lehrpersonen dar (vgl. Staub & Stern, 2002). Für den Bereich der Hochschullehre gehen Trigwell, Prosser und Ginns (2005) von zwei grundsätzlichen *Orientierungen zum Lehren* aus, einer lehrendenorientierten („teacher-focused") und einer studierendenorientierten („student-focused") Sichtweise. Im Fokus der lehrendenorientierten Sichtweise steht, dass die Dozentin bzw. der Dozent viel Wert auf die direkte Vermittlung der Inhalte legt. Die studierendenorientierte Sichtweise stellt den Studierenden mit seinen Vorkenntnissen und Fähigkeiten in den Mittelpunkt des Handelns und ist um eine Diskussion der Inhalte mit den Lernenden bemüht. Das von Trigwell et al. (2005) entwickelte Fragebogeninstrument wurde im deutschsprachigen Raum beispielsweise von Braun und Hannover (2008) eingesetzt. In dieser Studie (Braun & Hannover, 2008) konnte gezeigt werden, dass eine studierendenorientierte Sichtweise für den subjektiven Kompetenzerwerb der Studentinnen und Studenten förderlicher ist als eine lehrendenorientierte Sichtweise.

---

27   Die Seitenzahl des Zitates ist mir nicht bekannt, da der Beitrag in einer HTML-Datei veröffentlicht wurde. Das Zitat befindet sich am Ende des Beitrags.

Vermutete Zusammenhänge zwischen Charakteristika von Lehrpersonen, Merkmalen der Tiefenstruktur von Lehrangeboten und Lernergebnissen sind für den schulischen Mathematikunterricht z. T. durch empirische Untersuchungen belegt. Beispielsweise wird der Einfluss des fachdidaktischen Wissens von Lehrkräften auf den Lernerfolg fast vollständig über das kognitive Potential von Unterrichtsprozessen (Indikator: kognitives Potential von Aufgaben) und das curriculare Niveau der Aufgaben vermittelt (z. B. Baumert & Kunter, 2011). Ebenfalls konnte gezeigt werden, dass Lehrkräfte mit stärker transmissiven (eher lehrendenorientierten) Lehrorientierungen den Unterricht weniger kognitiv aktivierend gestalten und dass sich diese geringe kognitive Aktivierung negativ auf die Leistungen der Schülerinnen und Schüler auswirkt (z. B. Dubberke, Kunter, McElvany, Brunner & Baumert, 2008).

4.2 Besonderheiten des Lehrangebots in der Studieneingangsphase im Fach Mathematik: Fundierung und Illustration

Im letzten Abschnitt wurden Merkmale von Lehrangeboten beschrieben und in die drei Kategorien „Sichtstruktur", „Tiefenstruktur" und „Charakteristika von Lehrpersonen" eingeordnet. Die drei Kategorien werden in diesem Abschnitt verwendet, um die Unterschiede und Gemeinsamkeiten des schulischen und universitären Lehrangebots zu analysieren. Zuerst werden jedoch einige Vorbemerkungen zu den bisher in der Literatur berichteten Untersuchungen zur Qualität des universitären Lehrangebots formuliert.

Empirische Ergebnisse zur Qualität des mathematischen Lehrangebots im Studium liegen vor allem in Form von Befragungen von Lehrkräften bzw. Dozierenden vor. Diese Befragungen werden insbesondere verwendet, um theoretische Analysen in Bezug auf einzelne Länder zu stützen (z. B. Großbritannien: Hoyles et al., 2001; Hong Kong: Luk, 2005; Neuseeland: Hong et al., 2009; Thomas & Klymchuk, 2012; Quebéc: de Guzmán, Hodgson, Robert & Villani, 1998; Schweden: Brandell et al., 2008). Weniger berichtet werden dagegen Beobachtungsstudien, wie sie zur Beurteilung mathematischer, schulischer Unterrichtssituationen verwendet werden (z. B. TIMSS-Videostudie: Petko, Waldis, Pauli & Reusser, 2003; „Pythagoras"-Projekt: Klieme & Rakoczy, 2008). Die wenigen mir bekannten, fachspezifischen Beobachtungsstudien zum universitären Lehrangebot unterschieden sich von den genannten Arbeiten zum Schulunterricht dahingehend, dass sie nach einem qualitativen Forschungsparadigma in Form von Einzelfallstudien vorgehen und ihre Ergebnisse schwer quantifizierbar sind und wenig generalisierbar erscheinen (z. B. Bergsten, 2007 zur Lehrqualität in einem Analysis-Kurs für Ingenieurstudierende; Weber, 2004 zur mathematischen Strukturierung in einem Analysis-Einführungskurs; Fukawa-Connelly, 2012 zur Darstellung von Beweisen in einem Kurs zur abstrakten Algebra). Gemeinsam ist fast allen diesen Beiträgen die Kritik am Lehrangebot in einem Mathematikstudium. Zudem werden zwischen den beiden Institutionen Schule und Hochschule große Unterschiede in den didaktischen Verträgen (vgl. Brousseau, 2002) und Lehr-Lern-Kulturen vermutet (Gueudet, 2008;

Schiefele et al., 2003), die in den nächsten Abschnitten 4.2.1, 4.2.2 und 4.2.3 vorgestellt werden.

Da das Forschungsfeld der Qualität universitärer Lehrangebote bisher methodisch begrenzt beforscht wurde und nur eine geringe Anzahl an empirischen Studien berichtet wurden, sind mir aus nationalen wie auch aus internationalen Studien nur wenige gesicherte Erkenntnisse zur Qualität mathematischer, universitärer Lerngelegenheiten bekannt. Es ist ebenfalls zu bedenken, dass verschiedene Länder unterschiedliche Bildungssysteme mit divergenten Zielsetzungen aufweisen. Deshalb erscheint es an einigen Stellen schwierig bis problematisch, Erkenntnisse aus internationalen Studien auf das System in Deutschland vollständig zu übertragen. Auch national kann sicherlich nicht von *der* Form und Qualität *des* Lehrangebots an Schulen und Hochschulen gesprochen werden:[28] In der Schullandschaft gibt es viele verschiedene Schul(form)en mit unterschiedlichen pädagogischen und didaktischen Konzepten; auch die mathematischen Studiengänge an Hochschulen unterscheiden sich z. T. substanziell in ihren Lehrangeboten. Aus diesem Grund stützt sich die vorliegende Analyse insbesondere auf normative Richtlinien zu Merkmalen von Lehr-Lehr-Prozessen an Schulen und Hochschulen sowie theoretischen Überlegungen zur Lehrqualität. Zur Illustration der Überlegungen werden Beispiele aus Lernmaterialien genutzt (analoges Vorgehen zu den Abschnitten 3.4.2 und 3.5.2). Da selbst die nationale Sichtweise an einigen Stellen zu heterogen und ungenau ist, wird exemplarisch für die vorliegende Arbeit das Lehrangebot an einer Hochschule, der CAU Kiel, detailliert vorgestellt (Abschnitt 4.2.4). An dieser Hochschule wurden die Erhebungen zum empirischen Teil dieser Arbeit (siehe Kapitel 6-10) durchgeführt.

4.2.1 Sichtstruktur des Lehrangebots in der Studieneingangsphase im Fach Mathematik

Bezogen auf die Sichtstruktur von Lehrangeboten sind deutliche Unterschiede zwischen den beiden Bildungsinstitutionen Schule und Hochschule zu erkennen. Während in Schulen der Unterricht größtenteils in Klassen mit durchschnittlich ca. 20-30 Schülerinnen und Schülern stattfindet, kann die Teilnehmerzahl in universitären Lehrveranstaltungen, z. B. in Vorlesungen, in die Hunderte steigen. Zum Begriff der *Vorlesung* ist die Beschreibung von Bergsten (2007, S. 48) geeignet:

> „With a *lecture* I will here refer to a time scheduled oral presentation on a preannounced topic to a large group of people, where the speaker (mostly alone) is overlooking the ‚crowd‘ from a podium position, and the people in the ‚crowd‘ are sitting (close) together in lines of chairs facing the speaker.“

Vorlesungen dienen in erster Linie der Präsentation vorstrukturierter, (didaktisch) aufbereiteter Inhalte. Einen zweiten wichtigen Veranstaltungstyp in einem Mathematikstudium bilden die *Tutorien* (auch *Übungen* genannt), bei denen die Lernenden in kleine-

---

28   Zur besseren Lesbarkeit wird an einigen Stellen trotzdem der bestimmte Artikel für den Begriff „Lehrangebot" verwendet.

ren Gruppen die Vorlesungsinhalte diskutieren und Übungsaufgaben besprechen (Vogel, 2001), die häufig vorher im *Selbststudium* von den Lernenden bearbeitet wurden (Göller et al., 2013). In *Seminaren* wiederum werden Inhalte vertieft bzw. Spezialgebiete angesprochen und in Form von Studierendenreferaten abgehalten. In der mathematischen Studieneingangsphase liegt ein Schwerpunkt auf den Veranstaltungstypen Vorlesung und Tutorium (KMK, 2002; Tiberius, 2011; Vogel, 2001).

In Lernprozessen der Studierenden nimmt das *Bearbeiten von Übungsaufgaben im Selbststudium* einen großen Stellenwert und Zeitrahmen ein (Cortina, 2006; KMK, 2002; auch an Studierendenbefragungen erkennbar, siehe Schulmeister & Metzger, 2011). In der Schule gibt es dagegen Zeitgrenzen, wie lange Schülerinnen und Schüler an Hausaufgaben arbeiten sollen und dürfen. An der Hochschule fallen diese Grenzen weg, wobei durch die ECTS-Punkte prinzipiell ein zeitlicher Rahmen vorgegeben ist. Die intensive Bearbeitung von Übungsaufgaben im Mathematikstudium ist sicherlich ein Grund dafür, dass dieses Studienfach durch einen hohen Anteil an Selbststudiumsphasen geprägt ist. In einer Staatsexamensarbeit wurden 16 Studierende an der CAU Kiel befragt, wie viele Stunden sie für die Bearbeitung der Übungsaufgaben aufwenden. Die Studierenden sollten mit Hilfe eines Wochenplanes angeben, wann sie wie lange pro Woche Übungsaufgaben der beiden Lehrveranstaltungen bearbeiten (Tetsch, 2011).[29] Der Mittelwert der Selbststudiumsphasen beträgt bei dieser Stichprobe 18 Stunden pro Woche (Minimum = 7 Stunden; Maximum = 43 Stunden).

Dass sich die Bearbeitungszeit mathematischer Aufgaben beim Übergang von der Schule zur Hochschule verlängert, hängt weniger mit einer großen Anzahl an Aufgaben in der Hochschule zusammen – den Studierenden wurden in den beiden Einführungsmodulen an der CAU Kiel durchschnittlich jeweils vier Aufgaben pro Woche gestellt. Diese hohe Beschäftigungszeit wird eher durch die Komplexität der Aufgaben verursacht. Ein typisches Beispiel ist die Übungsaufgabe 19[30] (siehe unten), die den Studierenden der Stichprobe der empirischen Studie (dargestellt in den Kapiteln 6-10) vorgelegt wurde. Auch eine mögliche Lösung dieser Aufgabe erscheint sehr kurz, aber es sind mehrere Strategien anzuwenden und Aussagen zu verknüpfen, um die vorgegebene Aussage zu beweisen. Im Gegensatz zur Darstellung als Gesamtaufgabe werden in der Schule solche mehrschrittigen Aufgaben häufig sequenziert in mehreren Teilaufgaben gestellt (Gueudet, 2008). Auch gibt es bei dieser Aufgabenstellung nur wenige „Motivationstexte" (Ableitinger, 2012, S. 90) oder didaktische Hilfestellungen (z. B. erläuternde Graphiken), was ebenfalls typisch für mathematische Übungsaufgaben an der Hochschule zu sein scheint (Ableitinger, 2012; detaillierte Auswertung von Merkmalen der Tiefenstruktur siehe Abschnitt 4.2.2).

---

29 Dieser methodische Ansatz wurde gewählt, um mögliche Probleme einer retrospektiven Selbsteinschätzung teilweise zu vermeiden (vgl. Schulmeister & Metzger, 2011). Die befragten Studierenden gehören zur Stichprobe der in den Kapiteln 6-10 vorgestellten, empirischen Untersuchung.

30 Diese Übungsaufgabe wird in Lehrveranstaltungen in späteren Studiensemestern ebenfalls gestellt, z. B. im Wintersemester 2013/2014 als Aufgabe 16 (http://analysis.math.uni-kiel.de/schuett/AufgAnalysis1-WS2013-14.pdf, heruntergeladen am 05.03.2014).

Übungsaufgabe 19

Es sei $(a_n)_{n\in\mathbb{N}}$ eine reelle Folge, so dass für alle $n \in \mathbb{N}$ gilt: $|a_{n+1} - a_n| < \dfrac{1}{2^n}$. Zeige, dass $(a_n)_{n\in\mathbb{N}}$ konvergiert.

Beweis zur Übungsaufgabe 19

Sei $\epsilon \in \mathbb{R}_{>0}$. Sei $N \in \mathbb{N}$ so gewählt, dass $(\dfrac{1}{2})^N < \epsilon$ gilt. Seien $m, n \in \mathbb{N}_{>N}$ mit

oBdA $m \geq n$. Dann gilt:

$$|a_m - a_n| \leq |a_m + a_{m-1}| + \ldots + |a_{n+2} - a_{n+1}| + |a_{n+1} - a_n| < (\frac{1}{2})^{m-1} + \ldots + (\frac{1}{2})^{n+1} + (\frac{1}{2})^n$$

$$= (\frac{1}{2})^n((\frac{1}{2})^{m-n-1} + \ldots + (\frac{1}{2}) + 1) \leq (\frac{1}{2})^n \cdot \sum_{i=0}^{\infty}(\frac{1}{2})^i = (\frac{1}{2})^n \cdot \frac{1}{(1-\frac{1}{2})} = (\frac{1}{2})^{n-1} \leq (\frac{1}{2})^N < \epsilon .$$

Aus dieser Gleichungskette folgt, dass die Folge $(a_n)_{n\in\mathbb{N}}$ eine Cauchy-Folge ist. Da der Körper der reellen Zahlen vollständig ist, konvergiert $(a_n)_{n\in\mathbb{N}}$.

Insgesamt ist die Bearbeitung von Übungsaufgaben im Selbststudium ein wichtiger Bestandteil mathematischer Lehr-Lern-Prozesse in der Studieneingangsphase. Mögliche Funktionen der mathematischen Übungsaufgaben sind vielschichtig: Zum Ersten können sie die Studierenden zu eigenständigen Problemlöseprozessen vor allem bei Beweisproblemen anregen, zum Zweiten können sie als Möglichkeit zum Geben von Feedback dienen, zum dritten können sie auch als Assessment-Instrument verwendet werden.

Auch die Form des Assessments ist laut Befragungen von Lehrkräften und Dozierenden einer großen Veränderung beim Übergang von der Schule an die Hochschule unterworfen (Luk, 2005; Selden, 2005). Hong et al. (2009) haben schulische Lehrkräfte und Universitätsdozierende in Neuseeland befragt, ob und welche Unterschiede sie in den Assessmentformen zwischen Schule und Hochschule wahrnehmen. Ein Großteil der Befragten vermutet Unterschiede, jedoch scheinen diese Unterschiede eher die Sichtstruktur von Lehrangeboten zu betreffen, z. B. die Verwendung eines anderen Notensystems sowie die Nutzung von Computern bei der Leistungsüberprüfung. Im Schulunterricht werden Fachnoten durch sogenannte mündliche, unterrichtsbegleitende Noten (ermittelt durch Leistungen in Tests, mündlichen Beiträgen, Hausaufgaben etc.) und Leistungen in schriftlichen Klassenarbeiten bzw. Klausuren, die meistens nach einer Unterrichtseinheit geschrieben werden, festgelegt (Grünwald et al., 2004). Eine ähnliche Zweiteilung ist auch in vielen mathematischen Lehrveranstaltungen an der Hochschule zu finden, wobei die kontinuierliche, studienbegleitende Leistungsüberprüfung z. T. durch die Übungsaufgaben gegeben ist, die meist jede Woche zu bearbeiten sind und in einigen Studienmodulen auch als Zulassungskriterium für die Abschlussprüfung dienen.[31] Die summative Leistungsevaluation tritt häufig in Form einer Abschlussprüfung, meist einer Klausur, am Ende des Semesters auf.

Bezüglich der sozialen Ebene ist anzuführen, dass die meisten Studierenden zusammen in einer Peer-Gruppe Übungsaufgaben bearbeiten. Zudem verändert sich die Beziehung zwischen Lehrperson und Lernenden beim Übergang in die neue Bildungsinstitution. Die Entwicklung zu einer weniger engen Beziehung ist schon in der Schule zu
beobachten, wenn beim Übergang von der Grundschule zur Sekundarschule das Klassenlehrkräfteprinzip durch das Fachlehrkräfteprinzip ersetzt wird. Beim Übergang an
die Hochschule kennen die Dozentinnen und Dozenten die Studierenden in den Massenveranstaltungen häufig nicht mehr persönlich (de Guzmán et al., 1998) und ein individualisierter Lehrstil ist meist nur begrenzt, wenn überhaupt in den Tutorien möglich
(Hong et al., 2009).

Insgesamt sind deutliche Unterschiede in Merkmalen der Sichtstruktur zwischen
schulischen und universitären Lehrangeboten festzustellen. Die Besonderheit des Lehrangebots in einem Mathematikstudium liegt vor allem in der Bearbeitung von Übungsaufgaben im Selbststudium. Merkmale der Tiefenstruktur des mathematischen Lehrangebots in den beiden Bildungsinstitutionen, die möglicherweise einen stärkeren Zusammenhang mit dem Lernprozess der Studierenden aufweisen (vgl. Abschnitt 4.1.2),
werden im nächsten Abschnitt kontrastiert.

4.2.2 Tiefenstruktur des Lehrangebots in der Studieneingangsphase im Fach Mathematik

Um Besonderheiten der Tiefenstruktur universitärer Lehrangebote zu identifizieren,
werden allgemeine und fachspezifische Prozessmerkmale (vgl. Abschnitt 4.1.2) in diesem Abschnitt getrennt analysiert.

Allgemeine Prozessmerkmale

Vor allem zur Qualität universitärer Lehrangebote sind mir wie erwähnt nur wenige
empirische Arbeiten bekannt (Ausnahmen z. B. Bergsten, 2007; Fukawa-Connelly,
2012; Weber, 2004). Ein methodisches Problem der berichteten Beobachtungs- und
Einzelfallstudien von z. B. Bergsten (2007) und Weber (2004) ist, dass die Einschätzung der Lehrqualität meist nur durch die jeweiligen Autoren der Beiträge nach einem
qualitativen Paradigma erfolgt, so dass eine Generalisierbarkeit der Ergebnisse und eine
Verknüpfung mit dem Lernprozess der Studierenden als schwierig erscheint (vgl.
Fukawa-Connelly, 2012). Aus diesem Grund stützt sich die folgende Analyse vor allem
auf Erkenntnisse aus theoretischen Arbeiten. Zur Analyse der allgemeinen Prozess-

---

31 Es ist unklar, ob diese studienbegleitende Leistungserhebung ein formatives Assessment
    darstellt. Zwar werden die individuellen Bearbeitungen der Übungsaufgaben meistens korrigiert. Ob und in welcher Form diese Korrekturen als Feedback den Lernprozess der Studierenden in der Praxis unterstützen, ist jedoch eine offene Frage. Zu beachten bleibt, dass
    die Form des Assessments zwischen Hochschulen (und auch zwischen Studienmodulen
    der gleichen Hochschule) sehr divergent ist.

merkmale werden in Anlehnung an den Beitrag von Clausen et al. (2003) diese Merkmale in vier Dimensionen unterteilt (vgl. Abschnitt 4.1.2): (1) Instruktionseffizienz; (2) Lernendenorientierung; (3) Kognitive Aktivierung; (4) Klarheit und Strukturiertheit.

Während bei der Dimension *Instruktionseffizienz* keine bedeutenden Unterschiede zwischen Schulunterricht und universitären Lehrveranstaltungen angenommen werden, werden hingegen bei der Dimension *Lernendenorientierung* substanzielle Unterschiede vermutet. Diese Unterschiede zeigen sich beispielsweise am Indikator „Anknüpfen an Vorwissen". Viele Dozierende für das Fach Mathematik scheinen nicht eingehend zu wissen, mit welchem Vorwissen die Studentinnen und Studenten ihr Studium beginnen (z. B. Brandell et al., 2008; Clark & Lovric, 2009; Grünwald et al., 2004). Zwar sind einige der in der Studie von Lai und Weber (2014) befragten Dozierenden der Ansicht, dass es wichtig sei, sich z. B. bei der Präsentation von Beweisen am Vorwissen der Lernenden zu orientieren. Jedoch scheinen die Vermutungen der Lehrpersonen zum mathematischen Vorwissen der Studierenden häufig nicht mit dem Ist-Zustand übereinzustimmen (Hong et al., 2009). Aufgrund dieser nicht passenden Vermutungen der Dozierenden bezüglich der mathematischen Vorkenntnisse der Studierenden ist die Verwendung des Spiralprinzips in der Studieneingangsphase schwierig umzusetzen. Ein weiterer Indikator der Lernendenorientierung ist die Auswahl und fachliche Strukturierung der Inhalte. Zur Präsentation der Inhalte in universitären Lehrveranstaltungen wird häufig die DTP-Strukturierung der mathematischen Erkenntnisse verwendet, so dass die Strukturierung der Lerninhalte an einer inhaltlichen, mathematischen Systematik orientiert ist („content-driven", Bergsten, 2007, S. 65), während im mathematischen Schulunterricht eher eine lernpsychologische Ausrichtung und eine didaktische Strukturierung vorgenommen wird. Die fehlende Orientierung an den Fähigkeiten und Erwartungen der Lernenden zeigt sich auch an einer Informationsfülle in den Vorlesungen und der dadurch entstehenden, hohen Präsentationsgeschwindigkeit der Inhalte (Selden, 2005; Dozent in der Studie von Hong et al., 2009, S. 886): „I think students are used to understanding before moving onto the next topic. In a lecture, the quantity is greater so they just copy instead of trying to understand what's being taught". Empirische Ergebnisse zur Qualität des Lehrangebots, Dimension Lernendenorientierung, in den beiden Bildungsinstitutionen liefern Vollstedt et al. (2014) durch einen Vergleich von mathematischen Lernmaterialien, die für den Schulunterricht bzw. in universitären Lehrveranstaltungen verwendet werden können. Bei diesem Vergleich konnten sie Hinweise dafür generieren, dass eine allgemeine Motivationsunterstützung, z. B. Gelegenheiten zum Erleben von sozialer Eingebundenheit mittels Lernen in Gruppen (Deci & Ryan, 1993), in schulischen Lehrbüchern eher zu finden ist als in Lernmaterialien, die an der Hochschule verwendet werden. Aus theoretischer Perspektive wäre eine stärkere Lernendenorientierung, z. B. in Form einer Motivationsunterstützung und einer Explizierung von Strategien, insbesondere in Tutorien möglich (z. T. Hinweise in Rach, Siebert & Heinze, 2013), da die Interaktion zwischen der Lehrperson und den Studierenden in Tutorien meist größer als in Vorlesungen ist. Die Tutorenleitungen könnten ggf. durch die Korrektur der Aufgabenbearbeitungen Stärken und Schwächen der einzelnen Studentinnen bzw. Studenten identifizieren und das Lehrangebot in den Tutorien entsprechend anpassen.

Die dritte Dimension von Lehrqualität, *kognitive Aktivierung*, zeichnet sich beispielsweise durch das Geben von Denkanstößen aus. Das Geben von Denkanstößen kann durch das Stellen von offenen Fragen erreicht werden, für deren Beantwortungen den Lernenden genügend Zeit zum Nachdenken zur Verfügung gestellt werden. Dieses Vorgehen scheint in Vorlesungen in einem Mathematikstudium aufgrund der Struktur der Lehrveranstaltung mit Hindernissen verbunden zu sein. Denn es wird in vornehmlich theoretischen Beiträgen berichtet, dass die Dozentin bzw. der Dozent die Inhalte häufig präsentiert und die Studierenden oftmals eine passive Rolle einnehmen (Bergsten, 2007; Helmke & Schrader, 2010; Yoon, Kensington-Miller, Sneddon & Bartholomew, 2011, S. 1107): „Students often play a passive role in large-scale lectures in undergraduate mathematics courses: they observe the lecturer demonstrate mathematical procedures, but they rarely engage in authentic mathematical activity themselves".

Die vierte Dimension von Lehrqualität, *Klarheit und Strukturiertheit*, beinhaltet beispielsweise die Abgrenzung von wichtigen und weniger wichtigen Aussagen. Aus theoretischen Überlegungen nehmen Schiefele et al. (2003) an, dass die Lerninhalte in der Hochschule weniger stark vorstrukturiert sind als in der Schule. Diese Strukturierung von Inhalten könnte stärker in Vorlesungen im Vordergrund stehen, da dieser Veranstaltungstyp auf die Aufarbeitung mathematischer Inhalte ausgerichtet ist (z. T. Hinweise in Rach et al., 2013). In einer Fallstudie zu einer Analysisvorlesung für Studierende der Ingenieurwissenschaften konnte Bergsten (2007) jedoch keine substanziellen Hinweise für diese Vermutung erbringen, da er nur wenige, elaborierte Verknüpfungen zwischen den Inhalten beobachtet hatte.

Mathematikspezifische Prozessmerkmale

Um weitere Besonderheiten des Lehrangebots in einem Mathematikstudium herauszustellen, werden in diesem Abschnitt die allgemeinen Dimensionen von Lehrqualität mit den Charakteristika des Lerngegenstands wissenschaftliche Mathematik verknüpft. Wie in Kapitel 3 ausgeführt, zeichnet sich der Lerngegenstand insbesondere durch Beweisprozesse und Begriffsbildungsprozesse aus. Für die Charakterisierung mathematischer, universitärer Lehrangebote werden diese mit schulischen, mathematischen Lehrangeboten in Verbindung gesetzt und anhand von Beispielen illustriert.

Der Einführung in *Beweisprozesse* können wichtige Funktionen in Lehr-Lern-Prozessen zugewiesen werden (Gueudet, 2008, S. 247): „Proofs provided during the lectures at university play a new role: they are central in the building of the university mathematical culture, because they indicate methods, and also what requires justification or what does not". Da Studierende wenige Vorerfahrungen in der Konstruktion formal-deduktiver Beweise mitbringen, sollten aus didaktischer und kognitionspsychologischer Sicht das Metawissen über Beweise und mögliche Beweisstrategien in der Studieneingangsphase für die Lernenden expliziert werden (vgl. Abschnitt 3.4). Diese Explizierung von Beweisprozessen stand im Fokus einer Interviewstudie von Hemmi (2008), in der sie Mathematikerinnen und Mathematiker zur Präsentation von Beweisen in Vorlesungen und Tutorien befragt hat. Aus den Antworten ihrer Stichprobe schließt sie, dass Beweise und deren Kriterien für die Studierenden in Lehrveranstaltungen nicht transparent kommuniziert werden. Analog zu den Erkenntnissen von Heinze und Reiss (2004b) zum schulischen Mathematikunterricht kann somit vermutet werden, dass auch in universitären Lehrveranstaltungen nur wenige Explorationsphasen in Beweispräsentationen zu finden sind. Weber (2004) konnte in seiner Beobachtungsstudie explorativ drei unterschiedliche Instruktionsarten insbesondere zur Präsentation von Beweisen in einer Vorlesung, die nach dem DTP-Schema vorgeht, identifizieren und beschreiben. Solche Beobachtungsstudien zur Darstellung von Beweisen in Lehrveranstaltungen sind jedoch selten publiziert (Mejía-Ramos & Inglis, 2009), so dass mir bisher nur wenige gesicherte Erkenntnisse zur Lehrqualität von universitären, mathematischen Lehrveranstaltungen in diesem Bereich bekannt sind. Zur didaktischen Qualität von Lehrbüchern im Bereich „Argumentieren und Beweisen" hat Davis (2012) für den schulischen Kontext festgestellt, dass es nur wenige Lerngelegenheiten zum eigenständigen Entwickeln von Argumenten, Analysieren von Vermutungen sowie nur wenige Darstellungen zum Beweisen durch Angabe eines Gegenbeispiels gibt. Es kann vermutet werden, dass ähnliche Ergebnisse für die Einführung in Beweisprozesse bei der Analyse universitärer, mathematischer Lehrbücher berichtet werden würden.

Theoretische Arbeiten aus dem Bereich der mathematikdidaktischen Forschung kritisieren insgesamt die produktorientierte und wenig lernendenorientierte Präsentation mathematischer Beweise an der Hochschule (Alsina, 2001; Dreyfus, 1991). Beweise werden eher linearisiert dargestellt (Alsina, 2001; Brandell et al., 2008). Diese Vorgehensweise hat zur Folge, dass mathematische Arbeitsweisen und Denkprozesse den Studierenden nicht transparent gemacht werden (Danckwerts et al., 2004; Tall, 1992b[32]): „In like manner, at the advanced level, teaching definitions and theorems only in a logical development teaches the product of advanced mathematical thought, not the process of advanced mathematical thinking". Die Gegenüberstellung der beiden Begriffe Produktorientierung und Prozessorientierung (vgl. auch Abschnitt 3.1.1) bei der Darstellung mathematischer Beweise wird anhand der Aussage „Die Betragsfunktion $f : \mathbb{R} \to \mathbb{R}, f(x) = |x|$ ist an der Stelle $x_0 = 0$ nicht differenzierbar"[33] in zwei verschiedenen Lehrbüchern illustriert. Im Lehrbuch für das erste Semester (Abbildung 4.1) wird zwar eine graphische Veranschaulichung der zu betrachtenden Funktion gegeben, aber der kurze Beweis zieht keine Verbindung zu dieser Darstellung. Lediglich der rechts- und linksseitige Grenzwert der Funktion an der Stelle $x_0 = 0$ wird berechnet, ohne die mathematischen Begriffe explizit zu nennen. Dann wird geschlossen, dass der Grenzwert nicht existiert, was ohne Erklärung als ein Beweis für die Nichtdifferenzierbarkeit dieser Funktion an der Stelle $x_0 = 0$ präsentiert wird. Diese Darstellung kann als produktorien-

---

32   Die Seitenzahl des Zitates ist mir nicht bekannt, da der Beitrag in einer HTML-Datei veröffentlicht wurde. Das Zitat befindet sich am Ende des Beitrags.

33   Der Beweis dieser mathematischen Aussage ist als Item im Test von Wagner (2011) enthalten. Einige Probandinnen und Probanden fertigten eine graphische Veranschaulichung an, führten aber keinen formal-deduktiven Beweis zu dieser Aussage.

tiert bezeichnet werden und dient sicherlich eher einer Verifikationsfunktion anstelle einer Erklärungsfunktion.

Beweis: Es gilt:

$$\lim_{x\to 0+} \frac{f(x)-f(x_0)}{x-x_0} = \lim_{x\to 0+} \frac{|x|-|0|}{x-0} = \lim_{x\to 0+} \frac{x}{x} = 1,$$

$$\lim_{x\to 0-} \frac{f(x)-f(x_0)}{x-x_0} = \lim_{x\to 0-} \frac{|x|-|0|}{x-0} = \lim_{x\to 0-} \frac{-x}{x} = -1,$$

so daß der Grenzwert an der Stelle 0 nicht existiert. f ist also nicht differenzierbar an $x_0 = 0$.

Abbildung 4.1: Stärker produktorientierte Darstellung eines Beweises zur Nichtdifferenzierbarkeit der Betragsfunktion an der Stelle $x_0 = 0$ (Endl & Luh, 1989, S. 154)

Differenzierbar oder nicht differenzierbar?

Der Graph der Betragsfunktion f mit

$$f(x) = |x| \quad \text{und} \quad x \in \mathbb{R}$$

hat eine Ecke. Er ist rechts dargestellt. Wir werden den Knick genauer unter die Lupe nehmen. Zum Rechnen ist der Betrag „unhandlich".

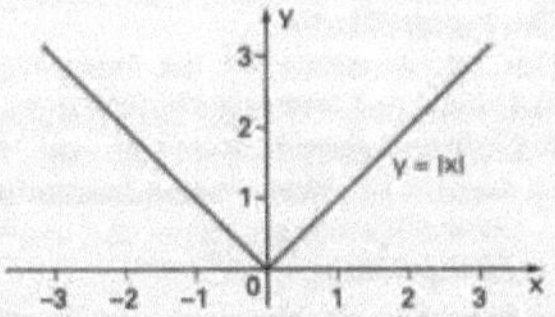

Für eine **betragsfreie Darstellung** greifen wir zu einer Fallunterscheidung:
Der Betrag einer nichtnegativen Zahl x ist gleich der Zahl selbst. Der Betrag einer negativen Zahl x ist gleich ihrer positiven Gegenzahl. Ist x eine negative Zahl, können wir das „im x enthaltene Minuszeichen" kompensieren, indem wir noch ein Minuszeichen davor setzen; z. B. $|\underbrace{-3}_{x}| = -(\underbrace{-3}_{x}) = 3$. Also:

$$|x| = \begin{cases} x & \text{für } x \geq 0 \\ -x & \text{für } x < 0 \end{cases}$$

Für den Differenzenquotienten zur interessanten Stelle $x_0 = 0$ erhalten wir:

$$\frac{\Delta y}{\Delta x} = \frac{f(x_0+h)-f(x_0)}{h} = \frac{|0+h|-0}{h} = \frac{|h|}{h} = \begin{cases} \frac{h}{h} = 1 & \text{für } h > 0 \\ \frac{-h}{h} = -1 & \text{für } h < 0 \end{cases}$$

Bei linksseitiger Annäherung an $x_0 = 0$ ist die Sekantensteigung ständig −1, bei rechtsseitiger ständig 1. Das war zu erwarten, da sich der Graph der Betragsfunktion aus zwei Halbgeraden mit den Steigungen −1 und 1 zusammensetzt. Es gibt also *keinen einzigen Wert*, dem sich die Sekantensteigungen immer genauer annähern. Es gibt im Punkt P(0|0) keine Tangente. Es gibt keine Ableitung f'(0). Man sagt: Die Betragsfunktion ist an der Stelle $x_0 = 0$ **nicht differenzierbar**.

Abbildung 4.2: Stärker prozessorientierte Darstellung eines Beweises zur Nichtdifferenzierbarkeit der Betragsfunktion an der Stelle $x_0 = 0$ (Distel & Feuerlein, 2009, S. 18)

Solche Darstellungen (vgl. Abbildung 4.1) eignen sich wahrscheinlich nur bedingt zum mathematischen Selbststudium, insbesondere für Studierende mit wenig Vorwissen im Bereich des Beweisens oder im Gebiet der differenzierbaren Funktionen. Solche Darstellungen geben auch einen Einblick in soziomathematische Normen, konkret was für Studierende im ersten Semester als Beweis angesehen wird. Der mathematisch gleiche Beweis zu dieser Aussage ist im Schulbuch von Distel und Feuerlein (2009) vollständig anders dargestellt (Abbildung 4.2). Bei diesem Vorgehen wird nicht von der mathematischen Aussage ausgegangen, sondern die graphische Veranschaulichung als Ausgangspunkt genommen, um „Interessantes zu entdecken" – was einer prozessorientierten Darstellung entspricht.

Die dabei stattfindende Generierung einer Vermutung entspricht der ersten Phase in einem Beweisprozess nach dem Modell von Boero (1999), wobei ein möglicher Beweis ebenfalls schon dargestellt ist. Insgesamt steht in diesem Ausschnitt eines universitären Lehrbuchs ein vollständiger Beweis als Produkt im Vordergrund (Abbildung 4.1), während in diesem Schulbuchabschnitt auch Phasen eines Beweisprozesses aufgezeigt werden (Abbildung 4.2).

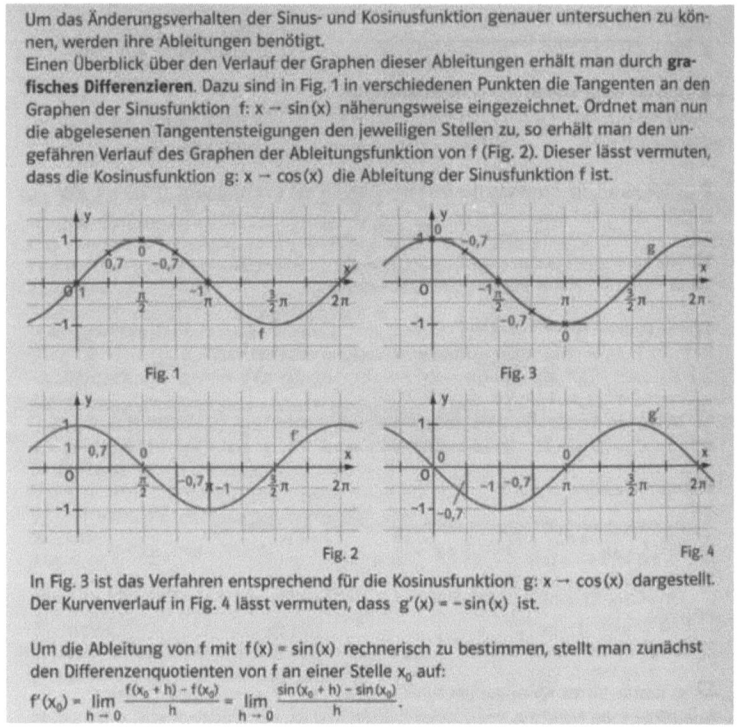

Abbildung 4.3:   **Entwicklung einer Vermutung am Beispiel der Ableitung der Sinusfunktion (Drüke-Noe, Herd, König, Stanzel & Stühler, 2009, S. 208)**

Das Generieren von Vermutungen, ein wichtiger Schritt im mathematischen Arbeitsprozess, wird ebenfalls im nächsten Schulbuchbeispiel explizit dargestellt. Die Ableitung der Sinus-Funktion wird durch graphisches Differenzieren untersucht und eine Vermutung aufgestellt (siehe Abbildung 4.3). Erst dann wird in diesem Schulbuch ein akzeptierter Beweis zu dieser Vermutung präsentiert.

Diese Unterschiede bei der Präsentation von Beweisprozessen hängen eng mit den unterschiedlichen Zielen mathematischer Lehr-Lern-Prozesse zusammen. Während im Schulunterricht Beweisprozesse stärker das inhaltliche Verständnis einer Aussage bzw.

einer Regel sowie den Begriffserwerb unterstützen sollen und somit die Erklärungsfunktion von Beweisen im Vordergrund steht, dient der Beweis als Produkt in universitären Lehrveranstaltungen stärker der Evidenzgenerierung mathematischer Aussagen und akzentuiert die Verifikationsfunktion von Beweisen stärker (vgl. Abschnitt 3.4.2).

Neben Beweisprozessen stehen *Begriffsbildungsprozesse* im Vordergrund mathematischer Lehr-Lern-Prozesse in der Studieneingangsphase. Gemäß den Ausführungen in Abschnitt 3.5 könnten die folgenden beiden Aspekte wichtig für ein qualitativ hochwertiges Lehrangebot in der mathematischen Studieneingangsphase sein: Verknüpfungen zwischen informellen Begriffsrepräsentationen und formalen Begriffsdefinitionen sowie eine präzise sprachliche Darstellung einer Begriffsbeschreibung. Jedoch scheinen diese Aspekte im realen Lehrangebot eher unbefriedigend ausgeprägt zu sein (Clark & Lovric, 2009), wobei aufgrund nur vereinzelt existenter Studien die empirische Evidenz für diese Annahmen noch als schwach zu bezeichnen ist. Aus diesem Grund stützt sich die folgende Darstellung von Unterschieden in der Lehrqualität bezüglich der Einführung von Begriffen zwischen den beiden Bildungsinstitutionen Schule und Hochschule vornehmlich auf theoretischen Überlegungen.

Die Anschlussfähigkeit einzelner Begriffsbeschreibungen aus der Schule wird als eingeschränkt angesehen (z. B. Dörfler & McLone, 1986), da einzelne Begriffe, z. B. der Begriff der Äquivalenzumformung, aus rein didaktischen Gründen im Mathematikunterricht eingeführt werden, um einen Begriffserwerb schrittweise durchzuführen. Zudem wird im Schulunterricht der Begriffserwerb den Schülerinnen und Schülern häufig erleichtert, indem die Beschreibung eines Begriffs adressatengerecht angepasst wird, z. B. in Form eines cognitive root (z. B. Dörfler & McLone, 1986; Tall, 1992b). Dagegen müssen die in der Hochschule verwendeten Begriffsdefinitionen in erster Linie konsistent in Relation zum axiomatischen Theorieaufbau der Mathematik sein (mathematical foundation). Aufgrund der Zielsetzungen von Begriffsbildungsprozessen in Hinblick auf Verständnisorientierung werden im schulischen Unterricht auch didaktische Strategien (z. B. der Aufbau von Grundvorstellungen) eingesetzt, um eine Verknüpfung zwischen einem mathematischen Begriff und der Realität herzustellen (vom Hofe, 1995). Auch werden Begriffe in Schulbüchern stärker durch inner- und außermathematische Anwendungen motiviert (Vollstedt et al., 2014).

Als ein Beispiel für die *Verwendung von Grundvorstellungen* kann der Begriff des Bruchs angeführt werden, der in der Schulmathematik als eine Teil-Ganzes-Beziehung bzw. zur Beschreibung von Anteilen eingeführt wird. Um eine formal-axiomatische Theorie aufzubauen, wird in der wissenschaftlichen Mathematik eher weniger mit den eben vorgestellten Grundvorstellungen agiert, sondern der Begriff des Bruchs wird häufig über Äquivalenzklassen über den ganzen Zahlen definiert. Die Verwendung von Grundvorstellungen kann auch am Begriff der Ableitung einer Funktion an einer Stelle illustriert werden. In Schulbüchern wird als Grundvorstellung für diesen Begriff z. B. die lokale Änderungsrate angeführt (im Schulbuch von Heuß et al., 2008, S. 16 oder Reinelt, 2008, S. 88), die in der Realität in Form der Momentangeschwindigkeit vielen Menschen bekannt ist.

Als ein Beispiel für die *Verwendung verschiedener Repräsentationen* dient der Begriff des Extremums einer Funktion. Der Erwerb dieses Begriffs wird in Schulbüchern dadurch unterstützt, dass eine analytische Betrachtung mithilfe der Ableitung einer Funktion in Beziehung gesetzt wird mit einer graphischen Veranschaulichung eines Extremums einer Funktion („Beim Hochpunkt muss das Steigen in ein Fallen, beim Tiefpunkt das Fallen in ein Steigen übergehen. Für die Stelle x_0 des Extrempunkts muss eine waagerechte Tangente vorliegen, d. h. $f'(x_0) = 0$ sein", Distel & Feuerlein, 2009, S. 40). Eine derartige Verknüpfung verschiedener Repräsentationen zeigt sich auch an der Darstellung der Begriffe „stetige Funktion" und „differenzierbare Funktion". Im Schulbuch von Schmidt et al. (2010, S. 177) werden sowohl eine intuitive Vorstellung als auch eine formale Definition zu diesen Begriffen genannt. Auch in universitären Lehrbüchern sind solche Verknüpfungen zwischen graphischen Repräsentationen und formalen Definitionen teilweise enthalten (z. B. zum Extremum einer Funktion in Heuser, 1994, S. 266), jedoch scheinen solche Verknüpfungen in Lehrbüchern eher Einzelfälle zu sein bzw. in einigen Lehrveranstaltungen werden formale Begriffsdefinition eher wenig didaktisch aufbereitet präsentiert.

Die *Verknüpfung* zwischen einem *concept definition* und einem *concept image* stellt eine große Herausforderung für Lernende in der mathematischen Studieneingangsphase dar (vgl. Abschnitt 3.5.3). Es stellt sich die Frage, ob an Hochschulen hierzu adäquate Lerngelegenheiten angeboten werden. Kajander und Lovric (2009) haben die Passung zwischen den beiden Begriffsaspekten in Lehrbüchern für die Schule und für die Hochschule in Kanada untersucht. In ihrer Untersuchung stellen sie beispielsweise fest, dass die Darstellung des Begriffs „Tangente eines Funktionsgraphen" sowohl in Schulbüchern als auch in universitären Lehrbüchern durch ungenaue sprachliche Ausdrucksweisen oder zu starke Vereinfachungen von Einzelfällen zu Fehlvorstellungen führen kann (vgl. Clark & Lovic, 2008; Kajander & Lovric, 2009). Diese Analyse ist erstaunlich, da insbesondere die wissenschaftliche Mathematik und somit universitäre Lehrbücher auf eine einheitliche, mathematische Notation angewiesen sind.

Insgesamt kann aus den bisherigen Ausführungen in diesem Abschnitt 4.2 geschlossen werden, dass im schulischen Mathematikunterricht für jede Aufgabe bzw. Anforderungssituation größtenteils ein konkreter Lösungsweg oder Algorithmus angewendet wird, der in Lehrbüchern vorgegeben wird (Gueudet, 2008). Da schulische Lehrkräfte Lösungsschemata für Problemstellungen induzieren (Grünwald et al., 2004) und Realsituationen zum Aufbau von Grundvorstellungen zur Unterstützung des Begriffserwerbs nutzen, kann insgesamt von einem angeleiteten Lernen im schulischen Kontext gesprochen werden (Gueudet, 2008). In universitären Lehrbüchern und Lehrveranstaltungen sind dagegen nur selten didaktische Unterstützungen, nur vereinzelt konkrete Phasen eines Beweisprozesses und wenige Explizierungen von Strategien zu finden (Rach & Heinze, 2013a). Insgesamt wird vermutet, dass Merkmale der Tiefenstruktur im schulischen Mathematikunterricht somit höher ausgeprägt sind als in universitären Lehrangeboten.

4.2.3   Charakteristika von Lehrpersonen in der Studieneingangsphase im Fach Mathematik

Während an der Schule in der Regel eine didaktisch und fachlich ausgebildete Lehrkraft unterrichtet, werden Lehrveranstaltungen an der Hochschule vor allem von fachlich gebildeten und (fach-)didaktisch wenig geschulten Personen durchgeführt[34] (vgl. Lai & Weber, 2014). An der Schule ist ein längerfristiges Qualifizierungsprogramm in Form eines Studiums mit anschließendem Referendariat fast immer notwendig, um als Lehrkraft zu unterrichten. Somit besitzen schulische Lehrkräfte aufgrund ihrer didaktischen und pädagogischen Ausbildung bessere Voraussetzungen als Lehrpersonen an der Hochschule, um die genannten Qualitätskriterien (vgl. Abschnitt 4.1.2) zu berücksichtigen. Um auch Lehrpersonen an der Hochschule didaktisch und pädagogisch fortzubilden, werden in letzter Zeit vermehrt universitäre Qualifizierungsprogramme an Hochschulen angeboten (z. B. an der McMaster-Universität, Clark & Lovric, 2009; LIMA-Projekt, Biehler et al., 2012; vgl. Abschnitt 2.4.1). Bezüglich der allgemeinen Vorstellungen zum Lehren wird vermutet, dass lehrendenorientierte Sichtweisen bei Lehrpersonen an der Hochschule, insbesondere in mathematisch-naturwissenschaftlichen Studiengängen (Lübeck, 2010), höher ausgeprägt sind als bei Lehrpersonen in der Schule (Thomas & Klymchuk, 2012).

Ausgehend von den Ausführungen der letzten Abschnitte kann vermutet werden, dass sich das Lehrangebot in den beiden Bildungsinstitutionen Schule und Hochschule sowohl in der Sichtstruktur, der Tiefenstruktur als auch in Charakteristika der Lehrpersonen substanziell unterscheiden. Die dargestellten Besonderheiten des Lehrangebots in der mathematischen Studieneingangsphase besitzen über die Angebotsnutzung der Studierenden vermutlich einen bedeutenden Einfluss auf deren Lernprozess, wie in Abschnitt 4.3 verdeutlicht wird.

4.2.4   Exkurs: das mathematische Lehrangebot im ersten Semester an der CAU Kiel

Um die organisatorische Struktur, verwendete Assessmentformen und die Qualität des Lehrangebots in der Studieneingangsphase zu illustrieren und die Rahmenbedingungen, in der die empirische Untersuchung (Kapitel 6-10) stattgefunden hat, zu verdeutlichen, wird kurz auf die Studienstruktur an der CAU Kiel eingegangen. Das Studium für 1-Fach-Bachelor-Studierende im Fach Mathematik ist in das Hauptfach und ein relativ frei zu wählendes Nebenfach unterteilt, 2-Fächer-Bachelor-Studierende (für das gymnasiale Lehramt) studieren dagegen zwei Hauptfächer (z. T. mit angepassten Studienmodulen) und die pädagogischen Studien. Die Lehrveranstaltungen der Studiengänge 1-Fach-Bachelor Mathematik und 2-Fächer-Bachelor Mathematik sind im ersten Studi-

---

34   Nach Mittelstraß (1996) sollte sich die Lehre an der Hochschule aus der Forschung entwickeln, so dass nach seinen Ausführungen für die Hochschullehre nur fachlich forschende Lehrpersonen in Frage kommen.

ensemester in Vorlesungen und Tutorien aufgeteilt – zusätzlich wurde im Wintersemester 2010/2011 ein zweiwöchiger mathematischer Vorkurs vor Studienbeginn angeboten.[35] Die zwei Module „Analysis 1" und „Lineare Algebra 1" im ersten Semester beinhalten jeweils vier Semesterwochenstunden (SWS) Vorlesungen und zwei SWS Tutorien. Den Studierenden werden jede Woche Übungsaufgaben zur Verfügung gestellt, die sie eine Woche später bearbeitet bei ihren Tutorinnen und Tutoren abgeben müssen.[36] Oft nur bei erfolgreicher Bearbeitung einer bestimmten Anzahl an Übungsaufgaben werden die Studierenden zu einer Klausur zugelassen, die zum Abschluss des Moduls führt. In den Vorlesungen präsentiert die Dozentin bzw. der Dozent die Inhalte, meist mit Hilfe eines strukturierten Anschriebs; in den Tutorien, deren Gruppengröße bis zu 30 Studierende beträgt, werden die bearbeiteten Übungsaufgaben besprochen und Fragen geklärt. Die Präsenzzeiten im Mathematikstudium im ersten Semester betragen demnach 2*(4+2) SWS plus Zeit für „Korrektur in Anwesenheit".[37] Den beiden Einführungsmodulen im ersten Semester kann eine Doppelfunktion zugewiesen werden: Aufgrund der oft wenig passenden Vorkenntnisse der Studienanfängerinnen und Studienanfänger sollen die Module inhaltlich eine Einführung in mathematische, wissenschaftliche Arbeitsweisen bieten und gleichzeitig eine Fachveranstaltung mit Wissensvermittlung zu einem speziellen Inhaltsgebiet sein.

In Zusammenarbeit mit einer Staatsexamenskandidatin habe ich das Lehrangebot in den Vorlesungen und Tutorien zum Modul „Analysis 1" im Wintersemester 2010/2011 analysiert (Brügmann, 2011; Rach et al., 2013). Zur Analyse wurden theoriegeleitet allgemeine und mathematikspezifische Kriterien für Lehrqualität beschrieben (vgl. Abschnitt 4.1.2) und ein standardisiertes Beobachtungsinstrument entwickelt. Zwei bzw. drei geschulte Personen beobachteten anhand dieser Kriterien die Vorlesungen und einen Großteil der Tutorien im Inhaltsgebiet „Reelle Folgen und Reihen" (Rach et al., 2013). Erwartungsgemäß überwog die Präsentation von Arbeitsstrategien in den Tutorien im Vergleich zur Darstellung in den Vorlesungen. Bei der Präsentation von Beweisprozessen stand der Beweis als Produkt stärker im Vordergrund als Explorationsphasen von Beweisprozessen. Bei Begriffseinführungen dominierten formale Begriffsdefinitionen über informelle Begriffsrepräsentationen.

---

35 Dieser mathematische Vorkurs wird seit dem Wintersemester 2012/2013 durch weitere Angebote des Projekts „PerLe" (PerLe, 2012) aus dem Qualitätspakt „Lehre" (BMBF, 2012) ergänzt.

36 In der Veranstaltung „Analysis 1" im Wintersemester 2010/2011 gab es darüber hinaus eine sogenannte „Korrektur in Anwesenheit", bei der die Studierenden ihren Tutorenleitungen die ausgearbeiteten Lösungen für die bearbeiteten Übungsaufgaben erklären mussten.

37 Zudem findet zu den meisten Studienmodulen eine Plenarübung statt, die jedoch zu dem in dieser Arbeit untersuchten Studienmodul „Analysis 1" nicht angeboten wurde.

4.3 Besonderheiten des Lehrangebots in der Studieneingangsphase im Fach Mathematik: Herausforderungen für die Angebotsnutzung

Nachdem im letzten Abschnitt einige Besonderheiten des mathematischen Lehrangebots an der Hochschule dargestellt wurden, werden in diesem Abschnitt mögliche Auswirkungen der charakteristischen Lernumgebung auf den Lernprozess von Studierenden präsentiert. Die zentrale Frage ist, wie Studierende im Fach Mathematik das vorliegende Lehrangebot lernförderlich nutzen können.

4.3.1 Verwendung von selbstregulativen Fähigkeiten

Generell wird vermutet, dass viele Studienanfängerinnen und Studienanfänger erhebliche Probleme haben, sich mit Hilfe des Lehrangebots Wissen anzueignen, das Lehrangebot also adäquat zu nutzen (de Guzmán et al., 1998). Nach Engelbrecht (2010, S. 152-153) ist es für erfolgreiche Lernprozesse nicht ausreichend, allein in Vorlesungen zu sitzen und die Inhalte präsentiert zu bekommen:

> „This process of understanding is also misleading. Mathematics can be the easiest subject in the world if you watch somebody else do it. A good teacher explains difficult mathematics so well that you are convinced that you understand everything – s,he makes it look so simple. It is only when you try to do it yourself that you suddenly are confronted by the intricacies, the cognitive depth of a concept. It is only then that you realize how thin your first layer of understanding really was."

Seiner Ansicht nach ist es essentiell, *selbst* mathematische Arbeitsprozesse durchzuführen. Aus diesem Grund besteht das (Mathematik-)Studium organisatorisch neben den Präsensphasen zu einem großen Teil aus Selbststudiumsphasen (vgl. Abschnitt 4.2.1). Gerade in diesen Phasen des Selbststudiums müssen die Studierenden ihren Lernprozess eigenhändig organisieren, beispielsweise ihre Zeit frei einteilen (Clark & Lovric, 2008), ihre eigenen Lernfortschritte diagnostizieren, ihren Lernprozess danach ausrichten und einhalten (Artelt & Lompscher, 1996; Yip, 2013). Diese Form des Lernens impliziert neben der Organisation auch die Übernahme von Verantwortung für den eigenen Lernprozess (Brandstätter & Farthofer, 2003; Grünwald et al., 2004; Thomas & Klymchuk, 2012) und wird als selbstgesteuert bezeichnet, was Weinert (1982, S. 102) definiert als „daß der Handelnde die wesentlichen Entscheidungen, ob, was, wann, wie und woraufhin er lernt, gravierend und folgenreich beeinflussen kann". Bei der Bearbeitung von Übungsaufgaben im Selbststudium sind somit Strategien der Selbstregulation in Form von Zielsetzung, Monitoring und Regulation notwendig (für Phasen der Hausaufgabenbearbeitung, z. B. in Schmitz, 2003; Trautwein, Lüdtke, Schnyder & Niggli, 2006).

Zu selbstregulativen Fähigkeiten gehören auch selbstmotivationale Komponenten, da die hohe Komplexität der mathematischen Aufgaben möglicherweise zu einem individuellen Motivationsverlust führen kann, wenn die langfristige Beschäftigung mit einer Aufgabe keine kurzzeitigen (Zwischen-)Erfolge nach sich zieht. Während in der Schule die mathematischen Aufgaben häufig sequenziert sind (Gueudet, 2008), so dass Schülerinnen und Schüler bei der Bearbeitung einzelne Erfolgserlebnisse verspüren, müssen Lernende in einem Mathematikstudium demnach über selbstmotivationale Komponenten (auch als Durchhaltevermögen bezeichnet) verfügen. Derartige Ansprüche an eine günstige Nutzung von Lehrangeboten betreffen nicht speziell das Studium der Mathematik, sondern auch in vielen anderen Studienfächern sind selbstregulative Fähigkeiten von Nöten (z. B. Artelt & Lompscher, 1996; Coertjens, van Daal, Donche, de Maeyer, Vanthournout & van Petegem, 2013; Kirsch & Vo Thi Anh, 1996; Streblow & Schiefele, 2006; Wild, 2005).

4.3.2   Verwendung von Elaborationsstrategien zur Aufarbeitung mathematischer Inhalte

Zur Kritik am Lehrangebot an der Hochschule äußern sich Clark und Lovric (2008, S. 30) differenziert:

> „Large classes and the use of lecturing as a teaching style should not be viewed as negative aspects of university life that make the secondary-tertiary transition more difficult. There is no evidence to suggest that large classes present an obstacle to learning, or that one cannot learn by listening and taking notes."

Die Überlegungen von Pritchard (2010) gehen in eine ähnliche Richtung. Er geht davon aus, dass die Kritik am Veranstaltungstyp Vorlesung durch die Schwierigkeiten der Studierenden bedingt ist, aufgrund einer Informationsüberforderung Notizen anzufertigen (Qualitätsmerkmale von Notizen z. B. in Staub, 2006; vgl. auch Peverly, Ramaswamy, Brown, Sumowski, Alidoost & Garner, 2007). Die Lernenden verfügten demnach nicht wie Expertinnen und Experten über Ressourcen, mathematische Ideen in Einzelkomponenten zu zerlegen und zu untersuchen (Wilkerson-Jerde & Wilensky, 2011). Durch die Besonderheiten des Lehrangebots in der mathematischen Studieneingangsphase werden somit Strategien zur Informationsaufnahme benötigt, um die präsentierten Inhalte für den eigenen Lernprozess zu rekonstruieren und zu strukturieren. Aufgrund der Stofffülle in den Vorlesungen sollten Studierende wichtige Aussagen von weniger wichtigen Bemerkungen trennen und Prioritäten in ihrem Lernprozess setzen, wenn das Lehrangebot diese Qualitätskriterien nicht erfüllt (vgl. Abschnitt 4.2).

Konkret bezogen auf den besonderen Charakter des Lerngegenstands wissenschaftliche Mathematik scheinen spezielle Lernstrategien von Nöten zu sein. Beispielsweise sollten Lernende Beweisideen und vor allem Strategien zum Entwickeln von Beweisideen aus dem Lehrangebot extrahieren, um diese im individuellen Lernprozess anwenden zu können. Beim Begriffserwerb scheint es günstig zu sein, eigene, schon aufgebaute mentale Vorstellungen zu Begriffen zu reflektieren und ggf. zu modifizieren, um die Vorstellungen an präsentierte, formale Begriffsdefinitionen anpassen zu können (vgl. Abschnitt 3.5.3).

Wenn das Lehrangebot sich durch fehlende Anleitungen und wenig didaktisch aufbereitete Lerninhalte auszeichnet, müssen Studierende wahrscheinlich selbst Elaborationsphasen in ihren Lernprozess einbauen (Rach & Heinze, 2013a; Wild, 2005) und relevantes Wissen für sich selber konstruieren. Insbesondere diese notwendige Aufarbeitung der Lerninhalte für den eigenen Lernprozess wird als der größte Unterschied bei der Nutzung des Lehrangebots zwischen Schule und Hochschule vermutet. Während an der Schule häufig oberflächliche Lernstrategien z. B. in Form von Wiederholungsstrategien zum Erfolg führen (Grünwald et al., 2004; Thomas & Klymchuk, 2012), scheinen tiefergehende Lernstrategien an der Hochschule vor allem bei der Bearbeitung von Übungsaufgaben (Weber, 2001) erforderlich zu sein (Clark & Lovric, 2008; Clark & Lovric, 2009; Selden, 2005). Diese Einschätzung wird durch Studien in verschiedenen Ländern belegt (Thomas & Klymchuk, 2012, S. 286): „Research has shown that mathematics students from UK (Hoyles et al. 2001), Hong Kong (Luk 2005) and Ireland (Hourigan and O'Donoghue 2007) tend to adopt a surface learning approach in schools but are expected to apply deep learning in tertiary mathematics".

Eine differenzierte Betrachtung der Verwendung von Lernstrategien wird durch die Analyse verschiedener Assessmentformate ermöglicht: Zum erfolgreichen Bearbeiten mathematischer Übungsaufgaben scheinen Elaborationsstrategien wichtig, für das Bestehen einer Abschlussklausur scheinen auch Wiederholungsstrategien hilfreich zu sein, die von den Studierenden intensiv genutzt werden (z. B. Himmelbauer, 2009; Wild, 2005). Denn es wird vermutet, dass Lernende ihren Lernprozess an die Form der Prüfung anpassen (vgl. Himmelbauer, 2009; Krapp, 1993) und dass Anforderungen in Klausuraufgaben häufig in der Reproduktion von Problemlösungen bestehen (Pintrich & DeGroot, 1990). Studierende könnten zudem aufgrund ihrer Erfahrungen aus dem schulischen Unterricht annehmen, dass sie die geprüften Inhalte nach der Prüfung wieder vergessen können (Grünwald et al., 2004).

Eine konkrete Anwendungssituation oberflächlicher Lernstrategien beschreiben Grünwald et al. (2004), die schulische Lehr-Lern-Prozesse mit dem Reiz-Reaktions-Schema aus der Psychologie vergleichen. Wenn beispielsweise im Mathematikunterricht nach einer Extremstelle einer Funktion gefragt wird, bildet ein Großteil der Schülerinnen und Schüler die erste Ableitung dieser Funktion (häufig ohne die Differenzierbarkeit der Funktion zu prüfen). Diese Art der Bearbeitung mathematischer Aufgaben kann als Indikator für eine oberflächliche Lernorientierung aufgefasst werden. Hingegen scheinen derartige Schemata in einem Mathematikstudium weniger kleinschrittig vorgegeben zu sein bzw. weniger adäquat auf einen Problemtyp zu passen. Wenn beispielsweise die Eindeutigkeit eines mathematischen Objektes bewiesen werden soll (z. B. die Eindeutigkeit des Grenzwertes einer Folge (Satz 1, Abschnitt 3.3) oder des neutralen Elementes einer Gruppe), führt häufig ein Widerspruchsbeweis zum Ziel. Eine mögliche Strategie ist somit durch die Wahl der Beweismethode vorgegeben. Insgesamt sind Lösungen universitärer Aufgaben meist mehrschrittig (z. B. Lösung zu Übungsaufgabe 19, Abschnitt 4.2.1) und liegen weniger als Schemata vor, so dass eine tiefergehende Lernorientierung benötigt wird.

Bei der Betrachtung individueller Lernprozesse an der Hochschule spielen neben den Besonderheiten der Lernumwelt auch die kognitiven Vorkenntnisse, mitgebrachten Lernstrategien und Erwartungen der Lernenden eine wichtige Rolle (Theorien zur Person-Umwelt-Passung, siehe Abschnitt 2.1). Einige Studierende scheinen beispielsweise vom Erfolg des angeleiteten Lernens und der daraus resultierenden Lernprozesse überzeugt zu sein (Grünwald et al., 2004; Nicholson, Putwein, Connors & Hornby-Atkinson, 2013), so dass sie keine Notwendigkeit sehen, ihren Lernprozess umzustellen. Der Einfluss der Gewohnheiten der Studierenden wird an dem schon angeführten Zitat deutlich: „I think students are used to understanding before moving onto the next topic. In a lecture, the quantity is greater so they just copy instead of trying to understand what's being taught" (Dozent in der Studie von Hong et al., 2009, S. 886). Doch nicht nur die Erwartungen der Studierenden könnten Auswirkungen auf die Lehr-Lern-Prozesse besitzen, sondern auch die Annahmen der Lehrpersonen. Da Studierende erstens freiwillig am Lernort Hochschule verweilen (Cortina, 2006),[38] zweitens den Zustand des Erwachsenenseins und der attestierten Hochschulreife erreicht sowie sich drittens für das Studienfach freiwillig eingeschrieben haben, könnten die Dozierenden davon ausgehen, dass Studierende ihre Lernprozesse eigenverantwortlich planen und durchführen wollen und können.

4.4 Zusammenfassung

Das Lehrangebot in einem Mathematikstudium kann durch die Sichtstruktur, die Tiefenstruktur sowie Charakteristika von Lehrpersonen beschrieben werden. Der Übergang von der Schule zur Hochschule im Bereich des Lehrangebots weist einige (spezifische) Ähnlichkeiten zum Übergang von der Grundschule zu einer weiterführenden Schule auf: eine abnehmende persönliche Beziehung zur Lehrperson, Homogenisierung der Lerngruppe (an Kompetenzen) und Notwendigkeit von selbstregulativen Fähigkeiten. Zusammenfassend kann die Ansicht von Nagy (2006) geteilt werden, dass die Lernumgebung Hochschule (in der Studieneingangsphase im Fach Mathematik) sich wesentlich von der schulischen Lernumgebung unterscheidet. Die Studierenden müssen neue fachliche Anforderungen bewältigen (vgl. Kapitel 3), die sie in einem stärkeren Maße eigenständig bearbeiten müssen. Somit ist es für erfolgreiche Lernprozesse notwendig, die nicht zur Lernumgebung Hochschule passenden Strategien zu modifizieren.

In der folgenden Tabelle 4.1 sind Aspekte des Lehrangebots und der Nutzung des Angebots in einem Lernprozess soweit möglich als Gegensatzpaar aufgeführt. Diese Aspekte kennzeichnen Unterschiede zwischen den beiden Bildungsinstitutionen Schule und Hochschule; diese Kontrastierung zeigt Besonderheiten mathematischer Lehr-Lern-Prozesse in der Studieneingangsphase auf. Analog zu den Besonderheiten des Lerngegenstands (vgl. Tabelle 3.1, S. 84) sind diese vorgestellten Aspekte zu Lehr-Lern-Prozessen wenig empirisch fundiert, sondern basieren hauptsächlich auf theoretischen Überlegungen und qualitativen Einzelfallstudien.

---

38   Diese Annahme könnte bei Studierenden in einem Lehramtsstudiengang in Frage gestellt werden, da diese Studentinnen und Studenten die Hochschule möglicherweise als eine Art Zwischenstation betrachten, die sie zu ihrem Ziel „Unterrichten an einer Schule" führt bzw. hindert.

Tabelle 4.1:   Gegenüberstellung von Charakteristika des Lehrangebots und der Angebotsnutzung in der Schule und an der Hochschule

Abschnitt	Kategorie	Schule	Hochschule (v. a. Studieneingangsphase)
4.2	Lehrangebot: Sichtstruktur	Unterricht (+ Hausaufgaben)	Vorlesungen, Tutorien und Selbststudium (Bearbeitung von Übungsaufgaben)
	Lehrangebot: Tiefenstruktur	Orientierung an Lernenden: Aufbereitung der Inhalte auf Basis didaktischer Modelle; Orientierung am Vorwissen (Spiralprinzip)	Orientierung an mathematisch-systematischer Fachstruktur; wenig Orientierung am Vorwissen
	Lehrangebot: Charakteristika von Lehrpersonen	Fachlich und fachdidaktisch ausgebildete Lehrperson	Fachlich gebildet, in der Mathematik forschende Lehrperson, ggf. mit punktueller fachdidaktischer Weiterbildung
4.3	Angebotsnutzung: Selbstregulative Strategien	Organisatorische Aspekte des Lernprozesses vor allem durch die Lehrkraft vorgegeben	Selbstregulative Lernorganisation erforderlich
	Angebotsnutzung: Lernstrategien	Wiederholungsstrategien meist ausreichend für Lernerfolg	Elaborationsstrategien zur Aufbereitung der Lerninhalte notwendig

5 Diskussion, Grenzen und Implikationen der theoretischen Überlegungen

Im ersten Teil der Arbeit wurden anhand theoretischer Überlegungen und anhand von Untersuchungsergebnissen vornehmlich deskriptiver Daten *Besonderheiten der Lernumwelt* in der mathematischen Studieneingangsphase dargestellt. Der Vergleich mit der Lernumwelt im mathematischen Schulunterricht zeigt auf, dass die Lernumwelt in der mathematischen Studieneingangsphase spezifische Charakteristika aufweist. Diese spezifischen Charakteristika basieren auf zwei Veränderungen beim Übergang von der Schule in die Studieneingangsphase eines Mathematikstudiums:

(1) Veränderung des Charakters des Lerngegenstands (Kapitel 3)

(2) Veränderung des Charakters der Lernumgebung (Kapitel 4).

Die erste Veränderung ist auf die unterschiedlichen Ziele mathematischer Lehr-Lern-Prozesse in den beiden Bildungsinstitutionen zurückzuführen. Während der schulische Mathematikunterricht auf dem Prinzip der Allgemeinbildung basiert, ist ein wichtiges Ziel eines Mathematikstudiums die Einführung in die Mathematik als Wissenschaft. Die Mathematik als Wissenschaft zeichnet sich insbesondere durch formal-deduktive Beweise und formale Definitionen abstrakter Begriffe in einem formalen Axiomensystem aus. Die zweite Veränderung spezifiziert sich in unterschiedlichen Sichtstrukturen und Tiefenstrukturen des Lehrangebots. Bedingt auch durch stärker fachlich gebildete, weniger didaktisch fortgebildete Lehrpersonen werden die Lerninhalte in der mathematischen Studieneingangsphase stark an der Fachsystematik strukturiert.

Aufgrund des für Studienanfängerinnen und Studienanfänger ungewohnten Charakters des Lerngegenstands, der zudem in einer anderen Form des Lehrangebots dargeboten wird, ergeben sich spezifische Herausforderungen für den individuellen Lernprozess. Durch die Veränderung der Lernumwelt müssen Studierende nach den Theorien zur Person-Umwelt-Passung (Abschnitt 2.1) ihre individuellen Lernstrategien – häufig entgegen ihren Erwartungen – anpassen, um auch in der Studieneingangsphase erfolgreiche Lernprozesse durchführen zu können (vgl. Abschnitt 3.6 und Abschnitt 4.3). Beispielsweise müssen für den ungewohnten Lerngegenstand wissenschaftliche Mathematik Interesse entwickelt sowie neue Kompetenzen erworben werden. Aufgrund der Charakteristika des universitären Lehrangebots scheinen individuelle, selbstregulative Lernprozesse, in denen Elaborationsstrategien verwendet werden, von großer Bedeutung zu sein. Die mangelnde Passung von Merkmalen der Studierenden zu Merkmalen der Lernumwelt könnte eine Ursache für die hohen Studienabbruchquoten darstellen (vgl. Abschnitt 2.3).

Eine Übersicht über mögliche Besonderheiten der Lernumwelt in der mathematischen Studieneingangsphase und die daraus resultierenden vermutlich notwendigen Veränderungen der Studierendenmerkmale ist in Abbildung 5.1 dargestellt. Dieses Modell basiert auf dem Modell aus Abbildung 2.1 (S. 22) und wurde durch die vorgestellten Ergebnisse der letzten beiden Kapitel 3 und 4 erweitert.

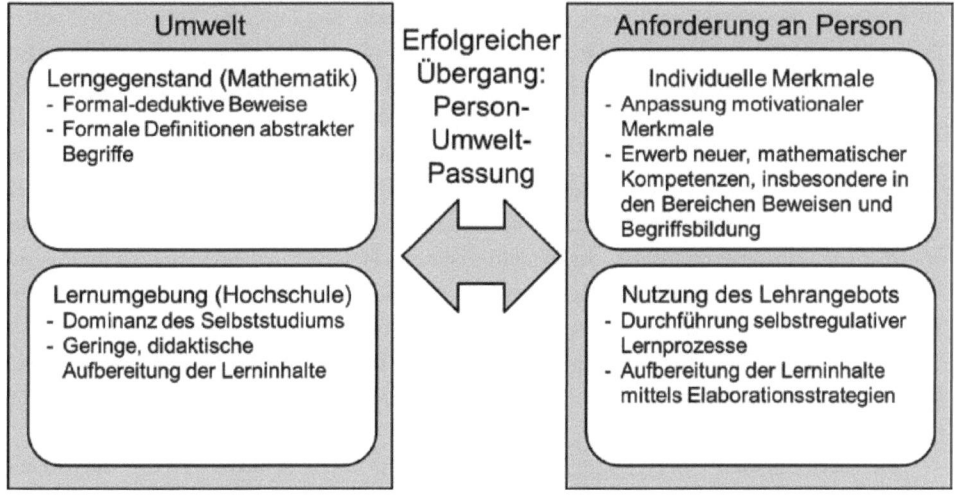

Abbildung 5.1: Detailliertes Modell zur Person-Umwelt-Passung für die Studienein-gangsphase im Fach Mathematik

Eine Grenze, aber auch ein spezifisches Potential dieser theoretischen Überlegungen liegt in der Fachbezogenheit der Analyse. Das Studienfach Mathematik ist stark durch die dahinterstehende Wissenschaft Mathematik mit ihren spezifischen Arbeitsweisen und Erkenntnismethoden geprägt. Aus diesem Grund sind die identifizierten, fachlichen Anforderungen in der mathematischen Studieneingangsphase nur teilweise auf andere Studienfächer übertragbar. In „INT"-Studienfächern beispielsweise spielen mathemati-sche Inhalte ebenfalls eine bedeutende Rolle, jedoch steht in diesen Studienfächern weniger die wissenschaftliche Mathematik, sondern eher die Mathematik als Anwen-dungsdisziplin im Vordergrund (vgl. Abschnitt 3.1.1). Anforderungen in Lernprozessen, die durch Besonderheiten der Lernumgebung Hochschule bedingt sind, sind dagegen auch in anderen Studienfächern zu finden.

Die unterschiedlichen, mathematischen Kompetenzanforderungen zwischen Schule und Hochschule, die in dieser Arbeit mittels theoretischer Überlegungen abgeleitet wurden, basieren häufig auf Erfahrungsberichten (z. B. Grünwald et al., 2004; Thomas & Klymchuk, 2012). In diesen Erfahrungsberichten gibt es wenig Zweifel an der Exis-tenz und Bedeutung dieser Unterschiede, jedoch fehlt weiterhin ein empirischer Nach-weis für die genannten Behauptungen.[39] Um die Frage nach den inhaltlichen Anforde-rungen in einem Mathematikstudium zu beantworten, sollte in weiteren Forschungspro-jekten ebenso die Frage nach den Zielen eines Mathematikstudiums fokussiert werden. Nicht nur für das Lehramtsstudium (in Mathematik), für das es ein offizielles, einheitli-ches Dokument, die „KMK-Standards zur Lehrerbildung" (KMK, 2008) gibt, sondern auch für das Fachstudium der Mathematik könnte eine Diskussion über dessen Ziele

---

39   Der zweite Teil dieser Arbeit, die empirische Untersuchung dargestellt in den Kapiteln 6-10, besitzt das Ziel, empirische Hinweise für diese Annahme zu generieren.

hilfreich sein. Bei dieser Diskussion sollten die Bildungsziele eines Mathematikstudiums sowohl aus einer fachlichen Sichtweise als auch aus einer bildungstheoretischen
Perspektive abgeleitet werden. Diese Analyse kann ebenfalls Erkenntnisse zum vierten
Feld der mathematikdidaktischen Forschung (vgl. Reiss & Ufer, 2009a), der Ebene der
gesellschaftlichen Anforderungen, Standards und Tests, generieren.[40]

Die systematische Darstellung der Charakteristika der Lernumwelt kann beispielsweise dazu dienen, die vielfältigen Ziele von Fördermaßnahmen den Besonderheiten
von Lehr-Lern-Prozessen in der mathematischen Studieneingangsphase zuzuordnen und
somit diese Fördermaßnahmen zu systematisieren. Beispielsweise berücksichtigen die
Unterstützungsmaßnahmen von Reichersdorfer et al. (2014) zur Förderung der Beweiskompetenz und z. T. des Begriffserwerbs insbesondere den veränderten Charakter des
Lerngegenstands, da die geförderten Fähigkeiten in der Studieneingangsphase eines
Mathematikstudiums eine weitaus größere Bedeutung als im mathematischen Schulunterricht besitzen.

Die theoretischen Überlegungen können nicht nur dazu genutzt werden, theoretisch
fundierte, mögliche Unterstützungsmaßnahmen zu entwickeln, sondern werden in dieser
Arbeit insbesondere dazu verwendet, Hypothesen zu möglichen Veränderungen von
Studierendenmerkmalen und Faktoren für erfolgreiche Lernprozesse zu generieren. Als
weitere Grundlage für die Formulierung von Hypothesen werden im nächsten Kapitel 6
Ergebnisse von Arbeiten, insbesondere aus der Unterrichtsforschung und der pädagogisch-psychologisch geprägten Hochschulforschung, präsentiert. Im Anschluss wird
eine empirische Studie vorgestellt (Kaptel 7-10), die diese Hypothesen überprüft.

---

40 Diese Arbeit beschäftigt sich verstärkt mit den anderen drei Feldern, dem Fach, dem Un-
    terricht und schwerpunktmäßig mit den Lernenden (vgl. Abbildung 1.1 auf S. 17).

II Empirische Studie zu individuellen Lernprozessen im ersten Studiensemester im Fach Mathematik

Ein Ziel dieser Arbeit ist, empirisch gestützte Erkenntnisse über individuelle Lehr-Lern-Prozesse im ersten Semester im Fach Mathematik zu generieren. In den Kapiteln 3 und 4 wurden durch eine Literaturanalyse charakteristische Eigenschaften zum Ersten des Lerngegenstands – der wissenschaftlichen Mathematik – und zum Zweiten der Lernumgebung – der Hochschule – herausgearbeitet und berichtet. Im ersten Teil der vorliegenden Arbeit wurden somit Lernprozesse von Studentinnen und Studenten im Fach Mathematik vor allem durch die Einbettung in eine Lernumwelt, bestehend aus Lerngegenstand und Lernumgebung, analysiert. Im zweiten Teil der vorliegenden Arbeit werden solche Lernprozesse aus einer pädagogisch-psychologischen Perspektive heraus betrachtet und empirisch untersucht.

6 Bedeutung von individuellen Merkmalen und der Nutzung des Lehrangebots für erfolgreiche Lernprozesse

Die in diesem Kapitel vorzustellenden Erkenntnisse basieren vor allem auf Arbeiten der Unterrichtsforschung, der Hochschulforschung und z. T. der Mathematikdidaktik (vgl. Abschnitt 2.4). Auf Grundlage von Modellen zur Beschreibung von Lehr-Lern-Prozessen (Abschnitt 6.1) werden zentrale Outcome-Maße für universitäre Lehr-Lern-Prozesse identifiziert (Abschnitt 6.2) und möglicherweise relevante, kognitive und motivationale Merkmale von Studierenden für erfolgreiche Lernprozesse theoretisch abgeleitet (Abschnitt 6.3 und Abschnitt 6.5). Nach Angebots-Nutzungs-Modellen sind nicht nur kognitive und motivationale Merkmale von Lernenden für erfolgreiche Lehr-Lern-Prozesse wesentlich, sondern insbesondere auch die adäquate Nutzung des Lehrangebots (Abschnitt 6.4).

6.1 Modelle zur Beschreibung von Lehr-Lern-Prozessen

Bei der Untersuchung des Verhältnisses zwischen dem Lehrangebot und dem Lernerfolg wurden in den letzten Jahrzehnten in der Unterrichtsforschung unterschiedliche Schwerpunkte gelegt. Während in der Lehrerprofessionsforschung nach dem Persönlichkeitsparadigma charakteristische Eigenschaften der Lehrkraft im Vordergrund standen und diese Charakterzüge sowie Motive, z. B. in Form von Erziehungsstilen, als Indikatoren für guten Unterricht angesehen wurden, wurde der Blick beim Prozess-Produkt-Paradigma auf zusätzliche, bedeutende Merkmale von Lehrprozessen erweitert. In diesem Zusammenhang wurde ein direkter Effekt der Lehrprozesse, z. B. beschrieben durch Unterrichtsmerkmale (insbesondere der Sichtstruktur), auf die Produkte dieser Lehrprozesse, z. B. dem Wissenserwerb der Lernenden, vermutet. Welche Prozesse zwischen den unterrichtlichen Handlungen und dem Lernerfolg der Schülerin bzw. des Schülers vermitteln, wurde durch sog. *Angebots-Nutzungs-Modelle* konzeptualisiert, die den meisten neueren Projekten der Unterrichtsforschung zu Grunde liegen (z. B. Kiel, 2009; Reusser & Pauli, 2010). In diesem letzten Ansatz wird Unterricht als „mehr oder weniger qualitätsvolles Angebot von Lerngelegenheiten verstanden, das von den Lernenden in mehr oder weniger qualitätsvoller Weise genutzt wird" (Reusser & Pauli, 2010, S. 17). Die „Lernsumme" (Fend, 2002) eines Bildungssystems oder eines Individuums ist demnach eine Funktion des Angebots und der Nutzung dieses Angebots. Die Idee der Angebots-Nutzungs-Modelle liegt der Beschreibung der Lernumwelt in den beiden Kapiteln 3 und 4 zugrunde.

Ein konkretes Angebots-Nutzungs-Modell für schulische Lehr-Lern-Prozesse wurde von Reusser und Pauli (2010) entwickelt, um die Qualität und die Wirksamkeit von Unterricht zu beschreiben (siehe Abbildung 6.1). Dieses Modell liefert Ansätze, um verschiedene Bildungswirkungen anhand der Qualität von Unterricht und Handlungen von Lehrpersonen sowie Aktivitäten von Lernenden zu erklären (Reusser & Pauli, 2010). Die Autorin und der Autor unterscheiden hierbei klar zwischen der Qualität des Bildungsangebots und der Qualität der Angebotsnutzung und gliedern ihr Modell in die drei Ebenen „System", „Schule Familie" und „Klasse Individuum". In dieser Arbeit werden ausschließlich auf der Ebene „Klasse Individuum" individuelle Lehr-Lern-Prozesse von Studierenden im Fach Mathematik analysiert.

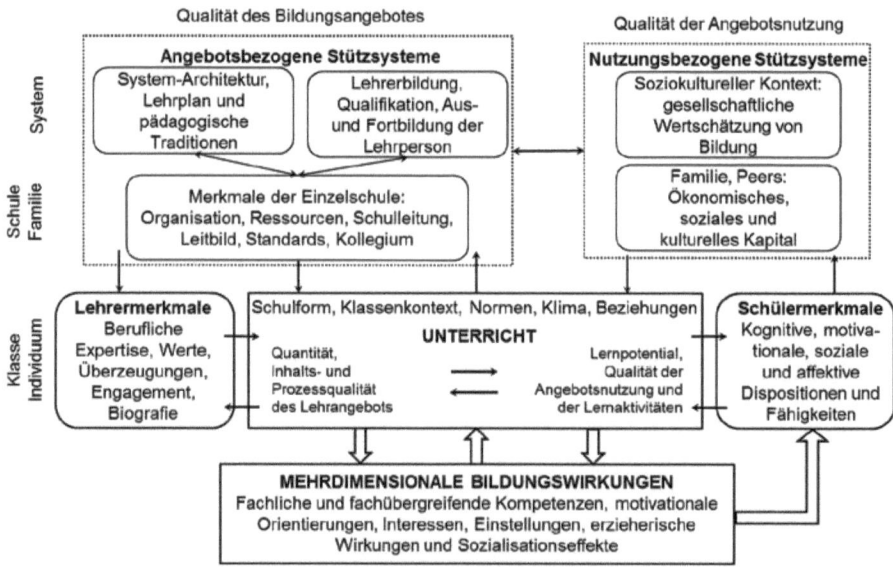

Abbildung 6.1:   **Angebots-Nutzungs-Modell zur Unterrichtsqualität und Unterrichtswirksamkeit (Reusser & Pauli, 2010, S. 18)**

Ein weiteres Angebots-Nutzungs-Modell zu schulischen Lehr-Lern-Prozessen ist von Fend (2002) entwickelt worden, der die Nutzung des Lehrangebots in eine kognitive Komponente, „Aufnahmefähigkeit von Informationen und Verarbeitungsfähigkeit von

Lernangeboten in einer bestimmten Zeiteinheit" (Fend, 2002[41]), und in eine motivationale Komponente, „Grad der Aufmerksamkeit für schulische Lernangebote, als Zeiteinheiten, die in die Verarbeitung schulischer Lernangebote investiert werden, und als Genauigkeit sowie Eigenaktivität bei der Verarbeitung schulischer Lernangebote" (Fend, 2002[42]), unterteilt. Fend (2002) nutzt bei seiner Beschreibung den Begriff des „Lernangebots" statt den Begriff des „Lehrangebots", wobei in dieser Arbeit grundsätzlich von einem Lehrangebot gesprochen wird (vgl. Reusser & Pauli, 2010). Diese von Fend (2002) vorgeschlagene Zweiteilung der Angebotsnutzung wird im Abschnitt 6.4 bei der Beschreibung konkreter Lernhandlungen eine wichtige Rolle spielen. Wie Reusser und Pauli (2010) plädiert Fend (2002) ebenfalls dafür, die Angebots- und die Nutzungsseite analytisch getrennt zu betrachten.

Diese beiden Vorschläge von konkreten Angebots-Nutzungs-Modellen von Reusser und Pauli (2010) sowie Fend (2002) beziehen sich speziell auf den Schulunterricht. Für Lehr-Lern-Prozesse an Hochschulen haben Helmke und Schrader (2010) ein Angebots-Nutzungs-Modell entwickelt (Abbildung 6.2), das ihrer Ansicht nach zur Wirkungsanalyse des Hochschulunterrichts geeignet ist (Helmke & Schrader, 2010).

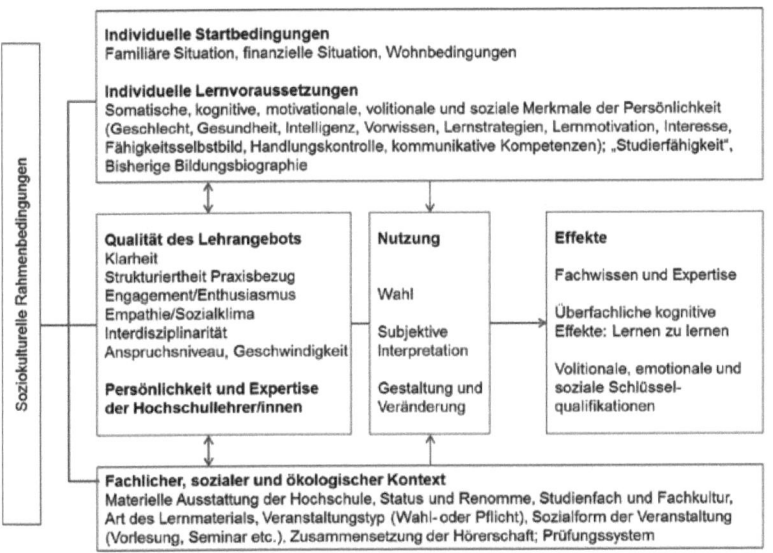

Abbildung 6.2:   **Angebots-Nutzungs-Modell zur Wirkungsanalyse des Hochschulunterrichts (Helmke & Schrader, 2010, S. 275)**

Helmke und Schrader (2010) verstehen unter Effekten der Hochschullehre nicht nur den Erwerb von Fachwissen, sondern beispielsweise auch den Erwerb volitionaler Schlüsselqualifikationen – diese unterschiedlichen Outcome-Maße für ein Hochschulstudium

---

41   Die Seitenzahl des Zitates ist mir nicht bekannt, da der Artikel in einer HTML-Datei veröffentlicht wurde. Das Zitat befindet sich ungefähr auf 2/3 der Länge des Artikels.

42   Die Seitenzahl des Zitates ist mir nicht bekannt, da der Artikel in einer HTML-Datei veröffentlicht wurde. Das Zitat befindet sich ungefähr auf 2/3 der Länge des Artikels.

werden in Abschnitt 6.2 detailliert diskutiert. Basierend auf diesem Modell sind Helmke und Schrader (2010, S. 274) der Ansicht, dass die Wirksamkeit der Hochschullehre von drei Merkmalen abhängt:

> „(1) von den Merkmalen der Qualität der Lehre und der sie tragenden Personen,
>
> (2) von den individuellen Studienbedingungen und Lernvoraussetzungen sowie
>
> (3) vom fachlichen, sozialen und ökologischen Kontext."

Meiner Ansicht nach sind die soziologischen Faktoren, z. B. familiäre Situation oder Wohnbedingungen, im Modell von Reusser und Pauli (2010) durch die Ebenenstruktur besser als im Modell von Helmke und Schrader (2010) von den für diese Arbeit relevanten, individuellen Lernvoraussetzungen abgegrenzt. Viele der unter Merkmal (3) „Fachlicher, sozialer und ökologischer Kontext" gefassten Aspekte könnten dem Bereich (der Qualität) des Lehrangebots zugeordnet werden. Insgesamt scheint mir dieses Modell zum Hochschulunterricht weniger auf individuelle Lehr-Lern-Prozesse, sondern stärker auf strukturelle Rahmenbedingungen und soziologische Aspekte zu fokussieren.[43]

Aus diesem Grund beziehe ich mich auf das Modell von Reusser und Pauli (2010) zum Schulunterricht, speziell die Ebene „Klasse Individuum" und nutze ein adaptiertes Modell als Rahmenmodell für diese Arbeit. Das adaptierte Modell enthält Begrifflichkeiten der Hochschulforschung und vermutete Wechselwirkungen sowie Einflüsse (Abbildung 6.3).

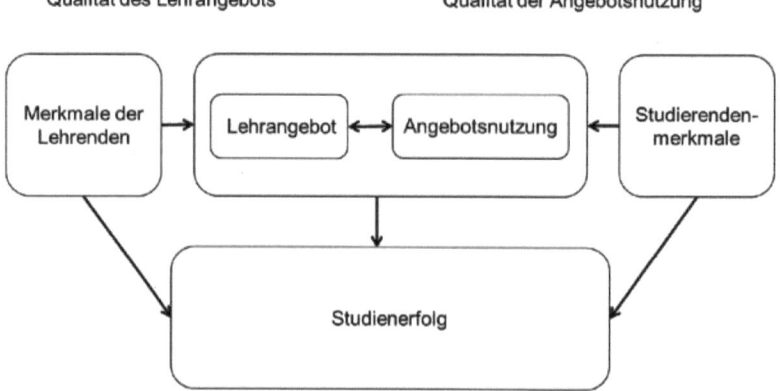

Abbildung 6.3:   **Angebots-Nutzungs-Modell zur Beschreibung von Lehr-Lern-Prozessen an der Hochschule, adaptiert von Reusser und Pauli (2010)**

Die Qualität des Lehrangebots in einem Mathematikstudium, z. B. die Form und didaktische Qualität der Lerngelegenheiten sowie einzelne Merkmale von Lehrenden, wurden auf theoretischer Ebene analysiert (vgl. Kapitel 4). Bei diesen theoretischen Überlegun-

---

43 Helmke (2010) hat in demselben Sammelband ein Modell zur Unterrichtsqualität vorgestellt, das stärker die individuellen Lehr-Lern-Prozesse fokussiert und beispielsweise die soziokulturellen Rahmenbedingungen auch in andere Komponenten integriert.

gen wurde die Qualität des Lehrangebots mit den Zielen und dem Lerngegenstand mathematischer Lehr-Lern-Prozesse in der Studieneingangsphase (vgl. Kapitel 3) in Verbindung gesetzt – zusammen bilden diese Komponenten die Lernumwelt. Auf theoretischer Ebene wurde im ersten Teil der vorliegenden Arbeit die vermutete Wechselwirkung zwischen dem Lehrangebot und der Angebotsnutzung (dargestellt als Doppelpfeil im Modell in Abbildung 6.3) ebenfalls untersucht. Bei dieser Untersuchung wurden insbesondere die Anpassungen der Merkmale der Personen, z. B. der Begriffsvorstellungen (vgl. Abschnitt 3.5.3) und der Lernprozesse (vgl. Abschnitt 4.3), betrachtet, die notwendig sind, damit die Studierenden die ihnen angebotenen Lerngelegenheiten erfolgreich nutzen können. Die Integration der in den vorherigen Kapiteln 3 und 4 verwendeten Begrifflichkeiten in das aufgestellte Angebots-Nutzungs-Modell (Abbildung 6.3) führt zu dem Modell, das in Abbildung 6.4 dargestellt ist.

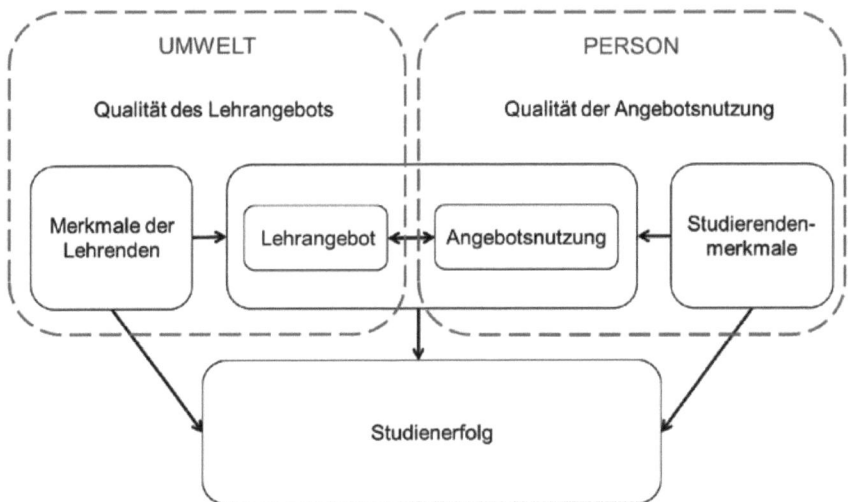

Abbildung 6.4:   Integriertes Modell zur Beschreibung von Lehr-Lern-Prozessen an der Hochschule

Die linke Seite in diesem Modell (Abbildung 6.4), die Qualität des Lehrangebots, wird in dieser Arbeit ausschließlich theoretisch analysiert (Zusammenfassung in Kapitel 5); empirische Ergebnisse sind beispielsweise im Beitrag Rach et al. (2013) zu finden.[44] Die rechte Seite, die Merkmale von Personen, steht dagegen im Mittelpunkt der empirischen Untersuchung (dargestellt in den Kapiteln 7-10). Zur Grundlage und späteren Einordnung der Ergebnisse in andere Untersuchungen wird deshalb in den nächsten

---

44   Da bezüglich individueller Lehr-Lern-Prozesse in einem Mathematikstudium sowohl zur Qualität des Lehrangebots als auch zur Bedeutung der Angebotsnutzung nur wenige, substanzielle Erkenntnisse vorliegen (vgl. Abschnitt 2.4), wird in der vorgestellten, empirischen Untersuchung auf die Bedeutung der Angebotsnutzung fokussiert – die Interaktion mit der Qualität des Lehrangebots verbleibt als offene Fragestellung (vgl. Abschnitt 10.3).

Abschnitten explizit auf die folgenden Aspekte eingegangen: „Studienerfolg" (siehe Abschnitt 6.2), „Studierendenmerkmale" (siehe Abschnitt 6.3) sowie „Angebotsnutzung" (siehe Abschnitt 6.4). Aufgrund der in den Kapiteln 3 und 4 dargestellten Besonderheiten der Lernumwelt ist es plausibel, dass sich die in diesem Kapitel präsentierten Ergebnisse aus der Unterrichtsforschung bzw. der allgemeinen Hochschulforschung nicht vollständig auf mathematische, universitäre Lernprozesse übertragen lassen. Aus diesem Grund werden Vermutungen für die Wirkweisen der dargestellten Merkmale für individuelle Lernprozesse in einem Mathematikstudium vorgestellt.

6.2 Terminologien Studienerfolg und Lernerfolg

Das Konstrukt, das im Modell von Reusser und Pauli (2010) (Abbildung 6.1) als „mehrdimensionale Bildungswirkungen" bzw. in anderen Arbeiten auch mit dem Begriff „Lernerfolg" ausgedrückt wird (z. B. Artelt, 1998), wird in der Hochschulforschung häufig als Studienerfolg bezeichnet. Der Begriff des Studienerfolgs wird jedoch sehr unterschiedlich konzeptualisiert und operationalisiert (Zusammenstellung in Nagy, 2006 und Rindermann & Oubaid, 1999). *Studienerfolg* kann durch objektive Kriterien wie die *Studienabschlussrate* (bzw. Studienabbruchquote) einer Studierendenpopulation (Blüthmann et al., 2008; Dieter, 2012; Gold & Souvignier, 2005; Heublein et al., 2012; Schiefele, Streblow & Brinkmann, 2007; Tinto, 1975), die *Studiendauer* (Blömeke, 2009), den *Erfolg im Beruf* (Blömeke, 2009) oder die *Leistung in einer Abschlussprüfung* (Brandstätter et al., 2002; Eilerts, 2009; Hailikari, Nevgi & Lindblom-Ylänne, 2007; Hailikari et al., 2008; Liston & O'Donoghue, 2009; Richardson, Abraham & Bond, 2012; Zimmerhofer, 2008) sowie durch stärker subjektiv geprägte Kriterien wie die *Abbruchneigung* (Blömeke, 2009; Brandstätter et al., 2002; Fellenberg & Hannover, 2006), die *eingeschätzte Studienleistung* (Brandstätter et al., 2002), das *Belastungserleben* (Blömeke, 2009) oder die *Studienzufriedenheit* (Brandstätter et al., 2002; Künsting & Lipowsky, 2011; Schiefele & Jacob-Ebbinghaus, 2006) definiert werden. In einer Meta-Analyse von Robbins, Lauver, Le, Davis, Langley und Carlstrom (2004) wird Studienerfolg („College Outcome") durch zwei Merkmale festgelegt: die Ausdauer in Form der Verweildauer und die Leistung in Form von Noten. In dieser Meta-Analyse konnten unterschiedliche Variablen als signifikante Prädiktoren für die beiden Maße identifiziert werden.[45] Bei der Analyse existierender Studien müssen somit die jeweiligen Indikatoren des Outcome-Maßes Studienerfolg beachtet werden (Blömeke, 2009).

Die objektiven bzw. stärker subjektiv geprägten Facetten von Studienerfolg stehen nach Blüthmann (2012, S. 275) in einem engen Zusammenhang zueinander: „Studienzufriedenheit stellt neben dem Wissens- und Kompetenzerwerb ein wichtiges Studienerfolgskriterium dar, insbesondere aus individueller, aber auch aus institutioneller Sicht:

---

45 Die Ergebnisse der Meta-Analyse von Robbins et al. (2004) sind für diese Arbeit weniger relevant, da die Konzeptualisierung der Merkmale sich von den in dieser Arbeit vorgestellten Theorien unterscheidet. Als Prädiktoren wurden beispielsweise ein allgemeines Selbstkonzept verwendet oder unter „academic-related skills" sowohl Zeitmanagement als auch Problemlösestrategien gefasst.

Studienzufriedenheit verringert signifikant die Wahrscheinlichkeit eines Studienabbruchs und erhöht signifikant die Wahrscheinlichkeit eines Abschlusses mit dem Examen […]". Das Konstrukt Studienzufriedenheit wird somit als ein relevanter Indikator für den Studienerfolg angesehen, in anderen Arbeiten auch als wichtiges Merkmal für Lernprozesse in einem Studium (z. B. Brandstätter et al., 2002; Künsting & Lipowsky, 2011; Schiefele & Jacob-Ebbinghaus, 2006). Der Begriff der Studienzufriedenheit ist jedoch sehr umfassend und wenig präzise konzeptualisiert, da er nicht nur die Zufriedenheit mit Studienbedingungen (z. B. Schiefele & Jacob-Ebbinghaus, 2006), sondern auch motivationale Merkmale der Studierenden bezüglich des Studienfachs beschreibt (z. B. Künsting & Lipowsky, 2011). Als Kriterium für gelungene Lernprozesse erscheint mir dieses Konstrukt im Vergleich mit objektiven Maßen deshalb weniger gut geeignet zu sein.

Bei der Betrachtung erfolgreicher Lernprozesse sollte vielmehr der *Lernerfolg* in Form eines *fachlichen Kompetenzerwerbs* im Vordergrund stehen (vgl. Klieme & Rakoczy, 2008; Köller et al., 2006; Reichersdorfer, 2013). Darüber hinaus sollten Lehr-Lern-Prozesse auch die *positive Entwicklung motivationaler Merkmale* bewirken (vgl. Frenzel, Goetz, Pekrun & Watt, 2010; Köller et al., 2006). Die Bedeutung dieser beiden Facetten von Lern- bzw. Studienerfolg für ein Mathematikstudium werden ebenfalls durch Befragungen von Mathematikstudierenden zu ihren Studienabbruchgründen deutlich: Als Motive für einen Studienabbruch werden am häufigsten das Leistungsversagen und die mangelnde Studienmotivation genannt (vgl. Abschnitt 2.3). Zudem zeigt sich, dass die Lernleistung am Ende des ersten Semesters ein wichtiger Indikator für den späteren Studienerfolg bzw. Studienabbruch ist (Brandstätter & Farthofer, 2003).

Ein von der Entwicklung motivationaler Merkmale und der Lernleistung in Form des Kompetenzerwerbs vermutlich abhängender, aber eigenständiger, wichtiger Indikator des Studienerfolgs bildet der erfolgreiche Abschluss von Studienmodulen – als *Modulerfolg* bezeichnet. Dieses Merkmal könnte einerseits ein guter Indikator für erfolgreiche Lernprozesse im jeweiligen Semester bzw. Studienmodul sein, da für den erfolgreichen Abschluss häufig nicht nur eine Prüfung am Ende des Semesters bestanden werden muss, sondern auch Aufgaben im Verlauf des Semesters bearbeitet werden müssen (vgl. Abschnitt 4.2.4). Andererseits dient der erfolgreiche Abschluss eines Studienmoduls z. T. als Voraussetzung für den Besuch weiterer universitärer Lehrveranstaltungen.

6.3 Kognitive und motivationale Merkmale in Lernprozessen

Das Konstrukt *Studierendenmerkmale* (vgl. Abbildung 6.4) wird in dieser Arbeit als *individuelle Merkmale* (insbesondere kognitive und motivationale Merkmale) bzw. speziell zu Studienbeginn als *Lernvoraussetzungen*[46] bezeichnet. In diesem Abschnitt

---

46   Der Begriff der Studierfähigkeit wird in diesem Zusammenhang nicht verwendet (Bescherer, 2003), da er meiner Ansicht nach im Moment noch zu wenig konzeptuell unterfüttert ist.

werden zuerst einzelne, als relevant vermutete Lernvoraussetzungen beschrieben und deren mögliche Zusammenhänge mit dem kognitiven Lernerfolg – gestützt auf theoretischen Überlegungen und Erkenntnissen aus empirischen Untersuchungen – untermauert (Abschnitt 6.3.1). Theorien, die die Entwicklung einzelner Merkmale, z. B. des fachbezogenen Interesses bzw. Selbstkonzepts, beschreiben und z. T. erklären, werden ebenfalls präsentiert (Abschnitt 6.3.2). Die Verbindung dieser Merkmale mit den Besonderheiten der Lernumwelt in der Studieneingangsphase im Fach Mathematik wird abschließend diskutiert (Abschnitt 6.3.3).

6.3.1 Kognitive und motivationale Merkmale: Konzeptualisierung und Bedeutung für den Lernerfolg

Individuelle Merkmale spielen eine große Bedeutung für den schulischen bzw. universitären Lernprozess und Lernerfolg (Fend, 2002; Hattie, 2008; Helmke & Schrader, 2010). In der Literatur sind viele Klassifikationen von individuellen Merkmalen zu finden, die untereinander große Ähnlichkeiten aufweisen (Barth, 2010). Im Beitrag von Wild, Hofer und Pekrun (2006) werden kognitive (z. B. Intelligenz), motivationale (z. B. Lernmotivation), emotionale (z. B. Angst) und soziale (z. B. Empathie) Faktoren unterschieden, während Helmke und Schrader (2010) eine Unterteilung in somatische (z. B. Geschlecht), kognitive (z. B. Intelligenz, Vorwissen), motivationale (z. B. Lernmotivation), volitionale (z. B. Handlungskontrolle) und soziale Merkmale (z. B. kommunikative Kompetenz) vornehmen. In dieser Arbeit wird der Fokus auf kognitive und motivationale Merkmale aufgrund der vermuteten, hohen Relevanz dieser Merkmale für erfolgreiche mathematische Lernprozesse gelegt. Das Konstrukt Selbstkonzept wird dabei als motivationaler Faktor aufgefasst, auch wenn es eine stark kognitive Prägung aufgrund der Einschätzung des eigenen Leistungsvermögens aufweist (Möller & Köller, 2004).

Interesse und Motivation

Interesse im Sinne der Person-Gegenstands-Theorie kann bezeichnet werden als eine besondere Beziehung einer Person zu einem (Lern-)Gegenstand (Krapp, 2010; Wild et al., 2006). Dem Merkmal Interesse wird eine wertbezogene Valenz – der Interessensgegenstand besitzt eine herausgehobene subjektive Bedeutung –, eine gefühlsbezogene Valenz – Freude wird bei der Handlung mit dem Gegenstand erlebt – und ein intrinsischer Charakter – z. B. eine epistemische Orientierung, also der Wunsch nach Erweiterung des Wissens zu diesem Gegenstand (Wild et al., 2006) – zugeordnet. Diese Dreiteilung dient beispielsweise als Grundlage für die Operationalisierung des Konstruktes im „Fragebogen zum Studieninteresse" (vgl. Schiefele, Krapp, Wild & Winteler, 1993b; Schiefele, Wild & Winteler, 1995). In der Interessensforschung wird zwischen einem situationalen und einem individuellen Interesse unterscheiden, wobei sich die erste Facette verstärkt auf einen momentanen, „motivationalen Zustand" (Krapp, 2010, S. 312) bezieht („state"), während die zweite Facette das Interesse als „motivationale Disposition im Sinne eines Persönlichkeitsmerkmals" (Krapp, 2010, S. 312) auffasst

(„trait"). Die Auffassung als stabiler, überdauernder trait steht in der vorliegenden Arbeit im Vordergrund. Da das Interesse an Mathematik durch eine Person-Lerngegenstands-Beziehung definiert ist und der Lerngegenstand beim Übergang von der Schule in ein Mathematikstudium sich wandelt (siehe Kapitel 3), wird dieses Merkmal vermutlich eine besondere Rolle in mathematischen Lernprozessen in der Studieneingangsphase spielen.

Im Zentrum des Konstruktes *Motivation* steht die Frage nach dem Warum und dem Wozu menschlichen Handelns (Wild et al., 2006). Aufgrund verschiedener Motive werden Handlungen – in diesem Zusammenhang Lernprozesse – durchgeführt, um gewünschte Ziele zu erreichen. Rheinberg (2008, S. 16) definiert Motivation deshalb als „die aktivierende Ausrichtung des momentanen Lebensvollzugs auf einen positiv bewerteten Zielzustand". Nicht nur der Grad an Lernmotivation in Lernprozessen, sondern auch die Qualität der Lernmotivation spielt dabei eine bedeutende Rolle (Krapp & Ryan, 2002). Aus diesem Grund werden in vielen Arbeiten zwei Qualitätsabstufungen von Lernmotivation und der daraus resultierenden Lernhandlungen unterschieden (Schiefele & Köller, 2010; Wild et al., 2006, S. 217):

> „Bei der **intrinsisch** motivierten Lernhandlung rührt die Lernbereitschaft von der positiven Erlebnisqualität her, die unmittelbar mit dem Handlungsvollzug assoziiert wird. Instrumentelle Handlungen dagegen sind **extrinsisch**, weil die Person sie nicht wegen der unmittelbaren Anreize der Handlung als solcher, sondern wegen der antizipierten Folgen anstrebt und ausführt."

Zusätzlich kann die intrinsische Lernmotivation in eine tätigkeitszentrierte und eine gegenstandszentrierte Form unterteilt werden (Schiefele & Schreyer, 1994). Bei der ersten Form steht die auszuführende Tätigkeit im Mittelpunkt, während bei der zweiten Form die Inhalte, zu denen die Tätigkeit gehört, fokussiert werden. Die zweite, gegenstandszentrierte Form der Lernmotivation hängt eng mit dem Interesse am Lerngegenstand zusammen (Schiefele & Köller, 2010). Die beiden Konstrukte, intrinsische Lernmotivation und Interesse, sind aus theoretischer Sicht nicht vollständig identisch (Schiefele & Schreyer, 1994), werden in vielen Studien jedoch als äquivalent betrachtet (z. B. Kuntze & Reiss, 2006) bzw. weisen hohe Korrelationen auf (z. B. Schiefele et al., 1993b). Aus diesem Grund wird in dieser Untersuchung nur das Interesse am Lerngegenstand einbezogen.

Die extrinsische Lernmotivation kann ebenfalls in mehrere Formen unterteilt werden, z. B. in eine leistungs- und in eine berufsbezogene Form, wobei die Berufsbezogenheit vor allem bei Lehramtsstudierenden bzw. Ingenieurstudierenden aufgrund eines vergleichsweise festen, späteren Berufsbildes hoch ausgebildet sein könnte (Liston & O'Donoghue, 2010; Matthews, Hoessler, Jonker & Stockley, 2013). Diese Trennung von Lernmotivation in zwei Qualitätsabstufungen, intrinsische und extrinsische Lernmotivation, wird z. T. als kritisch angesehen, da je nach Theorie verschiedene Klassifizierungen der Komponenten verwendet werden. Aus diesem Grund wird erstens eine Integration der beiden Begriffe vorgeschlagen (Schiefele & Köller, 2010) bzw. zweitens das Konstrukt „extrinsische Lernmotivation" in weitere Qualitätsstufen wie „introjiziert" oder „identifiziert" ausdifferenziert (Deci & Ryan, 1993; Prenzel, 1996).

Allgemein wird in fachlichen Lernprozessen ein *positiver Zusammenhang* zwischen den Konstrukten *fachbezogenes Interesse* bzw. *intrinsische Lernmotivation* und *Lernerfolg*, z. B. in Form des Kompetenzerwerbs, vermutet. Für den Bereich der Hochschule nimmt beispielsweise Nagy (2006) an, dass die Interessenkongruenz mit der Studienleistung in Verbindung steht. Der Einfluss des Fachinteresses auf den fachspezifischen Lernerfolg kann aufgrund einer Wertzuweisung („Schon vor dem Studium hatte das Fachgebiet, das ich jetzt studiere, für mich einen hohen Stellenwert"), einer Lernfreude („Die Beschäftigung mit bestimmten Stoffinhalten wirkt sich positiv auf meine Stimmung aus") oder einer epistemischen Neugier („Wenn ich genügend Zeit hätte, würde ich mich mit bestimmten Fragen meines Studiums, auch unabhängig von Prüfungsanforderungen, intensiver beschäftigen") erklärt werden (Beispielitems aus Schiefele et al., 1993b, S. 351; vgl. Krapp, 2010). Neben diesem motivationspsychologischen kann auch ein kognitionspsychologischer Ansatz die Wirkung des Fachinteresses auf den Lernerfolg erklären: Bei einem adäquaten Grad an Fachinteresse müssen keine zusätzlichen Ressourcen im Gehirn verwendet werden, um die Konzentration auf den Lerngegenstand bzw. die Aktivität zu erhalten (Krapp, 2010). Ein weiterer Ansatz, um den kausalen Einfluss des Fachinteresses auf die Studienleistung zu begründen, ist die häufig vermutete Vermittlerrolle der Angebotsnutzung, zu der aber bisher nur wenige Evidenzen berichtet worden sind (vgl. Schiefele et al., 1995 und Abschnitt 6.4). Der umgekehrte Effekt, der Einfluss des Lernerfolgs in Form des Wissenszuwachses auf das Fachinteresse, wird insbesondere dadurch erklärt, dass durch einen erhöhten Lernerfolg die Lernfreude und somit das Interesse am Lerngegenstand zunehmen.

Einen ersten Überblick über die in empirischen Studien berichteten Zusammenhänge zwischen fachspezifischem Interesse und Lernerfolg gibt eine Meta-Analyse aus den 1990er Jahren. Die Korrelation von Fachinteresse und Leistung – erhoben durch Leistungstests bzw. Klausuren – wird mit $r = .30$ angegeben, was durch Mittelung mehrerer Jahrgangsstufen, Schulfächer und Schularten errechnet wurde (Schiefele, Krapp & Schreyer, 1993a). Im Bereich der Hochschule variiert die Stärke des Zusammenhangs zwischen berichtetem Studieninteresse und gezeigter Lernleistung je nach Charakteristika der Stichprobe: z. B. $r = .10$ (Zusammenhang Studieninteresse und Notenleistung, Studierende sprachwissenschaftlicher Studiengänge, Müller, Palekcic & Radeka, 2006) und $r = .33$ (Zusammenhang Studieninteresse und Abschlussnoten, Studierende unterschiedlicher Studiengänge, Schiefele et al., 1993b). Der negative Zusammenhang des Fachinteresses mit der Tendenz zu einem Studienabbruch wird ebenfalls vermutet (z. B. für Studierende im Fach Physik, Albrecht, 2011; für Studierende unterschiedlicher Studiengänge, Schiefele et al., 2007). Speziell für den Lerngegenstand Mathematik werden im Schulkontext relativ hohe Korrelationen im Vergleich zu anderen Fächern ($r = .28$, Schiefele et al., 1993a; 8. Klasse: $r = .23$-.38, Kuntze & Reiss, 2006) berichtet, während beispielsweise im Bereich Literatur mit $r = .14$ der Korrelationskoeffizient deutlich niedriger ausfällt (Schiefele et al., 1993a). Das Interesse an Mathematik und die Schulleistung sind in der Grundschule zu Beginn des 4. Schuljahres noch nahezu unkorreliert (Hellmich, 2005), während der Zusammenhang in der Sekundarstufe I zunimmt (Marsh, Trautwein, Lüdtke, Köller & Baumert, 2005).

Einige Ergebnisse zur Wechselwirkung zwischen dem Interesse an Mathematik und der mathematischen Lernleistung sind aus dem Bereich der Sekundarstufe I bekannt. Zum Teil ist der gegenseitige Einfluss von Fachinteresse auf Leistung und Leistung auf Fachinteresse unter Kontrolle – z. B. des Zeitaufwandes für Hausaufgaben – als eher gering einzuschätzen. Die direkten Pfade Leistung zu Beginn der 7. Klassenstufe zu Leistung zum Ende der 7. Klassenstufe und Interesse zu Beginn der 7. Klassenstufe zu Interesse zum Ende der 7. Klassenstufe überwiegen deutlich (Trautwein, Köller & Baumert, 2001). Für mathematische Lernprozesse in der Sekundarstufe II sind ebenfalls eher kleine Effekte bekannt. Beispielsweise berichten Köller et al. (2006) kleine, direkte Effekte des Interesses auf die Leistungsentwicklung auch unter Kontrolle mehrerer relevanter Prädiktoren, z. B. auch des mathematischen Vorwissens. Zum Teil ließ sich der gefundene Zusammenhang in der Sekundarstufe II zwischen dem Interesse an Mathematik und der mathematischen Lernleistung aber auf die individuellen Leistungs-kurswahlen zurückführen (Köller, Schnabel & Baumert, 2000; Köller et al., 2006). Ähnlich wie die Leistungskurswahl ist sicherlich auch die Entscheidung für ein Studien-fach vom Fachinteresse abhängig, wobei auch externe Faktoren wie die berufliche Zu-kunft eine Rolle spielen können.

Speziell für ein Studium im Fach Mathematik weist Blömeke (2009) einen positiven Einfluss des Fachinteresses auf Merkmale des Studienerfolgs nach. Diesen Einfluss konnte Eilerts (2009) in ihrer Dissertation zur „Kompetenzorientierung in der Mathema-tik-Lehrerausbildung" für das erste Semester jedoch nicht bestätigen. Die Stichprobe von Eilerts (2009) bestand aus verschiedenen Gruppen von Lehramtsstudierenden, wo-bei insbesondere die Ergebnisse für die Studierenden in einem gymnasialen Lehramts-studiengang (zu Beginn des Semesters: 101 Personen) für diese Arbeit relevant sind. Zur Erhebung des Fachinteresses hat sie den „Fragebogen zum Studieninteresse" (Schiefele et al., 1993b) eingesetzt, als einen Indikator für die Lernleistung hat sie die Ergebnisse der mathematischen Abschlussklausur im ersten Semester verwendet. Er-staunlich ist, dass das fachliche Interesse mit $p = .052$ (knapp) nicht als signifikanter Prädiktor identifiziert werden konnte, während das Interesse an einem Lehramtsstudium einen signifikanten Einfluss auf den Klausurerfolg besaß (Eilerts, 2009). Auf Grundlage dieser vorgestellten Arbeiten ist der Einfluss des Fachinteresses auf den Lernerfolg in den beiden Bildungsinstitutionen Schule und Hochschule als indifferent zu bezeichnen.

Zur *Veränderung des Interesses an Mathematik* im Verlauf der Schulzeit sind einige Erkenntnisse in der Literatur zu finden. Beispielsweise nimmt das Interesse an Mathe-matik in der Sekundarstufe I ab (z. B. 5. zur 7. Klassenstufe, Frenzel et al., 2010; im Laufe der 7. Klassenstufe, Trautwein et al., 2001; 8. zur 9. Klassenstufe, Waldis, Grob, Pauli & Reusser, 2010). Diese negative Entwicklung wird durch drei Aspekte theore-tisch begründet: (1) Andere Entwicklungsaufgaben als die Interessenentwicklung rü-cken in der Teenagerzeit in den Vordergrund. (2) Nicht adäquate Unterrichts- und Lern-bedingungen wirken sich negativ auf das Interesse der Schülerinnen und Schüler aus. (3) Die Interessenslage der Jugendlichen wird differenzierter; sie finden nicht mehr jeden Lerngegenstand bzw. jeden Bereich ihres Lebens anregend und es bilden sich individuelle Interessensprofile heraus (Krapp, 2010; Wild et al., 2006). Bei einer Analyse der Merkmale von 5.527 Schülerinnen und Schülern der Sekundarstufe II, die sich durch die Wahl des Mathematikkurses (Grundkurs oder Leistungskurs) unterschieden, stellen Köller et al. (2006, S. 36) fest, dass Lernende im Leistungskurs eine positivere Interessenentwicklung zeigten, und begründen dieses Ergebnis folgendermaßen: „Die längere und vertiefte Auseinandersetzung mit dem Gegenstand Mathematik fördert offenbar in Übereinstimmung mit der Interessentheorie (Krapp, 1999) die Interessenentwicklung". Aufgrund dieser Annahme von Köller et al. (2006) könnte auch bei einem Mathematikstudium eine Zunahme des Interesses vermutet werden, was für Grundschulstudierende mit Pflichtfach Mathematik in den ersten Semestern jedoch nicht festgestellt werden konnte (Liebendörfer & Kolter, 2013). Dieses Ergebnis von Liebendörfer und Kolter (2013) könnte mit den oben genannten Ansätzen (1) und (2) begründet werden: Möglicherweise stehen gerade zu Beginn des Mathematikstudiums andere Entwicklungsaufgaben, z. B. die Abnabelung vom Elternhaus, im Vordergrund (vgl. Abschnitt 2.2) bzw. die Lernumwelt (inklusive dem Lerngegenstand) ist weniger adäquat für die individuelle Interessenentwicklung (vgl. Abschnitt 4.2). Ein weiterer Erklärungsansatz für dieses nicht theoriekonforme Ergebnis von Liebendörfer und Kolter (2013) liefert das Konstrukt „mathematikbezogenes Selbstkonzept", das im nächsten Abschnitt näher erläutert wird.

Für das Merkmal (intrinsische) Lernmotivation sind ähnliche Erkenntnisse wie zum Merkmal Interesse bekannt. Für den Zusammenhang zwischen Lernmotivation und Lernleistung berichten Schiefele und Schreyer (1994) in ihrer Meta-Analyse eine mittlere Korrelation von $r = .23$ über alle Schul- bzw. Studienleistungen, im Beitrag von Hattie (2008) wird ein Wert von $r = .48$ angegeben. Die intrinsische Lernmotivation (analog zum Interesse) zeigt sich dabei als positiver Zusammenhangspartner mit der Leistung, während die extrinsische Lernmotivation in den meisten einbezogenen Studien eher negativ mit dem kognitiven Lernerfolg in Beziehung steht (Matthews et al., 2013; berichtete Untersuchungen in Richardson et al., 2012). Aus Ergebnissen empirischer Studien gibt es analog zu den Ergebnissen zum Merkmal Interesse Evidenzen, dass der Zusammenhang zwischen (intrinsischer) Motivation und Lernerfolg kausal im Sinne eines leistungsfördernden Effekts zu verstehen ist (Wild et al., 2006), wobei häufig die Verwendung von Lernstrategien als Mediator vermutet wird (siehe Abschnitt 6.4).

Selbstkonzept

„Das **Selbstkonzept** kann als eine Gedächtnisstruktur definiert werden, die alle auf die eigene Person bezogenen Informationen enthält. Es schließt unter anderem das Wissen über die eigenen Kompetenzen, Vorlieben und Überzeugungen ein" (Wild et al., 2006, S. 225). Nach Moschner und Dickhäuser (2010, S. 760) geht es beim Konstrukt *Selbstkonzept* kurzgefasst um das „mentale Modell einer Person über ihre Fähigkeiten und Eigenschaften". In einer Meta-Analyse von Valentine, DuBois und Cooper (2004) berichten die Autoren nur kleine Effekte für den Einfluss von Self-Beliefs (impliziert Selbstkonzept, Selbstwirksamkeitserwartung, Selbstwertgefühl u. a.) auf die Kompetenzentwicklung, jedoch werden diese Effekte jeweils größer, wenn akademische Kompetenzentwicklung betrachtet wird (z. B. Valle et al., 2003: fachheterogene Stichprobe von Studierenden; Pfadkoeffizient zwischen akademischem Selbstkonzept und Leistung von $\beta = .275$) bzw. die Konstrukte domänenspezifisch in Verbindung miteinander gesetzt werden (z. B. Kuntze & Reiss, 2006 für das Fach Mathematik: 8. Klasse, Korrelationen von $.30 \leq r \leq .59$). Basierend auf diesen Ergebnissen steht in dieser Arbeit das Fähigkeitsselbstkonzept und speziell das mathematikbezogene Fähigkeitsselbstkonzept im Vordergrund, das das Bild einer Person zu ihren individuellen Fähigkeiten bezüglich des Lerngegenstands Mathematik widerspiegelt. Der Begriff des Selbstkonzepts ist abzugrenzen vom Begriff der Selbstwirksamkeitserwartung (Bong & Skaalvik, 2003), der sich weniger am globalen Bild der eigenen Fähigkeiten orientiert, sondern die Verbindung zwischen dem Bild und der spezifischen, auszuübenden Tätigkeit fokussiert (Pajares & Miller, 1994). In den meisten Studien wird jeweils nur eines der beiden theoretisch eng verwandten Konstrukte für die Erhebung der Einschätzung der eigenen Fähigkeiten verwendet.

Der *Aufbau eines lernförderlichen Selbstkonzepts* kann durch Kompetenzerfahrungen und dazugehöriges, positives Feedback vermutet werden. Gerade beim Übergang von der Schule in ein Mathematikstudium könnten sich diese Kompetenzerfahrungen in ihrer Quantität und Qualität wandeln, da sich die inhaltlichen Anforderungen substanziell verändern (vgl. Zusammenfassung in Kapitel 5). Beim Prozess der Entwicklung eines individuellen Selbstkonzepts spielen aus pädagogisch-psychologischer Sicht externe bzw. interne Vergleichsprozesse z. B. mit einer Bezugsgruppe (Big-fish-little-pond-Effekt, Marsh, 2005; vgl. Abschnitt 6.3.2) bzw. mit den eigenen Leistungen in einem anderen Lernbereich eine entscheidende Rolle. Zeigt ein Lernender höhere Leistungen im Fach Mathematik als im Fach Englisch, kann vermutet werden, dass das Selbstkonzept im Fach Mathematik stärker ausgebildet ist als das im Fach Englisch, unabhängig vom tatsächlichen Leistungsniveau des Lernenden (Moschner & Dickhäuser, 2010). Diese internal-dimensionalen Vergleiche könnten insbesondere bei Lehramtsstudierenden mit zwei Studienfächern (plus einem pädagogischen Studienanteil) eine Rolle spielen.

Die Wirkung des Lernerfolgs auf das Selbstkonzept wird somit z. T. durch die Genese des Konstruktes durch Rückmeldungen erklärt (Moschner & Dickhäuser, 2010). Der gegenteilige Effekt, die Wirkung des Selbstkonzepts auf den Lernerfolg, kann zum Ersten direkt vermutet werden, da durch ein hohes Selbstkonzept wenig interne Ressourcen, z. B. Kapazitäten im Arbeitsgedächtnis, benötigt werden, die sich mit einem möglichen Scheitern befassen. Zum Zweiten kann eine Wirkung auch indirekt vermutet werden, die über die Zielsetzung des Lernenden und über das daraus resultierende Anspruchsniveau des Lernprozesses mediiert wird: Je höher das Selbstkonzept ist, desto höher ist auch das Anspruchsniveau und desto effektiver und effizienter wird der Lernprozess (z. B. in Hinblick auf das Anstrengungsmanagement) gestaltet und durchgeführt (Blömeke, 2013). Diese Effektivität des Lernprozesses könnte sich dann auf den Lernerfolg auswirken.

Diese theoretischen Annahmen zum *Zusammenhang zwischen Selbstkonzept* und *Lernerfolg* wurden in mehreren Studien empirisch untersucht. Beispielsweise berichtet Hattie (2008) in seiner Meta-Analyse für den Schulunterricht eine mittlere Korrelation zwischen Fähigkeitsselbstkonzepten und Leistung von $r = .43$ (weitere Studien: Bouffard, Marcoux, Vezeau & Bordeleau, 2003; Hellmich, 2005; Kuntze & Reiss, 2006; Roos & Schöler, 2013). Auch für den Hochschulbereich zeigen sich positive Zusammenhänge zwischen Selbstkonzept und Studienerfolg (z. T. Blömeke, 2009; Fellenberg & Hannover, 2006; Liston & O'Donoghue, 2009; Valle et al., 2003), jedoch konnten Schiefele et al. (2007) keinen signifikanten Einfluss verschiedener selbstkonzeptbezogener Variablen auf den Studienabbruchzeitpunkt belegen. Bezogen auf den Lerngegenstand Mathematik ist die Frage nach der Einflussrichtung und den Wirkmechanismen zwischen den Konstrukten Selbstkonzept und Leistung noch nicht vollständig geklärt (Dickhäuser, 2006). In einer längsschnittlichen Untersuchung von der zehnten bis zur zwölften Jahrgangsstufe stellen Köller et al. (2006) fest, dass erstens das mathematikbezogene Selbstkonzept im Laufe der Sekundarstufe II schwach abnimmt (ähnliche Ergebnisse für die Sekundarstufe I, siehe Hannula, Maijala & Pehkonen, 2004) und dass zweitens die individuelle Leistung auf die Veränderung des Selbstkonzepts im Fach Mathematik einen positiven Einfluss besitzt (vgl. Marsh et al., 2007 für die Zeit nach der Schulzeit). In einer analogen Analyse für das Merkmal Fachinteresse zeigt sich, dass die Wirkung der Leistung auf die Veränderung des Fachinteresses fast vollständig über das Selbstkonzept im Fach Mathematik mediiert wird. Diese Vermittlerrolle des Selbstkonzepts zwischen Interesse und Lernleistung wird auch durch die Tatsache gestützt, dass in den meisten Studien die Korrelationen zwischen fachbezogenem Selbstkonzept und Lernleistung meist höher ausfallen als die Zusammenhänge zwischen Fachinteresse und Lernleistung (z. B. Marsh et al., 2005). Auch den gegenteiligen Effekt berichten Köller et al. (2006): Durch ein höheres, mathematikbezogenes Selbstkonzept verläuft bei vergleichbaren kognitiven Voraussetzungen die mathematische Leistungsentwicklung in der Sekundarstufe II positiver. Diese beiderseitige Beeinflussung von Selbstkonzept und Leistung wird als *reziproker Effekt* bezeichnet (Marsh et al., 2005; Möller, Retelsdorf, Köller & Marsh, 2011; Valentine et al., 2004) und in sogenannten Cross-Lagged-Panel-Studien untersucht. Der reziproke Effekt zwischen mathematikbezogenem Selbstkonzept und mathematischer Leistung wurde in der Studie von Seaton, Parker, Marsh, Craven und Yeung (2014) mit einer Stichprobe von 2.876 Schülerinnen und Schüler der siebten bis zehnten Jahrgangsstufe repliziert. Die Stärke dieses wechselseitigen Einflusses zwischen fachbezogenem Selbstkonzept und Leistung scheint nach Klassenstufe zu variieren. Während bei älteren Schülerinnen und Schülern (10. Klasse) der Einfluss des mathematischen Selbstkonzepts auf die Leistung größer ist ($r = .23$) als andersherum ($r = .09$), ist die Stärke der Wechselwirkung bei jüngeren Schülerinnen und Schülern (5. Klasse) eher umgekehrt (Chen, Yeh, Hwang & Lin, 2013).

Theoretisch anzunehmen ist auch ein bedeutender Zusammenhang zwischen dem mathematikbezogenen Selbstkonzept und dem Interesse an Mathematik, da beide Konstrukte eine Person-Lerngegenstands-Beziehung beschrieben – empirisch gezeigt z. B. von Hellmich (2005) und Köller et al. (2000). Für die Sekundarstufe I konnten Marsh et al. (2005) zudem zeigen, dass ein schwacher, aber signifikanter Einfluss des mathematischen Selbstkonzepts auf das Interesse an Mathematik besteht, während der gegenteilige

Effekt zwar auch signifikant, jedoch sehr schwach ist. Anhand dieser Ergebnisse könnte bei der Wechselwirkung zwischen Fachinteresse und fachbezogenem Selbstkonzept auch von einem reziproken Effekt gesprochen werden.

Allgemeine Schulleistung und fachspezifisches Vorwissen

Die Bedeutung der *allgemeinen Schulleistung*, in den meisten Arbeiten durch die (Gesamt-)Abiturnote erhoben, für den Studienerfolg wurde beispielsweise in zwei Meta-Analysen untersucht (Baron-Boldt, Schuler & Funke, 1988 und Trapmann, Hell, Weigand & Schuler, 2007). Die Abiturnote zeigte sich als stärkster Prädiktor für den Studienerfolg im Vergleich zu den einzelnen Fachnoten und ließ sich auch nicht durch eine Kombination mit einzelnen Fachnoten verbessern. In Deutschland nimmt die prognostische Validität der Schulabschlussnote in Form der Abiturnote für den Studienerfolg einen europäischen Spitzenwert von $\rho = .47$ bzw. $\rho = .53$, je nach Berechnungsmodell, an (Trapmann et al., 2007). Neben messtheoretischen Gründen der besser geeigneten Abiturnote als aggregiertes Maß geben Rindermann und Oubaid (1999[47]) noch weitere inhaltliche Gründe für deren starke Prognosekraft an (vgl. Nagy, 2006; Trapmann et al., 2007):

> „Die Abiturdurchschnittsnote spiegelt eher als Einzelfachnoten Allgemeinbildung und allgemeine kognitive sowie vor allem auch nichtkognitive Kompetenzen und motivationale Einstellungen wider, die sowohl für einen erfolgreichen Schulbesuch wie ein erfolgreiches Studium notwendig sind: Dazu zählen Arbeitshaltung, Motivation, Fleiß, Anpassung, Arbeitsmanagement etc. Diese generellen Leistungsvoraussetzungen sind für alle Studienfächer unabdingbar."

Die Abiturnote wird somit als Indikator für allgemeine Schulleistung aufgefasst und gibt Hinweise auf Ausprägungen sowohl im fachbezogenen Vorwissen als auch in motivationalen Lernvoraussetzungen. Auch bei Einbeziehung weiterer individueller Merkmale wie Interesse, Selbstkonzept und Lernstrategien zeigt die Abiturnote einen direkten Effekt auf den Studienerfolg (z. B. Eilerts, 2009; Schiefele et al., 2003). Die Abiturnote hängt zudem nach einer Studie von Schiefele et al. (2007) tendenziell mit dem Zeitpunkt des Studienabbruchs zusammen, da die Abiturnote bei spätabbrechenden Studierenden (ab dem 3. Semester) bessere Werte aufweist als bei frühabbrechenden Studierenden (im 1.–2. Semester).

Aufgrund der Tatsache, dass Studienanfängerinnen und Studienanfänger schon lange in einem mathematischen Lernprozess verankert sind und mathematisches Wissen kumulativ erworben wird (Heintz, 2000; KMK, 2012), kann dem *mathematischen Vorwissen* ein wichtiger Einfluss auf den Lernprozess und eine Wirkung auf den Studienerfolg zugesprochen werden (empirisch gezeigt in Halverscheid & Pustelnik, 2013; Liston & O'Donoghue, 2009 bzw. berichtet in Richardson et al., 2012). Insbesondere im Schulunterricht wird das Vorwissen als bester Prädiktor für den Lernerfolg vermutet, da die schulischen Lerninhalte nach dem Spiralprinzip hierarchisch organisiert sind. Für

---

47   Die Seitenzahl des Zitates ist mir nicht bekannt, da der Artikel in einer HTML-Datei veröffentlicht wurde. Das Zitat befindet sich ungefähr auf 1/3 der Länge des Artikels.

den Studienerfolg in Form von Klausurleistungen wird dem Vorwissen aus messtheoretischen Gründen eine große Bedeutung zugesprochen, da eine statistische Gleichheit von Prädiktor und Kriterium oft zu hoher Übereinstimmung führt.

Für ein Mathematikstudium hat Eilerts (2009) den vermuteten Einfluss des mathematischen Vorwissens auf den Studienerfolg, operationalisiert durch die Klausurleistung im ersten Semester, empirisch untersucht. Zur Erhebung des mathematischen Vorwissens von Studierenden in einem gymnasialen Lehramtsstudiengang hat sie einen Eingangstest entwickelt, bestehend aus zwei Testteilen: Der erste Teil behandelt die schulischen Inhalte der Klassenstufen eins bis zehn, der zweite Teil Inhalte der Klassenstufen elf bis dreizehn, wobei das Testinstrument als rechenlastig bezeichnet werden kann. Nur knapp 14% der Varianz in der Abschlussklausur des ersten Semesters lassen sich durch das mathematische Vorwissen erklären (Eilerts, 2009), wobei nur die Ergebnisse des zweiten Testteils signifikant mit dem Klausurergebnis zusammenhingen.[48] Aus den Ergebnissen für das höhere Lehramt kann die Hypothese entwickelt werden, dass die Prädiktionskraft von der Passung des Vorwissens auf den Lerngegenstand abhängt, was sich jedoch für die GHR-Studierenden in der Studie von Eilerts (2009) nicht bestätigt hat. Generell ist zu beachten, inwiefern das Vorwissen domänenübergreifend, domänenspezifisch oder sogar themenspezifisch konzeptualisiert und operationalisiert wird (Hailikari et al., 2007; Krause & Stark, 2006). Dieser Aspekt ist bei der Formulierung von Wirkhypothesen zwischen mathematischem Vorwissen und kognitivem Lernerfolg sowie bei der Konstruktion mathematischer Vorwissenstests zu Studienbeginn zu beachten.

Auch Hailikari et al. (2008) haben eine ähnliche Wirkungshypothese wie Eilerts (2009) untersucht. Ihre Stichprobe bestand aus 139 Studierenden mathematischnaturwissenschaftlicher Studiengänge. Als Outcome-Maß haben sie die Abschlussnote des ersten Semesters verwendet, als angenommene Prädiktoren die „self-beliefs" (konzeptualisiert insbesondere durch die Selbstwirksamkeitserwartungen), die Schulabschlussnote und das mathematische Vorwissen. Insgesamt konnten die Autorinnen und der Autor mit Hilfe eines Strukturgleichungsmodells (trotz der relativ kleinen Stichprobe) 55% der Varianz in der Abschlussnote im ersten Semester durch die Schulabschlussnote sowie das mathematische Vorwissen, und zwar zu etwa gleichen Teilen, aufklären. Zudem konnten sie keine direkten, signifikanten Pfade des Konstruktes „self-beliefs" auf die Abschlussnote im ersten Semester feststellen, sondern nur indirekte Pfade, vermittelt vor allem über das mathematische Vorwissen. Interessant an dieser Studie (Hailikari et al., 2008) ist, dass das mathematische Vorwissen themenbezogen auf die Lehrveranstaltung erhoben wurde. Methodische Schwächen dieser Studie liegen

---

[48]   Diese Ergebnisse beziehen sich auf die Stichprobe der Studierenden in einem gymnasialen Lehramtsstudiengang, in der Stichprobe der GHR (Grundschule, Hauptschule, Realschule)-Studierenden ist ein ähnliches Testinstrument eingesetzt worden. Bei dieser anderen Stichprobe ist jedoch das mathematische Wissen zu Inhalten der Klassenstufe eins bis zehn Prädiktor des Studienerfolgs, während das mathematische Wissen in den spezifischen Inhaltsgebieten Zahlentheorie und Elementargeometrie sich nicht als signifikanter Prädiktor darstellt.

in der geringen Anzahl der verwendeten Testitems und in der Entwicklung und Korrektur der Testitems durch Lernpersonen (ohne besondere Schulung), wobei kein theoretischer Hintergrund zur Testkonstruktion in den beiden Beiträgen (Hailikari et al., 2007 sowie Hailikari et al., 2008) zu finden ist.

In den Bereich der kognitiven Lernvoraussetzungen fällt neben dem fachlichen Vorwissen auch das Konstrukt der Intelligenz, das häufig als ein wichtiger Prädiktor für Lernleistung genannt wird (Wild et al., 2006). Aus empirischen Ergebnissen ist bekannt, dass die Intelligenz ein starker Zusammenhangspartner mit der Mathematikleistung und der Abiturnote bei jungen Erwachsenen ist (Lüdtke, Trautwein, Nagy & Köller, 2004). Deshalb wird dieses Merkmal in dieser Untersuchung nicht explizit erhoben, ist aber implizit im mathematischen Vorwissen und in der Abiturnote enthalten (Wild et al., 2006).

6.3.2 Theorien zur Entwicklung motivationaler Merkmale

In diesem Abschnitt werden anhand dreier, etablierter Theorien interne (intrapersonelle) und externe (Umwelt-)Faktoren vorgestellt, die die Entwicklung motivationaler Merkmale beeinflussen könnten: Die Theorie zu Erwartungs-Wert-Modellen begründet den möglichen Zusammenhang zwischen motivationalen Merkmalen und dem Lernerfolg und liefert Ansätze, wie sich Lernmotivation entwickelt. Die Selbstbestimmungstheorie benennt bedeutende Faktoren von Lehr-Lern-Prozessen zur Entwicklung von Interesse und Motivation, während durch den Big-fish-little-pond-Effekt die Ausbildung des individuellen Selbstkonzepts teilweise erklärt werden kann. Eine gute Übersicht über diese Theorien findet sich in Eccles und Wigfield (2002).

Erwartungs-Wert-Modelle beschreiben Determinanten motivierten Handelns in einem Prozess (Heckhausen & Heckhausen, 2010). In einem Prozess legt eine Person jeweils fest, wie viel Aufwand sie in eine Handlung in Relation zum Nutzen investiert. Der Grad der Bereitschaft zur Handlung kann dann beschrieben werden durch das Produkt aus Erfolgserwartung und dem Wert, der den Folgen der Handlung zugeschrieben wird (Wild et al., 2006). Nach Rheinberg (2008) lässt sich das Modell durch das folgende Schema vereinfacht darstellen (Abbildung 6.5; eine Konkretisierung findet sich in Eccles & Wigfield, 2002):

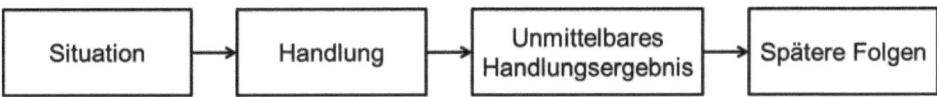

Abbildung 6.5:   **Vereinfachtes Schema eines Erwartungs-Wert-Modells nach Heckhausen und Heckhausen (2010)**

Konkret bezogen auf Lernprozesse hängt Lernmotivation somit insbesondere vom Wert ab, den ein Individuum der Konsequenz der Lernhandlung zuschreibt (Eccles & Wigfield, 2002). Diese Theorie bildet die Grundlage der Staatsexamensarbeit von Geyer (2011), die zwölf Studierende im Fach Mathematik nach ihren Erwartungen und ihrer

Studienmotivation befragt hat (Teilstichprobe von der in der vorliegenden empirischen Studie verwendeten Stichprobe; vgl. Rach & Heinze, 2013a). Bei der Analyse der Interviewdaten wird deutlich, dass sich die Erwartungen von 1-Fach-Bachelor-Studierenden von den Erwartungen von 2-Fächer-Bachelor-Studierenden in der Stichprobe bezüglich des Mathematikstudiums erheblich unterscheiden. Während beispielsweise das Studienmotiv der ersten Gruppe in einem wissenschaftlichen Interesse und damit in der Handlung selber liegt, liegt bei der zweiten Gruppe die Konzentration auf dem Handlungsergebnis im Abschluss des Studiums und auf den späteren Folgen, der Arbeit im Berufsfeld Schule. Diese unterschiedlichen Zielorientierungen können verschiedene Handlungen, in diesem Zusammenhang verschiedene Lernprozesse induzieren. Während diese Theorie der Erwartungs-Wert-Modelle nur intrapersonelle Mechanismen beschreibt, um die Entwicklung von Personenmerkmalen zu erklären, nehmen die beiden folgenden Theorien auch Umweltfaktoren mit auf (Wild et al., 2006).

Die *Selbstbestimmungstheorie* nach Deci und Ryan (1993) postuliert notwendige Bedingungen, unter denen sich vor allem intrinsische, aber auch extrinsische Motivation ausbildet (Schiefele & Köller, 2010). Diese drei Bedingungen, auch basic needs genannt, sind das Bedürfnis nach Autonomie bzw. Selbstbestimmung, das Bedürfnis nach Kompetenz bzw. Wirksamkeit sowie das Bedürfnis nach sozialer Eingebundenheit (Wild et al., 2006). Unter *Autonomieerleben* wird die Wahlmöglichkeit des Individuums in seinem Lernprozess bzw. die Zustimmung des Individuums zu den Anforderungen und den Gegebenheiten des Lernprozesses verstanden. *Kompetenzerleben* liegt vor, wenn der Lernende eine Handlung erfolgreich durchgeführt hat, dabei seine Fähigkeiten einbringen konnte und dieses selber auch wahrgenommen hat. *Soziale Eingebundenheit* kennzeichnet das Gefühl, in einer Gruppe aufgenommen, verstanden und anerkannt zu sein. Die Selbstbestimmungstheorie postuliert, dass nur mit einem gewissen Maß an Autonomieerleben und Kompetenzerleben intrinsische Motivation aufgebaut werden kann, während die Entwicklung von extrinsischer Motivation mit allen drei Grundbedürfnissen zusammenhängend erscheint. Basic needs sind nach Prenzel (1996, S. 17) Voraussetzungen für ein „selbstbestimmtes Einlassen auf Anforderungen". Nach Deci und Ryan (1993) besitzt eine auf Selbstbestimmung basierende Lernmotivation einen positiven Einfluss auf die Qualität der Lernprozesse, da durch das Streben nach angeborenen Bedürfnissen hohe Ziele gesetzt und angestrebt werden. Fördermöglichkeiten für ein selbstbestimmtes Handeln sind z. B. informatives Feedback, anspruchsvolle, aber nicht unmöglich zu erreichende Anforderungen und eine gewisse Wahlfreiheit in den durchzuführenden Handlungen, wohingegen (Leistungs-)Druck das Erleben der basic needs einschränkt (Deci & Ryan, 1993).

Die Selbstbestimmungstheorie hat einige Gemeinsamkeiten mit Theorien zur Person-Umwelt-Passung (vgl. Abschnitt 2.1) trotz unterschiedlicher Grundannahmen (Selbstbestimmungstheorie: Existenz angeborener, psychologischer Bedürfnisse; Person-Umwelt-Passung: Passung zwischen Person- und Umweltmerkmalen entscheidend). Aus den beiden Theorien kann geschlossen werden, dass ein bestimmtes Maß an Passung zwischen Erwartungen sowie Fähigkeiten der Lernenden und den Anforderungen eines Lehr-Lern-Prozesses notwendig ist, um eine gelungene Angebotsnutzung sicherzustellen und somit erfolgreiche Lernprozesse durchführbar sind. Da sich die Anforderungen beim Übergang von der Schule zur Hochschule im Fach Mathematik verändern (vgl. Zusammenfassung in Kapitel 5), könnten beide Theorien zur Erklärung von unterschiedlich erfolgreichen Lernprozessen dienen (vgl. Liebendörfer & Hochmuth, 2013 zur Anwendung der basic needs auf die Entwicklung des Interesses an Mathematik in der Studieneingangsphase).

Der *Big-fish-little-pond-Effekt* (Fischteich-Effekt) gibt einen Begründungsansatz zur Entwicklung von Fähigkeitsselbstkonzepten, die durch Kompetenzerfahrungen erworben und dabei durch Bezugsnormen moderiert werden können. Je nach Vergleichsnorm kann eine gezeigte, objektive Kompetenz unterschiedlich in die subjektive Bewertung des eigenen Könnens einfließen. Bei einer sozialen Bezugsnormorientierung bildet ein Lernender je nach Bezugsgruppe ein unterschiedlich hohes Selbstkonzept aus (Marsh, 2005; Moschner & Dickhäuser, 2010). Dieses Phänomen wird als Big-fish-little-pond-Effekt bezeichnet. Je nach Stärke der Vergleichsgruppe (pond) erhöht bzw. verringert sich das Selbstkonzept der Person (fish). Köller et al. (2006, S. 37) stellen aber ebenso fest, „dass die Zugehörigkeit zu einer besonders leistungsstarken Gruppe auch positive Effekte auf motivationale Maße haben kann". Der Big-fish-little-pond-Effekt konnte in einigen Arbeiten Unterschiede im Selbstkonzept von Schülerinnen und Schülern erklären (z. B. Köller et al., 2006; Überblick in Marsh, 2005) und ist insbesondere relevant bei Übertritten zwischen Bildungsinstitutionen, beispielsweise beim Übergang von der Grundschule zum Gymnasium (Aust et al., 2010; Schwarzer et al., 1982), da sich bei Übertritten zwischen Bildungsinstitutionen häufig die Bezugsgruppe in ihren Leistungen homogenisiert (vgl. Abschnitt 2.2).

6.3.3 Kognitive und motivationale Merkmale in der Studieneingangsphase im Fach Mathematik

Gestützt auf theoretische Überlegungen wird die Frage erörtert, inwiefern das Erleben der Studieneingangsphase im Fach Mathematik mit ihren spezifischen Charakteristika die Bedeutung der zuvor genannten, individuellen Merkmale im Lernprozess beeinflussen könnte. Dass Unterschiede in der Prädiktionskraft kognitiver und motivationaler Merkmale bezüglich des Lern- bzw. Studienerfolgs zwischen verschiedenen Studiengängen zu beachten sind, zeigt die Studie von Fellenberg und Hannover (2006). Diese Ergebnisse unterstützen die Forderung nach einer fachspezifischen Betrachtung von Lernprozessen und des Phänomens Studienabbruch (Sarcletti & Müller, 2011). Aufgrund der Konzeptualisierung des Studienerfolgs im ersten Semester durch den Modulerfolg (vgl. Abschnitt 6.2) könnten neben eher kognitiven Merkmalen, wie dem mathematischen Vorwissen oder der allgemeinen Schulleistung, auch motivationale Faktoren, wie das Interesse an Mathematik und das mathematikbezogene Selbstkonzept, einen Einfluss auf den Studienerfolg im ersten Semester besitzen.

Wenn Fachinteresse als Persönlichkeitsmerkmal und nicht als rein situatives Merkmal aufgefasst wird, kann nicht von einer starken Veränderung dieses relativ stabilen

Merkmals in einer kurzen Zeitspanne, z. B. einigen Monaten, ausgegangen werden. Nimmt man jedoch an, dass sich der Lerngegenstand Mathematik beim Übergang von der Schule zur Hochschule massiv verändert (vgl. Kapitel 3), könnte sich somit eine neue Beziehung zwischen Person und neuem Gegenstand (wissenschaftliche Mathematik) ausbilden und die Beziehung zum alten Gegenstand (Schulmathematik) ersetzen. Nach dem Big-fish-little-pond-Effekt könnte es zudem zu einer Verringerung des mathematikbezogenen Selbstkonzepts bei einem Großteil der Studienanfängerinnen und -anfängern kommen. Denn die Studierenden verwenden an der Hochschule eine neue Bezugsgruppe, die sich von der Bezugsgruppe in der Schule wahrscheinlich in ihrer mathematischen Leistungsstärke (positiv) unterscheidet. Diese Wirkung des Big-fish-little-pond-Effekts auf die Ausprägungen des individuellen Selbstkonzepts könnte durch die angenommenen, erhöhten Leistungsanforderungen in der Studieneingangsphase (vgl. Abschnitt 3.7) verstärkt werden.

6.4 Nutzung des Lehrangebots in Lernprozessen

Im vorherigen Abschnitt (Abschnitt 6.3) wurden verschiedene kognitive und motivationale Merkmale von Lernenden präsentiert, die möglicherweise den Erfolg eines Lernprozesses (positiv) beeinflussen. Doch nicht allein dem Input in Form individueller Lernvoraussetzungen (bzw. Charakteristika des Lehrangebots, vgl. Abschnitt 4.1) wird eine essentielle Wirkung auf den Lernerfolg zugeschrieben, sondern auch der Nutzung des Lehrangebots (vgl. Angebots-Nutzungs-Modelle, Abschnitt 6.1). In diesem Abschnitt werden analog zur Darstellung der individuellen Merkmale die wichtigsten Konstrukte beschrieben (Abschnitt 6.4.1) und basierend auf theoretischen Überlegungen sowie Erkenntnissen aus empirischen Studien mögliche Zusammenhänge der Angebotsnutzung mit dem Ergebnis von Lernprozessen diskutiert (Abschnitte 6.4.2 und 6.4.3). Im Anschluss wird die Bedeutung der Angebotsnutzung in der Studieneingangsphase im Fach Mathematik herausgestellt (vgl. Abschnitt 6.4.4).

6.4.1 Angebotsnutzung: Konzeptualisierung und Bedeutung für den Lernerfolg auf theoretischer Ebene

Unter *Angebotsnutzung* werden die Aktivitäten verstanden, bei denen ein Lehrangebot als Lernangebot zum Lernen eines Lerngegenstands verwendet wird. Diese Aktivitäten können unter quantitativen und qualitativen Gesichtspunkten betrachtet werden (vgl. Fend, 2002; Abschnitt 6.1). Unter *quantitativ* wird der Lernaufwand bzw. die Lernzeit verstanden, die der Lernende für den Lernprozess einsetzt, unter *qualitativ* die eigentliche Qualität der Lernaktivitäten, in der vorliegenden Untersuchung die Qualität der eingesetzten Lernstrategien.

Quantität der Angebotsnutzung: die Bedeutung von Lernzeit

Dem Lernaufwand bzw. der Lernzeit wird insbesondere in der Hochschulforschung eine große Bedeutung zugeschrieben, da in einem Studium die Studienzeit größtenteils individuell festgelegt wird: Besuche von Veranstaltungen (z. B. Vorlesungen) und Selbststudiumsphasen sind meist auf freiwilliger Basis verankert (vgl. Abschnitt 4.2). Auch in der Unterrichtsforschung wird der Lernzeit eine große Bedeutung zugemessen (Helmke & Schrader, 1996). Da die Lernzeit der Lernenden im Kontext Schule häufig durch die Lehrperson festgelegt wird, wird insbesondere die effektive Nutzung der Lernzeit durch die Lehrkraft, z. B. durch eine angemessene Planung von Unterrichtszeit, analysiert.

Bezüglich universitärer Lehr-Lern-Prozesse sind die Ergebnisse zum Zusammenhang zwischen Lernzeit und Lernerfolg als indifferent zu bezeichnen (z. B. Kamp, Dolmans, van Berkel & Schmidt, 2012; Plant, Ericsson, Hill & Asberg, 2005). Diese indifferenten Ergebnisse werden häufig auf zwei Ursachen zurückgeführt: (1) konzeptueller Art und (2) methodischer Art. In einer schon älteren Review gehen Frederick und Walberg (1980) auf den konzeptuellen Erklärungsansatz ein: Sie berichten einen mittleren Zusammenhang zwischen Lernzeit und Lernleistung, aber vermuten, dass die Qualität der Nutzung der Zeit diesen Sachverhalt mediiert (vgl. auch Helmke & Schrader, 1996). Diese Mediatorwirkung bestätigen Plant et al. (2005) in einer Untersuchung mit Studierenden verschiedener Studiengänge, da der Lernaufwand nur einen signifikanten Einfluss auf den Lernerfolg besitzt, wenn in das Modell die Qualität der Lernprozesse und die individuellen Vorkenntnisse der Lernenden mit aufgenommen werden. Neben dieser konzeptuellen Einschränkung thematisieren Schulmeister und Metzger (2011) in ihrem „ZEITLast-Projekt" den zweiten Erklärungsansatz für den theoretisch angenommenen, aber empirisch selten gezeigten Zusammenhang zwischen Lernzeit und Lernerfolg: die retrospektive Angabe der Lernzeit durch die Lernenden. Schulmeister und Metzger (2011) nehmen an, dass die Studierenden nicht in der Lage sind, ihre Lernzeit richtig einzuschätzen, sondern sie tendenziell überschätzen. In ihrem Projekt umgehen sie dieses methodische Problem, indem sie als Erhebungsmethode für die Lernzeit im Studium elektronische Stundenpläne verwenden, die die Studierenden täglich nutzen müssen. Dieses Vorgehen zieht ebenfalls methodische Probleme nach sich, z. B. eine kleine, möglicherweise ausgezeichnete Stichprobe.

Aufgrund dieser Analysen kann davon ausgegangen werden, dass die aktive Nutzung von Lernzeit sich positiv auf den Lernprozess auswirkt und sich in empirischen Studien zeigt, jedoch nur wenn die Qualität der dabei stattfindenden Lernprozesse angemessen ist und in den betrachteten Modellen berücksichtigt wird. Die Erhebung von Lernzeit mittels retrospektiver Einschätzungen durch die Lernenden scheint zudem nicht zwangsläufig valide und reliabel zu sein, insbesondere wenn die Ausprägungen der erhobenen Lernzeit absolut interpretiert werden (zu weiteren methodischen Problemen von retrospektiven Selbstauskünften, siehe Abschnitt 6.4.2).

Qualität der Angebotsnutzung: die Bedeutung von Lernstrategien bzw. Lernorientierungen

Die Qualität der Angebotsnutzung kann beschrieben werden durch die Qualität der Strategien, die für die Angebotsnutzung eingesetzt werden. Diese Strategien unterscheiden sich in ihrem Grad an Abstrahierung. In der Literatur werden die Begriffe Lerntechnik, Lernstrategie und Lernstil unterschieden. Konkrete Lernaktivitäten werden als Lerntechnik bezeichnet, während Sequenzen von Lerntechniken eine Lernstrategie bilden. Der Begriff Lernstil ist noch eine Abstraktionsstufe höher anzusiedeln und beschreibt die generalisierte Art und Weise eines Lerners, mit Inhalten umzugehen (Wild & Schiefele, 1993).[49] Das Konzept der *Lernstrategie* kann folgendermaßen definiert werden (Wild et al., 2006, S. 245):

> „**Lernstrategien** werden zum einen als mental repräsentierte Schemata oder Handlungspläne zur Steuerung des eigenen Lernverhaltens gefasst, die sich aus einzelnen Handlungssequenzen zusammensetzen und situationsspezifisch abrufbar sind. Zum anderen sind Lernstrategien Sequenzen von Handlungen, mit denen ein bestimmtes Lernziel erreicht werden soll."

Eine Lernstrategie soll demnach den Wissenserwerb steuern und sich positiv auf die Integration neuen Wissens auswirken (vgl. Weinstein & Mayer, 1986; Wild, 2005) – die zweite Forderung wird in einigen Beiträgen nur Elaborationsstrategien als einer speziellen Lernstrategie explizit zugeschrieben (Friedrich & Mandl, 2006). Neben Elaborationsstrategien gibt es weitere Lernstrategien zur Steuerung des eigenen Lernverhaltens – diese Lernstrategien sind in der internationalen wie auch nationalen Literatur vorwiegend in zwei verschiedenen Klassifizierungen zu finden (Überblick z. B. in Creß, 2006 oder Wild, 2010; Wild & Schiefele, 1993, S. 312).

> „Die erste Gruppe ist induktiv konstruiert worden und hat auf der Grundlage von Interviewstudien relativ globale Lernermerkmale postuliert. Typisch für diese Verfahren ist auch die Integration motivationaler und kognitiver Komponenten des Lernverhaltens. Die zweite Gruppe zeichnet sich durch ein deduktives Vorgehen aus. Ausgehend von kognitionspsychologischen Modellen des Lernprozesses sowie verschiedenen Motivationstheorien wurden differenzierte Fragebögen zu Lernstrategien und motivationalen Merkmalen entwickelt. Die kognitiven und motivationalen Komponenten sind dabei strikt getrennt worden".

Der zweite, *kognitionspsychologische Ansatz* ist von mehreren Forschergruppen geprägt und in einigen Erhebungsinstrumenten verwirklicht worden (Überblick z. B. in Baumert & Köller, 1996). Im deutschsprachigen Raum für den Hochschulbereich ist vor allem die Konzeptualisierung von Wild und Schiefele (1994) bekannt, die im „Fragebogen zur Erfassung von Lernstrategien im Studium" (LIST) operationalisiert wurde und die die Konkretisierung des „The Motivated Strategies for Learning Questionnaire" (MSLQ)

---

49   In manchen Arbeiten, z. B. Wild (2010), werden verschiedene Konzepte, z. B. Lernstrategien und Lernstile, synonym behandelt. Weitere deutschsprachige Bezeichnungen sind Lernansatz, Lernorientierung, Lernauffassung bzw. Zugang zum Lernen; englischsprachige Bezeichnungen sind learning style, learning strategy, level of processing und approach to learning.

übernommen hat (Garcia & Pintrich, 1995).[50] Im LIST werden Lernstrategien vorgegeben und die befragte Person wird gebeten, auf einer Likert-Skala anzugeben, wie oft sie diese Lernstrategie in ihrem Lernprozess verwendet hat. Die Konzeptualisierung umfasst drei Klassen von Strategien: (1) *Informationsverarbeitungsstrategien*, (2) *Kontrollstrategien* und (3) *Stützstrategien* (Wild & Schiefele, 1994). Informationsverarbeitungsstrategien (z. B. Elaborationsstrategien), auch kognitive Strategien genannt, dienen direkt der Informationsaufnahme, -verarbeitung und -speicherung. Die Strategien der zweiten Gruppe werden als Kontrollstrategien oder als metakognitive Strategien bezeichnet und sollen die effektive Gestaltung des Lernprozesses gewährleisten. Stützstrategien werden im Gegensatz zu den (Primär-)Strategien der ersten beiden Gruppen als Sekundärstrategien bezeichnet, da sie im engeren Sinne die Lernaktivitäten nicht direkt beeinflussen, sondern eine optimale Nutzung interner und externer Ressourcen gewährleisten. Eine Steuerung von Ressourcen ist in vielen Studien auch unter den Bezeichnungen „Kontrolle des Lernaufwands" oder als „Anstrengungsmanagement" zu finden (Schiefele et al., 2003; Schiefele et al., 1995; Fenollar, Román & Cuestas, 2007). Das Konstrukt „Kontrolle des Lernaufwands" wird beispielsweise in der Studie von Schiefele et al. (1995) durch frühes Lernen vor den Klausuren, Nacharbeiten der Vorlesung und Hinzuziehen zusätzlicher Literatur operationalisiert.

Der erste, *motivationspsychologische Ansatz* wurde im Gegensatz zur kognitionspsychologischen Konzeptualisierung theoretisch weniger stark fundiert, sondern wurde durch Befragungen von Lernenden zu ihrem Lernverhalten beim Textverstehen entwickelt (Marton & Säljö, 1984). Bei diesem Ansatz werden grundsätzlich zwei verschiedene Vorgehensweisen (bzw. Zugänge zum Lernen, Krapp, 1993) unterschieden, eine oberflächliche (*surface approach*) und eine tiefergehende Lernorientierung (*deep approach*) (Heikkilä, Niemivirta, Nieminen & Lonka, 2011; Marton & Säljö, 1984). Die zwei gegensätzlichen Herangehensweisen beschreiben Morton und Säljö (1984, S. 43) folgendermaßen:

> „The first way of setting about the learning task was characterised by a blind, spasmodic effort to memorise the text; these learners seemed, metaphorically speaking, to see themselves as empty vessels, more or less, to be filled with the words on the pages. In the second case, the students tried to understand the message by looking for relations within the text or by looking for relations between the text and phenomena of the real world, or by looking for relations between the text and its underlying structure. These learners seemed to have seen themselves as creators of knowledge who have to use their capabilities to make critical judgements, logical conclusions and come up with their own ideas."

Ein oberflächlich Lernender, der erste Typ, versucht weniger, den Text zu verstehen, sondern ihn sich zu merken (Marton & Säljö, 1984). Als Lernstrategie bevorzugt er somit das Auswendiglernen und fühlt sich möglicherweise mit den Inhalten überfordert. Ein tiefergehend Lernender möchte dagegen die Inhalte verstehen und verwendet dazu

---

50 Einen Fragebogen zur Erhebung spezieller Elaborationsstrategien für mathematische, universitäre Lernprozesse wurde in Anlehnung an den LIST in jüngster Zeit entwickelt und z. T. erprobt (Göller et al., 2013). Dieses Instrument wurde aber zeitlich nach dieser Untersuchung ausgearbeitet.

beispielsweise Elaborationsstrategien. Diese Zweiteilung in eine oberflächliche und eine tiefergehende Lernorientierung wurde von Entwistle (2000, Fragebogen ASSIST; deutschsprachige Version in Himmelbauer, 2009), Biggs (1987, Fragebogen SPQ) sowie Vermunt und Vermetten (2004, Fragebogen ILS) verwendet, um Erhebungsinstrumente in Fragebogenform auf Basis der Arbeiten von Marton und Säljö (1984) zu entwickeln (Überblick in Entwistle & McCune, 2004). In diesen Instrumenten wird z. T. noch eine zusätzliche, dritte Orientierung betrachtet, die als „achieving orientation" (Biggs, 1987) bzw. „strategic approach" (Creß, 2006) bezeichnet wird. Bei der *achieving orientation* sind Lernende meist von extrinsischer Motivation geprägt, wobei keine spezifische Lernhandlung mit diesem Ansatz assoziiert wird (Biggs, 1987; Entwistle, 2000; Wild, 2010). Lernende, die dem *strategic approach* folgen, organisieren ihr Arbeitsumfeld (z. B. ihre Arbeitszeiten) z. B. mit Hilfe von Stützstrategien so, dass ihr Arbeitsumfeld optimal zu ihrem Lernprozess passt. Insgesamt sind die ersten beiden Faktoren dieser motivationspsychologischen Konzeptualisierung, surface approach und deep approach, durch Faktoranalysen gesichert, der dritte Faktor (achieving orientation bzw. strategic approach) jedoch nicht (Wild, 2010). Aus diesem Grund wird in neueren Arbeiten von einer Dreiteilung Abstand genommen und die „klassische" Zweiteilung des motivationspsychologischen Ansatzes – z. T. mit einer Integration vieler Aspekte des strategic approach in den deep approach – verwendet (Vanthournout, Coertjens, Gijbels, Donche & van Petegem, 2013). Werden diese beiden Ansätze, kognitionspsychologisch und motivationspsychologisch, zur Konzeptualisierung der Qualität der Angebotsnutzung miteinander verglichen, können viele Gemeinsamkeiten erkannt werden. Beispielsweise nutzt ein Lernender mit einer tiefergehenden Lernorientierung häufig Elaborationsstrategien in seinem Lernprozess. Während jedoch die kognitionspsychologische Konzeptualisierung stärker spezifische Lernhandlungen fokussiert, integriert die motivationspsychologische Konzeptualisierung spezifische Lernhandlungen und motivationale sowie z. T. kognitive Merkmale.

Ein wichtiger Begriff, der im Bereich der Angebotsnutzung häufig genannt wird, ist der der *Selbstregulation*. Selbstregulation beinhaltet die folgenden Komponenten (Pintrich & de Groot, 1990; Schmitz, 2003): (1) metakognitive Strategien für Planung, Monitoring und Anpassung des Denkens, (2) Kontrolle über die verwendete Anstrengung und (3) kognitive Strategien. In einigen Beiträgen (z. B. Eccles & Wigfield, 2002) wird die Theorie um den Begriff Selbstregulation zum Ersten stark mit der kognitionspsychologischen Konzeptualisierung von Lernstrategien in Verbindung gebracht und zum Zweiten als Zusammenhangstheorie zwischen Motivation und Kognition bezeichnet. Empirische Hinweise für die erste Behauptung liefert die Review von Dinsmore, Alexander und Loughlin (2008), in der berichtet wird, dass die Begriffe Metakognition (bzw. metakognitive Strategien), Selbstregulation und selbstregulatives Lernen häufig simultan verwendet werden. Für die zweite Behauptung, das Vorhandensein eines substanziellen Zusammenhangs zwischen motivationalen Merkmalen, der Verwendung von Lernstrategien und dem Konstrukt Selbstregulation, gibt die empirische Studie von Pintrich und de Groot (1990) Hinweise. Aus diesen beiden Arbeiten kann gefolgert werden, dass sich die betrachteten, empirischen Konstrukte ähneln und die Fähigkeit der

Selbstregulation durch individuelle Merkmale und die Verwendung kognitiver Lernstrategien größtenteils determiniert ist. Der Begriff der Selbstregulation ist deshalb als Grundlage zur theoretischen Beschreibung universitärer Lernprozesse gut geeignet (vgl. Abschnitt 4.3), jedoch weniger gut geeignet für eine differenzierte Betrachtung von Lernprozessen. Aus diesem Grund wird für die empirische Untersuchung in dieser Arbeit nicht der Begriff der Selbstregulation verwendet, sondern die beiden Konstrukte „individuelle Merkmale" und „Nutzung des Lehrangebots" möglichst getrennt erfasst.

6.4.2 Bedeutung der Angebotsnutzung für den Lernerfolg: empirische Ergebnisse

In der vorliegenden Arbeit wird die Qualität der genutzten Lernstrategien als Indikator für die Qualität der Angebotsnutzung verwendet. In diesem Abschnitt beinhaltet der Begriff der Lernstrategie sowohl die kognitionspsychologische als auch die motivationspsychologische Konzeptualisierung – Lernstrategien nach der motivationspsychologischen Konzeptualisierung werden in der vorliegenden Arbeit als Lernorientierungen bezeichnet.

Angebotsnutzung im Lernprozess mittels Verwendung von Lernstrategien

Die verwendeten Lernstrategien von Studienanfängerinnen und Studienanfängern im Fach Mathematik hat Vogel (2001) mit Hilfe von Lerntagebuch-Einträgen erhoben. Anhand dieser Methode konnte sie die Studierenden in verschiedene Lerntypen einteilen, die sich nach Aktivität bzw. Passivität in ihrem Lernprozess unterscheiden. Ihre Ergebnisse können jedoch aufgrund einer geringen Stichprobe und des explorativen Charakters der Untersuchung nur schwer in allgemeingültige Aussagen gefasst werden. Auch in anderen Studien werden Lernende in einem Hochschulstudium anhand ihres Lernprozesses typisiert. Mit Hilfe einer Clusteranalyse über die Konstrukte Lernstrategien, Motivation und Selbstwirksamkeitserwartungen konnten beispielsweise für Lernende in einem Fernstudium vier Lernertypen herauskristallisiert werden (Creß & Friedrich, 2000; vgl. auch Vanthournout et al., 2013): (1) Minmax-Lerner (geringe Verwendung von Lernstrategien, aber hohe Erfolgserwartung), (2) Tiefenverarbeiter (Dominanz tiefergehender Lernstrategien), (3) Wiederholer (Dominanz oberflächlicher Lernstrategien) und (4) Minimal-Lerner (geringe Verwendung von Lernstrategien). Solch einer Klassifizierung von Studierenden in spezielle Typen liegt die Annahme zugrunde, dass nicht alle Lernstrategien für alle Lernenden gleich gut geeignet sind, sondern die Passung zwischen den verwendeten Lernstrategien und dem erfolgreichen Lernprozess individuell verschieden ist (Friedrich & Mandl, 2006). Bei manchen dieser präsentierten Arbeiten wird jedoch kein Zusammenhang mit dem objektiven Lernerfolg hergestellt (Ausnahmen z. B. Heikkilä, Lonka, Nieminen & Niemivirta, 2012 oder Himmelbauer, 2009). Vielmehr liegt der Fokus der Untersuchungen auf den detaillierten Beschreibungen der Lernhandlungen (z. B. Vogel, 2001), auf der Veränderung der Lernstrategien im Verlauf eines Studienmoduls (z. B. Vanthournout et al., 2013) bzw. als Outcome-Maß wird die subjektive Erfolgserwartung der Lernenden verwendet (z. B. Creß & Friedrich, 2000).

Zusammenhang der Angebotsnutzung mit motivationalen Merkmalen

Bei der Analyse der Verwendung von Lernstrategien stellt sich nicht nur die Frage, ob Studierende geeignete Lernstrategien kennen und anwenden können (z. B. Anthony, 1996; Askell-Williams, Lawson & Murray-Harvey, 2007), sondern auch ob sie durch deren Nutzung einen für sie entscheidenden Erfolg erwarten (vgl. Erwartungs-Wert-Modelle, Abschnitt 6.3.2) und somit motiviert sind, Lernstrategien anzuwenden. Diese beiden Komponenten von Lernstrategien, kognitive und motivationale, fassen Pintrich und de Groot, 1990, in einer abschließenden Aussage zum Bereich der Selbstregulation zusammen: „Students need to have both the ‚will' and the ‚skill' to be successful in classrooms" (Printrich & de Groot, 1990, S. 38).

Den Zusammenhang zwischen motivationalen Merkmalen und der Verwendung von Lernstrategien (erhoben mit dem MSLQ) haben Berger und Karabenick (2011) in einer längsschnittlichen Untersuchung mit Neuntklässlern analysiert: Die Selbstwirksamkeitserwartung und das Konstrukt value (eine zusammengesetzte Skala für Interesse und Motivation) beeinflussten im Fach Mathematik die Wahl der Lernstrategien, hingegen wirkt die berichtete Lernstrategie nicht auf die Ausprägungen der motivationalen Merkmale (Berger & Karabenick, 2011). Den Bezug zwischen unterschiedlichen Formen von Motivation und der Verwendung von Lernstrategien haben beispielsweise Künsting und Lipowsky (2011) mit 844 Lehramtsstudierenden verschiedener Fächer analysiert. Sie konnten feststellen, dass die Ausprägung in der intrinsischen Studienwahlmotivation signifikant positiv mit der Verwendung von Lernstrategien im Studium zusammenhängt. Dagegen konnten sie keinen signifikanten Zusammenhang zwischen berichteten, extrinsischen Studienwahlmotiven und der Nutzung von Lernstrategien feststellen. Auch zum Einfluss der motivationalen Merkmale auf die Qualität der berichteten Lernstrategien liegen Erkenntnisse vor. Intrinsische Lernmotivation bzw. Selbstwirksamkeitserwartung scheinen signifikant positiv im mittleren bis starken Effektstärkenbereich mit tiefergehenden Lernstrategien zusammenzuhängen, während extrinsische Lernmotivation positiv und Selbstwirksamkeitserwartungen negativ mit oberflächlichen Lernstrategien im schwachen bis mittleren Bereich einhergehen (Fenollar et al., 2007; Schiefele & Schreyer, 1994; Trigwell, Ashwin & Millan, 2013; theoretisch angenommen von Marton & Säljö, 1984). Der Lernaufwand steht ebenfalls mit individuellen Merkmalen in Verbindung. Beispielsweise berichten Schiefele et al. (1995) einen Korrelationskoeffizienten zwischen Lernaufwand und Studieninteresse von $r = .66$.

Zusammenhang der Angebotsnutzung mit dem Lernerfolg

Aus kognitionspsychologischen Überlegungen folgt, dass durch die Verwendung tiefergehender (qualitativ anspruchsvoller) Lernstrategien, wie Elaboration, Organisation und kritisches Prüfen besser als durch die Nutzung reiner Wiederholungsstrategien neue Informationen in ein bestehendes Wissensfeld integriert werden können. In einem Hochschulstudium scheinen Elaborationsstrategien von weit größerer Bedeutung als im

Schulunterricht zu sein, da in universitären Lehrveranstaltungen die Inhalte weniger didaktisch aufbereitet werden, sondern die Studierenden die präsentierten Inhalte für ihren eigenen Lernprozess zugänglich machen müssen (vgl. Abschnitt 4.3). Aufgrund der von ihr identifizierten, empirischen Zusammenhänge zwischen dem Lernverhalten und dem Studienerfolg folgert Eilerts (2009, S. 185):

> „Die Ergebnisse zu den Lernstrategien können ein Indiz dafür sein, dass ein entsprechender Lernstrategiewechsel seitens der Erstsemester stattgefunden hat in Bezug auf die Anpassung an die neue Lernumgebung. Studierende sollen im Rahmen ihres Studiums dazu befähigt werden, selbstgesteuert zu lernen. Somit könnten die Ergebnisse eine qualitative Veränderung oder eine allmähliche Annäherung an ein (mehr oder weniger ausgeprägtes) entwickeltes und differenziertes Lernstrategie-Repertoire aufzeigen, da gerade die Entwicklung der Fähigkeit zum selbstregulierten und eigenverantwortlichen Lernen mit als eine der Schlüsselqualifikationen in Bezug auf den Kompetenzerwerb gilt."

Die bisher durchgeführten Untersuchungen zeigen jedoch sowohl im schulischen als auch im universitären Kontext ein geteiltes Bild der *Bedeutung der Verwendung von Lernstrategien für den Lernerfolg*. Während in einigen Studien ein positiver Zusammenhang bzw. Einfluss von Elaborations- und Kontrollstrategien auf die Leistung (z. B. Artelt, 2000; Schiefele et al., 1995; Spörer & Brunstein, 2006) berichtet wird, können andere Studien diese Aussage nicht belegen (z. B. Baumert & Köller, 1996; Schukajlow & Leiss, 2011). Anders ausgedrückt ist unklar, ob leistungsstarke Lernende mehr (Schiefele et al., 2007; Yip, 2013) oder weniger (Artelt, 1999) Lernstrategien berichten. Nicht nur zur kognitionspsychologischen Modellierung, sondern auch zur motivationspsychologischen Konzeptualisierung von Lernstrategien sind mir nur wenige Untersuchungen bekannt, die empirisch den Vorteil einer tiefergehenden Lernorientierung (deep approach) zeigen (z. B. Fenollar et al., 2007: Pfadkoeffizient zwischen deep approach und Studienerfolg $\gamma = .23$) und den Nachteil einer oberflächlichen Lernorientierung feststellen (Richardson et al., 2012: berichtete Korrelation zwischen surface approach und Studienerfolg: $r = -.18$; vgl. auch Trigwell et al., 2013). Zwar werden häufig mittlere Korrelationen zwischen einer tiefergehenden Lernorientierung und dem Lernerfolg vor allem bei älteren Schülerinnen und Schülern (7., 9. und 11. Jahrgangsstufe) berichtet (Leopold & Leutner, 2002), jedoch zeigt sich bei der Einbeziehung weiterer Merkmale und in Längsschnittstudien in vielen Fällen ein anderes Bild (kein Zusammenhang zwischen der Verwendung von Lernstrategien und dem Lernerfolg: z. B. Schiefele et al., 1995; Valle et al., 2003).

Die angenommene *Vermittlerrolle von Lernstrategien zwischen motivationalen Merkmalen*, z. B. dem Fachinteresse, *und dem Lernerfolg*, z. B. dem fachlichen Kompetenzerwerb, wird vor allem darauf zurückgeführt, dass interessierte Lernende eine epistemologische Neugier dem Lerngegenstand gegenüber besitzen und über diesen mehr und detaillierte Sachverhalte in Erfahrung bringen möchten. Für diese Aktivität sind tiefergehende Lernstrategien, z. B. Elaborationsstrategien, notwendig, deren Verwendung wiederum durch eine stärkere Durchdringung der Inhalte den Kompetenzerwerb positiv beeinflussen könnte. Eine empirische Überprüfung dieser vermuteten Mediation führten Schiefele et al. (1995) mit einer Stichprobe von 92 Studierenden verschiedener

Fachrichtungen durch. Mit Hilfe von Pfadanalysen stellte sich der Lernaufwand als signifikanter Mediator zwischen Studieninteresse und Studienerfolg (in Form der Vordiplomsnote) heraus, während ein höherer Verwendungsgrad an Elaborationsstrategien zwar mit einem gesteigerten Studieninteresse zusammenhing, aber keine Auswirkungen auf den Lernerfolg besaß. In dieser Studie konnte zudem der Zusammenhang zwischen Studieninteresse und der Verwendung von Elaborationsstrategien vollständig durch den Lernaufwand erklärt werden. Dieser letzte Befund wird von den Autoren durch die Notwendigkeit erklärt, dass nur bei einem gewissen Lernaufwand Lernzeit für den Einsatz von Elaborationsstrategien vorhanden ist. Die Mediatorrolle des Lernaufwands (in der Studie von Schiefele et al. (2003) als Anstrengung bzw. Anstrengungsmanagement bezeichnet) zwischen Studieninteresse und Studienerfolg konnte im groß angelegten SMILE-Projekt mit 285 Studierenden repliziert werden, genauso wie die fehlende Prädiktionskraft anderer Lernstrategien für den Studienerfolg (Schiefele et al., 2003; vgl. auch Fenollar et al., 2007 und Richardson et al., 2012 für effort regulation).

Die Bedeutung von Selbsterklärungen als Elaborationsstrategie im Lernprozess

Eine konkrete Lernstrategie stellt die Verwendung von Selbsterklärungen dar, die beschrieben werden kann als „Generating explanations to oneself" (Chi, de Leeuw, Chiu & Lavancher, 1994, S. 439). Als Instruktionsstrategie werden Selbsterklärungen vor allem in Studien zu Lösungsbeispielen bzw. Demonstrationsaufgaben verwendet (Mackensen-Friedrichs, 2009; Wittwer & Renkl, 2010 bzw. Ableitinger, 2013), gleichzeitig stellt die Verwendung von Selbsterklärungen auch eine Elaborationsstrategie dar (Leppink, Broers, Imbos, van der Vleuten & Berger, 2012). In Untersuchungen zur Bedeutung dieser Elaborationsstrategie werden Selbsterklärungen häufig durch Prompts angeregt (z. B. Renkl, 2007 mit Studierenden im Bereich Wahrscheinlichkeitsrechnung; Chi et al., 1994 mit Achtklässlern zu biologischen Inhalten; Rabe & Mikelskis, 2007 mit Schülerinnen und Schülern der 12. Jahrgangsstufe im Fach Physik). Auch spontane Selbsterklärungen zeigten sich bei Lernenden als effektiv, wobei geprompete Selbsterklärungen meist besser als spontane gewirkt haben (z. B. Chi et al., 1994).

Selbsterklärungen können dabei helfen, die präsentierten Inhalte (z. B. in Form von Lösungsbeispielen) für die eigenen Vorstellungen und Terminologien aufzuarbeiten und so für die Einbettung in das eigene Wissensgebäude vorzubereiten. Neben der Anzahl an Selbsterklärungen stellt scheinbar die Qualität dieser einen wichtigen Faktor dar, denn Renkl (1997) konnte einen Zusammenhang zwischen der Qualität der Selbsterklärungen und dem Lernerfolg bei Kontrolle von time-on-task feststellen (vgl. auch Chen & Yeh, 2008). Da Selbsterklärungen an das individuelle Vorwissen anknüpfen, kann vermutet werden, dass diese Lernstrategie für stärkere Lernende besser geeignet ist als für schwächere Lernende (Leppink et al., 2012), da das Vorwissen bei letzteren fehlerhaft ausgebildet sein könnte (Renkl, 1997; Renkl, Stark, Gruber & Mandl, 1998). Da die Qualität und Quantität von Selbsterklärungen als eher schlecht eingeschätzt wird (Renkl, 1997) und diese Einschätzung insbesondere bei Lernenden mit wenig Vorwissen zutrifft (vgl. Kroß & Lind, 2001), scheinen vor allem für schwächere Lernende gepromptete Selbsterklärungen (Renkl et al., 1998) bzw. Selbsterklärungs-Trainings geeignet zu sein (Wong, Lawson & Keeves, 2002).

6.4.3 Angebotsnutzung: Kritik an Konzeptualisierung und Operationalisierung mittels berichteter Lernstrategien

Aufgrund der indifferenten Erkenntnisse zum Zusammenhang zwischen der Verwendung von Lernstrategien und dem Erfolg von Lernprozessen werden die vorhandenen Konzeptualisierungen von Lernstrategien in Frage gestellt (z. B in der Review von Dinsmore & Alexander, 2012 zur motivationspsychologischen Konzeptualisierung). Diese nicht theoriekonformen Ergebnisse lassen sich häufig auf zwei Aspekte zurückführen: (1) eine fehlende Passung zwischen Lernstrategien und Anforderungen im Lernprozess und (2) methodische Defizite bei der Erhebung von Lernstrategien (Überblick über mögliche Erhebungsmethoden in Spörer und Brunstein, 2006).

(1) Zum Ersten könnten die verwendeten und berichteten Lernstrategien weder zu den individuellen Merkmalen des Lernenden noch zu den Anforderungen der Lernumwelt passen, die im Lernprozess gefordert und durch das Konstrukt Lernerfolg gemessen werden (Artelt, 1999; Dinsmore & Alexander, 2012; Marton & Säljö, 1984). Konkret bezogen auf Lern- und Prüfungssituationen scheinen beispielsweise in Abschlussklausuren auch Wiederholungsstrategien hilfreich zu sein, da in Prüfungssituationen häufig schon vorher im Lernprozess erarbeitete Problemlösungen reproduziert werden sollen (Pintrich & DeGroot, 1990). Die Passung der Lernstrategie zu den Anforderungen im Lernprozess hängt nicht nur von der Lern- bzw. Prüfungssituation, sondern auch vom Lerngegenstand ab (Baumert & Köller, 1996; Donker, de Boer, Kostons, Dignath van Ewijk & van der Werf, 2014; Spörer & Brunstein, 2006). Beispielsweise könnte das kritische Prüfen, so wie es im LIST („Fragebogen zur Erfassung von Lernstrategien im Studium") konzeptualisiert und operationalisiert wird, im Fach Mathematik weniger relevant für den Lernprozess sein. Aus diesem Grund sind die zahlreich existierenden, domänenübergreifenden Studien nicht immer hilfreich (z. B. Artelt & Lompscher, 1996; Dinsmore & Alexander, 2012), um die Bedeutung der Verwendung von Lernstrategien für den fachspezifischen Lernerfolg zu ergründen.

(2) Zum Zweiten wird die methodische Qualität der Erhebung von Lernstrategien bzw. Lernorientierungen mit Hilfe retrospektiver Selbstberichte in Fragebogenform scharf kritisiert, die bisher die populärste Art der Erfassung darstellt – 50% der berichteten Studien in der Review von Dinsmore und Alexander (2012) verwenden Fragebögen. Artelt (2000) bezeichnet diese Erhebungsmethode als zu unspezifisch und bezweifelt, dass die folgenden Fragen positiv beantwortet werden: (a) Sind Lernende in der Lage, mit Hilfe von vorgegebenen Aussagen ihren Lernprozess adäquat zu beschreiben, und kann aus diesen Selbstberichten auf mentale Prozesse der Lernenden geschlossen werden? (b) Können Lernende retrospektiv ihren Lernprozess beschreiben? Eine weitere Diskussionsgrundlage zu Gütekriterien bei fragebogenbasierten Erhebungen von Lernprozessen in „higher education" liefert Richardson (2004, S. 355):

„Students' scores on questionnaires on approaches to studying show reasonable stability
over time, moderate convergent validity with their scores on other questionnaires, and
reasonable levels of both discriminating power and criterion-related validity. Neverthe-
less, the internal consistency of their constituent scales is variable, and the construct validity of these instruments (according to the results of factor analyses carried out both on
item responses and on scale scores) is disappointing. […] The content validity of these instruments is open to question because of changes both in higher education and in society
at large since they were originally devised."

Um beispielsweise die Validität dieser Erhebungsmethode über Fragebögen zu erhöhen,
sollte das Konstrukt „Lernstrategie" trennscharf von den Konstrukten Motivation und
Selbstwirksamkeitserwartungen abgegrenzt werden.[51] Eine Möglichkeit zur Trennung
der Konstrukte liegt in der Formulierung der Fragebogenitems, die nicht die Satzbau-
steine „Ich will …" oder „Ich kann …" enthalten, sondern der Form „Ich habe … genutzt" bzw. „Ich nutze …" sein sollten. Um insbesondere die methodischen Probleme
der Erhebung von Lernstrategien über Fragebogenformate zu vermeiden, werden hand-
lungsnähere Verfahren eingesetzt, z. B. die Methode des lauten Denkens (Artelt, 2000;
Leopold & Leutner, 2002; Lind & Sandmann, 2003). Doch auch ein derartiges metho-
dologisches Vorgehen ist mit Problemen behaftet wie beispielsweise die Selektivität der
Stichprobe (z. B. Lind & Sandmann, 2003) bzw. die nicht befriedigende Durchfüh-
rungs- und Auswertungsobjektivität (z. B. Artelt, 2000).

Zusammenfassend für diesen Abschnitt eignet sich die Annahme von Leopold und
Leutner (2002, S. 243), dass theoriekonforme Zusammenhänge zwischen der Verwendung von Lernstrategien und dem Lernerfolg – auch in Fragebogenuntersuchungen –
festgestellt werden können, „wenn (1) der Lernstrategieeinsatz in einer konkreten Lernsituation erhoben wird, (2) die Qualität des Strategieeinsatzes beachtet wird und (3) der
Strategieeinsatz in Relation zu einem spezifischen Lernerfolgsmaß erfasst wird".

6.4.4 Angebotsnutzung in der Studieneingangsphase im Fach Mathematik

Wie in Abschnitt 4.3 dargestellt, spielen selbstregulierte Lernprozesse in einem Hochschulstudium eine große Rolle. Aus theoretischen Überlegungen folgt, dass die Bedeutung von Lernstrategien für den Lernerfolg beim Übergang von der Schule an die Hochschule zunimmt (Eilerts, 2009; Schiefele et al., 2003; Vogel, 2001): Studierende müssen
zum Ersten ihre Arbeitsphasen im Selbststudium eigenständig organisieren und regulie-
ren (beispielsweise mit Hilfe von Stützstrategien) und zum Zweiten die präsentierten
Inhalte mit Elaborationsstrategien (beispielsweise mit Selbsterklärungen) für ihren eigenen Lernprozess aufbereiten. Aus diesem Grund kann vermutet werden, dass in einem
Mathematikstudium ohne den Einsatz geeigneter Lernstrategien bzw. auf Grundlage
einer oberflächlichen Lernorientierung wenig erfolgreiche Lernprozesse stattfinden
können und der Lernerfolg ausbleibt. Die Verwendung von Elaborationsstrategien (z. B.
in Form von Selbsterklärungen), die Verwendung einer tiefergehenden Lernorientierung

---

51   Diese Abgrenzung zwischen motivationalen Merkmalen und Lernstrategien findet sich bei
      der motivationspsychologischen Konzeptualisierung nicht.

sowie die Nutzung eines adäquaten Anstrengungsmanagements können somit als relevante Faktoren für den mathematischen Studienerfolg im ersten Semester vermutet werden.

6.5 Charakterisierung von Lernenden und Unterschiede zwischen Studierenden in Abhängigkeit vom Studiengang

Eine große Heterogenität der Studierendenschaft wird in der Literatur als eine Herausforderung für die Entwicklung adäquater Lehrangebote dargestellt (Dieter, 2012; Metz-Göckel, Kamphans & Scholkmann, 2012). Um die Variabilität der Merkmalsausprägungen zu beschreiben und homogene Gruppen von Lernenden bezüglich kognitiver und motivationaler Merkmale sowie Lernaktivitäten zu bilden, werden in einigen Arbeiten *kognitiv-motivationale Profile von Lernenden* mit Hilfe von Clusteranalysen identifiziert. In diese Profilbindung werden z. T. Lernorientierungen bzw. Lernstrategien (Heikkilä et al., 2011) sowie wahrgenommene Lernbedingungen und Erfolgserwartungen (Dieter, 2012) einbezogen. In den berichteten Studien (Dieter, 2012; Heikkilä et al., 2011) wird jedoch kein Zusammenhang der Profile zum tatsächlichen Studienerfolg hergestellt.

Auch im Kontext Schule sind ähnliche Ansätze zu finden. In der Untersuchung von Kuntze und Reiss (2006) mit 215 Schülerinnen und Schülern der achten Jahrgangsstufe für das Fach Mathematik wurden jedoch nur motivationale, interessensbezogene und selbstkonzeptbezogene, Variablen für die Profilbildung berücksichtigt. Die identifizierten Profile unterschieden sich zudem hauptsächlich in der Stärke der Ausprägung über alle Variablen hinweg. In der Studie von Seidel (2006) mit 1.876 Neuntklässlern nutzte sie die folgenden Merkmale zur Profilbildung im Fach Physik: das fachbezogene Interesse, das fachbezogene Selbstkonzept, das Fachwissen und die kognitiven Grundfähigkeiten. Anhand dieser Variablen konnte sie fünf verschiedene Cluster identifizieren, die sie als (1) Leistungsstarke (Original: Smart), (2) Uninteressierte (Original: Uninterested), (3) sich Unterschätzende (Original: Underestimating), (4) sich Überschätzende (Original: Overestimating) und (5) mit den Inhalten Ringende (Original: Struggling) bezeichnet und mit der Wahrnehmung unterrichtlicher Prozesse in Verbindung setzt.

Diese *wahrgenommene Heterogenität* der Lerngruppe kann auch dann entstehen, wenn Studentinnen und Studenten verschiedener Studiengänge dieselben Lehrveranstaltungen besuchen. Für diese Arbeit relevant sind mögliche Unterschiede zwischen Studierenden in einem Lehramtsstudiengang und einem Nicht-Lehramtsstudiengang (z. B. untersucht in Spinath et al., 2005[52]), aber mit demselben Studienfach. Für das Studienfach Physik hat Albrecht (2011) in seiner Dissertation Unterschiede zwischen 177 Physik- (1-Fach-Bachelor) und 67 Lehramts- (2-Fächer-Bachelor und Staatsexamen) Studierenden festgestellt: 1-Fach-Bachelor-Studierende berichten ein höheres

---

52 Die Ergebnisse dieser Untersuchung sind schwierig zu interpretieren, da Sekundarstufenlehrkräfte aller Fächer mit Studierenden in spezifischen Diplomstudiengängen der Fächer Mathematik, Naturwissenschaften und Ingenieurwissenschaften verglichen wurden.

Fachinteresse und eine bessere Abiturnote und schätzen ihre Begabung für das Fach Physik höher ein. Lehramtsstudierende zeigen dagegen eine höhere berufsbezogene, extrinsische Motivation zu Beginn des ersten Fachsemesters (vgl. Liston & O'Donoghue, 2010 und Neugebauer, 2013). Im Beitrag von Albrecht (2011) werden verschiedene Charakteristika naturwissenschaftlicher Studiengänge identifiziert, konkret die geschlechtsheterogene Studierendenschaft und die hohen Anforderungen in einem Physikstudium. Bezüglich welches Vergleichsmaßstabs (z. B. schulischer Physikunterricht, andere Studiengänge) die Anforderungen in einem Physikstudium als hoch bezeichnet werden, bleibt jedoch unklar. Ebenso wird in diesem Beitrag von Albrecht (2011) der Lerngegenstand an sich, die Physik, nicht weiter charakterisiert. Aufgrund nur weniger Analysen der Lernumwelt in einem Physikstudium bleibt beispielsweise unklar, warum die verschiedenen Qualitätsformen von Motivation, die in der Stichprobe heterogen ausgeprägt sind, Auswirkungen auf den Lernprozess haben könnten.

Für das Fach Mathematik zeigen sich indifferente Ergebnisse in Hinblick auf Unterschiede zwischen Studierenden verschiedener Studiengänge in ihren Lernvoraussetzungen. Während Grabowski (2006, zitiert in Eilerts, 2009) keine Unterschiede in den Interessensausprägungen feststellt, berichtet Blömeke (2009) von stärkeren Ausprägungen des fachlichen Interesses und der Studienmotivation von Diplomstudierenden im Gegensatz zu Lehramtsstudierenden. Signifikante Unterschiede der kognitiven Lernvoraussetzungen in Abhängigkeit vom Studiengang konnten in den Studien von Blömeke (2009) und Grabowski (2006, zitiert in Eilerts, 2009) nicht gezeigt werden, wobei die Konzeptualisierung des Konstruktes in den beiden Untersuchungen kritisch hinterfragt werden sollte: Während der mathematische Vorwissenstest in der Studie von Grabowski (2006, zitiert in Eilerts, 2009) viele schulnahe Aufgaben enthält, nutzt Blömeke (2009) die Wahl des Mathematikkurses (Grundkurs bzw. Leistungskurs) zusammen mit der Abiturnote als kognitive Lernvoraussetzung. Im Gegensatz zu diesen Ergebnissen zeigen Buchholtz und Kaiser (2013) Evidenzen für Unterschiede im mathematischen Wissen zu Studienbeginn in Abhängigkeit vom Studiengang (Lehramtsstudium und Fachstudium). Zusätzlich scheinen reine Fachstudierende mehr Lernstrategien zu verwenden und im ersten Studiensemester mehr mathematische Kompetenz zu erwerben (Buchholtz & Kaiser, 2013; Grabowski, 2006, zitiert in Eilerts, 2009).

Aufgrund dieser vorgestellten Befunde gibt es erste Hinweise, dass insbesondere Lehramtsstudierende mit ungünstigen Lernvoraussetzungen ihr Studium beginnen (vgl. Luk, 2005; Selden, 2005). Aus diesen Ergebnissen zu Unterschieden in den kognitiven und motivationalen Lernvoraussetzungen kann der gewählte Studiengang zum Ersten ein Indikator für ein komplexes, latentes Bündel kognitiv-motivationaler Lernvoraussetzungen sein. Da sich die Studienstrukturen in einem Fachstudiengang und einem Lehramtsstudiengang in einigen Punkten unterscheiden (vgl. Abschnitt 4.2.4), ist der Studiengang zum Zweiten ein (schwacher) Indikator für die unterschiedlichen Studienstrukturen in diesen beiden Studiengängen.

6.6 Zusammenfassung

In diesem Kapitel wurden Erkenntnisse vor allem aus der Unterrichtsforschung, aber auch aus der Hochschulforschung verwendet, um die Konstrukte Studienerfolg und Lernerfolg zu beschreiben sowie potenziell relevante Prädiktoren für den Erfolg in einem Mathematikstudium auf individueller Ebene theoretisch zu identifizieren. Unter *Studienerfolg* werden der *Modulerfolg* und der Lernerfolg (erhoben durch die Indikatoren *mathematischer Kompetenzerwerb* und *positive Entwicklung motivationaler Merkmale*) gefasst.

Als relevante Lernvoraussetzungen werden die folgenden kognitiven und motivationalen Merkmale betrachtet: die *allgemeine Schulleistung*, die *mathematische Kompetenz*, das *Interesse an Mathematik*, das *mathematikbezogene Selbstkonzept* und die *extrinsische Studienmotivation*. Da die intrinsische Studienmotivation wahrscheinlich stark mit dem Fachinteresse zusammenhängt, wurde neben dem Fachinteresse nur die extrinsische Studienmotivation als Motivationsmaß in dieser Untersuchung verwendet. Die mathematische Kompetenz wird explizit in Anlehnung an die Inhalte der betrachteten Lehrveranstaltung konzeptualisiert. Der gewählte Studiengang wird nicht ausschließlich zu den Lernvoraussetzungen gezählt, da diese Variable nicht nur ein Indikator für ein Bündel an kognitiv-motivationalen Lernvoraussetzungen ist, sondern auch einen (schwachen) Indikator für die Studierbedingungen im ersten Semester bildet.[53]

Im Bereich der Angebotsnutzung liegt der Fokus nicht auf der Quantität, sondern auf der Qualität der Angebotsnutzung. Um die Qualität der Angebotsnutzung der Studierenden zu beschreiben, werden zwei unterschiedliche Ansätze verwendet. Zum Ersten wird die *Verwendung von Selbsterklärungen in einer bedeutenden, universitären Lernsituation* fokussiert, zum Zweiten wird ein globaler Blick eingenommen, indem die fachunspezifische, motivationspsychologisch geprägte Konzeptualisierung von Lernstrategien – als *Lernorientierungen* bezeichnet – genutzt sowie das *Anstrengungsmanagement* erfasst wird.

Da der Studienerfolg nicht ausschließlich durch den erfolgreichen Abschluss eines Studienmoduls, sondern insbesondere auch durch den mathematischen Kompetenzerwerb und die positive Entwicklung motivationaler Merkmale definiert wird, wird kein Modell zum Studienerfolg genutzt (das auch soziologische Faktoren für einen Studienerfolg bzw. einen Studienabbruch benennt, z. B. in Blüthmann et al., 2008 oder Tinto, 1975; vgl. Abschnitt 2.4.2). Besser geeignet als Grundlage für diese empirische Untersuchung scheint ein Ausschnitt des Angebots-Nutzungs-Modell von Reusser und Pauli (2010) zu sein, das für Lernprozesse in einem Mathematikstudium adaptiert wurde und als Rahmenmodell, nicht als Strukturgleichungsmodell, für die empirische Untersuchung verwendet wird (Abbildung 6.6).

---

53   Andere Konstrukte wie Zielorientierungen (z. B. Murphy & Alexander, 2000) oder Volition (Wild et al., 2006) wurden nicht miteinbezogen, da diese im Gegensatz beispielsweise zum Konstrukt Fachinteresse weniger fachspezifisch geprägt sind.

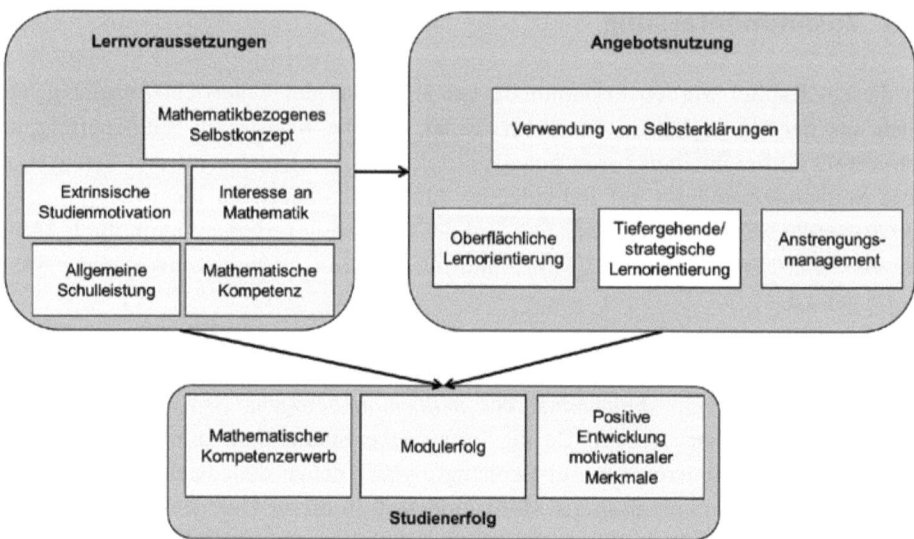

Abbildung 6.6:   Rahmenmodell als Grundlage der empirischen Untersuchung

7 Forschungsfragen

Dem empirischen Teil dieser Arbeit liegt die theoretisch fundierte Annahme zugrunde, dass sich Lehr-Lern-Prozesse in einem Studium mit Hauptfach Mathematik von Lehr-Lern-Prozessen im schulischen Mathematikunterricht in wesentlichen Punkten unterscheiden. Zum Ersten ist der Lerngegenstand selber, die Mathematik, zu nennen, der in der Schule einen eher außermathematischen Anwendungscharakter zeigt, während in der Studieneingangsphase der formal-axiomatische Charakter von Mathematik im Vordergrund steht (vgl. Kapitel 3). Zum Zweiten führen die im Gegensatz zur Schule aus didaktischer Perspektive meist weniger qualitativ hochwertigen Lerngelegenheiten dazu, dass in der Studieneingangsphase die Nutzung des Lehrangebots wahrscheinlich stärker selbstregulativ und unter Verwendung von Elaborationsstrategien stattfinden muss (vgl. Kapitel 4). Aufgrund dieser Besonderheiten der Lernumwelt ist bisher unklar, inwiefern sich die Erkenntnisse, die bei der Betrachtung mathematischer Lernprozesse in der Schule bzw. fachunspezifischer Lernprozesse an der Hochschule generiert wurden, auf das Lernen von wissenschaftlicher Mathematik in der Studieneingangsphase übertragen lassen. Wegen der vermuteten substanziellen Bedeutung individueller Lernprozesse in der mathematischen Studieneingangsphase für den Erfolg in einem Mathematikstudium scheint die Untersuchung dieser Lernprozesse aus theoretischen und praktischen Gründen eine hohe Relevanz zu besitzen (vgl. Abschnitt 2.3 und Kapitel 6).

Die Forschungsfragen zu dieser empirischen, längsschnittlichen Untersuchung im ersten Studiensemester im Studienfach Mathematik sind in drei Bereiche aufgeteilt. Im ersten Bereich stehen kognitive und motivationale Lernvoraussetzungen von Studienanfängerinnen und Studienanfängern sowie die Entwicklung dieser individuellen Merkmale im Verlauf des ersten Semesters im Vordergrund (Fragen im Abschnitt 7.1). Im zweiten Bereich wird die Bedeutung der Qualität der Angebotsnutzung für den individuellen Lernerfolg untersucht (Fragen im Abschnitt 7.2). Im dritten Bereich werden mögliche Einflussfaktoren für den Erfolg in einem Studienmodul analysiert (Fragen im Abschnitt 7.3).[54]

---

54 Insgesamt werden nur Fragen analysiert, zu denen theoriebasierte Hypothesen formuliert werden können bzw. die einen relevanten, explorativen Charakter besitzen. Beispielsweise wird das Merkmal „Geschlecht" nicht betrachtet, da zu diesem Merkmal sehr wenige, aussagekräftige Annahmen existieren, die relevant für diese Arbeit erscheinen.

7.1 Lernvoraussetzungen von Studienanfängerinnen und Studienanfängern im Fach Mathematik zu Beginn des Studiums und die Entwicklung dieser Merkmale im ersten Studiensemester

Lernvoraussetzungen sind als individuelle Merkmale zu Studienbeginn erklärt, die Studienanfängerinnen und Studienanfänger an die Hochschule mitbringen. Da eine absolute Interpretation von erhobenen Daten zu individuellen Lernvoraussetzungen aufgrund eines fehlenden Vergleichsmaßstabs als schwierig erscheint, steht die Homogenität bzw. Heterogenität der Gruppe der Studienanfängerinnen und Studienanfänger bezüglich ihrer Lernvoraussetzungen im Fokus. Die Hauptfragestellung dieses ersten Teils zu individuellen Merkmalen von Studierenden lautet:

> Frage 7.1.1 Wie homogen ist die Gruppe der Studienanfängerinnen und Studienanfänger im Fach Mathematik in Hinblick auf verschiedene kognitive und motivationale Lernvoraussetzungen?

Generell negieren Dieter (2012) und Metz-Göckel et al. (2012) eine homogene Verteilung der Lernvoraussetzungen in der Studierendenschaft, obwohl sich sicherlich die kognitiven und motivationalen Merkmale der Lerngruppe beim Übergang von einem allgemeinen, mathematischen Schulunterricht in ein Mathematikstudium eher homogenisiert haben (vgl. Abschnitt 2.2). Mit Hilfe von Unterfragen wird diese Frage 7.1.1 untersucht.

7.1.1(a) Welche Zusammenhänge bestehen zu Beginn des Studiums zwischen den Lernvoraussetzungen allgemeine Schulleistung, mathematische Kompetenz, Interesse an Mathematik, mathematikbezogenes Selbstkonzept und extrinsische Studienmotivation?

Hypothesen: Starke Zusammenhänge werden zwischen den Lernvoraussetzungen Interesse an Mathematik und mathematikbezogenes Selbstkonzept sowie mittlere Zusammenhänge zwischen den Lernvoraussetzungen mathematische Kompetenz und allgemeine Schulleistung bzw. mathematische Kompetenz und mathematikbezogenes Selbstkonzept erwartet. Andere Zusammenhänge zwischen motivationalen und kognitiven Variablen werden als eher schwach vermutet.

Diese Annahmen basieren vor allem auf Erkenntnissen zu individuellen Merkmalen im schulischen Mathematikunterricht bzw. zu Studierendenmerkmalen einer fachheterogenen Stichprobe (vgl. Abschnitt 6.3.1). Da individuelle Lernprozesse nicht durch ein einzelnes Merkmal beeinflusst werden bzw. bedingt sind, kann die Analyse kognitiv-motivationaler Profile von Lernenden detaillierter Auskunft über die vorhandenen Lernressourcen geben.

7.1.1(b) Inwiefern können kognitiv-motivationale Profile von Lernvoraussetzungen unterschieden werden?

Hypothese: Aufgrund der oft berichteten Heterogenität der Studierendenschaft kann davon ausgegangen werden, dass sich Studienanfängerinnen und Studienanfänger im Fach Mathematik in ihren Lernvoraussetzungen substanziell voneinander unterscheiden und die Identifikation verschiedener kognitiv-motivationaler Profile möglich ist.

Aufgrund des explorativen Charakters der Frage und fehlender, passender Vorarbeiten können zur Art der Unterschiede zwischen den Studienanfängerinnen und Studienanfängern im Fach Mathematik keine gerichteten Hypothesen formuliert werden.

Neben der eher „künstlichen" Differenzierung der Studienanfängerinnen und Studienanfänger durch kognitiv-motivationale Profile könnte ebenfalls die Betrachtung des Studiengangs (1-Fach- oder 2-Fächer-Bachelor)[55] systematische Unterschiede in den Lernvoraussetzungen der Studierenden aufzeigen. Aus Sicht der Hochschuldidaktik stellt sich die Frage, ob es sinnvoll ist, gemeinsame Lehrangebote für verschiedene Studiengänge anzubieten. Diese Frage ist z. T. mit theoretischen Überlegungen zu Zielen von spezifischen Studiengängen zu beantworten. Neben diesen eher hochschulpolitischen Argumenten (über Ziele von Studiengängen) kann diese offene Frage auch aus der Perspektive der Lehr-Lern-Forschung betrachtet werden. Wenn sich Studierende in verschiedenen Studiengängen, z. B. 1-Fach- und 2-Fächer-Bachelor Mathematik, schon zu Beginn des Studiums in ihren Lernvoraussetzungen substanziell unterscheiden, könnte eine Trennung in zwei Lehrveranstaltungen mit verschiedenen Schwerpunkten sinnvoll sein.

7.1.1(c) Unterscheiden sich kognitive und motivationale Lernvoraussetzungen von Studienanfängerinnen und Studienanfängern in Abhängigkeit vom gewählten Studiengang?

Hypothesen: Es wird angenommen, dass 1-Fach-Bachelor-Studierende im Interesse an Mathematik, im mathematikbezogenen Selbstkonzept sowie in der mathematischen Kompetenz durchschnittlich höhere Ausprägungen zu Studienbeginn aufweisen als 2-Fächer-Bachelor-Studierende. Dagegen wird vermutet, dass 2-Fächer-Bachelor-Studierende ihr Studium mit einer höheren Ausprägung in der extrinsischen Studienmotivation als 1-Fach-Bachelor-Studierende beginnen. Keine signifikanten Unterschiede zwischen den Studienanfängerinnen und Studienanfängern der beiden Studiengänge werden bei der allgemeinen Schulleistung erwartet.

Diese Hypothesen basieren vor allem auf Ergebnissen von Blömeke (2009), Buchholtz und Kaiser (2013) sowie Grabowski (2006, zitiert in Eilerts, 2009), wobei der angenommene Unterschied in Abhängigkeit vom Studiengang in der mathematischen Kompetenz auf die in der vorliegenden Untersuchung gewählten Konzeptualisierung und

---

55   Der 1-Fach-Bachelor-Studiengang hat den früheren Diplom-Studiengang ersetzt und beinhaltet ein Fachstudium der Mathematik mit einem Nebenfach. Der 2-Fächer-Bachelor-Studiengang hat den Studiengang Staatsexamen auf gymnasiales Lehramt ersetzt und beinhaltet ein Lehramtsstudium (auf gymnasiales Lehramt) mit zwei Hauptfächern und den pädagogischen Studien.

Operationalisierung des Konstruktes zurückzuführen ist (vgl. Abschnitt 6.5 und Abschnitt 8.3.2). Die erwartete, höhere Ausprägung in der extrinsischen Studienmotivation der 2-Fächer-Bachelor-Studierenden im Gegensatz zu den 1-Fach-Bachelor-Studierenden kann durch den Umstand begründet werden, dass Lehramtsstudierende stärker an den Konsequenzen des Studiums – der beruflichen Arbeit (im Berufsfeld Schule) – interessiert zu sein scheinen als reine Fachstudierende (vgl. Albrecht, 2011; Liston & O'Donoghue, 2010).

Im zweiten Teil dieses Fragenbereiches zu kognitiven und motivationalen Merkmalen von Studienanfängerinnen und Studienanfängern stehen die Entwicklungen dieser Merkmale im Verlauf des ersten Semesters unter der folgenden Hauptfragestellung im Vordergrund:

> Frage 7.1.2 Inwiefern beeinflussen sich individuelle Merkmale von Studierenden gegenseitig in ihrer Entwicklung im Verlauf des ersten Semesters im Fach Mathematik?

Da sich die Lernumwelt beim Übergang von der Schule in ein Mathematikstudium vermutlich substanziell verändert (Lerngegenstand: vgl. Kapitel 3, Lernumgebung: vgl. Kapitel 4) und individuelle Merkmale durch die Lernumwelt beeinflusst werden können (Roos & Schöler, 2013), wird eine Veränderung der Merkmale von Lernenden in der mathematischen Studieneingangsphase vermutet.

Die Entwicklung des Interesses an Mathematik, des mathematikbezogenen Selbstkonzepts und der mathematischen Kompetenz wird deskriptiv betrachtet. Zudem wird geklärt, inwiefern die Entwicklungen der individuellen Merkmale vom Studiengang abhängig sind, inwiefern sich die individuellen Merkmale gegenseitig in ihrer Entwicklung beeinflussen und welche kognitiven bzw. motivationalen Lernvoraussetzungen einen Einfluss auf die mathematische Kompetenz am Ende des Semesters besitzen.

7.1.2(a) Wie verändert sich das Interesse an Mathematik, das mathematikbezogene Selbstkonzept und die mathematische Kompetenz im Verlauf des ersten Semesters?

Hypothesen: Eine Veränderung des Interesses an Mathematik wird erwartet, wobei die Richtung dieser Änderung unklar ist. Zudem werden eine Verringerung des mathematikbezogenen Selbstkonzepts und ein starker, mathematischer Kompetenzzuwachs vermutet.

Da das Merkmal Interesse eine Person-(Lern-)Gegenstands-Beziehung beschreibt und sich der Lerngegenstand beim Übergang von der Schule zur Hochschule im Fach Mathematik substanziell wandelt (vgl. Kapitel 3), wird eine Veränderung des individuellen Interesses an Mathematik vermutet. Die Richtung dieser Veränderung ist auf theoretischer Ebene unklar, da beim Kennenlernen wissenschaftlicher Mathematik verschiedene Mechanismen auftreten können: Falls Studienanfängerinnen und Studienanfänger einen anderen Charakter von Mathematik erwarten, werden sie im Verlauf des ersten Semesters entweder enttäuscht oder sie finden den wissenschaftlichen Charakter von Mathematik spannend und schätzen ihren Wert. Für das mathematikbezogene Selbstkonzept wird eine Abnahme in den Ausprägungen vermutet, was durch die ungewohnten und hohen Anforderungen beim universitären Lernen von Mathematik sowie den Big-fish-little-pond-Effekt begründet wird (vgl. Abschnitt 6.3.2) – die Stärke dieser Veränderung kann jedoch nicht vorhergesagt werden. Der vermutete, mathematische Kompetenzzuwachs mit einer starken Effektstärke ist auf die Kongruenz der Anforderungen zwischen den Testinstrumenten und den Lehr-Lern-Prozessen im ersten Semester eines Mathematikstudiums zurückzuführen (vgl. Abschnitt 8.3.2).

Bisher ist unklar, inwiefern andere Faktoren, z. B. der gewählte Studiengang, der als Indikator für die Studierbedingungen angesehen werden kann, mit der Entwicklung kognitiver und motivationaler Merkmale zusammenhängen (vgl. Abschnitt 6.5).

7.1.2(b) Inwiefern unterscheiden sich die Entwicklungsverläufe von Interesse an Mathematik, mathematikbezogenem Selbstkonzept und mathematischer Kompetenz im ersten Semester in Abhängigkeit vom Studiengang?

Hypothesen: Es wird vermutet, dass im Verlauf des ersten Semesters 1-Fach-Bachelor-Studierende durchschnittlich einen höheren Grad an mathematischer Kompetenz erwerben und eine positivere Interessens- und Selbstkonzept-Entwicklung aufweisen als 2-Fächer-Bachelor-Studierende.

Diese Vermutungen werden auf die Doppelbelastung der 2-Fächer-Bachelor-Studierenden durch die Belegung zweier Hauptfächer und der pädagogischen Studien sowie auf den Arbeitsaufwand für ein Studium im Fach Mathematik zurückgeführt. Aufgrund nur eines Hauptfaches könnten 1-Fach-Bachelor-Studierende mehr Zeit für das Lernen von Mathematik aufbringen und einen höheren Grad an mathematischer Kompetenz erwerben (vgl. Buchholtz & Kaiser, 2013), was sich möglicherweise auch auf die Entwicklung des mathematikbezogenen Selbstkonzepts auswirkt (vgl. Abschnitt 6.3.1). Da eine vertiefte Auseinandersetzung mit einem Lerngegenstand zu einer Interessensbildung führt (vgl. Köller et al., 2006), könnten auch beim Merkmal Interesse an Mathematik 1-Fach-Bachelor-Studierende einen günstigeren Entwicklungsverlauf aufweisen.

Neben Zusammenhangsanalysen mit den Studierbedingungen stellt sich die Frage, inwiefern sich die Entwicklungen der individuellen Merkmale gegenseitig beeinflussen. Derartige Fragen werden häufig mittels Cross-Lagged-Panel-Designs untersucht (vgl. Abschnitt 8.4). Typische Ergebnisse solcher Untersuchungen aus dem mathematischen Schulunterricht zeigen starke Effekte von direkten Pfaden und nur schwache Effekte von Kreuzpfaden, bzw. es konnten keine Effekte von Kreuzpfaden festgestellt werden (z. B. Chen et al., 2013; Köller et al., 2006; Marsh et al., 2005; Seaton et al., 2014). Analog zu diesen berichteten Arbeiten werden auch für die Studieneingangsphase im Fach Mathematik ähnliche Ergebnisse erwartet. Aufgrund der angenommenen Bedeutung der Übergangsphase Schule – Hochschule für die Entwicklung kognitiver und motivationaler Merkmale wird die Untersuchung der gegenseitigen Beeinflussungen der Merkmale in der ersten Hälfte des ersten Semesters durchgeführt.

7.1.2(c) Welchen Einfluss haben das Interesse an Mathematik, das mathematikbezogene Selbstkonzept und die mathematische Kompetenz zu Beginn des Semesters auf das Interesse an Mathematik, das mathematikbezogene Selbstkonzept und die mathematische Kompetenz zur Mitte des Semesters?

Hypothesen: Es wird vermutet, dass die Ausprägungen der jeweiligen Merkmale zu Beginn des Semesters die Ausprägungen der zugehörigen Merkmale zur Mitte des Semesters stark beeinflussen. Signifikante Kreuzpfade werden höchstens mit schwachen Effekten erwartet, wobei die größte Wirkung auf die mathematische Kompetenz zur Mitte des Semesters dem mathematikbezogenen Selbstkonzept zu Beginn des Semesters zugeschrieben wird.

Da insbesondere die mathematische Kompetenz am Ende des Semesters als ein bedeutender Indikator des Lernerfolgs (und damit des Studienerfolgs im ersten Semester) angesehen wird, werden Einflussfaktoren für dieses Konstrukt explizit untersucht.

7.1.2(d) Welche kognitiven und motivationalen Lernvoraussetzungen beeinflussen die mathematische Kompetenz am Ende des Semesters?

Hypothesen: Es wird vermutet, dass die allgemeine Schulleistung und die mathematische Kompetenz zu Beginn des Semesters die mathematische Kompetenz am Ende des Semesters beeinflussen. Die motivationalen Lernvoraussetzungen werden als weniger (Interesse an Mathematik und mathematikbezogenes Selbstkonzept) bzw. gar nicht (extrinsische Studienmotivation) bedeutend eingeschätzt.

Da die allgemeine Schulleistung ein Maß für das Leistungsvermögen einer Studienanfängerin bzw. eines Studienanfängers ist (vgl. Nagy, 2006; Trapmann et al., 2007), wird ein Einfluss der allgemeinen Schulleistung auf die mathematische Kompetenz am Ende des Semesters vermutet. Eine (starke) Wirkung wird ebenfalls der gezeigten, mathematischen Kompetenz zu Beginn des Semesters zugesprochen, da die beiden Kompetenzkonstrukte ähnlich konzeptualisiert und operationalisiert sind (vgl. Abschnitt 8.3.2). Dagegen besitzen motivationale Lernvoraussetzungen vermutlich einen geringeren Einfluss auf die gezeigte, mathematische Kompetenz zu Semesterende, da ohne ein geeignetes Mindestmaß an mathematischer Kompetenz die Lerninhalte im ersten Semester nicht zu bewältigen sind und mögliche, fehlende Wissenslücken auch nicht durch erhöhte, motivationale Lernvoraussetzungen zu kompensieren sind (empirische Hinweise für die Sekundarstufe I und II im Fach Mathematik z. B. Chen et al., 2013; Köller et al., 2006; Marsh et al., 2005).[56]

---

56   Nach dieser Begründung wäre es möglich, dass nur bei schwächeren Lernenden die motivationalen Merkmale keine Auswirkungen auf den Modulerfolg besitzen, bei stärkeren Lernenden jedoch schon. Dieser mögliche Interaktionseffekt wird aufgrund fehlender theoretischer Vorarbeiten jedoch nicht untersucht.

7.2 Angebotsnutzung beim Lernen von wissenschaftlicher Mathematik am Beispiel des Inhaltsgebiets „Reelle Folgen und Reihen"

Während im ersten Bereich der Forschungsfragen der Fokus auf die individuellen Lernvoraussetzungen und deren Entwicklung gelegt wird, steht im zweiten Bereich die Nutzung des Lehrangebots, insbesondere die Qualität der Nutzung, im Vordergrund. Die Qualität der Nutzung wird exemplarisch im Inhaltsgebiet „Reelle Folgen und Reihen" unter der folgenden Hauptfragestellung untersucht:

Frage 7.2 Inwiefern beeinflusst die Qualität der Angebotsnutzung den Lernerfolg beim Lernen von wissenschaftlicher Mathematik?

Als Indikator für die Qualität der Angebotsnutzung wird die Qualität der verwendeten Lernstrategien erhoben. Die Bedeutung der Verwendung von Lernstrategien für den Lernerfolg wird in der Literatur kontrovers diskutiert. Zum einen sind die beiden grundlegenden Konzeptualisierungen von Lernstrategien aufgrund kognitionspsychologischer bzw. motivationspsychologischer Grundlagen etabliert und in vielen Untersuchungen eingesetzt worden (z. B. Eilerts, 2009; Himmelbauer, 2009; Schiefele et al., 2003), zum anderen wird diese Art der Erfassung von Lernhandlungen kritisch diskutiert (Artelt, 1998; Dinsmore & Alexander, 2012). Aus diesem Grund werden in dieser Studie zwei verschiedene Ansätze verwendet, um die Qualität der Nutzung des Lehrangebots durch Studentinnen und Studenten im Fach Mathematik zu analysieren: Neben einer etablierten motivationspsychologischen Konzeptualisierung und Operationalisierung, die nicht speziell auf das Lernen von wissenschaftlicher Mathematik zugeschnitten ist, Ansatz (ii), wird die Nutzung einer spezifischen Elaborationsstrategie in einer mathematischen, universitären Lernsituation eines Mathematikstudiums analysiert, Ansatz (i). Zur besseren Übersichtlichkeit werden diese beiden Ansätze, (i) *Verwendung von Selbsterklärungen bei der Aufgabenbearbeitung im Selbststudium* bzw. (ii) *tiefergehende/ strategische und oberflächliche Lernorientierung sowie das Anstrengungsmanagement* zuerst getrennt mit dem Lernerfolg in Verbindung gesetzt und anschließend miteinander verglichen. Bei beiden Ansätzen wird jeweils das Mediatorenmodell „Lernvoraussetzungen → Verwendung von Lernstrategien → Lernerfolg" (vgl. Abbildung 6.6) diskutiert, wobei aufgrund der methodischen Vorgehensweise, die nicht experimentell ist, nur vorsichtig – unter Verwendung theoretischer Überlegungen – Kausalhypothesen formuliert werden können.

Ansatz (i): Selbsterklärungen bei der Aufgabenbearbeitung im Selbststudium

In der Hochschule spielt neben dem Besuch von Lehrveranstaltungen auch das Selbststudium eine wichtige, wenn nicht die zentrale Rolle im mathematischen Lehr-Lern-Prozess (vgl. Abschnitt 4.2). Im Selbststudium wiederum ist die Bearbeitung von Übungsaufgaben eine essentielle Lerngelegenheit. In der vorliegenden Arbeit wird der

Qualität der Nutzung dieser Lerngelegenheit eine substanzielle Bedeutung zugemessen, wobei ein elaborierendes einem rein wiederholenden (bzw. nachvollziehenden) Vorgehen vorzuziehen erscheint: Für die Lernsituation der Aufgabenbearbeitung im Selbststudium wird als Elaborationsstrategie die Nutzung von Selbsterklärungen gewählt (vgl. Abschnitt 6.4.2).

Als ersten Schritt zur Analyse des genannten Mediatorenmodells wird der Zusammenhang zwischen den berichteten Lernvoraussetzungen und der Verwendung von Selbsterklärungen untersucht. Zusätzlich wird der Zusammenhang der Verwendung von Selbsterklärungen mit dem Studiengang analysiert, wobei der Studiengang bei dieser Analyse stärker die Rolle eines Indikators für die unterschiedlichen Studierbedingungen der beiden Studiengänge einnimmt. Um den studentischen Lernprozess bei der Bearbeitung von Übungsaufgaben genauer beschreiben zu können, sollen darüber hinaus erste Hypothesen zum Zusammenhang zwischen der Nutzung von Selbsterklärungen und der Arbeit in Lerngruppen explorativ generiert werden.

7.2.1(a) Inwiefern hängt die Verwendung von Selbsterklärungen bei der Aufgabenbearbeitung mit kognitiven und motivationalen Lernvoraussetzungen zusammen? Unterscheidet sich der Grad an verwendeten Selbsterklärungen bei der Aufgabenbearbeitung in Abhängigkeit vom Studiengang? Inwiefern kann ein Zusammenhang zwischen der Verwendung von Selbsterklärungen bei der Aufgabenbearbeitung und dem Arbeitsverhalten in Lerngruppen hergestellt werden?

Hypothesen: Es werden allenfalls schwache Zusammenhänge zwischen der Verwendung von Selbsterklärungen bei der Aufgabenbearbeitung und kognitiven sowie motivationalen Lernvoraussetzungen vermutet. Dagegen wird angenommen, dass prozentual mehr 1-Fach-Bachelor-Studierende die Verwendung von Selbsterklärungen berichten als 2-Fächer-Bachelor-Studierende.

Aus vorherigen Untersuchungen ist zwar bekannt, dass die Verwendung von tiefergehenden (z. B. elaborierenden) Lernstrategien scheinbar mit motivationalen Merkmalen zusammenhängt (vgl. Abschnitt 6.4.2). Aufgrund der speziellen Charakteristik universitärer, mathematischer Lerngelegenheiten kann jedoch vermutet werden, dass der schulische Lernprozess und die daraus resultierenden Lernstrategien, die Studienanfängerinnen und Studienanfänger an die Hochschule mitbringen und die mit ihren kognitiven und motivationalen Lernvoraussetzungen zusammenhängen, für Lernprozesse in der mathematischen Studieneingangsphase weniger relevant sind (vgl. Abschnitt 4.3.2). Auf diese theoretische Überlegung begründet sich die Annahme, dass die Verwendung dieser speziellen Elaborationsstrategie und die berichteten Lernvoraussetzungen allenfalls schwach miteinander zusammenhängen. Aufgrund der vermuteten, hohen Arbeitsbelastung in einem 2-Fächer-Bachelor-Studiengang könnte gefolgert werden, dass 2-Fächer-Bachelor-Studierende weniger Lernaufwand zum Bearbeiten der mathematischen Übungsaufgabe investieren (können) und somit nach den Ergebnissen von Schiefele et al. (1995) auch weniger Elaborationsstrategien – in der vorliegenden Untersuchung weniger Selbsterklärungen – als 1-Fach-Bachelor-Studierende verwenden.

Als nächsten Schritt zur Analyse des Mediatorenmodells „Lernvoraussetzungen → Verwendung von Lernstrategien → Lernerfolg" wird der Zusammenhang zwischen der Verwendung von Selbsterklärungen und dem Lernerfolg untersucht. Als einen Indikator für Lernerfolg wird die positive Entwicklung des Interesses an Mathematik und des mathematikbezogenen Selbstkonzepts betrachtet.

7.2.1(b) Welcher Zusammenhang besteht zwischen der Verwendung von Selbsterklärungen bei der Aufgabenbearbeitung und der Entwicklung des Interesses an Mathematik und des mathematikbezogenen Selbstkonzepts?

Hypothese: Es wird davon ausgegangen, dass die Verwendung von Selbsterklärungen positiv mit der Entwicklung motivationaler Merkmale zusammenhängt.

Der vermutete Zusammenhang zwischen der Verwendung dieser speziellen Elaborationsstrategie und der Entwicklung motivationaler Merkmale wird auf den Mechanismus von Selbsterklärungen in einem Lernprozess zurückgeführt. Durch Selbsterklärungen werden die zu lernenden, fachlichen Inhalte kognitiv stärker aufbereitet, so dass die Person-(Lern-)Gegenstands-Beziehung intensiviert wird. Der positive Zusammenhang speziell mit der Entwicklung des mathematikbezogenen Selbstkonzepts könnte auch darauf zurückgeführt werden, dass bei einer Verwendung von Selbsterklärungen der Lerngegenstand (wenigstens nach der Aufgabenbearbeitung) selbstständig analysiert werden kann.

Neben dieser prognostizierenden Sichtweise auf die Verwendung von Selbsterklärungen sowie die angenommenen Zusammenhänge mit dem Studiengang und der Entwicklung motivationaler Merkmale im Verlauf des Semesters wird abschließend die Wirkung der Verwendung von Selbsterklärungen auf den mathematischen Kompetenzerwerb (im Inhaltsgebiet „Reelle Folgen und Reihen") untersucht.

7.2.1(c) Inwiefern beeinflusst die Verwendung von Selbsterklärungen bei der Aufgabenbearbeitung den mathematischen Kompetenzerwerb?

Hypothese: Es wird ein kausaler Zusammenhang zwischen der Verwendung von Selbsterklärungen und dem mathematischen Kompetenzerwerb vermutet.

Diese Annahme beruht wiederum auf der Wirkweise von Selbsterklärungen im Lernprozess. In der Lernsituation „Aufgabenbearbeitung im Selbststudium" wird der Lerngegenstand durch die Verwendung von Selbsterklärungen für den individuellen Lernprozess aufbereitet und so für die Einbettung in das eigene Wissensgebäude vorbereitet (vgl. Renkl, 1997 und Abschnitt 6.4.2).

In diesem vorgestellten Ansatz (i) wird die Qualität der Angebotsnutzung durch die Verwendung einer speziellen Lernstrategie („Selbsterklärungen") in einer spezifischen Lernsituation („Aufgabenbearbeitung im Selbststudium") untersucht. Im Ansatz (ii) dagegen wird die Qualität der Angebotsnutzung unabhängig von der Lernsituation (und vom Lerngegenstand) konzeptualisiert.

Ansatz (ii): Tiefergehende/strategische Lernorientierung, oberflächliche Lernorientierung sowie das Anstrengungsmanagement

Beim zweiten Ansatz wird eine Perspektive auf die Qualität der Angebotsnutzung eingenommen, die häufig in pädagogisch-psychologischen Arbeiten zu finden ist (vgl. Creß & Friedrich, 2000; Dinsmore & Alexander, 2012): die Analyse einer tiefergehenden/strategischen[57] und einer oberflächlichen Lernorientierung. Für diese motivationspsychologische Konzeptualisierung von Lernstrategien wird der Begriff der Lernorientierung verwendet, um diesen globalen Blick auf die Nutzung des Lehrangebots von der Verwendung von spezifischen Lernstrategien abzugrenzen (vgl. Creß, 2006). Als dritten Indikator für die Qualität der Angebotsnutzung wird das Anstrengungsmanagement mit einbezogen, das in anderen Untersuchungen als bedeutender Einflussfaktor für den Studienerfolg identifiziert wurde (z. B. Richardson et al., 2012; Schiefele et al., 2003). Wie schon für Ansatz (i) soll auch für diese Konzeptualisierung von Lernstrategien als Lernorientierungen bzw. durch die Variable „Anstrengungsmanagement" das Mediatorenmodell „Lernvoraussetzungen → Verwendung von Lernstrategien → Lernerfolg" untersucht werden.

7.2.2(a) Inwiefern hängen eine tiefergehende/strategische Lernorientierung, eine oberflächliche Lernorientierung und das Anstrengungsmanagement mit kognitiven und motivationalen Lernvoraussetzungen zusammen? Unterscheiden sich die Verwendung einer tiefergehenden/strategischen Lernorientierung, einer oberflächlichen Lernorientierung und das Anstrengungsmanagement in Abhängigkeit vom Studiengang?

Hypothesen: Es wird angenommen, dass eine tiefergehende/strategische Lernorientierung positiv mit dem Interesse an Mathematik zusammenhängt. Zudem wird vermutet, dass eine oberflächliche Lernorientierung mit der extrinsischen Studienmotivation zu Semesterbeginn positiv einhergeht. Es werden mittlere, positive Zusammenhänge zwischen Ausprägungen im Anstrengungsmanagement und dem Interesse an Mathematik sowie dem mathematikbezogenen Selbstkonzept erwartet. Bezüglich des Studiengangs wird vermutet, dass Studierende des 1-Fach-Bachelor-Studiengangs stärker eine tiefergehende/strategische Lernorientierung und weniger eine oberflächliche Lernorientierung berichten als Studierende des 2-Fächer-Bachelor-Studiengangs.

Die vermuteten Zusammenhänge zwischen den motivationalen Lernvoraussetzungen und den Lernorientierungen werden auf die motivationspsychologische Konzeptualisierung der Lernorientierungen zurückgeführt. Die Zusammenhänge zwischen dem Anstrengungsmanagement und dem Fachinteresse bzw. dem fachbezogenen Selbstkonzept werden z. T. in der Literatur berichtet (z. B. Schiefele et al., 1995), genauso wie die Zusammenhänge zwischen den Lernorientierungen bzw. dem Anstrengungsmanage-

---

57   Die tiefergehende/strategische Lernorientierung setzt sich aus dem deep approach und dem strategic approach zusammen (vgl. Abschnitt 6.4.1 bzw. Abschnitt 8.3.2).

ment und dem gewählten Studiengang (Grabowski, 2006, zitiert in Eilert, 2009; vgl. auch Hypothesen und Begründung zu Frage 7.2.1(a)).

Als ein Indikator für Lernerfolg wird wiederum die positive Entwicklung des Interesses an Mathematik und des mathematikbezogenen Selbstkonzepts betrachtet.

7.2.2(b) Welche Zusammenhänge bestehen zwischen einer tiefergehenden/ strategischen Lernorientierung, einer oberflächlichen Lernorientierung sowie dem Anstrengungsmanagement und der Entwicklung des Interesses an Mathematik und des mathematikbezogenen Selbstkonzepts?

Hypothesen: Es wird vermutet, dass eine oberflächliche Lernorientierung mit der Entwicklung der motivationalen Merkmale negativ zusammenhängt, während eine tiefergehende/strategische Lernorientierung und eine höhere Ausprägung im Anstrengungsmanagement mit der Entwicklung der motivationalen Merkmale positiv einhergeht.

Eine oberflächliche Lernorientierung zeichnet sich beispielsweise durch Auswendiglernen und wahrgenommene Unsicherheiten mit dem Lerngegenstand aus, wodurch der vermutete, negative Zusammenhang mit der Entwicklung der motivationalen Merkmale erklärt werden kann. Eine tiefergehende/strategische Lernorientierung mit Techniken zur kognitiven Aufarbeitung des Lerngegenstands könnte mit einer positiven Entwicklung der motivationalen Merkmale einhergehen. Die Hypothesen zu den Zusammenhängen zwischen dem Anstrengungsmanagement und den Entwicklungsverläufen der motivationalen Merkmale können beispielsweise dadurch begründet werden, dass ein zu den hohen Anforderungen in der mathematischen Studieneingangsphase (vgl. Kapitel 5) passendes Anstrengungsmanagement die längerfristige Beschäftigung mit dem Lerngegenstand bewirkt und durch diese Beschäftigung die Person-(Lern-)Gegenstands-Beziehung intensiviert wird.

Neben der positiven Entwicklung der motivationalen Merkmale stellt der mathematische Kompetenzerwerb (im Inhaltgebiet „Reelle Folgen und Reihen") einen weiteren wichtigen Indikator für den Lernerfolg dar.

7.2.2(c) Inwiefern beeinflussen eine tiefergehende/strategische Lernorientierung, eine oberflächliche Lernorientierung sowie das Anstrengungsmanagement den mathematischen Kompetenzerwerb?

Hypothesen: Insbesondere einer tiefergehenden Lernorientierung und dem Anstrengungsmanagement wird eine positive Wirkung auf den mathematischen Kompetenzerwerb zugeschrieben.

Aus theoretischer Sicht können diese Hypothesen auf den schon beschriebenen Mechanismus bei der Verwendung einer tiefergehenden/strategischen Lernorientierung und eines hoch ausgeprägten Anstrengungsmanagement zurückgeführt werden. In einigen empirischen Studien sind solche positiven Wirkungen der genannten Variablen insbesondere auf die gezeigte Leistung im Studium schon festgestellt worden (Fenollar et al., 2007; Schiefele et al., 2003).

Empirische Zusammenführung der beiden Ansätze (i) und (ii)

Nachdem diese beiden Ansätze (i) und (ii) zur Beschreibung der Qualität der individuellen Angebotsnutzung getrennt voneinander betrachtet wurden, wird der Zusammenhang zwischen den in diesen beiden Ansätzen erfassten Verhaltensweisen bei der Angebotsnutzung analysiert.

7.2.3 Wie hängt die Verwendung von Selbsterklärungen bei der Aufgabenbearbeitung mit einer tiefergehenden/strategischen Lernorientierung, einer oberflächlichen Lernorientierung sowie dem Anstrengungsmanagement zusammen?

Hypothesen: Es wird von einem positiven Zusammenhang zwischen der Verwendung von Selbsterklärungen und einer tiefergehenden/strategischen Lernorientierung und dem Anstrengungsmanagement ausgegangen sowie von einem negativen Zusammenhang zwischen der Verwendung von Selbsterklärungen und einer oberflächlichen Lernorientierung.

Selbsterklärungen sind der Gruppe der Elaborationsstrategien zuzuordnen und dementsprechend werden Selbsterklärungen wahrscheinlich eher von Studierenden mit einer hoch ausgeprägten tiefergehenden/strategischen Lernorientierung und einer gering ausgeprägten oberflächlichen Lernorientierung genutzt (vgl. Trigwell et al., 2013). Der angenommene Zusammenhang zwischen der Verwendung von Selbsterklärung und dem Anstrengungsmanagement ist auf die Ergebnisse von Schiefele et al. (1995) zurückzuführen.[58]

7.3 Bedingungsfaktoren für den Modulerfolg im ersten Semester im Fach Mathematik

In den beiden ersten Bereichen von Forschungsfragen stehen die kognitiven und motivationalen Merkmale der Studienanfängerinnen und Studienanfänger sowie deren Entwicklungen im Verlauf des ersten Semesters bzw. die Qualität der individuellen Nutzung des Lehrangebots im Vordergrund. Im dritten Bereich wird die Wirkung dieser Merkmale – aufgeteilt in einzelne Forschungsfragen – auf den Modulerfolg untersucht:

> Frage 7.3 Welche individuellen Faktoren beeinflussen den Modulerfolg im ersten Semester im Fach Mathematik?

Bisher gibt es nur indifferente Aussagen zur Bedeutung kognitiver und motivationaler Merkmale auf den Studien- bzw. Modulerfolg (z. B. Blömeke, 2009; Eilerts, 2009; Schiefele et al., 2003), was z. T. auf unterschiedliche Operationalisierungen der Konstrukte (z. B. des Studieninteresses bzw. der mathematischen Kompetenz) zurückzuführen ist.

---

58   Der Wirkmechanismus zwischen dem Lernaufwand und der Verwendung von Elaborationsstrategien scheint jedoch noch nicht hinreichend genau geklärt zu sein.

7.3(a) Welche kognitiven und motivationalen Lernvoraussetzungen beeinflussen den Modulerfolg? Welche kognitiv-motivationalen Profile zu Studienbeginn erweisen sich in Bezug auf den Modulerfolg als günstig?

Hypothesen: Es wird vermutet, dass die allgemeine Schulleistung und die mathematische Kompetenz zu Beginn des Semesters einen starken Einfluss auf den Modulerfolg am Ende des ersten Semesters besitzen. Den motivationalen Lernvoraussetzungen, insbesondere dem Interesse an Mathematik, wird eine schwache Wirkung zugeschrieben.

Analog zum Einfluss auf die mathematische Kompetenz am Ende des ersten Semesters (vgl. Frage 7.1.2(d)) wird eine (starke) Wirkung der allgemeinen Schulleistung und der mathematischen Kompetenz zu Beginn des Studiums auf den Modulerfolg erwartet (vgl. Blömeke, 2009; Trapmann et al., 2007). Da der Modulerfolg analog zur Abiturnote als aggregiertes Maß aus kognitiven und motivationalen Faktoren angesehen werden kann (siehe Abschnitt 8.3.1), wird den motivationalen Lernvoraussetzungen, insbesondere dem Interesse an Mathematik (Einfluss in Blömeke, 2009 und Schiefele et al., 1995 berichtet; kein Einfluss in Schiefele et al., 2003 berichtet), eine größere Bedeutung für den Modulerfolg als für den mathematischen Kompetenzerwerb zugesprochen.

Eine adäquate Zusammensetzung von nur durchschnittlich hoch ausgeprägten Lernvoraussetzungen könnte ebenfalls zu einem erfolgreichen Abschluss eines mathematischen Studienmoduls führen. Eine derartige Orchestrierung von Lernvoraussetzungen wird möglicherweise durch kognitiv-motivationale Profile der Studienanfängerinnen und Studienanfänger generiert (vgl. Frage 7.1.1(b)). Da sich die möglichen, identifizierten Profile explorativ ergeben, können zur Bedeutung der einzelnen Profile für den Modulerfolg keine sinnvollen Hypothesen formuliert werden.

Da die Studienabbruchquote in mathematikhaltigen Studiengängen als hoch eingeschätzt wird (vgl. Dieter, 2012; Heublein et al., 2012), kann erwartet werden, dass schon im Laufe des ersten Semesters Studentinnen und Studenten das Modul abbrechen und nicht an der abschließenden Modulprüfung teilnehmen. Diese Studierenden werden im Folgenden *„abbrechende Studierende"* genannt, während die nicht erfolgreichen Studierenden im Studienmodul, die aber zur Modulprüfung angetreten sind, als *„nicht bestehende Studierende"* bezeichnet werden. Bisher sind mir nur wenige Forschungsergebnisse zur Charakterisierung dieser beiden Gruppen von Studierenden bekannt. Eine Studie in diesem Bereich haben Schiefele et al. (2007) mit Studierenden verschiedener Fachrichtungen durchgeführt, wobei früh abbrechende Studierende (in den ersten beiden Semestern) tendenziell eine schlechtere Abiturnote als spät abbrechende Studierende (ab dem dritten Semester) berichteten. Da die angesprochene Studie von Schiefele et al. (2007) eine andere Konzeptualisierung des Konstruktes „früher Studienabbruch" und eine fachheterogene Stichprobe verwendet, können nur wenige gerichtete Hypothesen zu dieser eher explorativen Frage formuliert werden:

7.3(b) Inwiefern unterscheiden sich „abbrechende Studierende" und „nicht bestehende Studierende" im Fach Mathematik schon in ihren kognitiven und motivationalen Lernvoraussetzungen?

Hypothese: Es werden nur geringe Unterschiede in den kognitiven und motivationa-
len Lernvoraussetzungen zwischen den beiden Studierendengruppen erwartet. Am
ehesten wird vermutet, dass die nicht bestehenden Studentinnen und Studenten eine
bessere allgemeine Schulleistung aufweisen als die abbrechenden Studentinnen und
Studenten.

Neben Lernvoraussetzungen wird den individuellen Lernprozessen im Verlauf des ersten Semesters eine substanzielle Bedeutung für den Modulerfolg zugemessen. Unterschiede in individuellen Lernprozessen können durch die Studierbedingungen bedingt
sein, die in der vorliegenden Arbeit durch den gewählten Studiengang erhoben werden.
Auf die schon angesprochene Charakteristik eines Lehramtsstudiengangs, in dem in
Relation zu einem Fachstudiengang nicht ein, sondern zwei Hauptfächer studiert werden, wird die folgende Hypothese zurückgeführt.

7.3(c) Inwiefern beeinflusst der gewählte Studiengang den Modulerfolg im ersten
Semester im Fach Mathematik?

Hypothese: Es wird erwartet, dass prozentual mehr 1-Fach-Bachelor-Studierende
als 2-Fächer-Bachelor-Studierende das Modul erfolgreich abschließen.

Unterschiede in individuellen Lernprozessen zeigen sich konkret in der Qualität der
Lehrangebotsnutzung. Aus diesem Grund wird der Qualität der Angebotsnutzung ebenfalls eine Bedeutung für den Modulerfolg zugesprochen.

7.3(d) Inwiefern beeinflussen (i) die Verwendung von Selbsterklärungen bei der
Aufgabenbearbeitung bzw. (ii) eine tiefergehende/strategische Lernorientierung, eine oberflächliche Lernorientierung sowie das Anstrengungsmanagement den Modulerfolg im ersten Semester im Fach Mathematik?

Hypothesen: Es wird vermutet, dass die Verwendung von Selbsterklärungen, eine
tiefergehende/strategische Lernorientierung und ein hohes Anstrengungsmanage-
ment positiv auf den Modulerfolg wirken. Für eine oberflächliche Lernorientierung
wird ein negativer Einfluss auf den Modulerfolg vermutet.

Diese angenommenen Wirkungen lassen sich auf die vermuteten Einflüsse der Verwendung von Selbsterklärungen, der Lernorientierungen und des Anstrengungsmanagements auf die Entwicklung motivationaler Merkmale (vgl. Fragen 7.2.1(b) und 7.2.2(b))
und den mathematischen Kompetenzerwerb (vgl. Fragen 7.2.1(c) und 7.2.2(c)) zurückführen.

Inwiefern der Modulerfolg mit dem Lernerfolg in Form der gezeigten mathematischen Kompetenz am Ende des Semesters zusammenhängt, wird abschließend geklärt.
Für einen Erfolg in einem Studienmodul ist nicht nur das Bestehen einer mathematischen Klausur notwendig, sondern es müssen häufig auch Vorleistungen in Form von
Aufgabenbearbeitungen im Verlauf des Semesters erbracht werden (vgl. Abschnitt 4.2.4). Aus diesem Grund messen die beiden Variablen „Modulerfolg" und „mathematische Kompetenz am Ende des Semesters" wahrscheinlich nicht das gleiche Konstrukt, hängen aber empirisch stark miteinander zusammen.

7.3(e) Wie hängen die Ausprägungen der beiden Variablen „mathematische Kompetenz am Ende des Semesters" und „Modulerfolg" zusammen und welche Bedeutung besitzen die einzelnen Prädiktoren für die beiden Outcome-Maße?

Hypothesen: Es wird ein starker Zusammenhang zwischen den beiden Outcome-Maßen angenommen sowie eine starke Wirkung der allgemeinen Schulleistung und der mathematischen Kompetenz zu Beginn des Studiums auf beide Maße. Motivationalen Lernvoraussetzungen werden insbesondere Einflüsse auf den Modulerfolg zugesprochen.

8 Methodisches Vorgehen

Das methodische Vorgehen dieser Studie folgt dem quantitativen Forschungsparadigma, um die aufgestellten Hypothesen zu überprüfen und somit die Forschungsfragen zu beantworten. In diesem Kapitel wird auf die untersuchte Stichprobe (Abschnitt 8.1), auf die Erhebungszeitpunkte sowie auf ein speziell gewähltes, mathematisches Inhaltsgebiet (Abschnitt 8.2), auf die eingesetzten Instrumente (Abschnitt 8.3) und auf einige der verwendeten Auswertungsmethoden (Abschnitt 8.4) eingegangen.

8.1 Stichprobe

Der Untersuchung liegt eine Vollerhebung des ersten Studiensemesters des 1-Fach- und 2-Fächer-Bachelor-Studiengangs im Fach Mathematik im Wintersemester 2010/2011 an der CAU Kiel zugrunde.[59] Die Erhebungen fanden in Lehrveranstaltungen zum Modul „Analysis 1" statt, wobei die Studierenden höherer Fachsemester durch die mehrmalige Abfrage des Fachsemesters aus der Stichprobe herausgefiltert wurden. Dieses Modul zum Inhaltsgebiet „eindimensionale, reelle Analysis" (Mathematisches Seminar, 2013, S. 39-40) bildet einen Grundpfeiler eines Mathematikstudiums, denn es dient insbesondere dem Kennenlernen mathematischer Arbeitsweisen, und ist damit zentral in der mathematischen Studieneingangsphase (vgl. Weber, 2008, S. 71): „Real Analysis is an important course for mathematics majors: this course is among the first in which previously encountered ideas in algebra and Calculus are treated with sufficient rigour to allow for the construction of definition-based proofs that justify interesting propositions".

Insgesamt umfasst die Stichprobe 182 Studierende, die alle am ersten Erhebungszeitpunkt in der ersten Vorlesung des Moduls „Analysis 1" teilgenommen haben: 42 Studierende im 1-Fach-Bachelor-Studiengang (14 weiblich, 28 männlich) und 140 Studierende im 2-Fächer-Bachelor-Studiengang (81 weiblich, 59 männlich) (vgl. Tabelle A.1 im Anhang).[60] Bei diesem längsschnittlich angelegten Design wurde ein anonymisierter Code verwendet, um die Daten mehrerer Messzeitpunkte von Probandinnen und Probanden zusammenzuführen. An den späteren Messzeitpunkten haben weniger Studierende teilgenommen und in diesem Fall scheint eine nicht zufällige Mortalitätsrate aufgrund des Studienabbruchs vorzuliegen (siehe Tabelle A.2). Aus diesem Grund wird jeweils die verwendete Stichprobe bei der Beantwortung jeder Forschungsfrage genannt und die Ergebnisse werden dahingehend interpretiert.

---

[59] Der 1-Fach-Bachelor-Studiengang hat den früheren Diplom-Studiengang ersetzt und beinhaltet ein Fachstudium der Mathematik mit einem Nebenfach. Der 2-Fächer-Bachelor-Studiengang hat den Studiengang Staatsexamen auf gymnasiales Lehramt ersetzt und beinhaltet ein Lehramtsstudium (auf gymnasiales Lehramt) mit zwei Hauptfächern und den pädagogischen Studien.

[60] Abbildung A.1 und die Tabellen A.1–A.23 sind unter www.waxmann.com/buch3126 abrufbar.

8.2 Erhebungszeitpunkte und Wahl des mathematischen Inhaltsgebiets „Reelle Folgen und Reihen"

Für diese empirische Untersuchung fanden vier Erhebungszeitpunkte im ersten Semester statt: in der ersten Vorlesungswoche (T1), in der vierten Vorlesungswoche (T2), in der achten bzw. neunten Vorlesungswoche (T3) und in der zwölften bzw. dreizehnten Vorlesungswoche (T4) am Ende des Semesters (Überblick siehe Abbildung 8.1). Zu T1 wurden die kognitiven (Allgemeine Schulleistung und Kompetenz im Gebiet „Analysis") und motivationalen Lernvoraussetzungen der Studienanfängerinnen und Studienanfänger erhoben, zu T4 einige Indikatoren für den Studienerfolg im ersten Semester. Die Erhebungszeitpunkte T2 bzw. T3 am Ende des ersten Drittels bzw. in der Mitte der Vorlesungszeit sind so gewählt, dass im Zwischenzeitraum das Inhaltsgebiet „Reelle Folgen und Reihen" in den Lehrveranstaltungen zum Modul „Analysis 1" behandelt wurde. Die Konzentration vor allem auf die ersten Wochen des Semesters ist gezielt so ausgesucht, da der Wandel des Charakters des Lerngegenstands Mathematik und die institutionellen Veränderungen beim Übergang von der Schule zur Hochschule als grundlegende Einflussfaktoren auf den individuellen Lernprozess und Lernerfolg vermutet werden.

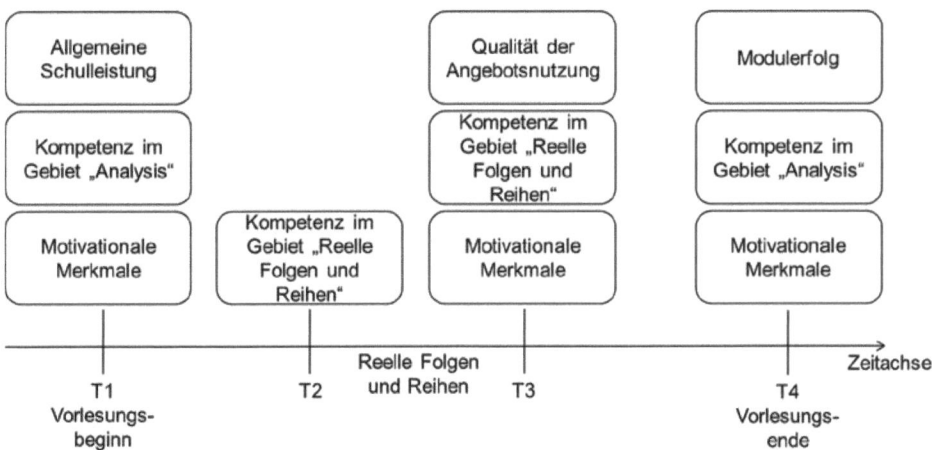

Abbildung 8.1: **Übersicht über die Erhebungszeitpunkte und die gemessenen Konstrukte**[61]

Eine Übersicht über die realisierte Stichprobe für jeden Messzeitpunkt gibt Tabelle A.2. Die Erhebungen wurden während der Vorlesungen (T1, T2 und z. T. T4) bzw. der Tutorien (T3 und z. T. T4) durch geschulte Hilfskräfte bzw. wissenschaftliche Mitarbeiterinnen und Mitarbeiter des IPNs durchgeführt und mussten z. T. aus praktischen Gründen

---

61 Der Modulerfolg wurde zu zwei Zeitpunkten mit zwei verschiedenen Klausuren gemessen – am Ende der Vorlesungszeit und knapp zwei Monate später. Die Zeitpunkte T1 und T4 können auch mit „Beginn des Semesters" und „Ende des Semesters" beschrieben werden.

auf zwei Wochen bzw. zwei Tage verteilt werden (bei den Messzeitpunkten T3 und T4). Die Teilnahme an den Erhebungen fand auf freiwilliger Basis statt.[62]

Diese Studie bezieht sich auf Lernprozesse von Studentinnen und Studenten im gesamten ersten Semester des Studienfachs Mathematik. Daneben wurden verstärkt Lehr-Lern-Prozesse im mathematischen Inhaltsgebiet „Reelle Folgen und Reihen" analysiert, indem die zugehörigen Lehrveranstaltungen beobachtet wurden (siehe Rach et al., 2013) und spezifische Testinstrumente zur Erfassung der mathematischen Kompetenz zu diesem Inhaltsgebiet entwickelt wurden (siehe Abschnitt 8.3.3). Das Inhaltsgebiet „*Reelle Folgen und Reihen*" wurde aus den folgenden Gründen gewählt: (1) Das Gebiet ist in sich abgeschlossen, so dass die zu erwerbende mathematische Kompetenz in diesem Gebiet gut abgrenzbar sowie operationalisierbar ist und sich die Veranstaltungsbeobachtungen auf einige wenige Wochen beschränken. (2) Die Studienanfängerinnen und Studienanfänger besitzen aus der Schule schon informelle Grunderfahrungen zu diesem Inhaltsgebiet, z. B. zum Begriff des Grenzwertes, so dass mögliche, relevante Vorläuferfähigkeiten inhaltlich sinnvoll definiert und erhoben werden können. (3) Der Begriff des Grenzwertes, der häufig zum ersten Mal im Inhaltsgebiet „Reelle Folgen und Reihen" formal behandelt wird, ist für den Aufbau der Analysis fundamental (z. B. Sofronas et al., 2011; Szydlik, 2000; Williams, 1990; vgl. Abschnitt 3.3) und bildet einen der Grundpfeiler für eine mögliche Definition der Begriffe Stetigkeit, Differenzierbarkeit und Integrierbarkeit.

Das gesamte Modul „Analysis 1" kann als typisches Studienmodul in diesem großen mathematischen Fachgebiet bezeichnet werden, da inhaltlich neben den für das gesamte Gebiet der Analysis wichtigen Begriffen Grenzwert und Differenzierbarkeit vor allem der Aufbau der wissenschaftlichen Mathematik mit formal-deduktiven Beweisen und formalen Definitionen abstrakter Begriffe im Vordergrund steht. Diese Vermutung kann durch Beobachtungen der Lehrveranstaltungen zum Inhaltsgebiet „Reelle Folgen und Reihen" gestützt werden (siehe Rach et al., 2013).

8.3 Instrumente

8.3.1 Erfassung des Studienerfolgs

Das Konstrukt „Studienerfolg" beinhaltet (1) den Erfolg im Modul „Analysis 1" und (2) den Lernerfolg. Für den *Erfolg im Modul „Analysis 1"* mussten Übungsaufgaben sinnvoll bearbeitet und am Ende des Semesters eine Prüfung in Form einer Klausur bestanden werden (siehe Abschnitt 4.2.4). Diese Klausur beinhaltete vor allem Beweisaufgaben, deren inhaltliche Anforderungen als prototypisch für das erste Semester anzusehen sind (vgl. Rach & Heinze, 2013b). Das Konstrukt „Modulerfolg" ist demnach nicht nur ein Indikator für mathematische Kompetenz (notwendig zum Lösen der Klausuraufgaben), sondern liefert ebenfalls einen Hinweis auf motivationale Komponenten,

---

62 Eine Rückmeldung für die Studierenden wurde, wenn gewünscht, gegeben.

die zum regelmäßigen Bearbeiten der Übungsaufgaben erforderlich erscheinen. Die folgende Tabelle 8.1 gibt einen Überblick über die Erfolgsquoten in diesem Modul. Aufgrund der Tatsache, dass es zwei gleichberechtigte Möglichkeiten der Klausurteilnahme gab, sind die Punkte der Modulprüfungen nicht vergleichbar. Auch die Modulnoten (1,0-4,0 bestanden, 5,0 nicht bestanden) können nicht als intervallskaliert angenommen werden, da die Spanne zwischen den Noten 4,0 und 5,0 größer ist als zwischen den Noten 3,0 und 4,0. Der Modulerfolg wird damit durch einen dichotomen Faktor gemessen, der die zwei Ausprägungen „erfolgreich" und „nicht erfolgreich" (setzt sich aus „abgebrochen" und „nicht bestanden" zusammen) aufweist.

Tabelle 8.1: Modulerfolgsquoten der beiden Studiengänge (1-Fach-Bachelor und 2-Fächer-Bachelor)

	1-Fach-Bachelor		2-Fächer-Bachelor		Gesamt	
Abgebrochen	12	29%	57	41%	69	38%
Nicht bestanden	11	26%	55	39%	66	36%
Erfolgreich	19	45%	28	20%	47	26%

Anmerkungen: Abgebrochen: keine Teilnahme an Modulprüfung; Nicht bestanden: Teilnahme an Modulprüfung, aber ohne Erfolg; Erfolgreich: Teilnahme an und Erfolg in Modulprüfung.

Lernerfolg in mathematischen Lehr-Lern-Prozessen kann sich zum Ersten auf kognitive und zum Zweiten auf motivationale Merkmale beziehen. Der *kognitive Lernerfolg* wird durch die *mathematische Kompetenz am Ende des ersten Semesters* (im Gebiet der Analysis) definiert, die mit Hilfe eines mathematischen Kompetenztests am Ende des Semesters (T4) gemessen wurde. Dieser Kompetenztest mit zwölf Items wurde von Wagner (2011) auf Grundlage eines Modells entwickelt, das eine formal-abstrahierende Form und eine weniger formal-abstrahierende Form von Mathematik unterscheidet. Diese Unterscheidung wird in der Literatur als ein bedeutender Faktor angesehen, um die verschieden akzentuierten Charaktere von Mathematik an der Schule und an der Hochschule zu beschreiben (vgl. Abschnitt 3.2). In diesem Kompetenztest von Wagner (2011) sind offene, komplex Multiple-Choice-Items und einfach Multiple-Choice-Items enthalten. Insgesamt liegen Daten von 103 Studierenden vor und die Reliabilität ist mit einem Cronbachs $\alpha = .66$ noch akzeptabel. Der *motivationale Lernerfolg* wird durch die *positive Entwicklung motivationaler Merkmale* definiert. Die Erhebung dieser Merkmale wird im folgenden Abschnitt 8.3.2 beschrieben.

8.3.2 Erfassung kognitiver und motivationaler Merkmale sowie der fachunspezifischen Qualität der Angebotsnutzung

Zur Erfassung kognitiver und motivationaler Merkmale sowie der fachunspezifischen Konzeptualisierung der Qualität der Angebotsnutzung wurden bestehende Fragebogeninstrumente für das Lernen von Mathematik an der Hochschule adaptiert. Adaptiert meint in diesem Zusammenhang, dass die Items aus der englischen in die deutsche Sprache übersetzt wurden, dass das zu lernende Fach spezifiziert („Mathematik" statt „Fach") bzw. die Lernsituation auf die Situation in der Hochschule angepasst wurde („Übungsaufgaben" statt „Hausaufgaben"). Als *kognitive und motivationale Merkmale* wurden die folgenden Variablen erfasst: (a) *Mathematische Kompetenz zu Studienbeginn* (im Gebiet der Analysis), (b) *Interesse an Mathematik*[63], (c) *Mathematikbezogenes Selbstkonzept* sowie (d) *Extrinsische Studienmotivation*.

Die Erhebung der *Qualität der Angebotsnutzung* gemäß *Ansatz (i)* wird in Abschnitt 8.3.4 detailliert beschrieben. Zur Analyse der Qualität der Angebotsnutzung gemäß *Ansatz (ii)* wurden die folgenden Variablen erhoben: (e) *eine tiefergehende/ strategische Lernorientierung*, (f) *eine oberflächliche Lernorientierung* sowie (g) *das Anstrengungsmanagement* – zur detaillierten Analyse der Angebotsnutzung in Ansatz (i) wurde zusätzlich (h) *der wahrgenommene Wert von Übungsaufgaben* erfasst.

Die Theorien, die der Erstellung dieser Fragebögen zugrunde liegen, wurden in den Abschnitten 6.3.1 und 6.4.1 ausgeführt. Eine Auflistung mit jeweiligen Beispielitems, Messzeitpunkten und Reliabilitäten befindet sich in Tabelle A.3. Die Einschätzungen wurden auf einer vierstufigen Likert-Skala von „trifft zu" (entspricht 3) bis „trifft nicht zu" (entspricht 0) gegeben. Die Reliabilitäten fast aller Skalen sind als gut bis akzeptabel einzuschätzen – beispielsweise fordern Moosbrugger und Kaleva (2008) Reliabilitäten über $\alpha = .70$. Die etwas niedrigen Reliabilitäten der Skalen zur Erfassung der Lernorientierungen ($\alpha = .66$ bzw. $\alpha = .68$) sind z. T. dadurch zu erklären, dass aus praktischen Gründen Kurzskalen der etablierten Skalen verwendet werden mussten. Auch die Reliabilität $\alpha = .62$ des mathematischen Kompetenztests mit elf Items (zu T1) im Gebiet der „Analysis" wird klassisch ausgewertet als weniger gut beurteilt. Methodische (gute Trennschärfen der einzelnen Items, eindimensionale Rasch-Skalierung möglich: EAP/PV-Reliabilität $= .61$) und inhaltliche Gründe (große Spanne der benötigten Fähigkeiten zur korrekten Bearbeitung der Items) lassen meiner Ansicht nach die Verwendung der Daten trotzdem zu (vgl. Buchholtz & Kaiser, 2013). Zur Bildung des Skalenwerts wurde bei allen Fragebogenskalen der individuelle Skalenmittelwert verwendet, wenn die Probandin bzw. der Proband mehr als die Hälfte der Items einer Skala beantwortet hat.

Die beiden *mathematischen Kompetenztests* (im Gebiet der Analysis) zu Beginn (T1) und zum Ende der Vorlesungszeit (T4) mit elf bzw. zwölf Items sind durch vier Items miteinander verlinkt, so dass sich die Aufgabenschwierigkeiten und Personenfä-

---

63   In dem verwendeten Fragebogen zum Interesse an Mathematik finden sich die drei Komponenten von Interesse wieder: wertbezogene Valenz, gefühlsbezogene Valenz und intrinsischer Charakter (vgl. Abschnitt 6.3.1).

higkeiten mit Hilfe des Rasch-Modells auf einer Skala abbilden lassen und sich somit eine Kompetenzentwicklung nachzeichnen lässt. Als ersten Schritt wurde der Test zu T1 parametrisiert und die Schwierigkeitsparameter anhand der Angaben von 182 Studierenden ermittelt. Als zweiten Schritt wurden die Schwierigkeitsparameter der vier Ankeritems[64] als Grundlage für die Skalierung der Items des Tests zu T4 verwendet (vgl. Robitzsch, 2010). Die Modellfitwerte zeigen die Güte der Skalierung an:

- T1, $N = 182$: EAP/PV Reliabilität = .61, Variance = 0.79, MNSQ weighted fit = 0.88 – 1.12;

- T4, $N = 103$: EAP/PV Reliabilität = .66, Variance = 0.88, MNSQ weighted fit = 0.84 – 1.12.

Die dadurch ermittelte mathematische Kompetenz zu Beginn des Semesters bzw. zum Ende des Semesters wurde als kognitive Lernvoraussetzung bzw. als Indikator für den kognitiven Lernerfolg aufgefasst. Das mit diesen Testinstrumenten erhobene Konstrukt der mathematischen Kompetenz bezieht sich auf Anforderungssituationen im Bereich der wissenschaftlichen Mathematik, und die beiden Testinstrumente sind spezifisch an das untersuchte Studienmodul angelehnt. Eine ähnlich konkrete Ausrichtung auf den wissenschaftlichen Charakter von Mathematik ist bei anderen Testinstrumenten, z. B. von Eilerts (2009) sowie Halverscheid und Pustelnik (2013), dagegen nicht zu finden.

Zur Erhebung der *allgemeinen Schulleistung* wurden die Studierenden an zwei Messzeitpunkten (T1 und T4) gebeten, ihre Gesamtabiturnote (von 0,7 bis 4,0) anzugeben. Die Angaben zu den beiden Messzeitpunkten wurden miteinander verglichen und bei einer zu großen Abweichung die Abiturnote als Missing-Variable bei dieser Person betrachtet. Bei kleineren Abweichungen (von 0,10) wurde die erste berichtete Abiturnote verwendet, da die Erinnerung zum früheren Zeitpunkt als frischer angesehen werden kann.[65] Bei der Interpretation der Merkmalsausprägungen der Abiturnote ist zu beachten, dass 0,7 die bestmögliche Abiturnote und 4,0 die schlechteste mögliche Abiturnote sind, mit der die allgemeine Hochschulreife zu erwerben ist.

---

64   Ein fünftes gleiches Item in den beiden Tests ist für die Verankerung ungeeignet, da sich die Prozesse zum korrekten Bearbeiten dieses Items zwischen den beiden Messzeitpunkten wahrscheinlich unterscheiden. Zu Beginn des Semesters wird mit diesem Item explizit Beweiskompetenz (auf einem erhöhten Niveau) gemessen, zum Ende des Semesters benötigen die Studierenden meist nur auswendig gelerntes Wissen, da ähnliche Beweise im ersten Semester behandelt wurden.

65   Alle Skalen werden als intervallskaliert betrachtet, obwohl die Abiturnote oft nur als ordinalskaliert angesehen wird (z. B. Wirtz & Nachtigall, 2012). In vielen anderen Beiträgen wird das Skalenniveau der Abiturnote aber als intervallskaliert angenommen bzw. die Analyse aufgrund der Robustheit der verwendeten Methoden (z. B. Regressionsanalysen) trotzdem durchgeführt (z. B. Blömeke, 2009; Eilerts, 2009; Trapmann et al., 2007). Ähnliche Probleme analog zur Modulnote können hier nicht auftreten, da eine Abiturnote von 5,0 in dieser Stichprobe nicht berichtet wurde.

8.3.3 Erfassung mathematischer Kompetenz im Inhaltsgebiet „Reelle Folgen und Reihen"

In der Literatur sind einige Arbeiten zu finden, in denen (Test-)Aufgaben zum Gebiet „Reelle Folgen und Reihen" eingesetzt und die Antworten der Lernenden analysiert wurden. Das Ziel solcher Untersuchungen bestand häufig darin, (Fehl-)Vorstellungen von Studierenden zu identifizieren. Für diesen Zweck wurden nur wenige diagnostische Aufgaben eingesetzt und häufig qualitativ ausgewertet (z. B. Bezuidenhout, 2001; Biza & Zachariades, 2010; Kidron, 2011; Martínez-Planell et al., 2012; Roh, 2008). Wissens- bzw. Kompetenztests im Bereich der Mathematik an der Hochschule wurden beispielsweise im Rahmen der TEDS-Studie (Blömeke et al., 2010; vgl. Buchholtz & Kaiser, 2013) sowie von Wagner (2011) entwickelt.[66] In der TEDS-Studie (Blömeke et al., 2010) wurden Items zu verschiedenen Gebieten der Mathematik und nicht nur zum Gebiet der Analysis verwendet. Mathematische Eingangstests zu Beginn des Studiums bzw. zu Inhalten der Mathematik der Sekundarstufe II sind beispielsweise von Eilerts (2009) und im Rahmen von TIMSS/III (Baumert et al., 2000) entwickelt worden, wobei der wissenschaftliche Charakter von Mathematik in diesen Eingangstests weniger im Vordergrund steht.

(Mathematische) Kompetenz wird in dieser Arbeit in Anlehnung an Klieme und Leutner (2006, S. 879) „als *kontextspezifische kognitive Leistungsdisposition[en]*, die sich funktional auf Situationen und Anforderungen in bestimmten *Domänen* be- zieh[en]t", definiert. Die bestimmte Domäne ist in diesem Fall das Inhaltsgebiet „Reelle Folgen und Reihen". Die zu entwickelnden Kompetenztests sollen nicht nur das Wissen in diesem Gebiet, sondern darüber hinaus auch das Können zur Anwendung des Wissens in (innermathematischen) Anwendungssituationen erfassen (vgl. Wilhelm & Nickolaus, 2013). Zum Zeitpunkt der empirischen Erhebung war mir kein reliables Testinstrument bekannt, das zum spezifischen Inhaltsgebiet „Reelle Folgen und Reihen" die mathematische Kompetenz der Studierenden erfasst.[67] Aus diesem Grund wurden zwei Testinstrumente neu entwickelt.

Der *Vortest* soll mathematische Kompetenz messen, die als Vorläuferfähigkeit zum Gebiet „Reelle Folgen und Reihen" bezeichnet werden kann. Der *Nachtest* soll die zu erwerbende Kompetenz im Gebiet „Reelle Folgen und Reihen" erfassen. In beiden Testinstrumenten sollen insbesondere die für die wissenschaftliche Mathematik relevanten Aktivitäten des Beweisens und der Begriffsbildung (vgl. Abschnitte 3.4 und 3.5) im Fokus stehen. Beweiskompetenz beinhaltet dabei nicht nur die „Konstruktion von Beweisen", sondern auch das „Bewerten vorgegebener Argumente". Im Bereich des Begriffserwerbs wurden die Komponenten „Kennen von Definitionen", „Kennen von Beispielen und Gegenbeispielen" und „Umgang mit mentalen Repräsentationen" operationalisiert. Die Orientierung an Komponenten der Beweiskompetenz bzw. des Be-

---

66 Der Test im Rahmen der COACTIV-Studie hat ausschließlich ein vertieftes Verständnis der Fachinhalte des Curriculums der Sekundarstufen erhoben und kein rein universitäres Wissen (vgl. Krauss et al., 2008; Krauss et al., 2011).

67 Der Test von Ostsieker (2013) wurde zeitlich nach diesen Testinstrumenten entwickelt.

griffserwerbs diente allein als Hilfestellung für die Konstruktion umfassender Kompetenztests. Die Teilung der jeweiligen Tests in Subtests macht aus inhaltlichen Gründen keinen Sinn, da sich die Beweiskompetenz und der Begriffserwerb z. T. gegenseitig bedingen (Moore, 1994; Weber, 2001) und somit eine trennscharfe Erhebung schwierig ist. Die Vorgehensweise zur Testentwicklung ist literaturbezogen, da zuerst die wichtigsten Konzepte und Beweismethoden aus stoffdidaktischen Arbeiten und Analysis-Lehrbüchern des ersten Studiensemesters identifiziert wurden (vgl. Abschnitte 3.3, 3.4 und 3.5). Mit Hilfe der gut erforschten Fehlvorstellungen von Lernenden in diesem Inhaltsgebiet wurden aufbauend auf dieser Analyse geeignete Distraktoren für Multiple-Choice-Items generiert (als Grundlage vieler weiterer Arbeiten: Davis & Vinner, 1986 und Tall, 1992b).

Die literaturbezogene Vorgehensweise liefert einen Hinweis auf die Inhaltsvalidität der Testinstrumente. Ein kleiner Teil der Items (Vortest: Item 5; Nachtest: Items 4, 9 und 10) wurde in der Staatsexamensarbeit von Fuchs (2010) entwickelt,[68] der Großteil der Items wurde von mir selbst konstruiert. Zur Erprobung aller Items wurden diese im Sommersemester 2010 in den Mathematik-Lehrveranstaltungen der Studienfächer Informatik und Physik eingesetzt. Ungeeignete Items wurden aufgrund zu geringer Lösungshäufigkeit, zu geringer Trennschärfe oder inhaltlicher Dopplung eliminiert.[69] In der vierten bzw. neunten Veranstaltungswoche in einer Vorlesung bzw. in den Tutorien zum Modul „Analysis 1" wurden der Vortest mit neun Items bzw. der Nachtest mit zwölf Items durchgeführt, für die die Studierenden 20 Minuten bzw. 22 Minuten Zeit zur Bearbeitung hatten. Aufgrund der Vermeidung von Täuschungsversuchen wurden jeweils zwei Testhefte eingesetzt, die sich nur in der Reihenfolge der gestellten Items unterschieden, wobei keine Testhefteffekte vermutet wurden. Für jede Itembearbeitung wurden null Punkte bzw. ein Punkt vergeben; bei komplex Multiple-Choice-Items mussten mindestens drei von vier Angaben für die Vergabe eines Punktes korrekt sein. Der Summenscore stellt jeweils den Fähigkeitsparameter der Studierenden dar.

Neben der eingehaltenen Objektivität (Durchführung und Auswertung) erfüllen die beiden Testinstrumente weitere Gütekriterien. Sowohl explorative Faktorenanalysen als auch die akzeptablen Reliabilitäten von jeweils $\alpha = .71$ (siehe Tabelle A.4) liefern Anzeichen, dass die mit den beiden Testinstrumenten jeweils gemessenen Konstrukte eindimensional sind. Für die Konvergenzvalidität als Indikator von Konstruktvalidität könnte der Zusammenhang mit anderen erhobenen Maßen sprechen. Erstaunlich erscheint der negative, aber geringe Zusammenhang zwischen der jeweils erfassten, mathematischen Kompetenz und der allgemeinen Schulleistung in Form der Gesamtabiturnote zu sein – Vortest: $N = 146$, $r = -.16$, tendenziell bei $p = .050$ bzw. Nachtest: $N = 142$, $r = -.23$, $p < .01$. Diese eher geringen Stärken der Zusammenhänge können auf die gewählte Konzeptualisierung und Operationalisierung der mathematischen Kompe-

---

68   Diese Staatsexamensarbeit wurde von dem Betreuer meiner Dissertation, Aiso Heinze, und
     mir betreut.

69   Auch konnten keine Items zum wichtigen Begriff des Häufungspunktes einer Folge verwendet werden, da dieser bis zum Erhebungszeitpunkt noch nicht in den Lehrveranstaltungen behandelt worden war.

tenz im Inhaltsgebiet „Reelle Folgen und Reihen" zurückgeführt werden – mathematische Kompetenz wird in diesem Zusammenhang als Kompetenz in Bezug auf die wissenschaftliche Mathematik und nicht auf die Schulmathematik verstanden. Der Zusammenhang zwischen den beiden Kompetenztests ist als stark zu bezeichnen: $N = 124$; $r = .65, p < .001$. Zudem sind beide Tests eindimensional Rasch-skalierbar:

- T2, $N = 146$: EAP/PV Reliabilität = .69, Variance = 1.86, MNSQ weighted fit = 0.86–1.15;

- T3, $N = 142$: EAP/PV Reliabilität = .71, Variance = 1.16, MNSQ weighted fit = 0.93–1.18.

Ein weiteres Gütekriterium stellt die prädiktive Validität der jeweils erhobenen, mathematischen Kompetenz im Gebiet „Reelle Folgen und Reihen" – der Einfluss der Kompetenz auf den Modulerfolg – dar.

Tabelle 8.2: **Ergebnisse der logistischen Regressionsanalyse (Methode: Einschluss) zur Vorhersage des Modulerfolgs durch die mathematische Kompetenz zu T1 (Beginn des Semesters) und die mathematische Kompetenz zu T2 (vierte Vorlesungswoche)**

	B	SE	Exp(B)	95% CI	Wald statistic
Mathematische Kompetenz zu T1	.32	.11	1.38	[1.10; 1.72]	7.91**
Mathematische Kompetenz zu T2	.28	.12	1.33	[1.05; 1.66]	5.83*

Anmerkungen: Nagelkerkes $R^2 = .29$ ($N = 146$; ** $p < .01$, * $p < .05$). 95% CI: Konfidenzintervall für Exp(B). Regressand: Modulerfolg.

Tabelle 8.3: **Ergebnisse der logistischen Regressionsanalyse (Methode: Einschluss) zur Vorhersage des Modulerfolgs durch die mathematische Kompetenz zu T1 (Beginn des Semesters) und die mathematische Kompetenz zu T3 (neunte Vorlesungswoche)**

	B	SE	Exp(B)	95% CI	Wald statistic
Mathematische Kompetenz zu T1	.24	.13	1.27	[0.99; 1.62]	3.55
Mathematische Kompetenz zu T3	.47	.11	1.60	[1.29; 1.98]	18.38***

Anmerkungen: Nagelkerkes $R^2 = .46$ ($N = 142$; *** $p < .001$). 95% CI: Konfidenzintervall für Exp(B). Regressand: Modulerfolg.

Wie in Abschnitt 9.3 gezeigt wird, besitzt die mathematische Kompetenz im Gebiet der Analysis zu Beginn des Semesters (zu T1) einen Einfluss auf den Modulerfolg am Ende des Semesters. Inwiefern die mathematische Kompetenz, die mit Hilfe des Vortests (zu T2) bzw. Nachtests (zu T3) zum speziellen Gebiet „Reelle Folgen und Reihen" erfasst wurde, zusätzlich den Modulerfolg beeinflusst, wird mit Hilfe zweier Regressionsanalysen geklärt (Ergebnisse siehe Tabelle 8.2 und Tabelle 8.3). Insgesamt kann bei beiden Analysen festgestellt werden, dass jeweils die erhobene mathematische Kompetenz im Inhaltsgebiet „Reelle Folgen und Reihen" signifikanter Prädiktor für den Modulerfolg ist.

Die dargestellten Hinweise auf die Objektivität, Reliabilität und Validität liefern zusammenfassend Belege für die Güte der Testinstrumente, deren Eigenschaften in Tabelle A.4 überblicksartig dargestellt sind. Zur Illustration der Konstruktion und Charakteristika der Testinstrumente werden im Folgenden jeweils zwei bzw. drei Items beschrieben.

Vortest zur spezifischen, mathematischen Kompetenz vor dem Inhaltsgebiet „Reelle Folgen und Reihen"

Der Kompetenztest vor der Behandlung des Inhaltsgebiets „Reelle Folgen und Reihen" war so zu konstruieren, dass die Items mit der in der Schule oder in den ersten drei Studienwochen erworbenen, mathematischen Kompetenz gelöst werden können. Bei der Entwicklung der Items spielte insbesondere der Begriff der Unendlichkeit eine große Bedeutung, da dieser in der Schule schon intuitiv auftritt und später im Inhaltsgebiet „Reelle Folgen und Reihen" eine herausragende Rolle spielt (wie auch in der gesamten Mathematik, vgl. Heintz, 2000 bzw. Abschnitt 3.3). Das erste hier vorgestellte Item fragt die Aussage ab, dass die Menge der positiven, reellen Zahlen (ohne die Zahl 0) kein Minimum besitzt (Item „Kleinste Zahl in $\mathbb{R}$").

Wie heißt die kleinste reelle Zahl, die größer ist als Null? Kreuzen Sie die richtige Antwort an.

☐   0,0…01

☐   gibt es nicht

☐ $1/\infty$

☐ $0,\overline{01}$

Die Distraktoren sind als Vorstellungen von Lernenden beispielsweise in den Beiträgen von Deiser, Reiss und Heinze (2012), Eisenmann (2007) sowie Pehkonen, Hannula, Maijala und Soro (2006) zu finden. Die erste und die vierte Antwortmöglichkeit thematisieren Fehlvorstellungen zur periodischen Dezimalbruchdarstellung. Die dritte Antwortmöglichkeit basiert auf der Fehlvorstellung, dass das Symbol ∞ die größte, positive reelle Zahl bezeichnet und bei der Division durch diese „Zahl" demnach die kleinste, positive reelle Zahl resultiert. Insgesamt haben 46% der Studierenden dieses Item richtig gelöst. Für die erste und die vierte Antwortmöglichkeit haben sich jeweils 10% entschieden, für die dritte Antwortmöglichkeit 29%; das Item haben 5% der Studierenden nicht bearbeitet. Da die Trennschärfe mit $r_{it} = .33$ als akzeptabel zu bezeichnen ist, handelt es sich bei dieser Aufgabe um ein gutes Item mit geeigneten Distraktoren.

Das zweite Item, das ebenfalls repräsentativ für den Vortest (implementiert in der 4. Vorlesungswoche) steht, stellt die Anforderung des mathematischen Beweisens in den Vordergrund (Item „Beweis Induktion").

Beweisen Sie mit Hilfe von vollständiger Induktion, dass für alle $n \in \mathbb{N}$ mit $n \geq 1$ gilt:

$$\sum_{k=1}^{n}(2k-1) = n^2 \cdot$$

Da das Beweisen in der Schule stark in den Hintergrund tritt bzw. vornehmlich in geometrischen Problemstellungen vorkommt, besitzen Studienanfängerinnen und Studienanfänger wenige Vorkenntnisse in diesem Bereich (vgl. Abschnitt 3.4). Die Konstruktion geeigneter Testitems mit Anforderungen im Bereich des Beweisens stellt somit eine Herausforderung dar. Das hier präsentierte Item kann mit der Beweismethode der vollständigen Induktion gelöst werden, die explizit in der Lehrveranstaltung „Analysis 1" in den ersten drei Studienwochen behandelt wurde und eine der wichtigsten Beweismethoden für das erste Studiensemester darstellt (Palla, Potari & Spyrou, 2012). Das Anwenden dieser Beweismethode wird als wichtige mathematische Vorläuferfähigkeit für das Inhaltsgebiet „Reelle Folgen und Reihen" angesehen (vgl. Weigand, 1993) – auch kann es zum Beweis der Gleichheit zweier Folgen verwendet werden (Item „Beweis Gleichheit von Folgen" im Nachtest).

Bei diesem Item „Beweis Induktion" wurde ein Punkt vergeben, wenn eine inhaltlich korrekte Argumentationskette zur Behauptung führt; auch Argumentationsführungen mit kleineren formalen Ungenauigkeiten bzw. wenigen Erklärungen wurden als korrekt bewertet (z. B. Abbildung 8.2).

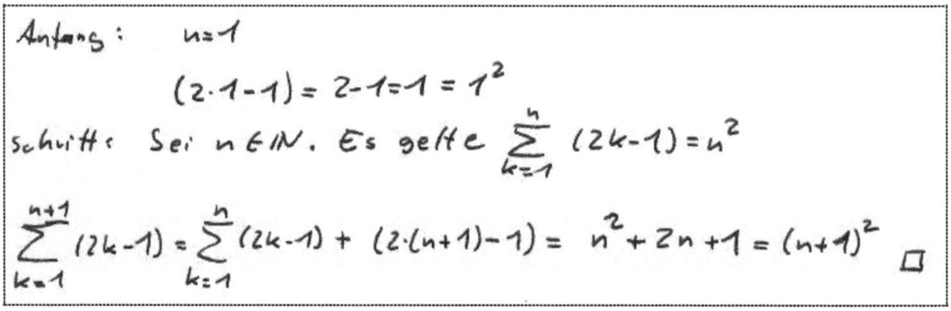

Abbildung 8.2: **Studierendenlösung zum Item „Beweis Induktion" im Vortest, als richtig bewertet**

Zur Illustration von als falsch bewerteten Lösungsvorschlägen sind hier ebenfalls Studierendenbearbeitungen dargestellt. Bei der ersten fehlerhaften Lösung (siehe Abbildung 8.3, linke Seite) scheinen Probleme im Bereich der technischen Fertigkeiten, vor allem im Umgang mit dem Summenzeichen vorzuliegen. Auffällig an dieser Studierendenbearbeitung ist zudem, dass die Argumentationsrichtung problematisch ist sowie die

Aktivität des (Aus-)Rechnens fokussiert wird. Ein Hindernis bei der zweiten fehlerhaften Lösung (siehe Abbildung 8.3, rechte Seite) scheint dagegen in der Durchführung der vollständigen Induktion zu liegen.

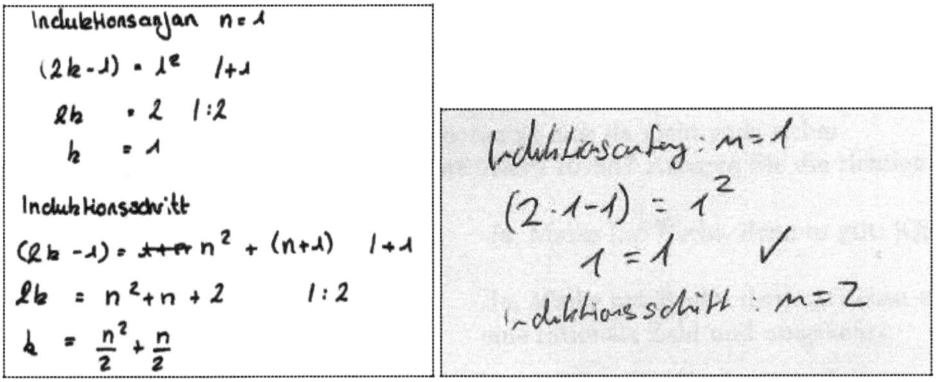

Abbildung 8.3: **Studierendenlösungen zum Item „Beweis Induktion" im Vortest, als falsch bewertet**

Die Trennschärfe dieses Items mit $r_{it} = .55$ kann als sehr gut beurteilt werden. Trotz des relativ geringen Komplexitätsgrades aufgrund der bekannten Beweismethode haben nur 25% der Studierenden einen korrekten Beweis angeben. Bei 10% der Studierenden ist keine Bearbeitung erkennbar, was auch bei anderen offenen Items (im Bereich der Beweiskompetenz) auffällig ist. Da die offenen Items eher am Anfang bzw. in der Mitte der eingesetzten Testhefte positioniert wurden, kann davon ausgegangen werden, dass sich die Studierenden mit den Aufgaben beschäftigt haben, aber aufgrund fehlender Kompetenz diese nicht ernsthaft bearbeitet haben.

Der Vortest mit neun Items wurde ohne vorherige Ankündigung, d. h. ohne Übungsmöglichkeiten von Seiten der Studentinnen und Studenten, bei einer Stichprobe von $N = 146$ Studierenden eingesetzt. Durch dieses Vorgehen sollte eine realistische Einschätzung der mathematischen Kompetenz gewonnen werden, die die Studierenden zur Nutzung des Lehrangebots im Inhaltsgebiet „Reelle Folgen und Reihen" zur Verfügung hatten. Das Histogramm der Fähigkeiten der Studentinnen und Studenten (Abbildung 8.4) zeigt, dass der Test für viele Studierenden zu schwer war – möglicherweise liegt bei dieser Verteilung ein Bodeneffekt vor. Die eingefügte Normalverteilungskurve ist linkssteil (rechtsschief, Schiefe = 0.79), der Mittelwert bei diesem Test mit neun Items liegt bei 2.90, die Standardabweichung bei 2.12. Der Kolmogorov-Smirnov-Test ist signifikant mit $D(146) = 0.15$, $p < .001$, d. h. es liegt eine signifikante Abweichung von der Normalverteilung vor.

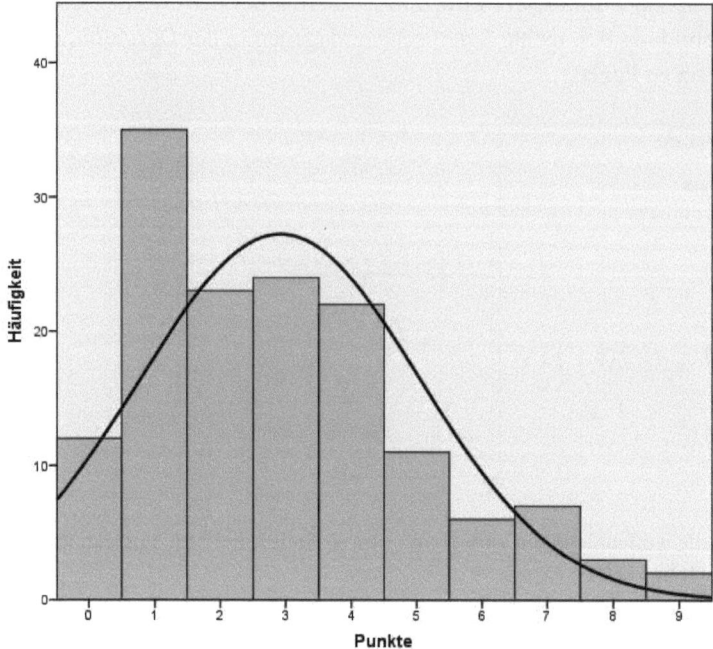

Abbildung 8.4:   **Verteilung der Personenfähigkeiten im Vortest ($N = 146$); Maximum: neun Punkte**

Als eine Erklärung für die schlechten Lösungshäufigkeiten im Vortest ist sicherlich der Erhebungszeitpunkt anzuführen, der am Ende einer 90-minütigen Vorlesung lag. Die Konzentration und Motivation der Studierenden könnte demnach die Ergebnisse beeinflusst haben.[70]

Nachtest zur mathematischen Kompetenz nach dem Inhaltsgebiet „Reelle Folgen und Reihen"

Analog zur obigen Vorgehensweise werden zum Nachtest ebenfalls (drei) charakteristische Beispielitems vorgestellt. Das erste Item ist Indikator für einen adäquaten Begriffserwerb zum Begriff „konvergente Reihe". Zur korrekten Bearbeitung des Items ist es notwendig, nicht nur eine Definition bzw. einzelne Beispiele zum Begriff der konvergenten Reihe zu kennen, sondern dieses Wissen auch auf die präsentierten Beispiele und Gegenbeispiele anwenden zu können (Item „Konvergente Reihen").

---

70   Die anderen Testinstrumente wurden deshalb zu Beginn der Lehrveranstaltungen eingesetzt.

Konvergiert die Reihe? Kreuzen Sie jeweils an.

	ja	nein
$\sum_{k=1}^{\infty}(\frac{3}{k^2}+\frac{6}{k^3})$	☐	☐
$\sum_{k=1}^{\infty}6$	☐	☐
$\sum_{k=1}^{\infty}(-1)^k$	☐	☐
$\sum_{k=1}^{\infty}(\frac{1}{2})^k$	☐	☐

Die verwendeten Reihen können als typische Beispiele für konvergente und divergente Reihen bezeichnet werden (siehe Abschnitt 3.3). Die beiden konvergenten Reihen $\sum_{k=1}^{\infty}(\frac{3}{k^2}+\frac{6}{k^3})$ und $\sum_{k=1}^{\infty}(\frac{1}{2})^k$ (geometrische Reihe) werden häufig als Referenzreihen bei der Anwendung des Majorantenkriteriums verwendet. Bei einer Verwechslung der Begriffe „Folge" und „Reihe" könnte die Reihe $\sum_{k=1}^{\infty}6$ fälschlicherweise als konvergent einge-schätzt werden. Als Grenzwert der alternierenden Reihe $\sum_{k=1}^{\infty}(-1)^k$ wird häufig die Zahl 0 vermutet, da sich die alternierende Reihe als (-1+1-1+1-…) schreiben lässt, oder es wird die Zahl $-\frac{1}{2}$ vermutet, wenn die alternierende Reihe fälschlicherweise als konvergente, geometrische Reihe aufgefasst wird. Für die beiden konvergenten Reihen $\sum_{k=1}^{\infty}(\frac{3}{k^2}+\frac{6}{k^3})$ bzw. $\sum_{k=1}^{\infty}(\frac{1}{2})^k$ liegen die Lösungshäufigkeiten bei $p = .73$ bzw. $p = .76$, für die divergen-ten Reihen $\sum_{k=1}^{\infty}6$ bzw. $\sum_{k=1}^{\infty}(-1)^k$ bei $p = .53$ bzw. $p = .61$ und die Gesamtlösungshäufigkeit (bei mindestens drei richtigen Angaben) bei $p = .62$. Die Trennschärfe liegt bei einem akzeptablen Wert von $r_{it} = .30$.

Das zweite Item, „Umgebung um Grenzwert", benötigt zur Lösung ebenfalls Komponenten des Begriffserwerbs. Die Anforderung besteht darin, eine Verbindung zwischen „concept image" und „concept definition" des Begriffs „konvergente Folge" herzustellen. Das Konzept der Umgebung des Grenzwertes einer konvergenten Folge wird häufig als Visualisierung des Grenzwertprozesses verwendet, kann aber auch als Definition des Grenzwertes dienen: Eine Folge konvergiert genau dann gegen eine reelle Zahl, wenn innerhalb jeder beliebigen Umgebung um diese reelle Zahl unendlich viele Folgenglieder (2. Aussage) und außerhalb jeder beliebigen Umgebung um diese reelle Zahl nur endlich viele Folgenglieder liegen (3. Aussage) (vgl. Bemerkung 1 in Abschnitt 3.3).

Sei $(a_n)_{n \in \mathbb{N}}$ eine reellwertige Folge, die gegen 11 konvergiert. Für wie viele $n \in \mathbb{N}$ liegt das Folgenglied a_n **innerhalb** bzw. **außerhalb** des Intervalls I = [10,99; 11,01]? Kreuzen Sie jeweils an.

	ja	nein
Für nur **endlich** viele $n \in \mathbb{N}$ liegt a_n **innerhalb** des Intervalls I.	☐	☐
Für **unendlich** viele $n \in \mathbb{N}$ liegt a_n **innerhalb** des Intervalls I.	☐	☐
Für nur **endlich** viele $n \in \mathbb{N}$ liegt a_n **außerhalb** des Intervalls I.	☐	☐
Für **unendlich** viele $n \in \mathbb{N}$ liegt a_n **außerhalb** des Intervalls I.	☐	☐

Dieses Item ist von der oberflächlichen Struktur zwar ein komplex Multiple-Choice-Item, jedoch ist bei der Bearbeitung nur zu entscheiden, wie viele Folgenglieder innerhalb oder außerhalb des Intervalls liegen. Deshalb wurde die Itembearbeitung nur als korrekt bewertet, wenn alle Angaben richtig waren.[71] Die einzelnen Aussagen wurden folgendermaßen korrekt beurteilt: 1. $p = .57$, 2. $p = .60$, 3. $p = .53$, 4. $p = .54$, die Gesamtlösungshäufigkeit liegt bei $p = .45$ und die Trennschärfe bei $r_{it} = .46$.

Das letzte Item „Beweis konvergente Reihe", das explizit vorgestellt wird, stellt eine typische Anforderung in diesem Inhaltsgebiet dar – auch als Übungsaufgabe haben die Studierenden der Stichprobe solche Nachweise für die Konvergenz einer reellen Reihe geleistet.

Beweisen Sie, dass für alle $s \in \mathbb{R}$ mit $s > 2$ die Reihe $\sum_{k=1}^{\infty} \frac{1}{k^s}$ konvergiert.

Dieses offene Item kann mit der Anwendung von Konvergenzkriterien korrekt bearbeitet werden. Beispielsweise ist aus der Vorlesung bekannt, dass die Reihe $\sum_{k=1}^{\infty} \frac{1}{k^2}$ konvergiert. Unter Anwendung des Majorantenkriteriums kann mit Hilfe dieser Reihe gefolgert werden, dass alle Reihen der gleichen Form mit größerem Exponenten im Nenner konvergieren. Zur Illustration sind wiederum Studierendenbearbeitungen dargestellt, die trotz kleinerer, formaler Ungenauigkeiten bzw. wenigen Erklärungen als korrekt und mit einem Punkt bewertet (Abbildung 8.5) bzw. als inkorrekt angesehen wurden (Abbildung 8.6). Der inkorrekte Lösungsversuch zeigt nicht nur Schwierigkeiten mit der mathematischen Notation (Summenzeichen), sondern möglicherweise auch grundlegende Schwierigkeiten mit dem Begriff der unendlichen Summe. Dieses Item haben 41% der Studierenden gelöst, bei 15% der Studierenden ist keine Bearbeitung erkennbar, und die Trennschärfe dieses Items mit $r_{it} = .41$ ist als gut zu bezeichnen.

---

71   Nicht alle Studierenden haben diesen Charakter des Items erkannt.

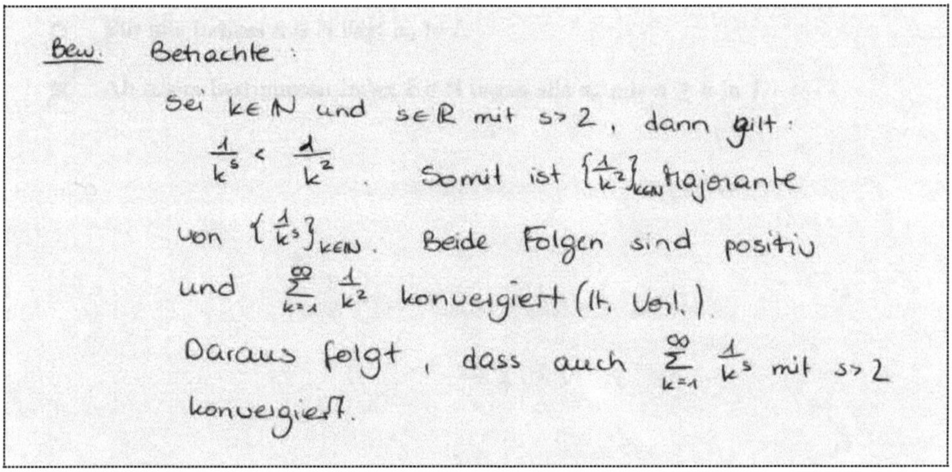

Bew. Betrachte:

Sei $k \in \mathbb{N}$ und $s \in \mathbb{R}$ mit $s > 2$, dann gilt:

$\frac{1}{k^s} < \frac{1}{k^2}$. Somit ist $\{\frac{1}{k^2}\}_{k \in \mathbb{N}}$ Majorante

von $\{\frac{1}{k^s}\}_{k \in \mathbb{N}}$. Beide Folgen sind positiv

und $\sum_{k=1}^{\infty} \frac{1}{k^2}$ konvergiert (lt. Vorl.).

Daraus folgt, dass auch $\sum_{k=1}^{\infty} \frac{1}{k^s}$ mit $s > 2$

konvergiert.

Abbildung 8.5: Studierendenlösung zum Item „Beweis konvergente Reihe" im Nachtest, als richtig bewertet

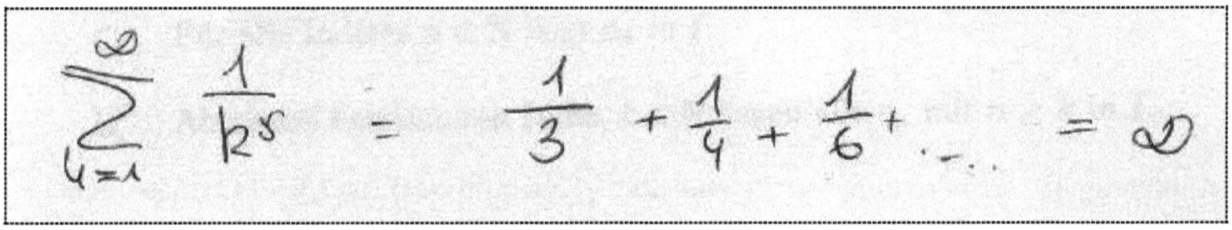

$$\sum_{k=1}^{\infty} \frac{1}{k^s} = \frac{1}{3} + \frac{1}{4} + \frac{1}{6} + \dots = \infty$$

Abbildung 8.6: Studierendenlösung zum Item „Beweis konvergente Reihe" im Nachtest, als falsch bewertet

Dieser Nachtest wurde direkt nach den Lehrveranstaltungen zum Inhaltsgebiet „Reelle Folgen und Reihen" bei einer Stichprobe von $N = 142$ Studierenden eingesetzt. Im Gegensatz zum Vortest zeigt sich im Histogramm, dass der Test vom Schwierigkeitsgrad angemessen ist ($M = 5.91$; $SD = 2.80$; siehe Abbildung 8.7). Der Kolmogorov-Smirnov-Test ist signifikant mit $D(142) = 0.16$, $p < .001$, d. h. es liegt eine signifikante Abweichung von der Normalverteilung vor. Field (2009) merkt jedoch an, dass der Kolomogorov-Smirnov-Test schon bei kleinen Abweichungen der Verteilung von der Normalverteilung signifikant wird. Aufgrund der von 0 nur wenig abweichenden Schiefe von $S = 0.48$ könnte bei dieser Verteilung von einer Normalverteilung gesprochen werden (siehe Lienert & Raatz, 1998).

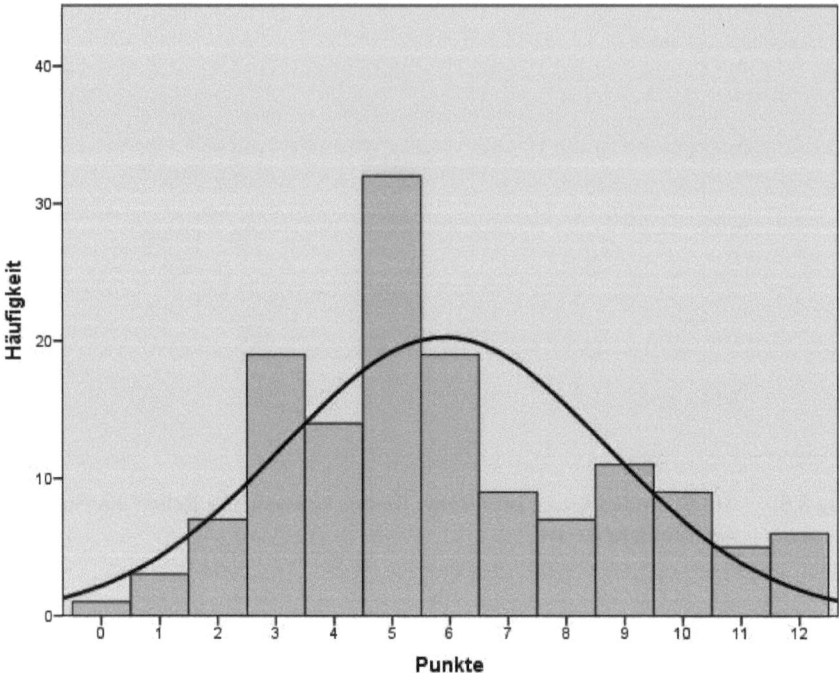

Abbildung 8.7:   **Verteilung der Personenfähigkeiten im Nachtest ($N = 142$); Maximum: zwölf Punkte**

In diesem Abschnitt konnte gezeigt werden, dass die zwei entwickelten Testinstrumente die Kompetenz von Studierenden zur wissenschaftlichen Mathematik im Inhaltsgebiet „Reelle Folgen und Reihen" messbar und quantifizierbar machen. Im Gegensatz zu anderen Untersuchungen, z. B. von Hailikari und Kolleginnen bzw. Kollegen (Hailikari et al., 2007 bzw. Hailikari et al., 2008), wurde der theoretische Rahmen, der den Entwicklungen zugrunde liegt, in diesem Abschnitt explizit dargestellt. Im Vergleich zu den Testinstrumenten zur Messung der mathematischen Kompetenz im Gebiet der „Analysis" von Wagner (2011) konzentrieren sich die in diesem Abschnitt vorgestellten Testinstrumente auf das Inhaltsgebiet „Reelle Folgen und Reihen".

8.3.4   Erfassung der Verwendung von „Selbsterklärungen" in der Lernsituation „Aufgabenbearbeitung im Selbststudium"

Als Indikator für die Qualität der Angebotsnutzung wird in dieser Untersuchung die Qualität der verwendeten Lernstrategien genutzt, die durch zwei verschiedene Ansätze erfasst wurden. Die fachunspezifischen Lernorientierungen und das Anstrengungsmanagement der Studierenden wurden mit Hilfe adaptierter Skalen erhoben (vgl. Abschnitt 8.3.2). Der stärker fachspezifisch ausgerichtete Ansatz wurde dagegen mit Hilfe eines neu entwickelten Instrumentes umgesetzt, das die Qualität der Angebotsnutzung durch die Wahl einer Lernstrategie in einer fachspezifischen Lernsituation erfasst. Dieses Instrument und seine Entwicklung werden in diesem Abschnitt detailliert präsentiert – das eingesetzte Instrument ist im Anhang, Abschnitt A.2 dargestellt.

Zur Angabe von Lernstrategien agieren viele Studien mit Selbstberichten über Fragebogenformate (Dinsmore & Alexander, 2012). Einerseits ist dieses Vorgehen mit Abstrichen in der Messgüte, vor allem der Validität, verbunden (Artelt, 2000), andererseits werden auch Vorteile von Fragebogenverfahren genannt wie das ökonomische Vorgehen, die Standardisierung und die Möglichkeiten einer Quantifizierung der Daten (z. T. Spörer & Brunstein, 2006; Vogel, 2001). Aufgrund der Vorteile und der Passung zu den Fragestellungen der vorliegenden Untersuchung wurde deshalb eine fragebogenbasierte Erhebung der Lernstrategien entwickelt, wobei die retrospektive Betrachtung der Lernprozesse für Studierende erleichtert wurde, indem eine spezifische Lernsituation („Bearbeitung von Übungsaufgaben im Selbststudium") angegeben und die einzelnen Lernstrategien mit Hilfe von fünf Typen kurz beschrieben wurden. Die Studierenden sollten diese Typen auf einer vierstufigen Likert-Skala von „trifft zu" bis „trifft nicht zu" gemäß ihrem Lernverhalten einschätzen. Da diese Angaben nicht notwendigerweise eindeutig ausfielen, sollten die Lernenden am Ende der Befragung einen Typen („Haupttyp" genannt) angeben, der am Ehesten ihrer Vorgehensweise bei der Bearbeitung von Aufgaben entspricht.

Wie schon angedeutet, stellen mathematische Übungsaufgaben in der Studieneingangsphase eine große Herausforderung für Lernende dar (vgl. Abschnitt 4.3). Aufgrund einer häufig genannten Überforderung schreiben viele Studierende in einem Mathematikstudium die Lösungen der Übungsaufgaben von anderen Personen ab (z. B. in Liebendörfer & Hochmuth, 2013 berichtet), da die erfolgreiche Aufgabenbearbeitung in vielen Studienmodulen, auch im betrachteten Modul „Analysis 1", ein notwendiges Kriterium für die Zulassung zur Modulprüfung darstellt (vgl. Abschnitt 4.2.4). Um dieses Lehrangebot der mathematischen Übungsaufgaben somit sinnvoll nutzen zu können, scheint der Prozess des Abschreibens von Aufgabenlösungen bedeutend zu sein. Für die Phase des Abschreibens von Lösungen stellt sich die Frage, inwiefern elaborierende Prozesse verwendet werden oder nur die Lösung nachvollzogen wird (vgl. Rakoczy, Buff & Lipowsky, 2005). Zur Anregung solcher, elaborierender Prozesse könnten Selbsterklärungen geeignet sein (vgl. Abschnitt 6.4.2).

Eine qualitativ hochwertige Nutzung des Lehrangebots in der Lernsituation „Aufgabenbearbeitung im Selbststudium" wird demnach über die Verwendung von Selbsterklärungen definiert. Zur Erhebung des Grades der verwendeten Selbsterklärungen werden die folgenden Typen unterschieden:

Nachvollziehender Typ: „Ich schaue mir die Übungsaufgaben intensiv an und probiere sie zu lösen. Ich versuche die Lösung anderer nachzuvollziehen. Eigene Erklärungen, Darstellungen oder Verbesserungsvorschläge gebe ich selten."

Selbsterklärender Typ: „Ich schaue mir die Übungsaufgaben intensiv an und versuche sie zu lösen. Ich erkläre mir die Lösung dann selber, verbessere diese und/oder erkläre sie meinen Kommilitonen, auch wenn ich oft nicht eigenständig auf die Lösung gekommen bin."

Selbstlösender Typ: „Ich kann meistens die Aufgaben selber lösen oder finde Ansätze, die dann nur noch eine Kleinigkeit von der Lösung entfernt sind. Dann erkläre ich die Lösung mir und/oder meinen Kommilitonen."

In der Beschreibung des *selbstlösenden Typs* findet sich keine explizite Lernstrategie, sondern vielmehr eine Einschätzung des eigenen Könnens (Studierende dieses Typs: selbstlösende Studierende). Dieser Typ dient dazu, die leistungsstarken Studierenden, die wahrscheinlich weniger Probleme im Studium zeigen und die für die im Zentrum der Arbeit stehenden Fragestellungen zur Qualität der Angebotsnutzung weniger relevant sind, herauszufiltern. Der *selbsterklärende Typ* kann zwar die Aufgaben nicht alleine lösen, aber verwendet Selbsterklärungen, um sich Lösungen zu erschließen (Studierende dieses Typs: *selbsterklärende Studierende*). Der *nachvollziehende Typ* unterscheidet sich vom selbsterklärenden Typ dadurch, dass er beim Abschreiben von Lösungen deutlich weniger Selbsterklärungen nutzt (Studierende dieses Typs: *nachvollziehende Studierende*). Neben diesen drei vorgestellten Typen wurden den Studentinnen und Studenten noch zwei weitere Typen vorgelegt, die jedoch nicht gewählt wurden: der *verweigernde Typ* und der *Abschreiber-Typ* (siehe Anhang, Abschnitt A.2). An der Nichtwahl dieser beiden Typen zeigt sich ein Problem von Selbstauskünften: eine Positivverzerrung durch soziale Erwünschtheit (Bortz & Döring, 2006). Es kann davon ausgegangen werden, dass die Effekte der verwendeten Lernstrategie (siehe Abschnitt 9.2) durch die Positivverzerrung eher unterschätzt werden.

Mit Hilfe der Angaben, die durch die Einschätzungen auf der Likert-Skala gewonnen wurden, wurde eine Clusteranalyse durchgeführt. Die entstandenen Cluster sind den Gruppen, die durch die Angabe des Haupttyps generiert wurden, sehr ähnlich (siehe auch Rach & Heinze, 2013a). Diese Vergleichbarkeit der Angaben stellt ein Anzeichen für die Zuverlässigkeit dieses Instrumentes dar, so dass sich im Folgenden auf das berichtete Verhalten bei der Aufgabenbearbeitung beschränkt wird, die durch die Angabe des Haupttyps erhoben wurde. Ein weiteres Anzeichen für die Güte dieses Instrumentes zeigt ein Vergleich der Fragebogenangaben mit den Antworten in einer Interviewstudie im Rahmen einer Staatsexamensarbeit, die begleitend zu der vorliegenden Untersuchung stattgefunden hat (vgl. Geyer, 2011). Die befragten Studierenden haben in den Interviews entsprechende Lernhandlungen berichtet, die zu ihren Angaben im Fragebogen passten (vgl. Rach & Heinze, 2013a).

Die Erhebung des Grades an Selbsterklärungen in Phasen der Aufgabenbearbeitung fand in der Mitte des ersten Semesters (zu T3) statt. Ein früherer Zeitpunkt wäre nicht geeignet gewesen, da die Studienanfängerinnen und Studienanfänger zu Semesterbeginn schwerlich ihr eigenes Lernverhalten im Studium einschätzen können. Denn aus der Schule scheint eine derartige Lernsituation, die eigenständige Bearbeitung mathematischer Übungsaufgaben, und die in dieser Lernsituation zu nutzenden Lernstrategien relativ unbekannt zu sein (vgl. Abschnitt 4.2 und Abschnitt 4.3). Aus diesem Grund wird vermutet, dass Studienanfängerinnen und Studienanfänger im Fach Mathematik erst das universitäre Lehrangebot kennenlernen müssen, bevor sie ihre Vorgehensweise beim Lernen wissenschaftlicher Mathematik beschreiben können. Da die Qualität der Angebotsnutzung nach der Behandlung des für das erste Semester bedeutende Inhalts-gebiets „Reelle Folgen und Reihen" erhoben wurde, wird angenommen, dass diese Angabe ein geeigneter Indikator für die Qualität der Angebotsnutzung im gesamten ersten Semester ist. Zusätzlich zu dieser allgemeinen Einschätzung zu Prozessen bei der Aufgabenbearbeitung wurden den Studierenden Einzelitems zur Erfassung des Arbeits-verhaltens in Lerngruppen vorgelegt (siehe Abschnitt 9.2).

8.4 Ausgewählte Methoden

Die durch die Instrumente erhobenen Daten wurden mit Hilfe von quantitativen Metho-den ausgewertet, deren Grundlagen beispielsweise in Backhaus, Erichson, Plinke und Weiber (2011), Bortz und Döring (2006), Field (2009) sowie Wirtz und Nachtigall (2012) zu finden sind.

Für die vorliegende Untersuchung relevante Methoden sind die Standardmethoden *Varianzanalyse*, *Regressionsanalyse* (linear sowie logistisch) und *Clusteranalyse*. Die beiden Auswertungsmethoden Varianzanalyse und Regressionsanalyse dienen der Un-tersuchung von Zusammenhängen zwischen verschieden skalierten unabhängigen und abhängigen Variablen. Die folgenden drei Aspekte stellen notwendige Bedingungen für die Annahme von kausalen Zusammenhängen dar: (1) Zeitliche Ordnung: Die ange-nommene Ursache muss zeitlich vor der Wirkung liegen. (2) Assoziation: Die ange-nommene Ursache impliziert die Wirkung. (3) Fehlende Alternativerklärung: Die Wir-kung kann nicht auf andere Variablen zurückgeführt werden. Während die ersten beiden Aspekte im Design und in den theoriegeleiteten Hypothesen verankert sind, werden Alternativerklärungen in der Diskussion dieser Arbeit angesprochen. Um diese Stan-dardmethoden bei vorliegenden Daten anwenden zu können, sollten verschiedene Vo-raussetzungen, beispielsweise die Normalverteilung der Merkmale in der Stichprobe bzw. eine fehlende Multikollinearität unabhängiger Variablen, vorliegen. Generell sind diese Methoden aber robust gegen Verletzungen ihrer Voraussetzungen (z. B. Bortz & Döring, 2006), deshalb werden nur an ausgewählten Stellen bei der Darstellung der Ergebnisse einige Voraussetzungen explizit angesprochen.

Eine weitere Methode, die zur Auswertung der erhobenen Daten verwendet wird, ist die *Pfadanalyse*. Bei einer Pfadanalyse kann die Wirkung mehrerer, unabhängige Vari-ablen auf mehrere, abhängige Variablen gleichzeitig untersucht werden. Pfadanalysen basieren auf der Analyse von Variablen und deren Beziehungen durch ein Strukturmo-dell – im Gegensatz zu einem Strukturgleichungsmodell werden die Variablen jedoch nicht durch ein Messmodell latent bestimmt, sondern direkt als manifeste Variablen aufgenommen (empfohlen von Reinders (2006) für Stichproben unter 200 Personen). Aufgrund der Aufnahme als manifeste Variablen werden die Messfehler nicht berück-sichtigt bzw. auf Null gesetzt, so dass für dieses Verfahren Konstrukte mit guten Relia-bilitäten notwendig sind. Im Statistikprogramm MPLUS können fehlende Werte von

Personen, die nicht an den späteren Befragungen teilgenommen haben, geschätzt werden.

Um Kausalaussagen treffen zu können, ist ohne ein experimentelles Design ein längsschnittliches Design notwendig. Ein Design, das in längsschnittlichen Untersuchungen verwendet werden kann, ist das *Cross-Lagged-Panel-Design* (Reinders, 2006). Mit einem Cross-Lagged-Panel-Design können nicht nur Fragen nach der Veränderung eines Konstruktes mit der Zeit beantwortet, sondern auch gegenseitige Beeinflussungen der Konstrukte aufeinander identifiziert werden. Beim Cross-Lagged-Panel-Design werden mindestens zwei Variablen zu mindestens zwei verschiedenen Messzeitpunkten erhoben (vgl. Abbildung 8.8 mit zwei Variablen A und B). Die Pfade a und b stellen die Zusammenhänge der beiden Variablen innerhalb eines Messzeitpunktes dar. Die Autokorrelationen der Variablen A und B über die Zeit, Pfade c und d, sind ein Maß für die intraindividuelle Stabilität der Variablenausprägungen über die Zeit. Die Pfade e und f sind entscheidend bei der Klärung möglicher Kausalitäten zwischen den beiden Variablen. Auf einen kausalen Zusammenhang wird dann geschlossen, „wenn einer der beiden Kreuz[p]fade [e oder f] substanziell höher als der andere ausfällt (minimale Bedingung) oder aber nur einer der beiden Kreuzpfade einen signifikanten Zusammenhang zwischen den Variablen A und B über die Zeit ausweist (maximale Bedingung)" (Reinders, 2006, S. 572). Insgesamt wird durch ein solches Modell die Ausprägung einer Variablen zum Zeitpunkt 2 von den Ausprägungen von Variablen zum Zeitpunkt 1 vorhergesagt. Als Voraussetzungen für solch ein Vorgehen sind gute Reliabilitäten der eingesetzten Skalen, möglichst zeitgleiche Messungen und der Ausschluss eines Drittvariablen-Effektes zu nennen. Auswertungsverfahren für dieses Design sind klassische Regressionsanalysen, Pfad- bzw. Strukturgleichungsmodelle.

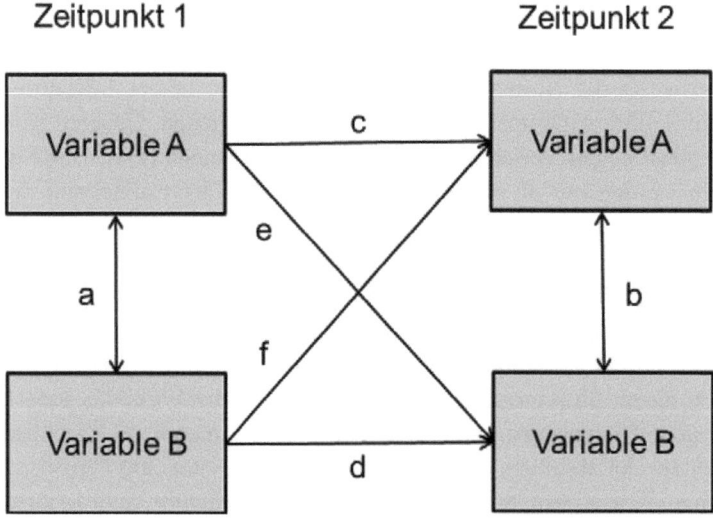

Abbildung 8.8:   **Darstellung eines Cross-Lagged-Panel-Designs**

9 Ergebnisse

9.1 Lernvoraussetzungen von Studienanfängerinnen und Studienanfängern im Fach Mathematik zu Beginn des Studiums und die Entwicklung dieser Merkmale im ersten Studiensemester

Es liegen Daten zu den kognitiven und motivationalen Lernvoraussetzungen der Gesamtstichprobe mit 182 Studienanfängerinnen und Studienanfängern vor.

7.1.1(a) Welche Zusammenhänge bestehen zu Beginn des Studiums zwischen den Lernvoraussetzungen allgemeine Schulleistung, mathematische Kompetenz, Interesse an Mathematik, mathematikbezogenes Selbstkonzept und extrinsische Studienmotivation?

Hypothesen: Starke Zusammenhänge werden zwischen den Lernvoraussetzungen Interesse an Mathematik und mathematikbezogenes Selbstkonzept sowie mittlere Zusammenhänge zwischen den Lernvoraussetzungen mathematische Kompetenz und allgemeine Schulleistung bzw. mathematische Kompetenz und mathematikbezogenes Selbstkonzept erwartet. Andere Zusammenhänge zwischen motivationalen und kognitiven Variablen werden als eher schwach vermutet.

Tabelle 9.1: **Korrelationen zwischen Lernvoraussetzungen zu Beginn des Semesters (zu T1)**

	Abiturnote	Mathematische Kompetenz	Interesse an Mathematik	Mathematik-bezogenes Selbstkonzept	Extrinsische Studien-motivation
Abiturnote	-				
Mathematische Kompetenz	-.37**	-			
Interesse an Mathematik	-.05	.18*	-		
Mathematik-bezogenes Selbstkonzept	-.10	.26**	.50**	-	
Extrinsische Studien-motivation	.12	-.12	.07	.07	-

Anmerkungen: $N = 182$; ** $p < .01$, * $p < .05$. Interpretation der Koeffizienten nach Cohen (1992): .10 – schwacher, .30 – mittlerer und .50 – starker Effekt.

Korrelationsanalysen zeigen, dass zu Studienbeginn (zu T1) wie vermutet das Interesse an Mathematik und das mathematikbezogene Selbstkonzept stark miteinander zusammenhängen, während die mathematische Kompetenz schwächer mit dem Interesse an Mathematik und dem mathematikbezogenen Selbstkonzept korreliert. Die mathematische Kompetenz hängt zudem im mittleren Bereich signifikant negativ mit der Abiturnote (Indikator für allgemeine Schulleistung: Je niedriger die Abiturnote ist, desto besser ist die allgemeine Schulleistung) zusammen. Auffällig ist, dass sich keine signifikanten Zusammenhänge zwischen der Abiturnote und den motivationalen Lernvoraussetzungen zeigen, wobei die extrinsische Studienmotivation unabhängig von allen anderen Merkmalen zu sein scheint (vgl. Tabelle 9.1).

Aufgrund der nicht übermäßig starken Zusammenhänge scheinen die vorgestellten Konstrukte verschiedene Lernvoraussetzungen der Studienanfängerinnen und Studienanfänger zu messen. Es gibt keine Hinweise auf Multikollinearität, was auch für die spätere Identifikation von Prädiktoren für die mathematische Kompetenz am Ende des Semesters (Frage 7.1.2(d)) und für den Modulerfolg (Frage 7.3(a)) relevant ist. Denn die dafür verwendeten Analysemethoden sind auf eine nicht vorhandene Multikollinearität zwischen den unabhängigen Variablen angewiesen.

Neben der Betrachtung auf Merkmalsebene ist die Analyse von Lernvoraussetzungen auf Personenebene relevant. Die Mittelwerte und Standardabweichungen (vgl. Tabelle A.5 im Anhang) sagen dabei nur grob etwas über die Lernvoraussetzungen der Studienanfängerinnen und Studienanfänger aus und sind als absolute Werte schwierig zu interpretieren, da ein Vergleichsmaßstab fehlt. Aus diesem Grund wird der Frage nachgegangen, inwiefern sich Studienanfängerinnen und Studienanfänger im Fach Mathematik in ihren mathematischen Wissensständen und motivationalen Merkmalen substanziell unterscheiden.

7.1.1(b) Inwiefern können kognitiv-motivationale Profile von Lernvoraussetzungen unterschieden werden?

Hypothese: Aufgrund der oft berichteten Heterogenität der Studierendenschaft kann davon ausgegangen werden, dass sich Studienanfängerinnen und Studienanfänger im Fach Mathematik in ihren Lernvoraussetzungen substanziell voneinander unterscheiden und die Identifikation verschiedener kognitiv-motivationaler Profile möglich ist.

Da in den meisten Arbeiten im Bereich der Hochschuldidaktik eine große Heterogenität in der Studierendenschaft beklagt wird, kann auch in dieser Stichprobe von einer ungleichen Verteilung der Merkmalsausprägungen ausgegangen werden. Um homogene Gruppen von Studierenden bezüglich ihrer Lernvoraussetzungen zu identifizieren, wurde eine Clusteranalyse mit den zwar untereinander zusammenhängenden, aber keine Multikollinearität aufweisenden Variablen „Abiturnote", „mathematische Kompetenz", „Interesse an Mathematik", „mathematikbezogenes Selbstkonzept" und „extrinsische Studienmotivation" durchgeführt (Vorgehen vgl. Backhaus et al., 2011). Zuerst wurden die Werte der Variablen z-standardisiert und dann mit Hilfe des Single-Linkage-Verfahrens unter Verwendung des quadrierten euklidischen Distanzmaßes Ausreißer (elf Personen) identifiziert und aus der Stichprobe entfernt. Daraufhin wurden mit dem Ward-Verfahren die endgültigen Cluster bestimmt. Die Wahl der Clusteranzahl kann mit Hilfe des Elbow-Kriteriums erfolgen, das in diesem Fall jedoch keine eindeutige Lösung generiert (siehe Abbildung A.1). Aus diesem Grund musste die Clusteranzahl anhand anderer, inhaltlicher Kriterien bestimmt werden. Schlussendlich wurde die Fünf-Cluster-Lösung gewählt, um homogenere kognitiv-motivationale Profile (als bei einer geringeren Anzahl an Profilen) beschreiben und gleichzeitig genügend Studierende pro Profil (als bei einer größeren Anzahl an Profilen) betrachten zu können. Die aus den Profilen gebildeten Gruppen von Studierenden sind homogener in ihren Merkmalsaus-prägungen als die Gesamtgruppe, was sich beispielsweise an der höheren Gesamtvari-anz gegenüber den Einzelvarianzen der Cluster in allen Lernvoraussetzungen zeigt. In Tabelle A.6 finden sich die nicht z-standardisierten Mittelwerte und Standardabwei-chungen der Lernvoraussetzungen der einzelnen Cluster. Mit Hilfe einer MANOVA zeigt sich, dass sich die Cluster über alle Variablen hinweg unterscheiden (Pillai-Spur $V = 1.91$ mit $F(20,660) = 30.02$; $p < .001$; $\eta^2 = .48$). Durch einzelne Varianzanalysen werden die signifikanten Unterschiede der Cluster in allen Lernvoraussetzungen mit starken Effekten deutlich (Tabelle A.6). Zur besseren Interpretierbarkeit der Profile werden die Cluster nach den verwendeten Merkmalen bewertet (siehe Tabelle 9.2), wobei die Beurteilung der Merkmalsausprägungen in Relation zu den anderen Clustern anhand der Post-hoc-Analysen (Bonferroni-Anpassung) zu sehen ist. Zur Visualisierung werden die Profile graphisch dargestellt (siehe Abbildung 9.1).

Tabelle 9.2: **Beschreibung der Cluster bezüglich der kognitiven und motivationalen Lern-voraussetzungen (zu T1)**

	1 ($n = 20$)	2 ($n = 36$)	3 ($n = 40$)	4 ($n = 23$)	5 ($n = 52$)
Abiturnote	+	+	o	o	-
Mathematische Kompetenz	++	+	o	o	o
Interesse an Mathematik	+	o	o	-	+
Mathematikbezogenes Selbstkonzept	+	o	o	-	o
Extrinsische Studienmotivation	o	+	-	o	+

Anmerkungen: (+)+ (sehr) stark ausgeprägt, o durchschnittlich und - schwach ausgeprägt.

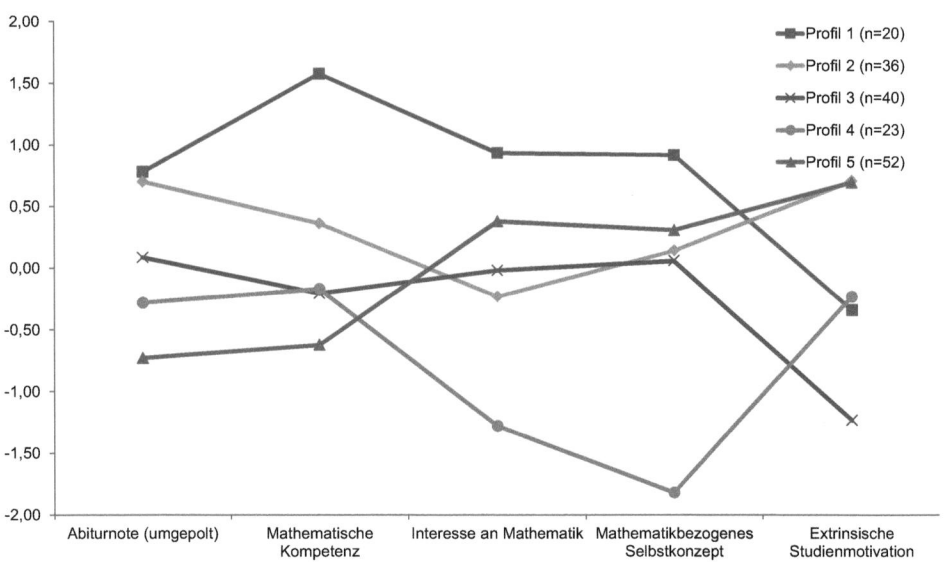

Abbildung 9.1: **Mittelwerte der z-standardisierten Lernvoraussetzungen der fünf Cluster**[72]

Cluster 1 (12% der Personen) fällt durch eine sehr gute Leistung im mathematischen Kompetenztest auf. Zudem sind diese Studienanfängerinnen und Studienanfänger interessiert, fühlen sich selbstkompetent und haben auch an der Schule gute Leistungen gezeigt. Die extrinsische Studienmotivation kann als durchschnittlich bewertet werden. Bezeichnung: *mathematisch Hochleistende und Interessierte*.

Cluster 2 (21% der Personen) ist gekennzeichnet durch eine gute Abiturnote. Im Gegensatz zu Cluster 1 zeigen sich diese Studienanfängerinnen und Studienanfänger deutlich weniger interessiert an Mathematik und berichten ein mittleres Selbstkonzept. Die Leistungen in Mathematik sind als gut zu bewerten, die extrinsische Studienmotivation ist überdurchschnittlich erhöht. Bezeichnung: *schulisch Leistungsstarke*.

Cluster 3 (23% der Personen) sticht durch eine gering ausgeprägte, extrinsische Studienmotivation in Relation zu den anderen Clustern hervor. Alle anderen Lernvoraussetzungen der Studienanfängerinnen und Studienanfänger dieser Gruppe sind als durchschnittlich zu bezeichnen. Bezeichnung: *Durchschnittliche mit geringer extrinsischer Studienmotivation*.

Cluster 4 (13% der Personen) fällt dadurch auf, dass die Studienanfängerinnen und Studienanfänger dieser Gruppe sich vergleichsweise wenig für Mathematik interessieren und sich auch in Mathematik als wenig kompetent fühlen. Die Ausprägungen aller anderen Lernvoraussetzungen werden als durchschnittlich beurteilt. Bezeichnung: *mathematisch Uninteressierte mit geringem Selbstkonzept*.

---

72   Auf die Darstellung der Standardfehler der einzelnen Mittelwerte wurde verzichtet, da sich diese z. T. überschneiden und schlecht zu erkennen wären. Die Prozentangaben zu den Personenzahlen der einzelnen Cluster summieren sich aufgrund von Rundungsungenauigkeiten nicht auf 100%.

Cluster 5 (30% der Personen) besticht durch eine schlechte Abiturnote und eher geringen mathematischen Kenntnissen. Im Gegensatz dazu sind diese Studienanfängerinnen und Studienanfänger interessiert sowie extrinsisch motiviert und fühlen sich eher kompetent. Bezeichnung: *Leistungsschwache mit Selbstüberschätzung.*

Insgesamt zeigt sich eine Heterogenität in den Lernvoraussetzungen der Studierendenschaft. Mit Hilfe einer Clusteranalyse konnten die Studienanfängerinnen und Studienanfänger in fünf Gruppen eingeordnet werden, die weitestgehend homogene kognitiv-motivationale Profile in den Lernvoraussetzungen aufweisen.[73] Es kann vermutet werden, dass neben einem einzelnen Merkmal auch eine Orchestrierung von Lernvoraussetzungen den Lernprozess mitbestimmt (vgl. ähnliche Annahme zur Orchestrierung von Lernstrategien z. B. Vanthournout et al., 2013). Aufgrund der angenommenen Wirkung des Leistungsvermögens (in Form der Abiturnote) und der mathematischen Kompetenz sollten die Studierenden des Clusters „Leistungsschwache mit Selbstüberschätzung" sehr schlechte Erfolgsquoten für den Modulerfolg zeigen. Es ist jedoch möglich, dass diese Studierenden durch eine besondere Orchestrierung – höhere Ausprägungen in motivationalen Lernvoraussetzungen und niedrigere in kognitiven Lernvoraussetzungen – die fehlende mathematische Kompetenz im ersten Semester (z. B. durch einen hohen Lernaufwand, vgl. Schiefele et al., 1995) ausgleichen könnten. Ob Zusammenhänge zwischen diesen Merkmalsprofilen zu Studienbeginn und dem Modulerfolg vorliegen, wird explorativ in Abschnitt 9.3 geklärt.

Aus Sicht der Hochschuldidaktik stellt sich die Frage, ob es sinnvoll ist, gemeinsame Lehrangebote für verschiedene Studiengänge anzubieten. Diese Frage ist z. T. mit theoretischen Überlegungen zu spezifischen Zielen von einzelnen Studiengängen zu beantworten (vgl. Abschnitt 3.1.3). Neben dieser hochschulpolitischen Sichtweise eignet sich für diese offene Frage auch die Perspektive der Lehr-Lern-Forschung. Wenn sich Studierende in verschiedenen Studiengängen, z. B. 1-Fach-Bachelor Mathematik und 2-Fächer-Bachelor Mathematik, schon zu Beginn des Studiums in ihren Lernvoraussetzungen stark unterscheiden, könnte eine Trennung in zwei separate Lehrveranstaltungen für diese beiden Gruppen mit verschiedenen Schwerpunkten sinnvoll sein. In der Literatur gibt es Anzeichen für Unterschiede bezüglich kognitiver und motivationaler Lernvoraussetzungen in Abhängigkeit vom gewählten Studiengang, die aber noch nicht hinreichend belegt sind (vgl. Abschnitt 6.5).

7.1.1(c) Unterscheiden sich kognitive und motivationale Lernvoraussetzungen von Studienanfängerinnen und Studienanfängern in Abhängigkeit vom gewählten Studiengang?

---

73 Signifikante Unterschiede zwischen den Profilen bezüglich des Studiengangs konnten nicht festgestellt werden: $\chi^2(4) = 1.99$, $p = .74$.

Hypothesen: Es wird angenommen, dass 1-Fach-Bachelor-Studierende im Interesse an Mathematik, im mathematikbezogenen Selbstkonzept sowie in der mathematischen Kompetenz durchschnittlich höhere Ausprägungen zu Studienbeginn aufweisen als 2-Fächer-Bachelor-Studierende. Dagegen wird vermutet, dass 2-Fächer-Bachelor-Studierende ihr Studium mit einer höheren Ausprägung in der extrinsischen Studienmotivation als 1-Fach-Bachelor-Studierende beginnen. Keine signifikanten Unterschiede zwischen den Studienanfängerinnen und Studienanfängern der beiden Studiengänge werden bei der allgemeinen Schulleistung erwartet.

Mit Hilfe einer MANOVA – zur Korrektur des α-Fehlers im Vergleich zu einzelnen *t*-Tests – werden die aufgestellten Vermutungen für die intervallskalierten Merkmale überprüft.

Tabelle 9.3: **Mittelwerte, Standardabweichungen und Ergebnisse der Varianzanalysen zum Zusammenhang zwischen Lernvoraussetzungen (zu T1) und dem gewählten Studiengang**

	1-Fach-Bachelor (*n* = 42)		2-Fächer-Bachelor (*n* = 140)		$F(1,180)$	η^2
	M	*SD*	*M*	*SD*		
Abiturnote	2.18	0.65	2.37	0.65	2.87	
Mathematische Kompetenz	5.60	2.73	4.56	2.08	6.91**	.04
Interesse an Mathematik	2.29	0.49	2.10	0.41	6.88**	.04
Mathematikbezogenes Selbstkonzept	1.94	0.57	1.82	0.42	2.08	
Extrinsische Studienmotivation	2.28	0.73	2.39	0.52	1.24	

Anmerkungen: Abiturnote von 0.7 (sehr gut) bis 4.0 (ausreichend); Mathematische Kompetenz von 0 bis 11; Interesse an Mathematik, Mathematikbezogenes Selbstkonzept und Extrinsische Studienmotivation: Skalen mit Einzelitems auf einer vierstufigen Likert-Skala von 0 (trifft nicht zu) bis 3 (trifft zu); **$p < .01$.

Insgesamt zeigen sich Unterschiede in den Lernvoraussetzungen (zu Studienbeginn) in Abhängigkeit vom Studiengang: Pillai-Spur $V = 0.07$ mit $F(5,176) = 2.72$, $p < .05$, $\eta^2 = .07$. Während 1-Fach-Bachelor-Studierende ein höheres Interesse an Mathematik als 2-Fächer-Bachelor-Studierende mit einer schwachen bis mittleren Effektstärke berichten, können die Unterschiedsannahmen bei den Lernvoraussetzungen mathematikbezogenes Selbstkonzept ($p = .15$) und extrinsische Studienmotivation ($p = .27$) nicht bestätigt werden (vgl. Tabelle 9.3). Wie vermutet konnte (knapp) kein signifikanter Unterschied der Studiengänge in der allgemeinen Schulleistung, operationalisiert durch die Abiturnote, belegt werden ($p = .09$, $\eta^2 = .02$). Im Gegensatz zu Ergebnissen anderer Arbeiten (z. B. Grabowski, 2006, zitiert in Eilerts, 2009) kann in der vorliegenden Arbeit zu Beginn des Studiums ein signifikanter Unterschied bei der gezeigten mathematischen Kompetenz in Abhängigkeit vom Studiengang festgestellt werden, wobei 1-Fach-Bachelor-Studierende höhere Werte mit einer schwachen bis mittleren Effektstärke aufweisen.

In diesem ersten Abschnitt zu individuellen Merkmalen von Studienanfängerinnen und Studienanfängern konnte gezeigt werden, dass Studierende im Fach Mathematik ihr Studium mit substanziell unterschiedlichen Lernvoraussetzungen beginnen. Dazu konnten Gruppen mit charakteristischen Merkmalsprofilen mittels Clusterbildung identifiziert werden und systematische Unterschiede zwischen Studierenden in Abhängigkeit vom gewählten Studiengang (Fachstudium bzw. Lehramtsstudium) aufgezeigt werden.

Während der Zusammenhang der kognitiven und motivationalen Lernvoraussetzungen mit der Qualität der Angebotsnutzung (vgl. Abschnitt 9.2) sowie dem Modulerfolg im ersten Semester (vgl. Abschnitt 9.3) in den folgenden Abschnitten analysiert wird, wird nun die Entwicklungen dieser Merkmale im Verlauf des ersten Semesters im Fach Mathematik fokussiert. Die Entwicklungen des Interesses an Mathematik, des mathematikbezogenen Selbstkonzepts und der mathematischen Kompetenz werden zuerst auf deskriptiver Ebene analysiert (Frage 7.1.2(a)), wobei die Werte aus messtheoretischen Gründen nur vorsichtig absolut interpretiert werden können. Basierend auf dieser deskriptiven Analyse werden die Veränderungen der Merkmale in Abhängigkeit eines Merkmals der Lernumwelt (den Studienbedingungen, erhoben durch den gewählten Studiengang, Frage 7.1.2(b)) und die gegenseitigen Wechselwirkungen der Merkmale (Fragen 7.1.2(c) und 7.1.2(d)) untersucht.

7.1.2(a) Wie verändert sich das Interesse an Mathematik, das mathematikbezogene Selbstkonzept und die mathematische Kompetenz im Verlauf des ersten Semesters?

Hypothesen: Eine Veränderung des Interesses an Mathematik wird erwartet, wobei die Richtung dieser Änderung unklar ist. Zudem werden eine Verringerung des mathematikbezogenen Selbstkonzepts und ein starker, mathematischer Kompetenzzuwachs vermutet.

Um die Entwicklungen der beiden motivationalen Merkmale im Verlauf des ersten Semesters zu untersuchen, wird jeweils eine Varianzanalyse mit Messwiederholung durchgeführt, wobei drei verschiedene Messzeitpunkte (Beginn, Mitte und Ende der Vorlesungszeit) berücksichtigt werden. Als Stichprobe kommen bei dieser Analysemethode nur die 110 Studierenden in Frage, die an allen drei Messzeitpunkten teilgenommen haben und somit bis zum Ende des ersten Semesters im Modul verblieben sind und an den Befragungen teilgenommen haben. Bei dieser kleineren Stichprobe kann von einer Positivauslese ausgegangen und vermutet werden, dass die nicht mehr teilnehmenden Personen, häufig Abbrecherinnen und Abbrecher des Studienmoduls, ungünstigere Entwicklungsverläufe bezüglich einiger Merkmale aufweisen (vgl. Schiefele et al., 2007). Da der Mauchly-Test auf Sphärizität jeweils nicht signifikant ist ($p = .23$ bzw. $p = .60$), kann Varianzhomogenität angenommen werden, so dass der F-Wert nicht korrigiert werden muss. Für das Interesse an Mathematik zeigt sich eine Abnahme über die Zeit, $F(2,218) = 21.53$, $p < .001$, wobei dieser Effekt nur signifikant zwischen dem Beginn und der Mitte der Vorlesungszeit mit einer mittleren Effektstärke ist ($F(1,109) = 21.34$, $p < .001$, $\eta^2 = .16$). Die Annahmen zur Entwicklung des mathematikbezogenen Selbstkonzepts im Verlauf des ersten Semesters können bestätigt werden. Analog zum Merkmal Interesse an Mathematik zeigt sich eine negative Entwicklung des mathematikbezogenen Selbstkonzepts, $F(2,218) = 31.42$, $p < .001$, wobei der Effekt ebenfalls nur signifikant zwischen dem Beginn und der Mitte der Vorlesungszeit mit einer starken Effektstärke ist ($F(1,109) = 47.99$, $p < .001$, $\eta^2 = .31$).

Zu Beginn und zum Ende der Vorlesungszeit wurden mathematische Kompetenztests eingesetzt, die durch Ankeritems miteinander verbunden waren. Mit Hilfe des Rasch-Modells konnten die Itemschwierigkeiten und die Personenfähigkeitsparameter beider Tests auf einer gemeinsamen Skala abgebildet werden (vgl. Abschnitt 8.3.2). Mit Hilfe einer Varianzanalyse mit Messwiederholung zeigt sich, dass die untersuchten 103 Studierenden im Fach Mathematik im ersten Semester durchschnittlich einen starken Kompetenzzuwachs aufweisen: $F(1,102) = 34.74$, $p < .001$, $\eta^2 = .25$.

Aufgrund der Zeitbelastung durch zwei Hauptfächer und die pädagogischen Studien von Studierenden in einem Lehramtsstudiengang kann davon ausgegangen werden, dass sich diese Studierenden weniger stark im Fach Mathematik engagieren (können) als 1-Fach-Bachelor-Studierende mit einem Haupt- und einem Nebenfach.

7.1.2(b) Inwiefern unterscheiden sich die Entwicklungsverläufe von Interesse an Mathematik, mathematikbezogenem Selbstkonzept und mathematischer Kompetenz im ersten Semester in Abhängigkeit vom Studiengang?

Hypothesen: Es wird vermutet, dass im Verlauf des Semesters 1-Fach-Bachelor-Studierende durchschnittlich einen höheren Grad an mathematischer Kompetenz erwerben und eine positivere Interessens- und Selbstkonzept-Entwicklung aufweisen als 2-Fächer-Bachelor-Studierende.

Zur Klärung der Hypothesen werden wiederum Varianzanalysen mit Messwiederholung durchgeführt und zusätzlich der Faktor Studiengang aufgenommen – die Sphärizitätstests sind wie in der Analyse zu Frage 7.1.2(a) nicht signifikant. Die Ergebnisse zeigen, dass die Entwicklung aller drei Merkmale über die Zeit unabhängig vom gewählten Studiengang ist – die jeweiligen Interaktionseffekte sind nicht signifikant: Interesse an Mathematik ($p = .51$; siehe Tabelle A.7); mathematikbezogenes Selbstkonzept ($p = .59$; siehe Tabelle A.8) und mathematische Kompetenz ($p = .27$; siehe Tabelle A.9). Abbildung 9.2, Abbildung 9.3 und Abbildung 9.4 veranschaulichen, dass sich die Merkmale der 1-Fach- und 2-Fächer-Bachelor-Studierenden eher parallel, aber auf verschiedenen Niveaus entwickeln.

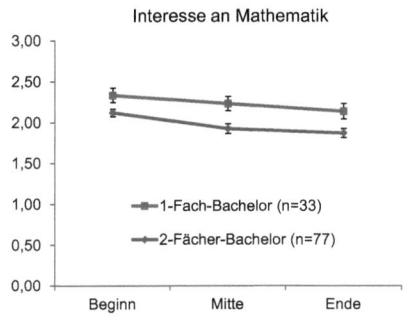
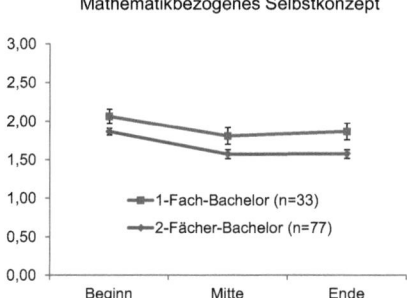

Abbildung 9.2: **Entwicklung des Interesses an Mathematik in Abhängigkeit vom gewählten Studiengang (1-Fach-Bachelor bzw. 2-Fächer-Bachelor) im Verlauf des ersten Semesters**

Abbildung 9.3: **Entwicklung des mathematikbezogenen Selbstkonzepts in Abhängigkeit vom gewählten Studiengang (1-Fach-Bachelor bzw. 2-Fächer-Bachelor) im Verlauf des ersten Semesters**

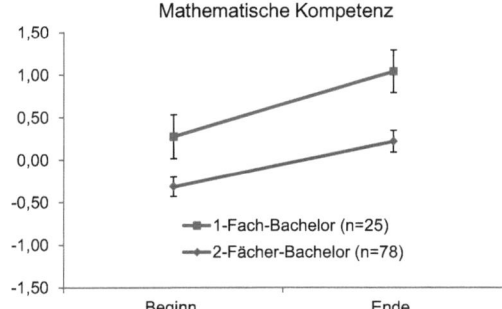

Abbildung 9.4: **Entwicklung der mathematischen Kompetenz (Parameterschätzung nach Rasch-Skalierung, Logit-Skala) in Abhängigkeit vom gewählten Studiengang (1-Fach-Bachelor bzw. 2-Fächer-Bachelor) im Verlauf des ersten Semesters**

Problematisch an der Analyse der Entwicklung der motivationalen Merkmale über die Zeit ist, dass in der verwendeten Stichprobe 79% der Studienanfängerinnen und Studienanfänger des 1-Fach-Bachelor-Studiengangs (33 Personen), aber nur noch 55% der Studienanfängerinnen und Studienanfänger des 2-Fächer-Bachelor-Studiengangs (77 Personen) der Gesamtstichprobe enthalten sind. Der Einfluss des Studiengangs kann somit möglicherweise nicht adäquat modelliert werden, da die vermutlichen Abbruchquoten in den Studiengängen unterschiedlich hoch sind und die Ergebnisse dadurch ggf. verzerrt werden.

Wie an den Analysen zu Frage 7.1.2(a) deutlich wird, verändern sich die motivationalen Merkmale von Studierenden am stärksten in den ersten sieben Wochen des Studiums, was möglicherweise auf die Veränderung der Lernumwelt beim Übergang Schule – Hochschule zurückzuführen ist. Aus diesem Grund werden in dem angesprochenen Zeitraum die gegenseitigen Einflüsse der kognitiven und motivationalen Merkmale aufeinander analysiert. Durch ein Cross-Lagged-Panel-Design kann die Ausprägung eines Merkmals zu einem späteren Zeitpunkt (hier T3) durch Ausprägungen von Merkmalen zu einem früheren Zeitpunkt (hier T1) vorhergesagt werden, wenn theoretisch begründete Vermutungen zu diesen Einflüssen vorliegen.

7.1.2(c) Welchen Einfluss haben das Interesse an Mathematik, das mathematikbezogene Selbstkonzept und die mathematische Kompetenz zu Beginn des Semesters auf das Interesse an Mathematik, das mathematikbezogene Selbstkonzept und die mathematische Kompetenz zur Mitte des Semesters?

Hypothesen: Es wird vermutet, dass die Ausprägungen der jeweiligen Merkmale zu Beginn des Semesters die Ausprägungen der zugehörigen Merkmale zur Mitte des Semesters stark beeinflussen. Signifikante Kreuzpfade werden höchstens mit schwachen Effekten erwartet, wobei die größte Wirkung auf die mathematische Kompetenz zur Mitte des Semesters dem mathematikbezogenen Selbstkonzept zu Beginn des Semesters zugeschrieben wird.

Die durch das Cross-Lagged-Panel-Design erhobenen Daten werden mit Hilfe einer Pfadanalyse im Statistik-Programm MPLUS ausgewertet. Dieses Programm schätzt die Daten für die an der Erhebung in der Mitte des Semesters nicht mehr teilgenommenen Studierenden. Die Ergebnisse für die Gesamtstichprobe von 182 Studierenden sind in Abbildung 9.5 dargestellt.

Die Autokorrelationen der drei Merkmale sind als hoch zu bezeichnen, so dass ein deutlich kleinerer Varianzanteil in den Variablen zur Mitte des Semesters (zu T3) übrig bleibt, der ggf. von anderen Variablen zu Beginn des Semesters (zu T1) erklärt werden kann. In diesem Modell zeigt sich nur eine Beeinflussung, und zwar eine kleine Wirkung der mathematischen Kompetenz zu Beginn des Semesters auf das Interesse an Mathematik zur Mitte des Semesters ($\gamma = .13$, $p < .05$). Alle nicht eingezeichneten Pfade haben eine Stärke von $|\gamma| < .14$ und ein Signifikanzniveau von $p > .11$. Die Varianzaufklärung der Merkmale in diesem Modell betragen jeweils mit $p < .001$: R^2 (Interesse an Mathematik) = .42; R^2 (Mathematikbezogenes   Selbstkonzept) = .38   und R^2 (Mathematische Kompetenz) = .36. Auffällig ist, dass die zu Beginn des Semesters identifizierten schwachen bis mittleren Zusammenhänge zwischen den motivationalen Lernvoraussetzungen und der mathematischen Kompetenz in der Mitte des Semesters nicht mehr nachzuweisen sind.

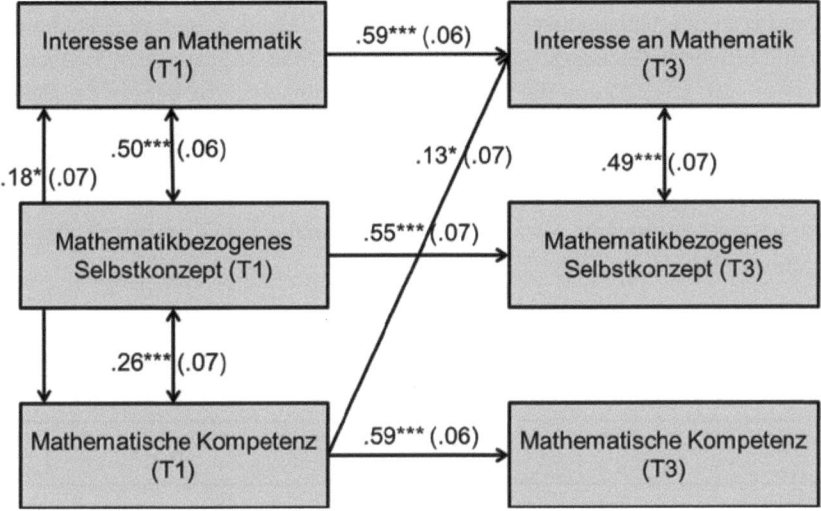

Abbildung 9.5: Standardisierte Koeffizienten für das Modell zum gegenseitigen Einfluss des Interesses an Mathematik, des mathematikbezogenen Selbstkonzepts und der mathematischen Kompetenz zu Beginn des Semesters (zu T1) auf diese Merkmale in der Mitte des Semesters (zu T3). Standardfehler sind in Klammern dargestellt. $N = 182$; *** $p < .001$, * $p < .05$

Diese letzte Auswertung zeigt nur eine geringe gegenseitige Beeinflussung der Entwicklungsverläufe der Merkmale „Interesse an Mathematik", „mathematikbezogenes Selbstkonzept" und „mathematische Kompetenz" in den ersten sieben Studienwochen. Um mögliche Einflussfaktoren auf den mathematischen Kompetenzerwerb nicht nur in den ersten sieben Wochen des Semesters, sondern über den gesamten Semesterverlauf zu identifizieren und die Ausprägungen eines wichtigen Indikators für kognitiven Lernerfolg vorherzusagen, wird die Bedeutung der kognitiven und motivationalen Lernvoraussetzungen (zu Beginn des Semesters) speziell für die mathematische Kompetenz am Ende des Semesters untersucht.

7.1.2(d) Welche kognitiven und motivationalen Lernvoraussetzungen beeinflussen die mathematische Kompetenz am Ende des Semesters?

Hypothesen: Es wird vermutet, dass die allgemeine Schulleistung und die mathematische Kompetenz zu Beginn des Semesters die mathematische Kompetenz am Ende des Semesters beeinflussen. Die motivationalen Lernvoraussetzungen werden als weniger (Interesse an Mathematik und mathematikbezogenes Selbstkonzept) bzw. gar nicht (extrinsische Studienmotivation) bedeutend eingeschätzt.

An einer Stichprobe von 103 Studierenden, die alle an der ersten (T1) und vorletzten Vorlesung (T4) im Semester teilgenommen haben, werden mit Hilfe einer linearen Regression mögliche Prädiktoren für die mathematische Kompetenz am Ende des Semesters analysiert. Die Lernvoraussetzungen zeigen bei dieser Analyse keine Anzeichen für Multikollinearität (Toleranz > 0.77 und VIF < 1.30 in allen Regressoren). Insgesamt

46% der Varianz in der mathematischen Kompetenz am Ende des Semesters kann durch die erfassten Lernvoraussetzungen aufgeklärt werden. Wie angenommen können die Abiturnote (β = -.20, p < .05) und die mathematische Kompetenz zu Beginn des Semesters (β = .55, p < .001) als signifikante Prädiktoren für die mathematische Kompetenz am Ende des Semesters identifiziert werden. Im Gegensatz zu diesem Ergebnis konnte kein Hinweis generiert werden, dass die motivationalen Lernvoraussetzungen (zu Beginn des Semesters) zusätzliche Varianz in der mathematischen Kompetenz am Ende des Semesters erklären (siehe Tabelle 9.4).

Tabelle 9.4: **Ergebnisse der linearen Regressionsanalyse (Methode: Einschluss) zur Vorhersage der mathematischen Kompetenz am Ende des Semesters durch die Lernvoraussetzungen (zu T1)**

	B	95% CI	SE	β	t
Abiturnote	-0.91	[-1.64; -0.17]	0.37	-.20*	-2.45
Mathematische Kompetenz	0.63	[0.44; 0.82]	0.10	.55***	6.47
Interesse an Mathematik	-0.14	[-1.18; 0.91]	0.52	-.02	-0.26
Mathematikbezogenes Selbstkonzept	0.18	[-0.85; 1.20]	0.52	.03	0.34
Extrinsische Studienmotivation	-0.26	[-0.92; 0.39]	0.33	-.06	-0.80

Anmerkungen: R^2 = .46 (N = 103; *** p < .001, * p < .05). 95% CI: Konfidenzintervall für B. Regressand: mathematische Kompetenz am Ende des Semesters (zu T4).

Um die isolierte Bedeutung der Abiturnote und der mathematischen Kompetenz herauszustellen, wird die Methode der schrittweisen, linearen Regression verwendet. Bei dieser Methode wird zuerst der signifikante Prädiktor einbezogen, der die stärkste Kraft besitzt. Im nächsten Schritt folgt der zweitstärkste Prädiktor etc. Die Analyse zeigt, dass die mathematische Kompetenz zu Beginn des Semesters der stärkste Prädiktor mit einer Aufklärungsquote von 41,5% ist. Wenn die Abiturnote zusätzlich einbezogen wird, erhöht sich der erklärte Varianzanteil in der mathematischen Kompetenz am Ende des Semesters auf 45,1% (siehe Tabelle A.10).

9.2 Angebotsnutzung beim Lernen von wissenschaftlicher Mathematik am Beispiel des Inhaltsgebiets „Reelle Folgen und Reihen"

Die Rolle der Angebotsnutzung in mathematischen, universitären Lernprozessen wird analysiert, indem Zusammenhänge zwischen kognitiven sowie motivationalen Merkmalen und im Ansatz (i) der Verwendung der spezifischen Elaborationsstrategie „Selbsterklärungen" in der Lernsituation „Bearbeitung von Übungsaufgaben im Selbststudium" bzw. im Ansatz (ii) einer allgemeinen tiefergehenden/strategischen und oberflächlichen Lernorientierung sowie dem Anstrengungsmanagement untersucht werden.

Ansatz (i): Selbsterklärungen bei der Aufgabenbearbeitung

Zur Erfassung der Aktivitäten in der Lernsituation „Aufgabenbearbeitung im Selbststudium" wurden den Studierenden in der Mitte des Semesters prototypische Verhaltensweisen vorgelegt, die sich im Grad der Verwendung von Selbsterklärungen unterscheiden (vgl. Abschnitt 8.3.4). Während der nachvollziehende Typ selten Selbsterklärungen verwendet, nutzt der selbsterklärende Typ Selbsterklärungen bei der Aufgabenbearbeitung. Der selbstlösende Typ, der die Übungsaufgaben häufig selbstständig lösen kann, wurde zusätzlich aufgenommen. Für die meisten Analysen in diesem Abschnitt konnten die Daten von 136 Studierenden verwendet werden, die sowohl zu Beginn des Semesters ihre Lernvoraussetzungen angegeben als auch in der Mitte des Semesters an der Befragung zu ihrem Lernverhalten bei der Aufgabenbearbeitung teilgenommen haben. Insgesamt ordnen sich 49 Studierende dem nachvollziehenden Typ, 70 Studierende dem selbsterklärenden Typ und 17 Studierende dem selbstlösenden Typ zu.

7.2.1(a) Inwiefern hängt die Verwendung von Selbsterklärungen bei der Aufgabenbearbeitung mit kognitiven und motivationalen Lernvoraussetzungen zusammen? Unterscheidet sich der Grad an verwendeten Selbsterklärungen bei der Aufgabenbearbeitung in Abhängigkeit vom Studiengang? Inwiefern kann ein Zusammenhang zwischen der Verwendung von Selbsterklärungen bei der Aufgabenbearbeitung und dem Arbeitsverhalten in Lerngruppen hergestellt werden?

Hypothesen: Es werden allenfalls schwache Zusammenhänge zwischen der Verwendung von Selbsterklärungen bei der Aufgabenbearbeitung und kognitiven sowie motivationalen Lernvoraussetzungen vermutet. Dagegen wird angenommen, dass prozentual mehr 1-Fach-Bachelor-Studierende die Verwendung von Selbsterklärungen berichten als 2-Fächer-Bachelor-Studierende.

Zur Überprüfung dieser Hypothesen wird eine multinomiale logistische Regressionsanalyse durchgeführt, wobei als Referenzkategorie die Gruppe der selbsterklärenden Studierenden verwendet wird (vgl. Tabelle 9.5 und Tabelle 9.6).

Tabelle 9.5:   Mittelwerte und Standardabweichungen der drei Typen bei der Aufgabenbearbeitung bezüglich ihrer Lernvoraussetzungen (zu T1)

	Nachvollziehender Typ ($n = 49$)		Selbsterklärender Typ ($n = 70$)		Selbstlösender Typ ($n = 17$)	
	M	SD	M	SD	M	SD
Abiturnote	2.40	0.72	2.24	0.57	1.91	0.47
Mathematische Kompetenz	4.27	2.13	5.06	2.01	7.18	2.27
Interesse an Mathematik	2.12	0.45	2.23	0.40	2.25	0.43
Mathematikbezogenes Selbstkonzept	1.80	0.46	1.92	0.35	2.28	0.49
Extrinsische Studienmotivation	2.41	0.55	2.39	0.58	2.19	0.65

Anmerkungen: Abiturnote von 0.7 (sehr gut) bis 4.0 (ausreichend); Mathematische Kompetenz von 0 bis 11; Interesse an Mathematik, Mathematikbezogenes Selbstkonzept und Extrinsische Studienmotivation: Skalen mit Einzelitems auf einer vierstufigen Likert-Skala von 0 (trifft nicht zu) bis 3 (trifft zu).

Beim Vergleich der Lernvoraussetzungen des nachvollziehenden Typs mit den Lern-voraussetzungen der Referenzkategorie „selbsterklärender Typ" zeigen sich keine signi-fikanten Unterschiede. Der selbstlösende Typ dagegen unterscheidet sich von der Refe-renzkategorie „selbsterklärender Typ" (und ebenfalls vom „nachvollziehenden Typ") schon zu Studienbeginn in der mathematischen Kompetenz und im mathematikbezoge-nen Selbstkonzept.

Wie angenommen handelt es sich somit bei den selbstlösenden Studentinnen und Studenten um eine kleine Gruppe ($n = 17$), die ihr Studium schon mit deutlich günstige-ren Lernvoraussetzungen als die Mehrheit der Studierenden beginnt. Dagegen gibt es Hinweise, dass wie vermutet die spätere Verwendung von Selbsterklärungen nicht durch die erfassten Lernvoraussetzungen zu Studienbeginn bedingt ist.

Tabelle 9.6: **Ergebnisse der multinomialen logistischen Regressionsanalyse (Methode: Einschluss) zum Zusammenhang zwischen der Verwendung von Selbsterklärungen und den Lernvoraussetzungen (zu T1)**

		B	*SE*	Exp(*B*)	95% CI	Wald statistic
nachvollziehender Typ	Abiturnote	0.40	0.33	1.49	[0.79; 2.82]	1.50
	Mathematische Kompetenz	-0.15	0.10	0.86	[0.71; 1.05]	2.11
	Interesse an Mathematik	-0.46	0.53	0.63	[0.22; 1.79]	0.75
	Mathematikbezogenes Selbstkonzept	-0.49	0.53	0.61	[0.22; 1.74]	0.84
	Extrinsische Studienmotivation	-0.04	0.35	0.96	[0.49; 1.88]	0.02
selbstlösender Typ	Abiturnote	-0.52	0.57	0.59	[0.19; 1.83]	0.83
	Mathematische Kompetenz	0.32	0.16	1.38*	[1.01; 1.87]	4.11
	Interesse an Mathematik	-0.78	0.86	0.46	[0.09; 2.48]	0.82
	Mathematikbezogenes Selbstkonzept	2.31	0.94	10.02*	[1.59; 63.29]	6.01
	Extrinsische Studienmotivation	-0.38	0.52	0.69	[0.25; 1.91]	0.52

Anmerkungen: Nagelkerkes R^2 = .28 (N = 136; * p < .05). 95% CI: Konfidenzintervall für Exp(B). Referenzkategorie für den Regressanden „Typ": selbsterklärender Typ.

Der Zusammenhang zwischen dem gewählten Studiengang und dem Typ bei der Aufgabenbearbeitung wird mit Hilfe eines χ^2-Tests bestimmt: $\chi^2(2)$ = 14.68, p < .01, ϕ = 0.33. In der Literatur (Backhaus et al., 2011) wird erst ein Zusammenhang mit einem ϕ > 0.3 als nichttrivial angesehen. Zudem ist der identifizierte Unterschied vor allem auf die überproportionale Besetzung der Rubrik „selbstlösender Typ" durch 1-Fach-Bachelor-Studierende zurückzuführen (vgl. Tabelle A.11).

Um einen genaueren Einblick in das Verhalten in der Lernsituation „Aufgabenbearbeitung im Selbststudium" zu erhalten, wurden Einzelitems eingesetzt, die die Arbeit in Lerngruppen genauer charakterisieren könnten. In diese Datenanalyse können nur die 105 Studierenden einbezogen werden, die angegeben haben, dass sie regelmäßig in einer Lerngruppe arbeiten: 76% der nachvollziehenden, 81% der selbsterklärenden und 65% der selbstlösenden Studierenden.

Mit Hilfe einer MANOVA kann ein signifikanter Zusammenhang zwischen dem Typ der Aufgabenbearbeitung und dem berichteten Arbeitsverhalten in Lerngruppen berichtet werden (Pillai-Spur V = 0.34 mit $F(8,200)$ = 5.13; p < .001; η^2 = .17). An den

Ergebnissen der einzelnen Varianzanalysen wird deutlich (siehe Tabelle 9.7), dass die zu Selbsterklärungen greifenden Studierenden stärker eigene Ideen in ihre Gruppe einbringen und die Aufgaben weniger von ein oder zwei Personen lösen lassen als die nachvollziehenden Studierenden. Anhand der explorativen Ergebnisse zur vierten Aussage kann zudem vermutet werden, dass die Arbeit in vielen Lerngruppen scheinbar erfolgreich verläuft, da am Ende eines Arbeitsprozesses häufig eine Lösung in den Gruppen vorhanden ist (siehe auch Tetsch, 2011).

Tabelle 9.7: **Mittelwerte, Standardabweichungen und Ergebnisse der Varianzanalysen zum Zusammenhang zwischen der Verwendung von Selbsterklärungen und der Arbeit in einer Lerngruppe**

In meiner Lerngruppe …	NV (*n* = 37)		SE (*n* = 57)		SL (*n* = 11)		*F*(2,102)	η^2; Post-hoc
	M	SD	M	SD	M	SD		
… bringe ich meine eigenen Ideen mit ein.	2.00	0.71	2.63	0.56	2.91	0.30	16.46***	.24; NV < SE, NV < SL
… finden wir gemeinsam Lösungsideen für die Aufgaben.	2.32	0.67	2.60	0.62	2.36	0.81	2.10	
… lösen einer / eine oder zwei die Aufgaben und die anderen schreiben diese dann ab.	1.38	0.79	0.86	0.61	1.09	0.70	6.36**	.11; NV < SE
… haben wir am Ende keine Lösung für die Aufgaben.	0.54	0.56	0.47	0.54	0.64	0.92	0.40	

Anmerkungen: NV (nachvollziehender Typ), SE (selbsterklärender Typ) und SL (selbstlösender Typ); *** $p < .001$, ** $p < .01$; Post-hoc-Analyse (Bonferroni-Anpassung). Einzelitems auf einer vierstufigen Likert-Skala von 0 (trifft nicht zu) bis 3 (trifft zu).

Inwiefern Übungsaufgaben in der Wahrnehmung von Studierenden überhaupt einen Wert für ihren eigenen Lernprozess besitzen, wird im Folgenden kurz analysiert. Der Wert der Übungsaufgaben (vgl. Trautwein et al., 2006) wird von allen Studierenden als sehr hoch eingeschätzt, der Mittelwert der Skala liegt zwischen den Antwortalternativen „trifft eher zu" und „trifft zu" ($M = 2.48$, $SD = 0.39$). Ein Mittelwertvergleich zwischen den Typen ($F(2,132) = 2.99$, $p = .054$, $\eta^2 = .04$) gibt Hinweise, dass Studierende des selbstlösenden Typs ($n = 17$; $M = 2.59$, $SD = 0.33$) und des selbsterklärenden Typs ($n = 70$; $M = 2.52$, $SD = 0.40$) den Wert von Übungsaufgaben tendenziell höher einschätzen als Studierende des nachvollziehenden Typs ($n = 48$; $M = 2.37$, $SD = 0.38$).

Nach dem Vergleich der Typen bezüglich der berichteten bzw. gezeigten Lernvoraussetzungen (zu Semesterbeginn) werden die Zusammenhänge zwischen den Typen und dem motivationalen Lernerfolg (Frage 7.2.1(b)) sowie dem kognitiven Lernerfolg (Frage 7.2.1(c)) analysiert.

> 7.2.1(b) Welcher Zusammenhang besteht zwischen der Verwendung von Selbsterklärungen bei der Aufgabenbearbeitung und der Entwicklung des Interesses an Mathematik und des mathematikbezogenen Selbstkonzepts?

Hypothese: Es wird davon ausgegangen, dass die Verwendung von Selbsterklärungen positiv mit der Entwicklung motivationaler Merkmale zusammenhängt.

Dieser angenommene Zusammenhang innerhalb der ersten sieben Wochen des Semesters wird mit Hilfe von zwei Varianzanalysen mit Messwiederholung und Faktor Typ bei der Aufgabenbearbeitung geklärt. Signifikante Zusammenhänge mit dem Typ treten sowohl bei der Entwicklung des Interesses an Mathematik ($F(2,133) = 7.369$, $p < .01$, $\eta^2 = .10$) als auch bei der Entwicklung des mathematikbezogenen Selbstkonzepts ($F(2,133) = 7.095$, $p < .01$, $\eta^2 = .10$) auf. Während sich in einer Post-hoc-Analyse (Bonferroni-Anpassung) bei der Entwicklung des Interesses an Mathematik in den ersten sieben Wochen des Semesters nur signifikante Unterschiede zwischen dem nachvollziehenden und dem selbstlösenden Typ zeigen, sind Zusammenhänge zwischen der Entwicklung des mathematikbezogenen Selbstkonzepts in den ersten sieben Wochen des Semesters und allen drei Typen feststellbar (vgl. Abbildung 9.6 und Abbildung 9.7).

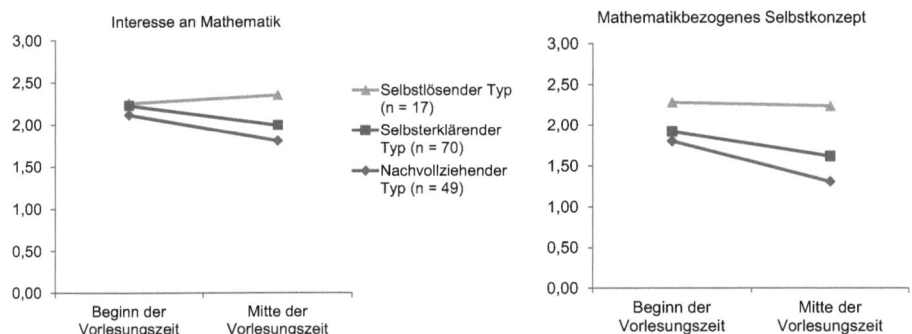

Abbildung 9.6: **Entwicklung des Interesses an Mathematik (in den ersten sieben Wochen des Semesters) in Abhängigkeit vom berichteten Typ der Aufgabenbearbeitung**

Abbildung 9.7: **Entwicklung des mathematikbezogenen Selbstkonzepts (in den ersten sieben Wochen des Semesters) in Abhängigkeit vom berichteten Typ der Aufgabenbearbeitung**

Aufgrund des Mechanismus von Selbsterklärungen könnte deren Verwendung nicht nur mit der Entwicklung motivationaler Merkmale zusammenhängen, sondern auch in Beziehung zum mathematischen Kompetenzerwerb im Inhaltsgebiet „Reelle Folgen und Reihen" stehen.

7.2.1(c) Inwiefern beeinflusst die Verwendung von Selbsterklärungen bei der Aufgabenbearbeitung den mathematischen Kompetenzerwerb?

Hypothese: Es wird ein kausaler Zusammenhang zwischen der Verwendung von Selbsterklärungen und dem mathematischen Kompetenzerwerb vermutet.

Da nicht alle 136 Studierende den Vortest zu T2 und ebenfalls den Nachtest zu T3 bearbeitet haben, kann nur an einer Stichprobe von 111 Studierenden diese Aussage mit Hilfe einer Kovarianzanalyse überprüft werden. Die Ergebnisse der Analyse zeigen, dass die berichtete Bearbeitungsstrategie von Übungsaufgaben signifikant mit dem mathematischen Kompetenzerwerb zusammenhängt (Tabelle 9.8; deskriptive Ergebnisse zur mathematischen Kompetenz (zu T2 und T3) in Abhängigkeit vom Typ siehe Tabelle A.12). Eine Post-hoc-Analyse (Bonferroni-Anpassung) zeigt jedoch, dass dieser signifikante Unterschied nur beim Vergleich zwischen dem nachvollziehenden Typ und dem selbstlösenden Typ auftritt und nicht durch den Grad der Verwendung von Selbsterklärungen bedingt ist.

Tabelle 9.8: **Ergebnisse der Kovarianzanalyse zum Einfluss der Verwendung von Selbsterklärungen auf den mathematischen Kompetenzerwerb im Gebiet „Reelle Folgen und Reihen"**

	df	Quadrat-summe	Mittel der Quadrate	*F*	η^2
Mathematische Kompetenz (zu T2) [Kovariate]	1	170.75	170.75	37.08***	.26
Typ bei der Aufgaben-bearbeitung	2	34.00	17.00	3.69*	.07
Fehler	107	492.70	4.61		
Gesamt	111	5117.00			

Anmerkungen: $R^2 = .43$ ($N = 111$; *** $p < .001$, * $p < .05$). Regressand: Mathematische Kompetenz (zu T3), erhoben durch den Nachtest.

Insgesamt konnten Hinweise generiert werden, dass der Grad der Verwendung von Selbsterklärungen bei der Aufgabenbearbeitung nicht mit kognitiven bzw. motivationalen Lernvoraussetzungen (zu Studienbeginn) zusammenhängt. Die Verwendung dieser Elaborationsstrategie geht mit der Entwicklung motivationaler Merkmale im Verlauf des Semesters einher, jedoch konnte kein signifikanter Zusammenhang der Verwendung von Selbsterklärungen mit dem mathematischen Kompetenzerwerb gezeigt werden.[74]

---

74 Untersucht man den mathematischen Kompetenzerwerb von Semesterbeginn (T1) bis Semesterende (T4), wird dieser durch die Verwendung von Selbsterklärungen positiv beeinflusst ($F(2,93) = 9.66$, $p < .001$, $\eta^2 = .17$; Post-hoc-Unterschiede (Bonferroni-Anpassung) mit $p < .05$). Für diese Untersuchung können jedoch nur 61% der nachvollzie-

Im zweiten Teil dieses Abschnitts wird die Rolle der Qualität der Angebotsnutzung im Lernprozess durch Ansatz (ii) untersucht.

Ansatz (ii): Tiefergehende/strategische Lernorientierung, oberflächliche Lernorientierung sowie das Anstrengungsmanagement

Der zweite Ansatz zur Messung der Qualität der Angebotsnutzung verwendet die motivationspsychologisch geprägte, globale Kategorisierung von Lernstrategien in sog. Lernorientierungen. Ein Großteil der Ergebnisse in diesem Abschnitt basieren auf einer Stichprobe von $N = 131$ Studierenden. Da in der Literatur Lernstrategien bzw. Lernorientierungen eine Mediatorwirkung zwischen Lernvoraussetzungen und dem Lernerfolg zugeschrieben wird (z. B. Schiefele et al., 2003), wird zuerst der Zusammenhang der Lernorientierungen bzw. des Anstrengungsmanagement (erhoben zur Mitte des Semesters) mit den Lernvoraussetzungen der Studierenden (erhoben zu Semesterbeginn) untersucht.

7.2.2(a) Inwiefern hängen eine tiefergehende/strategische Lernorientierung, eine oberflächliche Lernorientierung und das Anstrengungsmanagement mit kognitiven und motivationalen Lernvoraussetzungen zusammen? Unterscheiden sich die Verwendung einer tiefergehenden/strategischen Lernorientierung, einer oberflächlichen Lernorientierung und das Anstrengungsmanagement in Abhängigkeit vom Studiengang?

Hypothesen: Es wird angenommen, dass eine tiefergehende/strategische Lernorientierung positiv mit dem Interesse an Mathematik zusammenhängt. Zudem wird vermutet, dass eine oberflächliche Lernorientierung mit der extrinsischen Studienmotivation zu Semesterbeginn positiv einhergeht. Es werden mittlere, positive Zusammenhänge zwischen Ausprägungen im Anstrengungsmanagement und dem Interesse an Mathematik sowie dem mathematikbezogenen Selbstkonzept erwartet. Bezüglich des Studiengangs wird vermutet, dass Studierende des 1-Fach-Bachelor-Studiengangs stärker eine tiefergehende/strategische Lernorientierung und weniger eine oberflächliche Lernorientierung berichten als Studierende des 2-Fächer-Bachelor-Studiengangs.

Einen Überblick über die Mittelwerte, Standardabweichungen und Korrelationen der erfassten Variablen gibt Tabelle 9.9. Auffällig ist der hohe Mittelwert der Variable Anstrengungsmanagement in dieser Stichprobe. Die schwachen bis mittleren Zusammenhänge zwischen den Merkmalen sind ähnlich in der Literatur zu finden (vgl. Fenollar et al., 2007; Schiefele et al., 1995; Trigwell et al., 2013).

---

henden und 76% der selbsterklärenden (und 82% der selbstlösenden) Studierenden einbezogen werden, so dass unklar ist, ob dieser Effekt durch eine Stichprobenverzerrung bedingt ist.

Tabelle 9.9:   Mittelwerte, Standardabweichungen und Korrelationen der Lernorientierungen bzw. des Anstrengungsmanagements

	M	SD	Tiefergehend/ strategisch	Oberflächlich	Anstrengungs- management
Tiefergehend/ strategisch	1.87	0.39	-		
Oberflächlich	1.47	0.56	-.31**	-	
Anstrengungs- management	2.33	0.55	.36**	-.22*	-

Anmerkungen: $N = 131$; ** $p < .01$, * $p < .05$. Skalen mit Einzelitems auf einer vierstufigen Likert-Skala von 0 (trifft nicht zu) bis 3 (trifft zu).

Ergebnisse linearer Regressionen zeigen, dass die berichtete Lernorientierung bzw. das Anstrengungsmanagement z. T. schon durch kognitive und motivationale Lernvoraussetzungen bedingt sind. Während eine oberflächliche Lernorientierung mit der mathematischen Kompetenz ($\beta = -.21$, $p < .05$) und dem mathematikbezogenen Selbstkonzept ($\beta = -.19$, $p < .05$) negativ zusammenhängt (vgl. Tabelle A.14), geht eine tiefergehende/strategische Lernorientierung mit dem Interesse an Mathematik ($\beta = .26$, $p < .01$) positiv einher (Tabelle A.13). Signifikante Zusammenhänge zwischen dem Anstrengungsmanagement und den Lernvoraussetzungen lassen sich jedoch nicht feststellen (Tabelle A.15). Bestätigt wird somit der theoretisch angenommene Zusammenhang zwischen einer tiefergehenden/strategischen Lernorientierung (erhoben zu T3) und dem Interesse an Mathematik (erhoben zu T1). Entgegen der Vermutung scheint eine oberflächliche Lernorientierung nicht mit der extrinsischen Studienmotivation zusammenzuhängen, sondern korreliert negativ mit der mathematischen Kompetenz und dem mathematikbezogenen Selbstkonzept zu Studienbeginn.

Mögliche Unterschiede in der Qualität der Angebotsnutzung zwischen Studierenden verschiedener Studiengänge (mit unterschiedlichen Studierbedingungen) werden mit Hilfe einer MANOVA untersucht. Für diese Analysen werden die kognitiven und motivationalen Lernvoraussetzungen als Kovariaten mit aufgenommen, da diese erstens z. T. mit dem gewählten Studiengang und zweitens z. T. mit den Lernorientierungen sowie dem Anstrengungsmanagement zusammenhängen. Bezüglich der Lernorientierungen bzw. des Anstrengungsmanagements können jedoch keine signifikanten Unterschiede zwischen Studentinnen und Studenten der beiden Studiengängen aufgezeigt werden: Pillai-Spur $V = 0.00$ mit $F(3,127) = 0.32$, $p = .81$ (vgl. Tabelle A.16).

Um Lernorientierungen sowie dem Anstrengungsmanagement jeweils eine Rolle als Mediator zwischen Lernvoraussetzungen und Lernerfolg zuzuschreiben, müssen diese mit dem motivationalen bzw. dem kognitiven Lernerfolg zusammenhängen. Diese theoretisch vermuteten Zusammenhänge werden in den Forschungsfragen 7.2.2(b) und 7.2.2(c) untersucht.

7.2.2(b) Welche Zusammenhänge bestehen zwischen einer tiefergehenden/ strategischen Lernorientierung, einer oberflächlichen Lernorientierung sowie dem Anstrengungsmanagement und der Entwicklung des Interesses an Mathematik sowie des mathematikbezogenen Selbstkonzepts?

Hypothesen: Es wird vermutet, dass eine oberflächliche Lernorientierung mit der Entwicklung der motivationalen Merkmale negativ zusammenhängt, während eine tiefergehende/strategische Lernorientierung und eine höhere Ausprägung im Anstrengungsmanagement mit der Entwicklung der motivationalen Merkmale positiv einhergeht.

Zur Analyse, ob die berichteten Lernorientierungen oder das Anstrengungsmanagement mit der Entwicklung des Interesses an Mathematik und des mathematikbezogenen Selbstkonzepts in den ersten sieben Studienwochen zusammenhängen, werden lineare Regressionsanalysen durchgeführt und jeweils der Vorbefragungswert des jeweiligen Merkmals als Kovariate einbezogen. Die Ergebnisse stützen einen Großteil der Hypothesen. Die Entwicklung des Interesses an Mathematik in den ersten sieben Studienwochen steht in einem positiven Zusammenhang mit einer tiefergehenden/strategischen Lernorientierung ($\beta = .26$, $p < .001$) und in einem negativen Zusammenhang mit einer oberflächlichen Lernorientierung ($\beta = -.15$, $p < .05$) (vgl. Tabelle 9.10).

Tabelle 9.10: **Ergebnisse der linearen Regression (Methode: Einschluss) zum Zusammenhang zwischen den Lernorientierungen bzw. dem Anstrengungsmanagement und dem Interesse an Mathematik (zu T3)**

	B	95% CI	*SE*	β	*t*
Interesse an Mathematik (zu T1) [Kovariate]	0.59	[0.43; 0.74]	0.08	.50***	7.47
Tiefergehende/strategische Lernorientierung	0.33	[0.15; 0.51]	0.09	.26***	3.63
Oberflächliche Lernorientierung	-0.14	[-0.25; -0.02]	0.06	-.15*	-2.31
Anstrengungsmanagement	0.07	[-0.05; 0.19]	0.06	.08	1.14

*Anmerkungen: $R^2 = .52$ ($N = 131$; *** $p < .001$, * $p < .05$). 95% CI: Konfidenzintervall für B. Toleranz > 0.76 und VIF < 1.32 in allen Regressoren. Regressand: Interesse an Mathematik zur Mitte des Semesters (zu T3).*

Analoge Ergebnisse sind für die Entwicklung des mathematikbezogenen Selbstkonzepts zu berichten, wobei nur die Stärke, aber nicht die Richtung der Zusammenhänge variiert: tiefergehende/strategische Lernorientierung ($\beta = .18$, $p < .01$) und oberflächliche Lernorientierung ($\beta = -.34$, $p < .001$) (vgl. Tabelle 9.11). Für das Anstrengungsmanagement konnte jedoch kein signifikanter Zusammenhang mit der Entwicklung motivationaler Merkmale festgestellt werden.

Tabelle 9.11: **Ergebnisse der linearen Regression (Methode: Einschluss) zum Zusammenhang zwischen den Lernorientierungen bzw. dem Anstrengungsmanagement und dem mathematikbezogenen Selbstkonzept (zu T3)**

	B	95% CI	*SE*	β	*t*
Mathematikbezogenes Selbstkonzept (zu T1) [Kovariate]	0.60	[0.44; 0.76]	0.08	.48***	7.43
Tiefergehende/strategische Lernorientierung	0.26	[0.07; 0.46]	0.10	.18**	2.64
Oberflächliche Lernorientierung	-0.34	[-0.47; -0.21]	0.07	-.34***	-5.20
Anstrengungsmanagement	-0.08	[-0.21; 0.05]	0.07	-.08	-1.19

Anmerkungen: R^2 = .53 (N = 131; *** p < .001, ** p < .01). 95% CI: Konfidenzintervall für *B*. Toleranz > 0.79 und VIF < 1.26 in allen Regressoren. Regressand: Mathematikbezogenes Selbstkonzept zur Mitte des Semesters (zu T3).

Neben den erwarteten Zusammenhängen zwischen den Lernorientierungen und dem motivationalen Lernerfolg ist vielmehr der Zusammenhang der Qualität der Anagebotsnutzung (in Form der Lernorientierungen und des Anstrengungsmanagements) mit dem kognitiven Lernerfolg (in Form des mathematischen Kompetenzerwerbs im Inhaltsgebiet „Reelle Folgen und Reihen") bedeutend.

7.2.2(c) Inwiefern beeinflussen eine tiefergehende/strategische Lernorientierung, eine oberflächliche Lernorientierung sowie das Anstrengungsmanagement den mathematischen Kompetenzerwerb?

Hypothesen: Insbesondere einer tiefergehenden Lernorientierung und dem Anstrengungsmanagement wird eine positive Wirkung auf den mathematischen Kompetenzerwerb zugeschrieben.

Zur Beantwortung dieser Frage wird eine lineare Regressionsanalyse mit einer Stichprobe von 105 Studierenden durchgeführt, wobei als Regressand die mathematische Kompetenz zu T3 und als Regressoren die berichteten Lernorientierungen und das Anstrengungsmanagement sowie als Kovariate die mathematische Kompetenz zu T2 (erhoben durch den Vortest) verwendet werden.

Tabelle 9.12: **Ergebnisse der linearen Regression (Methode: Einschluss) zum Einfluss der Lernorientierungen bzw. des Anstrengungsmanagements auf die mathematische Kompetenz (zu T3)**

	B	95% CI	*SE*	β	*t*
Mathematische Kompetenz (zu T2) [Kovariate]	0.83	[0.63; 1.04]	0.11	.62***	7.90
Tiefergehende/strategische Lernorientierung	-0.20	[-1.39; 1.00]	0.60	-.03	-0.33
Oberflächliche Lernorientierung	-0.57	[-1.41; 0.27]	0.42	-.11	-1.35
Anstrengungsmanagement	0.20	[-0.62; 1.01]	0.41	.04	0.49

Anmerkungen: $R^2 = .43$ ($N = 105$; *** $p < .001$). 95% CI: Konfidenzintervall für *B*. Toleranz > 0.79 und VIF < 1.27 in allen Regressoren. Regressand: Mathematische Kompetenz (zu T3), erhoben durch den Nachtest.

Die Ergebnisse geben jedoch keinen Hinweis auf einen Zusammenhang der Lernorientierungen bzw. des Anstrengungsmanagements mit dem mathematischen Kompetenzerwerb (vgl. Tabelle 9.12).

Insgesamt konnte gezeigt werden, dass qualitativ unterschiedliche Lernorientierungen (tiefergehende/strategische und oberflächliche) mit verschiedenen kognitiven und motivationalen Lernvoraussetzungen zusammenhängen. Diese gewählten Indikatoren zur Beschreibung der Qualität der Angebotsnutzung gehen einher mit der Entwicklung motivationaler Merkmale in den ersten sieben Semesterwochen, jedoch konnte kein signifikanter Zusammenhang mit dem mathematischen Kompetenzerwerb festgestellt werden.[75]

Empirische Zusammenführung der beiden Ansätze (i) und (ii)

Dieser Abschnitt zur Qualität der Angebotsnutzung wird mit der Verknüpfung der beiden verwendeten Ansätze abgeschlossen.

7.2.3 Wie hängt die Verwendung von Selbsterklärungen bei der Aufgabenbearbeitung mit einer tiefergehenden/strategischen Lernorientierung, einer oberflächlichen Lernorientierung sowie dem Anstrengungsmanagement zusammen?

---

75   Untersucht man den mathematischen Kompetenzerwerb von Semesterbeginn (T1) bis Semesterende (T4), wird dieser durch eine oberflächliche Lernorientierung negativ beeinflusst ($t = -2.58$, $p < .05$, β $= -.24$). Die angenommenen Einflüsse einer tiefergehenden/strategischen Lernorientierung und des Anstrengungsmanagements auf den Kompetenzerwerb im Verlauf des Semesters können durch die empirischen Daten nicht gestützt werden. Für diese Untersuchung können jedoch nur 70% der in diesem Abschnitt betrachteten Stichprobe einbezogen werden, so dass unklar ist, ob dieser Effekt durch eine Stichprobenverzerrung bedingt ist.

Hypothesen: Es wird von einem positiven Zusammenhang zwischen der Verwendung von Selbsterklärungen und einer tiefergehenden/strategischen Lernorientierung und dem Anstrengungsmanagement ausgegangen sowie von einem negativen Zusammenhang zwischen der Verwendung von Selbsterklärungen und einer oberflächlichen Lernorientierung.

Mit Hilfe einer MANOVA kann ein signifikanter Zusammenhang zwischen dem Typ bei der Bearbeitung von Übungsaufgaben und den allgemeinen Lernorientierungen bzw. dem Anstrengungsmanagement festgestellt werden (Pillai-Spur $V = 0.36$ mit $F(6,250) = 9.01, p < .001, \eta^2 = .18$). Konkret unterscheiden sich die Ausprägungen einer tiefergehenden/strategischen Lernorientierung und einer oberflächlichen Lernorientierung in Abhängigkeit vom berichteten Typ. Es können jedoch keine signifikanten Unterschiede zwischen den Typen im Anstrengungsmanagement festgestellt werden (siehe Tabelle 9.13). Post-hoc-Analysen (Bonferroni-Anpassung) zeigen, dass die nachvollziehenden Studierenden geringere Ausprägungen in der Variable „tiefergehende/ strategische Lernorientierung" als die Studierenden der anderen beiden Typen berichten. Alle Typen unterscheiden sich zudem in den Ausprägungen der Variable „oberflächliche Lernorientierung".

Tabelle 9.13: **Mittelwerte, Standardabweichungen und Ergebnisse der Varianzanalysen zum Zusammenhang zwischen den Ansätzen zur Beschreibung der Qualität der Angebotsnutzung**

	NV (n = 46)		SE (n = 66)		SL (n = 17)		$F(2,116)$	η^2 / Post-hoc
	M	*SD*	*M*	*SD*	*M*	*SD*		
Tiefergehende/ strategische Lernorientierung	1.66	0.37	1.98	0.35	2.05	0.38	12.50***	.17 / NV < SE, NV < SL
Oberflächliche Lernorientierung	1.80	0.52	1.39	0.45	0.91	0.51	22.86***	.27 / NV > SE, SE > SL
Anstrengungs- management	2.26	0.64	2.35	0.51	2.47	0.45	0.94	

Anmerkungen: NV (nachvollziehender Typ), SE (selbsterklärender Typ) und SL (selbstlösender Typ); *** $p < .001$; Post-hoc-Analyse (Bonferroni-Anpassung). Skalen mit Einzelitems auf einer vierstufigen Likert-Skala von 0 (trifft nicht zu) bis 3 (trifft zu).

9.3 Bedingungsfaktoren für den Modulerfolg im ersten Semester im Fach Mathematik

Der Modulerfolg wird als starker Indikator des Studienerfolgs angesehen (vgl. Abschnitt 6.2). Analog zur Abiturnote für den schulischen Bereich könnte der Modulerfolg ein Konglomerat aus kognitiven und motivationalen Merkmalen der Studierenden sein (vgl. Abschnitt 8.3.1). Für dieses wichtige Outcome-Maß werden deshalb mögliche Prädiktoren verschiedener Merkmalsbereiche detailliert untersucht.

7.3(a) Welche kognitiven und motivationalen Lernvoraussetzungen beeinflussen den Modulerfolg? Welche kognitiv-motivationalen Profile zu Studienbeginn erweisen sich in Bezug auf den Modulerfolg als günstig?

Hypothesen: Es wird vermutet, dass die allgemeine Schulleistung und die mathematische Kompetenz zu Beginn des Semesters einen starken Einfluss auf den Modulerfolg am Ende des ersten Semesters besitzen. Den motivationalen Lernvoraussetzungen, insbesondere dem Interesse an Mathematik, wird eine schwache Wirkung zugeschrieben.

Zur Beantwortung dieser Fragestellung liegen Daten der gesamten Kohorte von 182 Studierenden im ersten Studiensemester im Fach Mathematik vor. Zur Ermittlung von Prädiktoren für den Modulerfolg wird eine logistische Regression mit den kognitiven und motivationalen Lernvoraussetzungen als Regressoren durchgeführt (Ergebnisse siehe Tabelle 9.14; Übersicht über die Charakteristika der Lernvoraussetzungen siehe Tabelle 9.15).

Tabelle 9.14: **Ergebnisse der logistischen Regressionsanalyse (Methode: Einschluss) zur Prädiktion des Modulerfolgs durch die Lernvoraussetzungen (zu T1)**

	B	*SE*	Exp(*B*)	95% CI	Wald statistic
Abiturnote	-1.19	0.36	0.30**	[0.15; 0.62]	10.86
Mathematische Kompetenz	0.49	0.11	1.63***	[1.30; 2.02]	18.69
Interesse an Mathematik	-0.65	0.57	0.52	[0.17; 1.60]	1.29
Mathematikbezogenes Selbstkonzept	0.23	0.52	1.26	[0.45; 3.50]	0.20
Extrinsische Studienmotivation	-0.53	0.36	0.59	[0.29; 1.21]	2.09

Anmerkungen: Nagelkerkes $R^2 = .40$ ($N = 182$; *** $p < .001$, ** $p < .01$). 95% CI: Konfidenzintervall für Exp(B). Regressand: Modulerfolg.

Als signifikante Prädiktoren stellen sich die mathematische Kompetenz zu Beginn des Semesters (Exp(B) = 1.63, p < .001) und die schulische Leistung in Form der Abiturnote (Exp(B) = 0.30, p < .01) heraus. Im Gegensatz zur Hypothese kann mit dieser Analyse nicht festgestellt werden, dass die motivationalen Lernvoraussetzungen zusätzliche Varianz im Modulerfolg erklären, wenn kognitive Merkmale ebenfalls in die Analyse einbezogen werden.

Eine schrittweise, logistische Regressionsanalyse zeigt, dass die mathematische Kompetenz zu Beginn des Semesters den größten Anteil an Varianz, 29,5%, aufklärt, während bei Einbeziehung der Abiturnote noch ein zusätzlicher, signifikanter Beitrag von 8,5% aufgeklärt werden kann (siehe Tabelle A.17). Auffallend ist, dass die Studienanfängerinnen und Studienanfänger, die zu Beginn des Semesters durch ihre Lernvoraussetzungen als nicht erfolgreiche Studierende klassifiziert werden, zu 83% das Modul nicht erfolgreich absolvieren. Dagegen sind die Studienanfängerinnen und Studienanfänger, die zu Beginn als erfolgreiche Studierende klassifiziert wurden, nur zu 67% richtig klassifiziert (vgl. Tabelle A.18).

Diese Ergebnisse decken sich z. T. mit Erkenntnissen aus der Literatur (z. B. Hailikari et al., 2008; Trapmann et al., 2007), wobei erstaunlich ist, dass für das Interesse an Mathematik zu Beginn des Semesters neben den beiden Prädiktoren „mathematische Kompetenz" und „Abiturnote" kein zusätzlicher Aufklärungsbeitrag zum Modulerfolg empirisch gezeigt werden kann – im Gegensatz zu den Ergebnissen von Blömeke (2009) und Schiefele et al. (1993b). Aufgrund der nur mittleren Aufklärungsrate des Modulerfolgs stellt sich die Frage, was die erfolgreichen Studierenden gegenüber den nicht erfolgreichen Studierenden zusätzlich auszeichnet.

Zur Beantwortung dieser Fragestellung werden vier Möglichkeiten vorgeschlagen. Eine Antwort könnte durch eine detaillierte Analyse der Charakteristika der nicht erfolgreichen Studierenden generiert werden (Frage 7.3(b)), eine zweite Antwort könnte durch die unterschiedlichen Studierbedingungen gegeben werden (Frage 7.3(c)), eine dritte Antwort könnte in der unterschiedlichen Qualität der Angebotsnutzung liegen (Frage 7.3(d)). Eine vierte Antwort liefert möglicherweise die Untersuchung der gebildeten Cluster von Studierenden mit homogenen Lernvoraussetzungen. Eine Kombination bestimmter Lernvoraussetzungen zu Studienbeginn (zu T1) könnte in ihrer Gesamtheit zum Modulerfolg beitragen, da eine hohe Ausprägung in einem Merkmal (z. B. im Interesse an Mathematik) eine niedrige (ungünstige) Ausprägung in einer anderen Lernvoraussetzung (z. B. in der mathematischen Kompetenz) „ausgleichen" könnte. Hypothetisch könnten die Studierenden des Clusters 5 „Leistungsschwache mit Selbstüberschätzung" aufgrund des hohen Fachinteresses die eher mangelhaft vorhandene mathematische Kompetenz zu Beginn des Semesters durch besonders günstige Lernprozesse im ersten Semester kompensieren.

Ein χ^2-Tests zeigt, dass der Modulerfolg von der Zugehörigkeit zu einem Cluster abhängt (N = 171; $\chi^2(4)$ = 23.44, p < .001, ϕ = .37). Dieses Ergebnis ist plausibel, da die Cluster in den für den Modulerfolg relevanten Lernvoraussetzungen, allgemeine Schulleistung in Form der Abiturnote und mathematische Kompetenz, divergieren. Die beiden in diesen Lernvoraussetzungen deutlich ausprägungsstärksten Cluster „mathematisch Hochleistende und Interessierte" bzw. „schulisch Leistungsstarke" weisen die höchsten Erfolgsquoten von 55% bzw. 33% auf. Auffällig ist das Cluster der „Durchschnittlichen mit geringer extrinsischer Studienmotivation", in dem wenigstens 28% der Studierenden erfolgreich waren. Hingegen sind die Studierenden der Cluster „mathematisch Uninteressierte mit geringer Selbstkompetenz" bzw. „Leistungsschwache mit Selbstüberschätzung" nur zu 9% bzw. 8% erfolgreich (vgl. Tabelle A.19). Somit geben spezielle Zusammenstellungen von Lernvoraussetzungen, beschrieben in einzelnen kognitiv-motivationalen Profilen, keine weiteren Hinweise auf die Unterschiede in den Modulerfolgsquoten der Studentinnen und Studenten.

Da 74% der Studierenden dieser Stichprobe das betrachtete Studienmodul nicht erfolgreich absolviert haben (vgl. Tabelle 8.1), stellt sich die Frage, inwiefern diese große Gruppe von 135 Studierenden genauer zu charakterisieren ist. Zu dieser Gruppe gehören Studierende, die schon im Laufe des Semesters das Studienmodul und ggf. auch das Mathematikstudium abgebrochen haben (69 Personen, „abbrechende Studierende"), und Studierende, die zur Modulprüfung angetreten, diese aber nicht bestanden haben (66 Personen, „nicht bestehende Studierende", vgl. Tabelle 9.15).

7.3(b) Inwiefern unterscheiden sich „abbrechende Studierende" und „nicht bestehende Studierende" im Fach Mathematik schon in ihren kognitiven und motivationalen Lernvoraussetzungen?

Hypothese: Es werden nur geringe Unterschiede in den kognitiven und motivationalen Lernvoraussetzungen zwischen den beiden Studierendengruppen erwartet. Am ehesten wird vermutet, dass die nicht bestehenden Studentinnen und Studenten eine bessere allgemeine Schulleistung aufweisen als die abbrechenden Studentinnen und Studenten.

Zur Beantwortung dieser Fragestellung wird mit der Verfeinerung des Outcome-Maßes eine multinomiale logistische Regression auf den Lernvoraussetzungen durchgeführt und als Referenzgruppe die Gruppe der Studierenden festgelegt, die die Modulprüfung abgelegt haben, jedoch nicht mit Erfolg („nicht bestehende Studierende"). Bei diesem Verfahren werden die Merkmalsausprägungen der Gruppe der nicht bestehenden Studierenden erstens mit den Merkmalsausprägungen der Gruppe der bestehenden Studierenden und zweitens mit den Merkmalsausprägungen der Gruppe der abbrechenden Studierenden verglichen. Die Ergebnisse des Vergleichs der Lernvoraussetzungen zwischen nicht bestehenden Studierenden und bestehenden Studierenden decken sich mit den Ergebnissen zu Frage 7.3(a) (vgl. Tabelle 9.14): Die mathematische Kompetenz zu Semesterbeginn und die Abiturnote erklären einen Varianzanteil im Modulerfolg (vgl. Tabelle 9.16).

Tabelle 9.15: **Mittelwerte und Standardabweichungen der Lernvoraussetzungen (zu T1)**
der drei Modulerfolgsgruppen

	Abgebrochen (n = 69)		Nicht bestanden (n = 66)		Bestanden (n = 47)	
	M	SD	M	SD	M	SD
Abiturnote	2.41	0.68	2.55	0.59	1.90	0.50
Mathematische Kompetenz	3.97	1.94	4.39	1.98	6.57	2.21
Interesse an Mathematik	2.04	0.46	2.24	0.39	2.16	0.44
Mathematikbezogenes Selbstkonzept	1.69	0.47	1.95	0.40	1.95	0.47
Extrinsische Studienmotivation	2.42	0.52	2.42	0.54	2.20	0.66

Anmerkungen: Abiturnote von 0.7 (sehr gut) bis 4.0 (ausreichend); Mathematische Kompetenz
von 0 bis 11; Interesse an Mathematik, Mathematikbezogenes Selbstkonzept und Extrinsische
Studienmotivation: Skalen mit Einzelitems auf einer vierstufigen Likert-Skala von 0 (trifft nicht
zu) bis 3 (trifft zu).

Interessant für diese Fragestellung 7.3(b) ist jedoch der Vergleich der Lernvoraussetzungen zwischen den nicht bestehenden und den abbrechenden Studierenden, da durch
diesen Vergleich Gründe für einen frühzeitigen Modulabbruch analysiert werden können. Zur Vorhersage eines frühzeitigen Modulabbruchs zeigt sich das mathematikbezogene Selbstkonzept als geeignetes Kriterium (vgl. Tabelle 9.15 und Tabelle 9.16), die
Abiturnote ist als Prädiktor mit einem Wert von $p = .08$ knapp nicht signifikant (Klassi-
fikationstabelle siehe Tabelle A.20). Als signifikanter Indikator für einen frühzeitigen
Modulabbruch kann somit in dieser Untersuchung das mathematikbezogene Selbstkonzept zu Beginn des Semesters identifiziert werden.

Aus diesen Ergebnissen kann für die kognitiv-motivationalen Profile der Studienanfängerinnen und Studienanfänger die Vermutung generiert werden, dass viele nicht
erfolgreiche Studierende des Clusters „Uninteressierte mit geringem Selbstkonzept" das
Studienmodul relativ früh beenden. Eine explorative Betrachtung der Typen stützt diese
Annahme (Tabelle A.21), da in diesem Cluster 67% der nicht erfolgreichen Studierenden das Modul schon vorher abbrechen, während in den anderen Clustern das Verhält-
nis von vorzeitigem Modulabbruch und Nichtbestehen der Modulprüfung um etwa 1:1
schwankt.

Tabelle 9.16: Ergebnisse der multinomialen logistischen Regressionsanalyse (Methode: Einschluss) zur Prädiktion des Modulerfolgs der drei Gruppen durch Lernvoraussetzungen (zu T1)

		B	*SE*	Exp(*B*)	95% CI	Wald statistic
Abgebrochen	Abiturnote	-0.54	0.31	0.58	[0.32; 1.07]	3.02
	Mathematische Kompetenz	-0.11	0.10	0.90	[0.74; 1.08]	1.30
	Interesse an Mathematik	-0.59	0.50	0.56	[0.21; 1.48]	1.37
	Mathematikbezogenes Selbstkonzept	-1.11	0.49	0.33*	[0.13; 0.87]	5.04
	Extrinsische Studienmotivation	0.14	0.33	1.14	[0.60; 2.19]	0.17
Bestanden	Abiturnote	-1.48	0.41	0.23***	[0.10; 0.50]	13.33
	Mathematische Kompetenz	0.43	0.12	1.54***	[1.22; 1.95]	12.95
	Interesse an Mathematik	-0.97	0.63	0.38	[0.11; 1.30]	2.40
	Mathematikbezogenes Selbstkonzept	-0.33	0.58	0.72	[0.23; 2.25]	0.33
	Extrinsische Studienmotivation	-0.46	0.40	0.63	[0.29; 1.39]	1.32

Anmerkungen: Nagelkerkes R^2 = .38 (N = 182; *** p < .001, * p < .05). Referenzkategorie für den Regressand Modulerfolg: nicht bestanden.

7.3(c) Inwiefern beeinflusst der gewählte Studiengang den Modulerfolg im ersten Semester im Fach Mathematik?

Hypothese: Es wird erwartet, dass prozentual mehr 1-Fach-Bachelor-Studierende als 2-Fächer-Bachelor-Studierende das Modul erfolgreich abschließen.

Um explizit die Bedeutung der Studierbedingungen (über den Indikator Studiengang) für den Modulerfolg in einem Mathematikstudium zu analysieren, werden in einer logistischen Regression neben dem Studiengang auch die Lernvoraussetzungen mit aufgenommen, die sich als Prädiktoren für den Modulerfolg erwiesen haben. Durch dieses Vorgehen spiegelt die Variable „Studiengang" keine relevanten Unterschiede in den

Lernvoraussetzungen wieder, sondern könnte als Indikator für die Studienstruktur im ersten Semester angesehen werden.

Tabelle 9.17: **Ergebnisse der logistischen Regressionsanalyse (Methode: Einschluss) zur Prädiktion des Modulerfolgs durch die Lernvoraussetzungen (zu T1) und den gewählten Studiengang**

	B	SE	Exp(B)	95% CI	Wald statistic
Abiturnote	-1.22	0.37	0.29**	[0.14; 0.61]	11.04
Mathematische Kompetenz	0.43	0.10	1.54***	[1.25; 1.88]	17.05
Studiengang	0.79	0.45	2.20	[0.90; 5.35]	3.01

Anmerkungen: Nagelkerkes $R^2 = .40$ ($N = 182$; *** $p < .001$, ** $p < .01$). 95% CI: Konfidenzintervall für Exp(B). Parametercodierung: 0: 2-Fächer-Bachelor, 1: 1-Fach-Bachelor; Studiengang (knapp) nicht signifikant mit $p = .08$. Regressand: Modulerfolg.

Die Resultate der logistischen Regression zeigen kein klares Ergebnis (siehe Tabelle 9.17). Der Faktor Studiengang ist knapp nicht signifikant, wobei tendenziell 1-Fach-Bachelor-Studierende Vorteile im Modulerfolg gegenüber 2-Fächer-Bachelor-Studierenden aufweisen.

7.3(d) Inwiefern beeinflussen (i) die Verwendung von Selbsterklärungen bei der Aufgabenbearbeitung bzw. (ii) eine tiefergehende/strategische Lernorientierung, eine oberflächliche Lernorientierung sowie das Anstrengungsmanagement den Modulerfolg im ersten Semester im Fach Mathematik?

Hypothesen: Es wird vermutet, dass die Verwendung von Selbsterklärungen, eine tiefergehende/strategische Lernorientierung und ein hohes Anstrengungsmanagement positiv auf den Modulerfolg wirken. Für eine oberflächliche Lernorientierung wird ein negativer Einfluss auf den Modulerfolg vermutet.

Um den Einfluss der Verwendung von Selbsterklärungen auf den Modulerfolg zu untersuchen, wird neben den signifikanten Prädiktoren „mathematische Kompetenz" und „Abiturnote" der Typ bei der Aufgabenbearbeitung als möglicher Faktor in eine logistische Regressionsanalyse aufgenommen. Der selbsterklärende Typ wird als Referenzkategorie verwendet, so dass insbesondere die Modulerfolgsquoten zwischen selbsterklärenden Studierenden und nachvollziehenden Studierenden verglichen werden können. Aufgrund von Stichprobenmortalität verringert sich die Stichprobe bei dieser Analyse (vgl. Frage 7.3(a)) von 182 Studierende auf 136 Studierende und die Prädiktionskraft des Ausgangsmodells ohne Typ auf $R^2 = .32$. Die Auswertungen zeigen, dass durch die Einbeziehung des Typs der erklärte Varianzanteil auf $R^2 = .41$ steigt. Dass diese Steigerung der Prädiktion durch den Typ bei der Aufgabenbearbeitung auf die Verwendung von Selbsterklärungen zurückzuführen ist, zeigt der Vergleich der Referenzkategorie „selbsterklärender Typ" mit dem nachvollziehenden Typ (Exp(B) = 0.28, $p < .05$) (vgl.

Tabelle 9.18). Vor allem die Vorsagegüte für die Gruppe der Studienanfängerinnen und Studienanfänger, denen ein Erfolg im Modul vorhergesagt wurde, steigt auf 77% (Tabelle A.22).

Tabelle 9.18: **Ergebnisse der logistischen Regressionsanalyse (Methode: Einschluss) zur Prädiktion des Modulerfolgs durch relevante Lernvoraussetzungen (zu T1) sowie die Verwendung von Selbsterklärungen (zu T3)**

	B	SE	Exp(B)	95% CI	Wald statistic
Abiturnote	-1.18	0.42	0.31**	[0.14; 0.69]	8.04
Mathematische Kompetenz	0.33	0.11	1.39**	[1.11; 1.73]	8.30
Nachvollziehender Typ	-1.29	0.55	0.28*	[0.10; 0.80]	5.57
Selbstlösender Typ	1.07	0.69	2.90	[0.76; 11.12]	2.41

Anmerkungen: Nagelkerkes $R^2 = .41$ ($N = 136$; ** $p < .01$, * $p < .05$). Referenzkategorie für den Regressor „Typ": selbsterklärender Typ. Regressand: Modulerfolg.

Analog wird der Einfluss der Lernorientierungen und des Anstrengungsmanagements untersucht.

Tabelle 9.19: **Ergebnisse der logistischen Regressionsanalyse (Methode: Einschluss) zur Prädiktion des Modulerfolgs durch relevante Lernvoraussetzungen (zu T1) sowie die Lernorientierungen und das Anstrengungsmanagement (zu T3)**

	B	SE	Exp(B)	95% CI	Wald statistic
Abiturnote	-1.33	0.41	0.27**	[0.12; 0.59]	10.45
Mathematische Kompetenz	0.36	0.12	1.43**	[1.14; 1.81]	9.41
Tiefergehende/strategische Lernorientierung	-0.15	0.65	0.87	[0.24; 3.08]	0.05
Oberflächliche Lernorientierung	-0.98	0.45	0.38*	[0.16; 0.91]	4.76
Anstrengungsmanagement	0.70	0.45	2.02	[0.83; 4.91]	2.41

Anmerkungen: $R^2 = .40$ ($N = 131$; ** $p < .01$, * $p < .05$). Regressand: Modulerfolg.

Nur die Variable „oberflächliche Lernorientierung" zeigt sich als Prädiktor, was den erklärten Varianzanteil auf $R^2 = .40$ erhöht (Ausgangsmodell mit 131 Studierenden und einer Varianzaufklärung von $R^2 = .32$; vgl. Tabelle 9.19 und Tabelle A.23). Ein signifikanter Einfluss einer tiefergehenden/strategischen Lernorientierung sowie des Anstrengungsmanagements kann jedoch nicht belegt werden.

Da gleiche Prädiktoren für die mathematische Kompetenz am Ende des Semesters (Frage 7.1.2(d)) und für den Modulerfolg (Frage 7.3(a)) identifiziert wurden, scheinen die beiden Outcome-Maße eng miteinander zusammenhängen. Neben der empirischen Analyse dieser Vermutung kann durch die Modellierung der Zusammenhänge zwischen den Outcome-Maßen und den Prädiktoren mit Hilfe eines Pfadmodells in MPLUS die Datenbasis auf alle befragten 182 Studierenden erweitert werden.

7.3(e) Wie hängen die Ausprägungen der beiden Variablen „mathematische Kompetenz am Ende des Semesters" und „Modulerfolg" zusammen und welche Bedeutung besitzen die einzelnen Prädiktoren für die beiden Outcome-Maße?

Hypothesen: Es wird ein starker Zusammenhang zwischen den beiden Outcome-Maßen angenommen sowie eine starke Wirkung der allgemeinen Schulleistung und der mathematischen Kompetenz zu Beginn des Studiums auf beide Maße. Motivationalen Lernvoraussetzungen werden insbesondere Einflüsse auf den Modulerfolg zugesprochen.

Die empirische Prüfung (vgl. Abbildung 9.8) zeigt, dass die mathematische Kompetenz am Ende des Semesters und der Modulerfolg einen mittleren Zusammenhang aufweisen ($\gamma = .31, p < .01$).

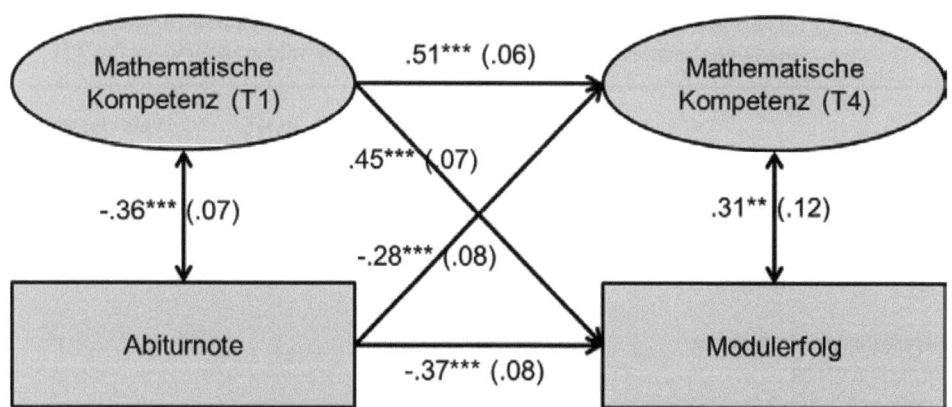

Abbildung 9.8: **Standardisierte Koeffizienten des Modells zur Prädiktion der mathematischen Kompetenz am Ende des Semesters (zu T4) und des Modulerfolgs durch die Lernvoraussetzungen „mathematische Kompetenz" zu Beginn des Semesters (zu T1) und „Abiturnote". Standardfehler in Klammern. $N = 182$; *** $p < .001$, ** $p < .01$**

Durch dieses Modell können 44% der Varianz in der mathematischen Kompetenz und 46% im Modulerfolg erklärt werden ($p < .001$). Es ist erstaunlich, dass die beiden Outcome-Maße nur in einer mittleren Stärke miteinander zusammenhängen. Eine Erklärung für dieses Ergebnis liefert die Operationalisierung der Variablen. Zur Messung der beiden Konstrukte „Mathematische Kompetenz" und „Modulerfolg" werden zwar zum Ende des Semesters (zu T4) jeweils mathematische Aufgaben eingesetzt. Der Test zur Erfassung der mathematischen Kompetenz wurde jedoch ohne vorherige Ankündigung in einer Vorlesung eingesetzt, so dass die Studierenden für diesen Test im Gegensatz zur Modulprüfung wahrscheinlich nicht explizit geübt hatten. Der Modulerfolg scheint zudem nicht nur das mathematische Wissen zu messen, sondern auch motivationale Komponenten zu erfassen (vgl. Abschnitt 8.3.1).

Im nächsten Kapitel werden alle präsentierten, relevanten Ergebnisse dieser empirischen Untersuchung zusammengefasst, Ursachen für diese Ergebnisse diskutiert und in die vorhandenen Erkenntnisse zu mathematischen Lernprozessen (in der Studieneingangsphase) eingeordnet.

10 Diskussion, Grenzen und Implikationen der empirischen Untersuchung

In diesem Kapitel werden die Ergebnisse der empirischen Untersuchung zusammengefasst und interpretiert (Abschnitt 10.1). Bei dieser Zusammenfassung werden Schwerpunkte aufgrund der unterschiedlichen Bedeutung und Interpretationsgüte der einzelnen Ergebnisse gesetzt. Verschiedene Aspekte, die die Interpretation der Ergebnisse einschränken, werden ebenfalls vorgestellt (Abschnitt 10.2). Resultierende, wissenschaftliche Fragestellungen (Abschnitt 10.3) und mögliche, praktische Implikationen werden abschließend diskutiert (Abschnitt 10.4).

10.1 Zusammenfassung und Interpretation der Ergebnisse

Um die Ergebnisse zusammenzufassen und zu interpretieren, werden in diesem Abschnitt die drei Bereiche genutzt, in die die Forschungsfragen eingeordnet wurden:

(1) Lernvoraussetzungen von Studienanfängerinnen und Studienanfängern im Fach Mathematik zu Beginn des Studiums und die Entwicklung dieser Merkmale im ersten Studiensemester

(2) Angebotsnutzung beim Lernen von wissenschaftlicher Mathematik am Beispiel des Inhaltsgebiets „Reelle Folgen und Reihen"

(3) Bedingungsfaktoren für den Modulerfolg im ersten Semester im Fach Mathematik.

Für jeden Bereich werden die Hauptfragen zu Beginn der jeweiligen Diskussion wiederholt (kursiv dargestellt) und am Ende der jeweiligen Diskussion zusammenfassend beantwortet (ebenfalls kursiv dargestellt).

10.1.1 Lernvoraussetzungen von Studienanfängerinnen und Studienanfängern im Fach Mathematik zu Beginn des Studiums und die Entwicklung dieser Merkmale im ersten Studiensemester

Der erste Teil dieses Bereiches steht unter der Hauptfrage:

Wie homogen ist die Gruppe der Studienanfängerinnen und Studienanfänger im Fach Mathematik in Hinblick auf verschiedene kognitive und motivationale Lernvoraussetzungen?

Als relevante kognitive und motivationale Lernvoraussetzungen wurden aus der Literatur die allgemeine Schulleistung (operationalisiert durch die Gesamtabiturnote), die mathematische Kompetenz, das Interesse an Mathematik, das mathematikbezogene Selbstkonzept und die extrinsische Studienmotivation identifiziert. Die schwachen bis mittleren Zusammenhänge zwischen dem Interesse an Mathematik und der mathematischen Kompetenz sowie zwischen dem mathematikbezogenen Selbstkonzept und der mathematischen Kompetenz der Studierenden zu Studienbeginn sind niedriger als in berichteten Untersuchungen zum schulischen Mathematikunterricht (z. B. Kuntze & Reiss, 2006 und Schiefele et al., 1993a).[76] Diese nicht übermäßig hoch miteinander korrelierenden Lernvoraussetzungen wurden verwendet, um die Gruppe der Studienanfängerinnen und Studienanfänger im Fach Mathematik zu charakterisieren und diese Charakterisierung explorativ mit dem Modulerfolg in Verbindung zu setzen. Mit Hilfe einer Clusteranalyse ergaben sich fünf kognitiv-motivationale Profile. Die *mathematisch Hochleistenden und Interessierten* (Cluster 1) sind durch sehr gute Lernvoraussetzungen gekennzeichnet und mehr als die Hälfte absolvierte das Modul Analysis 1 erfolgreich. Die *schulisch Leistungsstarken* (Cluster 2) zeichnen sich vor allem durch eine gute allgemeine Schulleistung aus und zeigen ähnliche, mittlere Modulerfolgsquoten wie die Gruppe der *Durchschnittlichen mit geringer extrinsischer Studienmotivation* (Cluster 3). Die beiden anderen Cluster, *mathematisch Uninteressierte mit geringem Selbstkonzept* (Cluster 4) und *Leistungsschwache mit Selbstüberschätzung* (Cluster 5), zeigen geringe Modulerfolgsquoten im ersten Semester, wobei vor allem die Gruppe der mathematisch Uninteressierten und wenig Selbstkompetenten das Modul eher früh abbricht.

Die Einordnung dieser explorativ gewonnenen kognitiv-motivationalen Profile von Lernvoraussetzungen in schon identifizierte Profile aus anderen Forschungsprojekten gestaltet sich als schwierig, da in den mir bekannten Arbeiten entweder Lernorientierungen bzw. Lernstrategien als Merkmale mitaufgenommen (z. B. Vanthournout et al., 2013) oder ausschließlich motivationale, insbesondere selbstkonzeptbezogene, Variablen in die Profilbildung einbezogen wurden (z. B. Kuntze & Reiss, 2006). Aufgrund einer ähnlichen Auswahl an Merkmalen sind die in dieser Untersuchung identifizierten Profile gut mit der Profilbildung von Seidel (2006) vergleichbar. In einer völlig anderen Stichprobe (Schülerinnen und Schüler im Fach Physik in der 9. Klasse) konnte Seidel (2006) ebenfalls eine leistungsstarke Gruppe (ähnlich Cluster 1) als auch eine sich überschätzende Gruppe von Lernenden (ähnlich Cluster 5) identifizieren; die „mathematisch Uninteressierten mit geringem Selbstkonzept" (Cluster 4) werden von Seidel (2006) als „sich Unterschätzende" bezeichnet. Die fünf in der vorliegenden Untersuchung identifizierten, kognitiv-motivationalen Profile geben einen detaillierten Einblick in die heterogen vorhandenen Lernressourcen der Studienanfängerinnen und Studienanfänger im Fach Mathematik. Lernenden mit dem jeweiligen Profil stehen somit spezielle Lernressourcen zur Nutzung des Lehrangebots im ersten Semester zur Verfügung. In Anschluss an die Ausführungen von Seidel (2006) könnten somit auch Studierende im Fach Mathematik mit unterschiedlichen Profilen das Lehrangebot im Mathematikstudium unterschiedlich wahrnehmen und aus diesem Grund unterschiedliche Lernstrategien verwenden (vgl. Abschnitt 10.3).

---

76   Zur Mitte des Studiensemesters im Fach Mathematik konnten keine signifikanten Zusammenhänge zwischen motivationalen und kognitiven Merkmalen festgestellt werden.

Da mehr als ein Viertel der Studierenden dieser untersuchten Kohorte dem Cluster 5 „mathematisch Leistungsschwache mit Selbstüberschätzung" angehört, kann die Kritik von Luk (2005) bestätigt werden, dass es substanziell viele Studierende gibt, die ihr Studium mit inadäquaten Lernvoraussetzungen beginnen. Insgesamt kann von einer Heterogenität in der Studierendengruppe gesprochen werden, obwohl sicherlich im Vergleich zu allen Abiturientinnen und Abiturienten sich die kognitiven und motivationalen Merkmale der Studierenden im Studienfach Mathematik eher ähneln.

Es stellt sich die Frage, ob diese Heterogenität in den Lernvoraussetzungen systematisch durch andere Variablen bedingt ist. Ein Teil der Heterogenität in den kognitiven und motivationalen Lernvoraussetzungen könnte beispielsweise auf die individuelle Wahl des Studiengangs zurückzuführen sein. Signifikante Unterschiede zu Studienbeginn in Abhängigkeit vom Studiengang zeigen sich im Interesse an Mathematik und in der mathematischen Kompetenz im mittleren Effektstärkenbereich, wobei die Fachstudierenden (1-Fach-Bachelor-Studierenden) gegenüber den Lehramtsstudierenden (2-Fächer-Bachelor-Studierenden) höhere Ausprägungen berichten bzw. zeigen. Jedoch liegen die Varianzen der Merkmale (Ausnahme: mathematische Kompetenz) in den beiden Subgruppen in der Größenordnung der Varianzen der gesamten Gruppe. In den betreffenden Variablen sind die Verteilungen der Subgruppen höchstens verschoben, je nach Mittelwert der Variable in der einzelnen Subgruppe. Aus diesem Grund können auch die beiden Subgruppen, bestehend aus 1-Fach-Bachelor- bzw. 2-Fächer-Bachelor-Studierenden, nicht als Gruppen mit homogeneren Lernvoraussetzungen als die gesamte Gruppe angesehen werden, auch wenn die Heterogenität der Studierendenschaft z. T. systematisch durch die individuelle Studienwahl erklärt werden kann. Diese Ergebnisse reihen sich in eine unklare Forschungslage zu Unterschieden zwischen Fachstudierenden und Lehramtsstudierenden ein (z. B. Blömeke, 2009 mit einer älteren Stichprobe mit einer letzten Erhebung im Jahr 2003; Grabowski, 2006, zitiert in Eilerts, 2009; zum Fach Physik siehe Albrecht, 2011). Diese unklare Befundlage kann sicherlich z. T. durch die verschiedenen verwendeten Konzeptualisierungen von Lernvoraussetzungen erklärt werden. Aus lehr-lern-psychologischen Gründen kann somit keine klare Empfehlung für getrennte Lehrveranstaltungen für Fach- bzw. Lehramtsstudierende gegeben werden.

Im zweiten Teil dieses Abschnitts zu individuellen Merkmalen von Studienanfängerinnen und Studienanfängern wurde die Entwicklung kognitiver und motivationaler Merkmale untersucht:

Inwiefern beeinflussen sich individuelle Merkmale von Studierenden gegenseitig in ihrer Entwicklung im Verlauf des ersten Semesters im Fach Mathematik?

Ein erster deskriptiver Befund ist die positive Entwicklung der mathematischen Kompetenz der Studierenden im Verlauf des ersten Semesters. Dieses wenig erstaunliche Ergebnis ist vor allem ein Hinweis auf die Passung der Testinstrumente zu den Inhalten der mathematischen Lehrveranstaltungen im ersten Studiensemester. Viel beachtenswerter scheinen die *Entwicklungsverläufe der motivationalen Merkmale* der Studentinnen und Studenten im ersten Studiensemester im Fach Mathematik zu sein. Für diese

Stichprobe zeigt sich, dass das Interesse an Mathematik und das mathematikbezogene Selbstkonzept im ersten Semester abnahmen. Diese ungünstige Entwicklung der motivationalen Merkmale fand in den ersten sieben Wochen des Studiensemesters statt und die Stärke lag jeweils im mittleren Effektstärkenbereich.

Die Interpretation dieser Ergebnisse ist jedoch durch zwei Störeffekte beeinträchtigt: Zum Ersten wird vermutet, dass Probandinnen und Probanden in Fragebogenstudien beim zweiten Messzeitpunkt häufig zu geringerer Zustimmung neigen. Zum Zweiten könnte der Neuigkeitseffekt dazu beitragen, dass die Angaben der Studierenden vor allem zu Beginn des Studiums ins Positive verzerrt waren. Die Veränderungen der motivationalen Variablen im mittleren bis starken Effektstärkenbereich scheinen jedoch zu groß zu sein, als dass sie allein durch Störeffekte zustande kommen. Da die Konstrukte Interesse an Mathematik und mathematikbezogenes Selbstkonzept eine Person-Gegenstands-Beziehung beschreiben, könnte deren Abnahme im Verlauf des ersten Semesters ein Hinweis auf die Veränderung des bewerteten Gegenstandes sein. Während Studentinnen und Studenten ihre Angaben zu Beginn des Semesters auf die Schulmathematik oder den von ihnen erwarteten Charakter von Mathematik an der Hochschule bezogen, nahmen sie im Verlauf des Semesters vermutlich eine Mischung aus Schul- und wissenschaftlicher Mathematik bzw. nur wissenschaftlicher Mathematik als Bezugspunkt.[77] Bezogen auf das Merkmal Interesse an Mathematik kann dieser Erklärungsansatz durch Erkenntnisse aus einer Interviewstudie mit zwölf Studierenden dieser Stichprobe gestützt werden: In den Interviews gaben insbesondere 2-Fächer-Bachelor-Studierende an, wenig bis kein Interesse an der wissenschaftlichen Domäne Mathematik zu haben (Geyer, 2011, vgl. auch Liebendörfer & Hochmuth, 2013), obwohl sie im Fragebogen ein z. T. moderates bzw. hohes Interesse an Mathematik berichtet hatten. Dass eine Auseinandersetzung mit dem Lerngegenstand (durch den Besuch von Lehrveranstaltungen und Selbststudiumsphasen) nicht zwingend die Interessenentwicklung fördert – wie beispielsweise von Köller et al. (2006) vermutet wurde –, ist möglicherweise auch auf andere Entwicklungsaufgaben beim Übergang in ein Studium (vgl. Abschnitt 2.2) oder auf ungünstige Lernbedingungen (vgl. Abschnitt 4.2) zurückzuführen (vgl. Abschnitt 6.3).

Im Folgenden werden ebenfalls mehrere Ansätze vorgestellt, mit denen der negative Entwicklungsverlauf des mathematikbezogenen Selbstkonzepts im Verlauf des ersten Studiensemesters erklärt werden kann. Die Verringerung des mathematikbezogenen Selbstkonzepts könnte mit den vermuteten hohen Leistungsanforderungen im ersten Semester zusammenhängen: Die Studierenden schätzen ihre eigenen Leistungen bezo-

---

77 Die Verwendung verschiedener Charaktere von Mathematik als Bezugspunkt zur Bewertung motivationaler Merkmale könnte auch eine Erklärung dafür sein, dass keine signifikanten Zusammenhänge zwischen dem Interesse an Mathematik, dem mathematikbezogenen Selbstkonzept und der mathematischen Kompetenz – mathematische Kompetenz bezogen auf die wissenschaftliche Mathematik – zur Mitte des Semesters festgestellt werden konnten. Trotz der Verringerung der Zustimmungen weisen die Merkmale Interesse an Mathematik, mathematikbezogenes Selbstkonzept und mathematische Kompetenz vom Beginn des Semesters bis zur Mitte des Semesters eine hohe Stabilität auf (vgl. Abbildung 9.5).

gen auf die Anforderungen vermutlich als gering ein, obwohl sie durch eine Auseinandersetzung mit dem Studienfach mehr mathematische Kompetenzen erwerben. Die mathematischen Anforderungen passen nicht zwangsläufig zu den vorhandenen, mathematischen Kompetenzen (vgl. Abschnitte 3.4.3 und 3.5.3), so dass die meisten Lernenden nur selten Kompetenzerlebnisse verspüren und sich die fehlende Bewältigung von mathematischen Aufgaben (vgl. Tabelle A.12) negativ auf motivationale und speziell selbstkonzeptbezogene Variablen auswirkt (vgl. Deci & Ryan, 1993). Das fehlende Kompetenzerleben könnte sich auch durch einen anderen Mechanismus auf die Entwicklung des individuellen Selbstkonzepts auswirken. Wenn Studierende ihre in der Hochschule gezeigten Leistungen mit ihren in der Schule gezeigten Leistungen vergleichen, könnten viele Studierende zu einer schlechteren Einschätzung ihrer universitären Leistungen in Relation zu ihren schulischen Leistungen kommen. Dementsprechend könnte sich diese Einschätzung auch auf das individuelle Selbstkonzept auswirken. Die Verringerung des mathematikbezogenen Selbstkonzepts kann auch durch den Big-fish-little-pond-Effekt erklärt werden (Marsh, 2005), da die Studentinnen und Studenten nach dem Übergang in ein Mathematikstudium ihre eigene Kompetenz an einer anderen, in der Domäne Mathematik leistungsstärkeren Gruppe als in der Schule messen und aufgrund des Bezugsgruppenwechsel sich somit bei einem Großteil der Studierenden das mathematikbezogene Selbstkonzept vermindert (z. B. Köller et al., 2006; vgl. Abschnitt 6.3.3). Insgesamt kann die Abnahme des individuellen, mathematikbezogenen Selbstkonzepts durch verschiedene Ansätze erklärt werden, je nachdem welche Bezugsnormorientierung die Studierenden zur Einschätzung ihres eigenen mathematischen Könnens nutzen: Orientieren sie sich an einer sozialen Vergleichsgruppe (soziale Bezugsnormorientierung, Big-fish-little-pond-Effekt), an den inhaltlichen Anforderungen (normative Bezugsnormorientierung) oder an ihren in der Schule gezeigten individuellen Leistungen (individuelle Bezugsnormorientierung)?

Neben der Beschreibung von Entwicklungsverläufen kognitiver und motivationaler Merkmale ist es entscheidend, welche *Faktoren diese Verläufe beeinflussen*. Aus theoretischer Perspektive könnte der Studiengang (und somit die Studierbedingungen) ein relevanter Faktor sein. Im Gegensatz zu den Ergebnissen von Buchholtz und Kaiser (2013), die ihre Untersuchung mit einer anderen Konzeptualisierung der zu erwerbenden mathematischen Kompetenz und an anderen Hochschulen mit variierenden Studienangeboten durchgeführt haben, konnte in dieser Untersuchung der Studiengang nicht als relevanter Faktor für die Entwicklung individueller Merkmale identifiziert werden. Dieses Ergebnis könnte jedoch durch unterschiedliche Mortalitätsraten in den beiden untersuchten Subgruppen (Fachstudierende versus Lehramtsstudierende) verzerrt sein (siehe Abschnitt 10.2).

Ein weiterer, relevanter Erklärungsansatz für die berichteten Entwicklungsverläufe kognitiver und motivationaler Merkmale könnte durch gegenseitige Einflüsse der Merkmale aufeinander generiert werden. In einem Cross-Lagged-Panel-Design mit den Variablen „Interesse an Mathematik", „mathematikbezogenes Selbstkonzept" und „mathematische Kompetenz" zu den zwei Messzeitpunkten „Beginn der Vorlesungszeit" und „Mitte der Vorlesungszeit" stellten sich die Autokorrelationen als sehr hoch heraus.

Dieses Ergebnis bedeutet, dass die Merkmalsausprägungen intraindividuell relativ stabil über die Zeit sind. Zudem konnte nur ein signifikanter Kreuzpfad festgestellt werden, der einen schwachen Einfluss der mathematischen Kompetenz zu Beginn des Semesters auf das Interesse an Mathematik in der Mitte des Semesters aufzeigt (vgl. Abbildung 9.5). Dieses Ergebnis bedeutet, dass die gezeigte, mathematische Kompetenz zu Studienbeginn die Entwicklung des Interesses an Mathematik in den ersten sieben Studienwochen beeinflusst. Dieser Einfluss könnte über eine mögliche Überforderung der Studierenden mediiert werden: Bei einer nicht befriedigend ausgeprägten mathematischen Kompetenz zu Studienbeginn kann eine Überforderung im Laufe des Semesters dazu führen, dass die Wertschätzung von Mathematik und die Freude beim Lernen von Mathematik abnehmen. Im Gegensatz zu Ergebnissen im Bereich der Sekundarstufe I und II (z. B. Chen et al., 2013; Köller et al., 2006; Seaton et al., 2014) konnten keine Hinweise auf wechselseitige Einflüsse des mathematikbezogenen Selbstkonzepts und der mathematischen Kompetenz generiert werden. Dieses nicht theoriekonforme Ergebnis könnte durch verschiedene Wirkmechanismen in den unterschiedlichen Lernumwelten begründet werden. Im Gegensatz zum Schulunterricht bauen Studierende in einem Mathematikstudium möglicherweise ihr mathematikbezogenes Selbstkonzept nicht primär anhand der gezeigten Kompetenz auf, sondern nutzen vor allem eine soziale Bezugsnormorientierung.

Aus fachdidaktischer Perspektive ist es ebenfalls wesentlich, welche Faktoren den kognitiven Lernerfolg am Ende einer Lerneinheit, in diesem Zusammenhang eines Studienmoduls bedingen. Um wesentliche Determinanten des kognitiven Lernerfolgs zum Semesterende zu identifizieren, wurden für die Aufklärung der Varianz in der *mathematischen Kompetenz am Ende des Semesters* alle kognitiven und motivationalen Lernvoraussetzungen einbezogen. Insgesamt konnte ein Varianzanteil von 45,1% aufgeklärt werden, wobei nur die mathematische Kompetenz zu Semesterbeginn (alleinige Varianzaufklärung von 41,5%) und die allgemeine Schulleistung in Form der Gesamtabiturnote signifikante Prädiktoren darstellen (vgl. auch Abbildung 9.8). Die Vorhersagbarkeit des kognitiven Lernerfolgs ist durch die nur mäßige Reliabilität des mathematischen Kompetenztests eingeschränkt. Der berichtete Einfluss dieser eher als kognitiv zu bezeichnenden Lernvoraussetzungen ist schlüssig, da der mathematische Kompetenztest zu Studienbeginn insbesondere auf wichtige Vorläuferfähigkeiten zum Erlernen wissenschaftlicher Mathematik fokussiert und die allgemeine Schulleistung ein geeignetes Maß für das Leistungsvermögen einer Person darstellt.

Mit dieser Analyse gibt es erste belastbare Hinweise für die lang vermutete Behauptung, dass das mathematische Vorwissen aufgrund des kumulativen Charakters der Wissenschaft Mathematik (vgl. Abschnitt 3.1.1) auch in einem Hochschulstudium ein bedeutender Prädiktor für den kognitiven Lernerfolg ist. Die Ergebnisse zur gegenseitigen Beeinflussung der Merkmale und der Determinanten des kognitiven Lernerfolgs geben Anhaltspunkte, dass allein durch die Förderung eines kognitiven oder eines motivationalen Merkmals, z. B. des mathematikbezogenen Selbstkonzepts, andere Merkmale, z. B. die mathematische Kompetenz, nicht zwangsläufig positiv beeinflusst werden.

Durch die Profilbildung mit Hilfe einer Clusteranalyse und den Analysen zum Zusammenhang mit dem gewählten Studiengang konnte ein Einblick in die Heterogenität der Gruppe der Studienanfängerinnen und Studienanfänger im Fach Mathematik bezüglich ihrer kognitiven und motivationalen Lernvoraussetzungen gewonnen werden. Es konnte darüber hinaus gezeigt werden, dass der kognitive Lernerfolg insbesondere durch kognitive Lernvoraussetzungen beeinflusst ist. Ein gegenseitiger Einfluss von kognitiven und motivationalen Merkmalen im ersten Semester eines Mathematikstudiums konnte nur im Fall der mathematischen Kompetenz auf das Interesse an Mathematik festgestellt werden.

Die berichtete Abnahme der motivationalen Merkmalsausprägungen in den ersten sieben Wochen des Semesters könnte dadurch erklärt werden, dass die Lernvoraussetzungen der meisten Studierenden nur unbefriedigend zu Merkmalen der Lernumwelt, der mathematischen Studieneingangsphase, passen. Diese z. T. fehlende Passung kann theoretisch auf die Veränderung der Lernumwelt beim Übergang Schule – Hochschule zurückgeführt werden, durch die sich für die Studierenden neue Herausforderungen beim Lernen von Mathematik an der Hochschule ergeben (vgl. Kapitel 5). Diese Ergebnisse werfen die Fragen auf, inwiefern das mathematische Lehrangebot besser an die Lernvoraussetzungen und Lernbedürfnisse der Studienanfängerinnen und Studienanfänger angepasst werden kann und inwiefern so eine Anpassung aufgrund der Prädiktoren des kognitiven Lernerfolgs für den Lernprozess sinnvoll sind (siehe Abschnitt 10.4).

10.1.2 Angebotsnutzung beim Lernen von wissenschaftlicher Mathematik am Beispiel des Inhaltsgebiets „Reelle Folgen und Reihen"

Als Indikator für die Qualität der Angebotsnutzung diente in dieser Untersuchung die Qualität der verwendeten Lernstrategien, die über zwei verschiedene Ansätze ermittelt wurden. Bei Ansatz (i) wurde die Verwendung einer speziellen Lernstrategie in einer speziellen Lernsituation analysiert, bei Ansatz (ii) wurden die fachunspezifische, motivationspsychologische Kategorisierung von Lernstrategien, in der vorliegenden Arbeit als Lernorientierungen bezeichnet, und das Anstrengungsmanagement verwendet.

Für Ansatz (i) wurde ein Instrument entwickelt, dass die *Nutzung von Selbsterklärungen* in der speziellen Lernsituation *Bearbeitung von Übungsaufgaben im Selbststudium* über die Zustimmung zu einem vorgelegten Typ erfasst. Der selbsterklärende Typ verwendet Selbsterklärungen, um sich Lösungen zu erschließen; dagegen nutzt der nachvollziehende Typ nur selten Selbsterklärungen.

Durch die Entwicklung eines weiteren Typs, des selbstlösenden Typs, konnten die Studierenden identifiziert werden, die ihr Studium schon mit signifikant besseren Lernvoraussetzungen beginnen, eine positivere Entwicklung der motivationalen Lernvoraussetzungen und einen höheren, mathematischen Kompetenzerwerb als die beiden anderen Gruppen zeigen sowie deren Gruppe zu mehr als zwei Dritteln das erste Semester im Modul „Analysis 1" erfolgreich abschließt (vgl. Rach & Heinze, 2013a). Diese leistungsstarke Gruppe setzt sich vor allem aus Fachstudierenden zusammen. Dass anteilig mehr Fachstudierende als Lehramtsstudierende den selbstlösenden Typ gewählt haben, kann zum Ersten statistisch durch die höhere, mathematische Kompetenz der Fachstudierenden in Relation zu den Lehramtsstudierenden zu Beginn des Studiums erklärt werden. Dieses (berichtete) Lernverhalten ist möglicherweise auch auf Qualitätsabstufungen in der Studienmotivation und die Ziele der Studierenden verschiedener Studiengänge zurückzuführen. Während beispielsweise die Motivation der Fachstudierenden stärker auf das Studium von wissenschaftlicher Mathematik ausgerichtet, diese Gruppe also intrinsisch motiviert ist, liegt der Fokus der Lehramtsstudierenden möglicherweise stärker auf dem Studienabschluss, auf dem späteren Berufsfeld bzw. auf dem zweiten Hauptfach (extrinsisch motiviert, z. B. Liston & O'Donoghue, 2010; Spinath et al., 2005). In der Interviewstudie von Geyer (2011), die mit zwölf Studierenden der Stichprobe der vorliegenden, empirischen Untersuchung durchgeführt wurde, berichten Lehramtsstudierende, dass sie nur wenige Verknüpfungen zwischen der wissenschaftlichen Mathematik und der Schulmathematik erkennen und möglicherweise auch nicht erwarten. Aus diesem Grund könnten sie dem Lernen von wissenschaftlicher Mathematik und somit den Anforderungen im ersten Semester im Fach Mathematik, die sich z. B. in mathematischen Übungsaufgaben zeigen (vgl. Rach & Heinze, 2013b), einen geringeren Wert zumessen (vgl. Erwartungs-Wert-Modelle, Abschnitt 6.3.2).

Aus diesem Grund könnten Lehramtsstudierende neben unbefriedigend ausgeprägten Fähigkeiten auch wenig günstige motivationale Dispositionen aufweisen, um sich intensiv mit den mathematischen Übungsaufgaben zu beschäftigen und sie selbstständig zu lösen. Auf diese beiden Erklärungsansätze könnte somit die anteilig höhere Zuordnung der Fachstudierenden in Relation zu den Lehramtsstudierenden zum selbstlösenden Typ z. T. zurückgeführt werden. Hätte man diese Gruppe der selbstlösenden, hochleistenden Studierenden zur Gruppe der selbsterklärenden Studierenden gezählt, hätte man den Effekt der Verwendung von Selbsterklärungen auf den Lernerfolg überschätzt.

Der individuelle, berichtete Typ bei der Aufgabenbearbeitung ist ein Indikator für die Qualität der Angebotsnutzung. In Angebots-Nutzungs-Modellen wird nicht nur die Qualität des Lehrangebots, sondern eben auch die Qualität der Nutzung dieses Lehrangebots als ein wichtiger Einflussfaktor auf den Lernerfolg angesehen (vgl. Abschnitt 6.1). Mit Hilfe der Ansätze (i) und (ii) wurde diese Annahme am Beispiel des Inhaltsgebiets „Reelle Folgen und Reihen" unter der folgenden Hauptfrage analysiert:

Inwiefern beeinflusst die Qualität der Angebotsnutzung den Lernerfolg beim Lernen von wissenschaftlicher Mathematik?

Um mittels Ansatz (i) den Einfluss der Nutzung von Selbsterklärungen auf den Lernerfolg zu analysieren, eignen sich Vergleiche zwischen dem nachvollziehenden und dem selbsterklärenden Typ, denn diese beiden Typen unterscheiden sich allein im Grad der Verwendung von Selbsterklärungen. Zwischen diesen beiden Typen konnten keine signifikanten Unterschiede in kognitiven und motivationalen Lernvoraussetzungen festgestellt werden. Dieses Ergebnis zu einer fachspezifisch konzeptualisierten Lernstrategie steht im Gegensatz zu den Erkenntnissen zu allgemeinen Lernstrategien (z. B. von Berger & Karabenick, 2011 und Schiefele et al., 1995). Dass sich kein signifikanter

Zusammenhang zwischen der Verwendung von Selbsterklärungen und individuellen Lernvoraussetzungen zu Beginn des Studiums belegen lässt, kann darauf zurückgeführt werden, dass diese spezielle Lernstrategie in schulischen Lernprozessen nur eine geringe Bedeutung besitzt und sich erst im Studium ausbildet bzw. zum Tragen kommt (vgl. Eilerts, 2009). Die vermutete, geringe Bedeutung von Selbsterklärungen im schulischen Mathematikunterricht könnte wiederum damit zusammenhängen, dass die beschriebene Lernsituation „Bearbeitung von Übungsaufgaben im Selbststudium" mit ihren spezifischen Funktionen im Schulunterricht wenig auftritt (vgl. Abschnitt 4.2).

Die relativ positive Entwicklung motivationaler Merkmale in den ersten sieben Studienwochen wird als Indikator für den motivationalen Lernerfolg verwendet. Bei diesem Indikator zeigt sich ein signifikanter Zusammenhang mit der Verwendung von Selbsterklärungen: Die selbsterklärenden Studierenden berichteten im Vergleich zu den nachvollziehenden Studierenden eine positivere Entwicklung in ihrem mathematikbezogenen Selbstkonzept.[78] Entgegen den theoretischen Annahmen konnte jedoch kein signifikanter Einfluss der Verwendung von Selbsterklärungen auf den kognitiven Lernerfolg, den Kompetenzerwerb im Inhaltsgebiet „Reelle Folgen und Reihen", belegt werden. Für nicht theoriekonforme Ergebnisse zum Zusammenhang zwischen der Verwendung von Lernstrategien und dem Lernerfolg werden in der Literatur vielfach zwei Erklärungsansätze diskutiert: (1) die fehlende Passung der Lernstrategie zu den Anforderungen im Lernprozess und (2) methodische Defizite bei der Erhebung der Lernstrategien (z. B. Artelt, 2000; Dinsmore & Alexander, 2012; Marton & Säljö, 1984). Aufgrund der bei Ansatz (i) konkret gewählten Lernstrategie in einer für die Studieneingangsphase im Fach Mathematik wichtigen Anforderungssituation scheint der Erklärungsansatz (1) für den Ansatz (i) dieser Arbeit nicht passend zu sein. Der Erklärungsansatz (2) ist dagegen besser geeignet, da durch die retrospektive Erhebung mit studentischen Selbsteinschätzungen eine positive Verzerrung wahrscheinlich ist. Durch die dichotome Einteilung in nur zwei Typen (nachvollziehender Typ: wenig Selbsterklärungen; selbsterklärender Typ: viele Selbsterklärungen) kann zudem die Qualität der Selbsterklärungen nicht erfasst werden (vgl. Renkl, 1997). Ein weiterer Aspekt, der zur Erklärung dieses nicht theoriekonformen Ergebnisses beitragen könnte, ist die Passung zwischen der berichteten Lernstrategie und den Charakteristika der Person, die diese Lernstrategie anwendet (vgl. Leopold & Leutner, 2002). Renkl et al. (1998) vermuten, dass (spontane) Selbsterklärungen gerade für schwächere Lernende weniger gut geeignet sind, da diese Elaborationsstrategie die Integration neuen Wissens (hier in Form einer Aufgabenlösung) in die vorhandenen Wissensstrukturen unterstützen soll. An den deskriptiven Ergebnissen des Vortests vor dem Gebiet „Reelle Folgen und Reihen" (vgl. Abschnitt 8.3.3 und Tabelle A.12) ist erkennbar, dass einige der Studierenden, die sich dem selbsterklärenden Typ zuordnen, möglicherweise über ein zu geringes Niveau an mathematischer Kompetenz verfügen, um Selbsterklärungen als Lernstrategie im Inhaltsgebiet „Reelle Folgen und Reihen" sinnvoll nutzen zu können. Die Erkenntnisse

---

78   Wenn man die Entwicklung der motivationalen Merkmale über das gesamte Semester betrachtet, entwickelt sich auch das Interesse an Mathematik der selbsterklärenden Studierenden positiver als das der nachvollziehenden Studierenden (vgl. Rach & Heinze, 2013a).

zum Zusammenhang der Verwendung von Selbsterklärungen und dem Lernerfolg sind somit als indifferent zu bezeichnen.

Das Instrument zur Erhebung des Grads an verwendeten Selbsterklärungen dient primär der Beantwortung der Frage, inwiefern die Nutzung von Selbsterklärungen den Lernerfolg beeinflusst. Sekundär wird durch die Angabe des Typs deutlich, dass ein Großteil der Studentinnen und Studenten im Fach Mathematik mit der Bearbeitung der Übungsaufgaben überfordert zu sein scheint. Die nachvollziehenden und die selbsterklärenden Lernenden – 88% der Stichprobe – geben durch die Wahl des Typs an, dass sie selber oft nicht in der Lage sind, die gestellten Übungsaufgaben zu lösen. Dieses Ergebnis kann die Ausführungen in Abschnitt 10.1.1 stützen, dass die negative Entwicklung der motivationalen Merkmale der beiden Typen im Laufe des ersten Semesters mit Hilfe der Selbstbestimmungstheorie erklärt werden kann (vgl. Abschnitt 6.3.2; Deci & Ryan, 1993): Durch die fehlende, alleinige Bewältigung der Aufgaben wird kein Kompetenz-erleben in einem Mathematikstudium generiert. Aufgrund der geforderten Abgabe der Aufgabenbearbeitungen könnte zudem das Autonomieerleben der Studierenden einge-schränkt sein, da sie sich durch diese Regelung unter Druck gesetzt fühlen (siehe auch Rach & Heinze, 2013a) und sich wenig mit diesen Anforderungen bzw. den diesen Anforderungen zugrunde liegenden Zielen von Lehr-Lern-Prozessen in einem Mathe-matikstudium identifizieren.[79]

Neben diesem für die Studieneingangsphase eines Mathematikstudiums speziell entwickelten Ansatz zur Erfassung der Qualität der Angebotsnutzung wurde ein weite-rer, allgemeiner Ansatz (ii) verwendet. Für Ansatz (ii) wurde die motivationspsycholo-gische Konzeptualisierung von Lernstrategien genutzt und die beiden Facetten als *tie-fergehende/strategische Lernorientierung* bzw. *oberflächliche Lernorientierung* be-zeichnet. Aufgrund der Ergebnisse in anderen Studien (z. B. Richardson et al., 2012; Schiefele et al., 2003) wurde zudem das Merkmal *Anstrengungsmanagement* mit einbe-zogen. Wie angenommen, widersprechen sich die Angaben zur Qualität der Angebots-nutzung, die durch die beiden Ansätze (i) und (ii) erhoben wurden, nicht. Beispielsweise berichten selbsterklärende Studierende signifikant höhere Ausprägungen in der Skala „tiefergehende/strategische Lernorientierung" und signifikant geringere Ausprägungen in der Skala „oberflächliche Lernorientierung" als nachvollziehende Studierende.

Da die beiden Lernorientierungen aus einer motivationspsychologischen Perspektive konzeptualisiert wurden (vgl. Marton & Säljö, 1984), konnte aus theoretischer Sicht stark vermutet werden (vgl. Abschnitt 6.4.2), dass die Lernorientierungen mit motivati-onalen Lernvoraussetzungen zusammenhängen. Diese Annahme zeigt sich auch in den empirischen Daten. Konkret ist zwar kein signifikanter Zusammenhang zwischen einer oberflächlichen Lernorientierung und einer extrinsischen Studienmotivation (im Gegen-satz zum Ergebnis von Schiefele & Schreyer, 1994) feststellbar, jedoch konnten signifi-kante Zusammenhänge zwischen einer oberflächlichen Lernorientierung und der ma-

---

79 Diese Vermutung könnte nicht nur für leistungsschwächere, sondern auch für leistungs-stärkere Studierende zutreffen. In der Interviewstudie von Geyer (2011) bemängeln auch selbstlösende, hochleistende Studierende im Fach Mathematik die zu geringe Zeit, um sich neben den Übungsaufgaben mit (weiteren) interessanten Studieninhalten zu beschäftigen.

thematischen Kompetenz bzw. dem mathematikbezogenen Selbstkonzept festgestellt werden. Erwartungskonform ist der Zusammenhang zwischen der Verwendung einer tiefergehenden/strategischen Lernorientierung und dem Interesse an Mathematik zu Studienbeginn (vgl. Künsting & Lipowsky, 2011).

Auch hängt die Entwicklung der motivationalen Merkmale in den ersten Studienwochen signifikant negativ mit einer oberflächlichen und signifikant positiv mit einer tiefergehenden/strategischen Lernorientierung zusammen. Entgegen den theoretischen Annahmen lassen sich jedoch keine signifikanten Zusammenhänge der Lernorientierungen sowie des Anstrengungsmanagements mit dem mathematischen Kompetenzerwerb im Inhaltsgebiet „Reelle Folgen und Reihen" belegen. Wie zu Ansatz (i) können auch zu diesem nicht theoriekonformen Ergebnis zwei verschiedene Erklärungsansätze diskutiert werden: (1) die fehlende Passung der Lernstrategie zu den Anforderungen im Lernprozess und (2) methodische Defizite bei der Erhebung der Lernstrategien (z. B. Artelt, 2000; Dinsmore & Alexander, 2012; Marton & Säljö, 1984). Die methodischen Defizite (2) liegen neben den schon angesprochenen Problemen der retrospektiven, studentischen Selbsteinschätzungen der verwendeten Lernorientierungen und des Anstrengungsmanagements (Artelt, 2000) auch in den nur mäßigen Reliabilitäten der eingesetzten Skalen (vgl. Tabelle A.3). Diese nur mäßigen Reliabilitäten könnten in der Verwendung einer Kurzversion des ASSIST (deutschsprachig in Himmelbauer, 2009) begründet sein, zudem wurde die Variable „Anstrengungsmanagement" nur durch zwei Items erhoben. Der vermutete Deckeneffekt bei dieser Variable „Anstrengungsmanagement" ist verwunderlich, da die beiden verwendeten Items einer erprobten Skala (Schiefele, Moschner & Hustegge, 2002) entnommen wurden. Der hohe Mittelwert der Variable gibt Hinweise dafür, dass die Items in dieser Form für den Einsatz in einem Mathematikstudium nicht geeignet sind bzw. dass Studierende bereit sind, sich im ersten Semester eines Mathematikstudiums merklich anzustrengen. Der inhaltliche Erklärungsansatz (1) – die mangelhafte Passung von Lernorientierungen zu den Anforderungen im Lernprozess – kann durch die allgemein gehaltene Konzeptualisierung und Operationalisierung der Lernorientierungen gestützt werden.

Aufgrund dieser vorgestellten Ergebnisse stellt sich die Frage, ob eine derartige Konzeptualisierung und Operationalisierung der Qualität der Angebotsnutzung über Lernorientierungen und das Anstrengungsmanagement für das erste Semester in einem Mathematikstudium adäquat ist. Da der Lerngegenstand in der Studieneingangsphase eines Mathematikstudiums besondere Eigenschaften aufweist (vgl. Kapitel 3), scheinen stärker fachspezifisch ausgerichtete Lernstrategien eher den Lernprozess zu beeinflussen. Aufgrund dieser Annahme sollte in weiteren Untersuchungen über den Mehrwert dieser Lernorientierungen, die sich nicht trennscharf von motivationalen Merkmalen von Lernenden abgrenzen lassen, kritisch diskutiert werden.

Insgesamt konnten in dieser Arbeit Evidenzen dafür generiert werden, dass im ersten Semester im Fach Mathematik die Qualität der Angebotsnutzung eine positive Wirkung auf den Lernerfolg besitzt. Während die in beiden Ansätzen erhobenen Lernstrategien mit der Entwicklung des Interesses an Mathematik und vor allem des mathematikbezogenen Selbstkonzepts einhergehen, konnte jedoch kein Zusammenhang der Verwendung von Lernstrategien mit dem mathematischen Kompetenzerwerb im Inhaltsgebiet „Reelle Folgen und Reihen" hergestellt werden. Möglicherweise ist zwar kein kurzfristiger, jedoch ein langfristiger (kognitiver) Lernerfolg durch die Verwendung von Selbsterklärungen denkbar – diese Annahme kann durch den Zusammenhang der Verwendung von Selbsterklärungen mit dem Modulerfolg gestützt werden (siehe Abschnitt 10.1.3). Da die Qualität der Angebotsnutzung ein essentieller Bestandteil mathematischer Lehr-Lern-Prozesse ist, wird in den Abschnitten 10.3 und 10.4 diskutiert, wie die Erhebung dieses Konstruktes verbessert und die individuelle Qualität der Angebotsnutzung praktisch positiv verändert werden kann.

10.1.3 Bedingungsfaktoren für den Modulerfolg im ersten Semester im Fach Mathematik

Ein weiteres, wichtiges Ziel dieser Arbeit ist die Identifikation von Bedingungsfaktoren für den *Modulerfolg* im ersten Semester des Mathematikstudiums. Aufgrund der hohen Studienabbruchquote im ersten Jahr stellt dieses objektive Kriterium einen guten Indikator für den Studienerfolg in einem Mathematikstudium dar (vgl. Dieter, 2012). Die Hauptfragestellung dieses Abschnittes lautete:

Welche individuellen Faktoren beeinflussen den Modulerfolg im ersten Semester im Fach Mathematik?

Merkmale schon zu Beginn des Semesters, die mathematische Kompetenz und die allgemeine Schulleistung, konnten als signifikante Prädiktoren für das dichotome Maß des Modulerfolgs identifiziert werden und 38,0% der Varianz im Modulerfolg erklären. Die mathematische Kompetenz zu Beginn des Semesters klärt allein 29,5% der Varianz im Modulerfolg auf, während zusammen mit der allgemeinen Schulleistung in Form der Gesamtabiturnote ein Varianzanteil von 38,0% aufgeklärt werden kann. Diese Erkenntnisse zu Prädiktoren zum Studienerfolg im ersten Semester decken sich z. T. mit den Ergebnissen der Meta-Analyse von Trapmann et al. (2007): Der in der Studie von Trapmann et al. (2007) berichtete Einfluss der allgemeinen Schulleistung auf den Studienerfolg zeigt sich auch in dieser Untersuchung, jedoch erreicht die aufgeklärte Varianz des Modulerfolgs durch die Schulabschlussnote in dieser Untersuchung nicht den Wert aus der Studie von Trapmann et al. (2007). Dieses Ergebnis ist sehr wahrscheinlich darauf zurückzuführen, dass die mathematische Kompetenz zu Studienbeginn in die Analyse einbezogen wurde (vgl. auch Hailikari et al., 2008; Halverscheid & Pustelnik, 2013). In der Studie von Eilerts (2009) konnte zwar ein Varianzanteil von 49,3% in den mathematischen Klausurergebnissen im ersten Semester aufgeklärt werden. In jener Untersuchung wurden jedoch auch Variablen einbezogen, die erst im Laufe des Semesters erhoben worden waren und die keine individuellen Lernvoraussetzungen beschreiben, z. B. die individuelle Wahrnehmung der hochschuldidaktischen Kompetenz von Lehrpersonen durch die Studierenden. Während in der Studie von Eilerts (2009) das mathematische Vorwissen zu Studienbeginn nur knapp 14% der Varianz der Abschlussklausur aufklärt, klärt das in der vorliegenden Arbeit verwendete, spezielle Konstrukt der mathematischen Kompetenz 29,5% des Modulerfolgs auf. Insgesamt konnte belegt werden, dass die mathematische Kompetenz zu Studienbeginn, die z. T. in Anlehnung an die wissenschaftliche Mathematik konzeptualisiert wurde, einen signifikanten, starken Einfluss auf den Studienerfolg im ersten Semester besitzt. Zudem konnten Hinweise generiert werden, dass die zu Semesterende erhobene, mathematische Kompetenz und der Modulerfolg zwei unterschiedliche Indikatoren für den Studienerfolg im ersten Semester im Fach Mathematik sind (vgl. Abbildung 9.8).

Aufgrund theoretischer Überlegungen (epistemische Neugier, Wertzuweisung, Lernfreude und Lernkonzentration wirken auf Lernerfolg, vgl. Krapp, 2010) und empirischer Ergebnisse (z. B. Blömeke, 2009) konnte vermutet werden, dass auch das Interesse am Studienfach einen signifikanten Einfluss auf den Modulerfolg besitzt. Für das erste Semester im Fach Mathematik kann diese Annahme jedoch nicht bestätigt werden. Möglicherweise ist dieser Effekt durch eine nicht konsistente Messung der motivationalen Variablen, Interesse an Mathematik und auch mathematikbezogenes Selbstkonzept, zurückzuführen, da die Studierenden nicht wissen, welcher Charakter von Mathematik ihnen im Studium begegnet bzw. welchen Charakter von Mathematik sie im Fragebogen zu Semesterbeginn als Grundlage verwenden sollten. Erst in der Mitte des ersten Semesters können die Studierenden möglicherweise ihr Interesse und ihr Selbstkonzept bezüglich der wissenschaftlichen Mathematik einschätzen. In Abschnitt 10.3 werden deshalb Vorschläge diskutiert, wie die Messung der motivationalen Merkmale verbessert werden kann.

Für das Konstrukt „extrinsische Studienmotivation" konnten keine Hinweise generiert werden, dass die extrinsische Studienmotivation mit den berichteten Lernstrategien oder dem Modulerfolg negativ zusammenhängt. Aufgrund dieser wenig aussagekräftigen Ergebnisse stellt sich die Frage, wie die Konzeptualisierung bzw. Operationalisierung dieses Konstruktes „extrinsische Studienmotivation" verbessert werden kann. Eine Möglichkeit bietet sicherlich die Ausdifferenzierung in Qualitätsstufen wie „introjizierte" oder „identifizierte" Studienmotivation (Prenzel, 1996; vgl. Abschnitt 6.3.1).

Da die Lernumwelt in der Studieneingangsphase im Fach Mathematik im Gegensatz zur Lernumwelt in der Schule Besonderheiten aufweist (Zusammenfassung in Kapitel 5), ist es erstaunlich, aber erklärbar, dass Merkmale schon zu Studienbeginn, insbesondere die mathematische Kompetenz, den Studienerfolg am Ende des Semesters voraussagen: Die substanzielle Prädiktionskraft der mathematischen Kompetenz zu Studienbeginn ist wahrscheinlich auf die spezielle Konzeptualisierung des Konstruktes zurückzuführen (vgl. Abschnitt 8.3.2). Aufgrund der vermuteten, großen Bedeutung des Modulerfolgs am Ende des ersten Semesters für den weiteren Studienverlauf (vgl. Abschnitt 6.2) scheint es relevant zu sein, weitere Einflussfaktoren auf den Modulerfolg zu identifizieren. Für derartige, weiterführende Untersuchungen sind in Abschnitt 9.3 verschiedene Möglichkeiten aufgezeigt worden: (1) Analyse der Bedeutung der kognitiv-motivationalen Profile der Studierenden zu Studienbeginn und des gewählten Studiengangs; (2) detaillierte Charakterisierung der Gruppe der nicht erfolgreichen Studierenden; (3) Analyse der Rolle der berichteten Lernstrategien.

(1) In den bisherigen Betrachtungen wurde ein linearer Zusammenhang zwischen den vorliegenden Lernvoraussetzungen und dem Modulerfolg vermutet. Möglicherweise fällt die Beziehung zwischen diesen Variablen jedoch deutlich komplexer aus, als es bisher angenommen worden war. Aus diesem Grund wurden in einer weiteren Analyse die Lernvoraussetzungen nicht additiv betrachtet, sondern die *kognitiv-motivationalen Profile* der Studierenden als komplexer Indikator der Lernvoraussetzungen mit dem Modulerfolg in Verbindung gesetzt. Die kognitiv-motivationalen Profile der Studierenden geben jedoch keine Hinweise dafür, dass schwächere Lernvoraussetzungen im kognitiven Bereich durch höhere Ausprägungen in motivationalen Lernvoraussetzungen kompensierbar sind: Beispielsweise bestehen nur 8% der Studierenden des Clusters 5 „Leistungsschwache mit Selbstüberschätzung" das Studienmodul. Auch die Einbindung variierender Studienbedingungen (über den gewählten Studiengang) bietet aufgrund eines knappen nicht signifikanten Ergebnisses keine weiteren, fundierten Anhaltspunkte für Einflussfaktoren auf den Modulerfolg.

(2) Als eine andere Herangehensweise, um Einflussfaktoren für den Studienerfolg im ersten Semester zu identifizieren, wird die Identifizierung verschiedener Faktoren für einen Nichterfolg genutzt. Für diese Analyse wurde die Gruppe der nicht erfolgreichen Studierenden in zwei Subgruppen unterteilt: Die *abbrechenden Studierenden* brechen schon im Verlauf des Semesters das Studienmodul ab und nehmen nicht an der Modulklausur teil, während die *nicht bestehenden Studierenden* an der Klausur teilnehmen, diese jedoch nicht erfolgreich absolvieren. Für die Lernvoraussetzungen der Studierenden dieser beiden Gruppen konnten signifikante Unterschiede im mathematikbezogenen Selbstkonzept festgestellt werden: Die abbrechenden Studierenden zeichnen sich gegenüber den nicht bestehenden Studierenden zu Beginn des Semesters in einem signifikant geringeren mathematikbezogenen Selbstkonzept aus (vgl. Fellenberg & Hannover, 2006). Im Gegensatz zu den Befunden von Schiefele et al. (2007), die in ihrer Arbeit mit Studierenden verschiedener Fachrichtungen Unterschiede in der Abiturnote zugunsten der spät abbrechenden (Abbruch ab dem 3. Semester) im Vergleich zu den früh abbrechenden (Abbruch im 1.–2. Semester) Studierenden berichten, zeigt sich bei der Stichprobe und dem Design der vorliegenden Untersuchung eher die umgekehrte Tendenz bezüglich des Merkmals Abiturnote.[80] Insgesamt sind in der vorliegenden Untersuchung die Charakteristika der erfolgreichen Studentinnen und Studenten den Charakteristika der nicht bestehenden Studierenden in den meisten Lernvoraussetzungen ähnlicher als den der abbrechenden Studierenden.

Aus diesen Ergebnissen kann die Hypothese aufgestellt werden, dass selbstmotivationale Komponenten (z. B. das „Durchhaltevermögen") im ersten Semester durch das

---

80   Aufgrund unterschiedlicher Operationalisierungen des Merkmals „früher Studienabbruch" sind die Ergebnisse der vorliegenden Untersuchung schwierig mit den Erkenntnissen von Schiefele et al. (2007) zu vergleichen. Auch in der Charakteristik der Stichprobe (fachheterogen in Schiefele et al., 2007; fachspezifisch in der vorliegenden Untersuchung) unterscheidet sich das methodische Vorgehen der beiden Studien.

fachbezogene Selbstkonzept zu Studienbeginn bedingt sind – jedoch garantieren hohe Ausprägungen in diesem Merkmal nicht den Modulerfolg: Denn es konnten keine signifikanten Unterschiede zwischen den nicht bestehenden Studierenden und den abbrechenden Studierenden in den für den Modulerfolg relevanten Merkmalen, allgemeine Schulleistung und mathematische Kompetenz zu Studienbeginn, festgestellt werden.[81]

(3) Aus theoretischer Perspektive ist eine Mediation zwischen Lernvoraussetzungen, der Qualität der Angebotsnutzung und dem Modulerfolg (analog zum Lernerfolg) zu vermuten. Basierend auf diesen Überlegungen wurde der mögliche Einfluss der *Qualität der Angebotsnutzung*, erhoben in den beiden Ansätzen (i) und (ii), auf den Modulerfolg analysiert. In Ansatz (i) zeigte die Verwendung von Selbsterklärungen einen positiven Effekt auf den Modulerfolg. In Ansatz (ii) konnte entsprechend der Untersuchung von Richardson et al. (2012) eine signifikant negative Wirkung einer oberflächlichen Lernorientierung auf den Modulerfolg festgestellt werden, während im Gegensatz zu den Ergebnissen von Richardson et al. (2012) und Schiefele et al. (2003) eine positive Wirkung weder für eine tiefergehende/strategische Lernorientierung noch für das Anstrengungsmanagement belegt werden konnte. Diese Ergebnisse basieren auf logistischen Regressionen, bei denen die schon identifizierten Prädiktoren, Abiturnote und mathematische Kompetenz zu Semesterbeginn, miteinbezogen wurden. Aufgrund dieser Vorgehensweise kann geschlossen werden, dass die Qualität der Angebotsnutzung zusätzliche Varianz im Modulerfolg erklärt. Diese Ergebnisse sind ein wichtiges Indiz dafür, dass die Qualität der Angebotsnutzung, insbesondere die Verwendung von Selbsterklärungen, einen eher langfristigen Effekt auf den Studienerfolg denn eines kurzfristigen Effekts (allein auf den mathematischen Kompetenzerwerb im Gebiet „Reelle Folgen und Reihen") besitzt. Aufgrund dieser Ergebnisse scheint die Qualität der Angebotsnutzung, insbesondere die Verwendung von Selbsterklärungen relevant für erfolgreiche Lernprozesse zu sein. Aus diesem Grund sollten den Studierenden im Fach Mathematik Möglichkeiten angeboten werden, derartige Lernstrategien zu erwerben (vgl. Abschnitt 10.4).

Als wichtige Einflussfaktoren auf den Modulerfolg konnten schon zu Studienbeginn die kognitiven Faktoren, mathematische Kompetenz und allgemeine Schulleistung, identifiziert werden. Ein ebenfalls relevanter Faktor stellt die Qualität der Angebotsnutzung in Form von Selbsterklärungen dar. Ein frühzeitiger Modulabbruch ist z. T. durch das mathematikbezogene Selbstkonzept zu Studienbeginn bedingt. Neben diesen wichtigen Bedingungsfaktoren für den Modulerfolg können aus den theoretischen Analysen (vgl. Kapitel 3 und 4) noch weitere Faktoren, z. B. die Qualität des

---

81 Ergebnisse wie die in der vorliegenden Arbeit präsentierten können dazu dienen, die oft ausschließlich auf Basis von Einzelmeinungen geführten Diskussionen über Problemursachen von Studierenden im Fach Mathematik zu fundieren. Äußerungen wie z. B. „Um durchzuhalten, müsse man zwei Eigenschaften mitbringen: Talent und ein besonderes Interesse am Fach, größer als für viele andere Studiengänge" (Pawlik, 14.02.2014) bedürfen einer fachdidaktischen und pädagogisch-psychologischen Fundierung in Bezug auf die genutzten Konzepte (in diesem Zusammenhang Talent und Interesse am Fach) sowie die dazwischen angenommenen Zusammenhänge.

Lehrangebots, theoretisch vermutet werden. Ebensolche möglicherweise relevanten Faktoren für den Studienerfolg werden in Abschnitt 10.3 im Rahmen von weiterführenden Untersuchungen diskutiert.

Alle substanziellen Ergebnisse der drei Bereiche sind in der folgenden schematischen Übersicht (Abbildung 10.1) zusammengefasst, die kein Strukturgleichungsmodell darstellt, sondern berichtete Zusammenhänge bzw. Einflüsse im Rahmenmodell der empirischen Untersuchung (vgl. Abbildung 6.6, S. 146) veranschaulicht – nicht dargestellte Verbindungen zwischen den drei Variablengruppen konnten in dieser Arbeit nicht belegt werden.

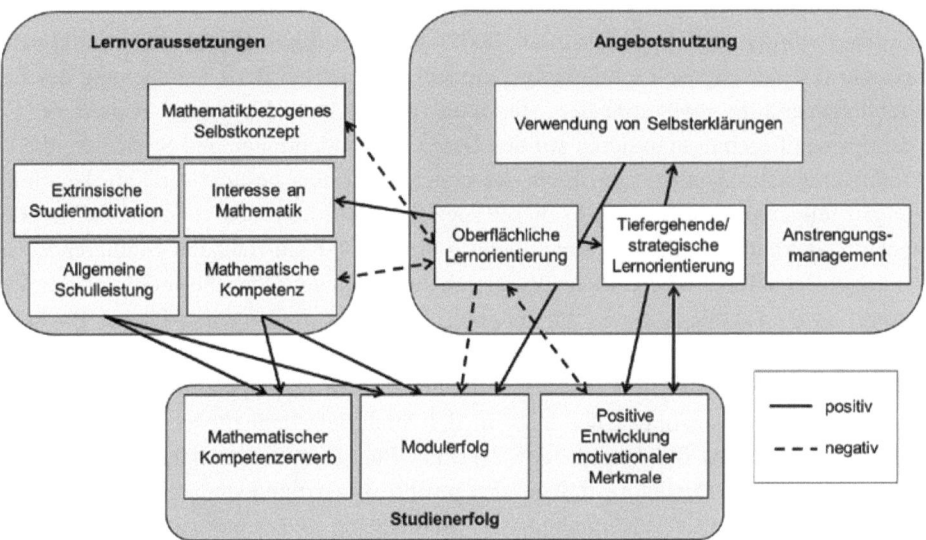

Abbildung 10.1: **Schematische Übersicht über die Ergebnisse der empirischen Untersuchung**

10.2 Einschränkungen der Studie

Auch wenn durch diese Studie empirisch abgesicherte Bedingungsfaktoren zum Lern- und Studienerfolg im ersten Semester eines Mathematikstudiums identifiziert werden können, sind einige Einschränkungen der empirischen Ergebnisse zu beachten. Die Interpretation der Ergebnisse ist vor allem durch Charakteristika des Designs (Repräsentativität der Stichprobe, längsschnittliches Design) und der Methode (Operationalisierung der Konstrukte, verwendete Instrumente) begrenzt.

Um Lernprozesse von Studentinnen und Studenten im ersten Semester im Fach Mathematik zu untersuchen, wurde als *Stichprobe* eine Vollerhebung des ersten Studiensemesters an einer einzelnen Hochschule verwendet. Zwar zeichnen sich die untersuchten Studierenden der CAU Kiel wahrscheinlich nicht durch für den Lernprozess relevante Merkmale aus,[82] jedoch ist die Generalisierbarkeit der Ergebnisse aufgrund der Stichprobengröße (nur 182 Personen) eingeschränkt.

Die hohe *Stichprobenmortalität* (vgl. Tabelle A.2) steht offenbar in Zusammenhang mit der hohen Studienabbruchquote im ersten Studiensemester. Aus dem längsschnittlichen Design und der somit nicht zufälligen Stichprobenmortalität folgt eine wichtige Interpretationseinschränkung einiger Ergebnisse. Beispielsweise ist es nicht möglich, die Merkmale aller Studienanfängerinnen und Studienanfänger im Verlauf des Semesters über die Zeit zu modellieren. Deshalb kann nur vermutet werden, dass die Studierenden, die das Modul abgebrochen und somit nicht mehr an den späteren Befragungen teilgenommen haben, ungünstigere Entwicklungsverläufe individueller Merkmale aufweisen, ungünstigere Lernprozesse berichten und weniger mathematische Kompetenz erwerben würden (vgl. Schiefele et al., 2007). Eine aus der Stichprobenmortalität resultierende Interpretationseinschränkung zeigt sich konkret bei der Untersuchung der Entwicklungsverläufe motivationaler Merkmale im Verlauf des ersten Semesters. Die deskriptiven Ergebnisse basieren auf den Daten der Studentinnen und Studenten, die die Modulveranstaltungen bis zum Ende des ersten Semesters besucht (und an den Befragungen teilgenommen) haben. In dieser spezifischen Stichprobe zur Analyse der Entwicklungsverläufe befinden sich anteilig mehr 1-Fach-Bachelor-Studierende als 2-Fächer-Bachelor-Studierende im Vergleich zur Anfangsstichprobe (in der ersten Vorlesung) (vgl. Tabelle A.2). Es ist möglich, dass nur diejenigen 2-Fächer-Bachelor-Studierenden im Modul verblieben sind und weiter an der Untersuchung teilgenommen haben, deren motivationale Lernvoraussetzungen einen günstigeren Verlauf aufwiesen als die Lernvoraussetzungen der nicht in der Stichprobe enthaltenen Lernenden. Aus diesem Grund wäre die Gruppe der 2-Fächer-Bachelor-Studierenden gegenüber der Gruppe der 1-Fach-Bachelor-Studierenden positiv verzerrt und somit sind die Ergebnisse zu Unterschieden in Abhängigkeit vom Studiengang in den motivationalen Entwicklungsverläufen nur schwer interpretierbar sowie generalisierbar.

Um die theoretisch hergeleiteten Forschungsfragen zu beantworten, wurden quantitative Erhebungs- und Auswertungsmethoden verwendet.[83] Die *Operationalisierung einiger Konstrukte*, beispielsweise der Qualität der Angebotsnutzung und des Interesses an Mathematik, kann kritisch hinterfragt werden. Um die Qualität der Angebotsnutzung zu erfassen, wurde in Ansatz (ii) die motivationspsychologische Konzeptualisierung

---

82   In einer Befragung von Studierenden der Bachelor-Studiengänge an der CAU Kiel wurden als Gründe für die Wahl eines Studiums an dieser Universität vor allem Gründe auf persönlicher Ebene, z. B. keine Studiengebühren und Nähe der CAU Kiel zum Heimatort genannt (Heruntergeladen von http://www.uni-kiel.de/qm/de/wie-kommt-der-bachelor-an-2011 am 05.03.2014).

83   Um einen vertieften Einblick in weitere, relevante Aspekte mathematischer Lernprozesse in einem Mathematikstudium zu erhalten, wurden gleichzeitig zu dieser quantitativen Untersuchung zwei Interviewstudien im Rahmen von Staatsexamensarbeiten durchgeführt. In einer ersten Untersuchung wurden die Studierenden nach ihren Erwartungen und ihrer Motivation befragt (Geyer, 2011), in einer zweiten Untersuchung konnte ein Einblick in die Mechanismen von Lerngruppen (Tetsch, 2011) gewonnen wurden. An geeigneten Stellen wurde in der vorliegenden Arbeit auf deren Ergebnisse eingegangen, um die quantitativ gewonnenen Daten zu illustrieren und Ursachenhypothesen formulieren zu können.

von Lernstrategien verwendet: Lernorientierungen lassen sich jedoch nicht klar von motivationalen Merkmalen des Lernprozesses trennen (vgl. auch Abschnitt 6.4.2). Zudem bleibt unklar (vgl. Abschnitt 10.1.1), welchen Charakter von Mathematik die Studierenden bei der Frage nach ihrem Interesse und Selbstkonzept als Bezugspunkt verwendet haben und ob sich der verwendete Charakter im Laufe der längsschnittlichen Untersuchung verändert hat. Möglichkeiten, die Konzeptualisierung dieser Konstrukte zu verbessern, werden im folgenden Abschnitt 10.3 diskutiert. Die *Güte einiger eingesetzter Instrumente* ist ebenfalls kritisch zu betrachten und sollte erhöht werden (vgl. Abschnitt 10.3). Da die Qualität der Angebotsnutzung retrospektiv über Selbstberichte erhoben wurde, könnte sich möglicherweise der theoretisch vermutete Zusammenhang zwischen der Verwendung von Lernstrategien (z. B. von Selbsterklärungen) und dem mathematischen Kompetenzerwerb empirisch nicht gezeigt haben. Auch ist die Identifikation von Faktoren zur Vorhersage des kognitiven Lernerfolgs durch die nur mäßigen Reliabilitäten des mathematischen Kompetenztests am Ende des Semesters eingeschränkt.

Zur Formulierung von Forschungsfragen sind theoretische Vorüberlegungen und empirische Vorarbeiten notwendig, die jedoch nicht für alle Forschungsfragen vorlagen. Aus diesem Grund wurden in dieser Arbeit zu einigen Aspekten explorative Fragen formuliert und „nur" deskriptive Ergebnisse präsentiert, z. B. kognitiv-motivationale Profile und Entwicklungsverläufe kognitiver sowie motivationaler Merkmale im Verlauf des ersten Studiensemesters. Zu diesen relevanten Aspekten mathematischer Lernprozesse scheint somit ein großer Forschungsbedarf vorhanden zu sein, der im nächsten Abschnitt 10.3 konkretisiert wird.

10.3 Ausblick auf sich anschließende Forschungsfragen

In dieser empirischen Untersuchung konnten Fragen zu Bedingungsfaktoren zum Lern- und Studienerfolg im ersten Semester in einem Mathematikstudium beantwortet werden. Aufbauend auf diesen Ergebnissen werden im Folgenden weitere relevante und offene Fragen zum Bereich mathematische Lehr-Lern-Prozesse in der Studieneingangsphase dargestellt. Einige der sich anschließenden Forschungsfragen ergeben sich auch aus den Einschränkungen der Studie (vgl. Abschnitt 10.2) und werden direkt als Fragen formuliert.

Was verstehen Studierende unter der Disziplin Mathematik?

In den theoretischen Analysen (vgl. Zusammenfassung in Kapitel 5) wurde für den Übergang von der Schule in ein Mathematikstudium eine wichtige Veränderung in der Lernumwelt identifiziert – die Veränderung des Charakters des Lerngegenstands. Der spezielle Charakter des Lerngegenstands Mathematik in der Studieneingangsphase ist den Lernenden aus der Schule nur wenig bekannt, was die mehrheitlich negativen Entwicklungsverläufe der motivationalen Merkmale erklären könnte (vgl. Abschnitt 10.1.1). Den Studienanfängerinnen und Studienanfängern kann möglicherweise aber auch unklar sein, welchen Charakter von Mathematik (aus dem Schulunterricht oder aus den universitären Lehrveranstaltungen) sie bei der Frage nach ihrem Interesse an Mathematik und ihrem mathematikbezogenen Selbstkonzept als Grundlage verwenden sollen. Um also die Stärke der Abnahme der motivationalen Merkmale im ersten Studiensemester adäquat einschätzen zu können, ist es notwendig zu erfassen, was Studienanfängerinnen und Studienanfänger unter der Disziplin „Mathematik" verstehen, was sie also unter dem Begriff „Mathematik" fassen. Aus diesem Grund sollten in weiterführenden Studien Instrumente zur Erhebung des Interesses an Mathematik und des mathematikbezogenen Selbstkonzepts genutzt werden, die sich auf einen speziellen Charakter von Mathematik (z. B. wie in Grigutsch & Törner, 1998 bzw. Rach & Heinze, 2013b beschrieben) beziehen. In einer qualitativen, explorativen Vorstudie könnte geklärt werden, ob Studierende überhaupt verschiedene Interessenslagen und Selbstkonzepte bezüglich unterschiedlicher Charaktere von Mathematik berichten (können). Basierend auf den in Kapitel 3 beschriebenen Charakteren von Mathematik als naturwissenschaftlich geprägte Anwendungsdisziplin bzw. als geisteswissenschaftliche, formal-axiomatische Disziplin könnten dann Fragebogeninstrumente zur Erfassung des Interesses und des Selbstkonzepts bezüglich der beiden Charaktere von Mathematik entwickelt werden. Inwieweit in Service-Veranstaltungen der Mathematik, z. B. für Studierende der Ingenieurwissenschaften, diese Veränderung ebenfalls auftritt und die Motivation der Studierenden beeinflusst, ist ebenfalls eine berechtigte und bisher offene Frage und schließt sich an diese Überlegungen an.

Inwiefern beeinflusst die Nutzung von Lernstrategien in anderen universitären Lernsituationen den Lernerfolg in einem Mathematikstudium?

Im Zentrum des empirischen Teils dieser Arbeit stand der Zusammenhang zwischen der Qualität der Angebotsnutzung – der Verwendung von Selbsterklärungen bzw. von Lernorientierungen – und dem individuellen Lernerfolg (vgl. Abschnitt 10.1.2). Um die Konzeptualisierung und Operationalisierung der Qualität der Angebotsnutzung in anschließenden Untersuchungen zu verbessern, könnten die Qualitätskriterien von Leopold und Leutner (2002, S. 243) als Grundlage verwendet werden. Die Autorin und der Autor versprechen sich theoriekonforme Ergebnisse empirischer Untersuchungen, wenn „(1) der Lernstrategieeinsatz in einer konkreten Lernsituation erhoben wird, (2) die Qualität des Strategieeinsatzes beachtet wird und (3) der Strategieeinsatz in Relation zu einem spezifischen Lernerfolgsmaß erfasst wird". Um den Lernstrategieeinsatz (weiterhin) in einer konkreten Lernsituation zu erfassen (1), und die Angebotsnutzung umfassender darzustellen, könnte in anderen Lernsituationen in einem Mathematikstudium (z. B. direkt während des Besuchs von Lehrveranstaltungen) die Verwendung nachvollziehender bzw. elaborierender Lernstrategien analysiert werden. Um die Qualität der Lernstrategien bezogen auf die Lernsituation „Besuch einer Lehrveranstaltung" zu erheben, könnten die Qualitätskriterien zum Notizenmachen in den Beiträgen von Peverly et al. (2007) und Staub (2006) fachspezifisch ausgerichtet und verwendet werden. Speziell für die Lernsituation „Bearbeitung von Übungsaufgaben im Selbststudium" könnte die Erhebung der Lernstrategien folgendermaßen verbessert werden: Da die Qualität von Lernstrategien möglicherweise eine entscheidende Rolle spielt (2), sollte in weiteren Studien die Qualität von Selbsterklärungen stärker in den Blick genommen werden. Zudem wurde in dieser Arbeit die Verwendung von Selbsterklärungen bei der Aufgabenbearbeitung in Relation zum motivationalen und kognitiven Lernerfolg sowie zum Modulerfolg gesetzt. Um den Lernstrategieeinsatz stärker mit der spezifischen Anforderungssituation zu verbinden (3), könnte der Einfluss der genutzten Lernstrategien bei der Aufgabenbearbeitung auf den spezifischen Erfolg bei derselben Aufgabenbearbeitung untersucht werden.

Stärkere Evidenzen für die Bedeutung der Qualität der Angebotsnutzung könnten durch ein experimentelles Design generiert werden. In einem derartigen Experiment könnte ein Training zur Verwendung von Selbsterklärungen mit einem allgemeinen Problemlöse-Training in Bezug auf den kognitiven Lernerfolg verglichen werden. Beispielsweise haben Hodds, Alcock und Inglis (2014) in drei experimentellen Studien zeigen können, dass ein Selbsterklärungstraining positiv auf das individuelle Verständnis von Beweisen („proof comprehension") wirkt. Um den kognitiven Lernerfolg eines Trainings von Selbsterklärungen (im Vergleich zu einer anderen Trainingsmaßnahme) zu erheben, wären die beiden mathematischen Kompetenztests zum Inhaltsgebiet „Reelle Folgen und Reihen" geeignet (vgl. Abschnitt 8.3.3).

Welche weiteren Merkmale mathematischer Lehr-Lern-Prozesse beeinflussen den Lern- bzw. Studienerfolg?

Der Modulerfolg und die mathematische Kompetenz am Ende des ersten Semesters in einem Mathematikstudium konnten zu 46% bzw. 44% vorhergesagt werden (vgl. Abbildung 9.8). Aufgrund der Bedeutung des Studienerfolgs im ersten Semester für den weiteren Studienverlauf (vgl. Abschnitt 2.3) stellt sich die Frage, welche weiteren Faktoren den Lern- bzw. Studienerfolg im ersten Semester bedingen. In Angebots-Nutzungs-Modellen wird neben den Lernvoraussetzungen und der Angebotsnutzung durch die Studierenden auch Aspekten des Lehrangebots, z. B. die didaktische Qualität von Lerngelegenheiten und Charakteristika von Lehrpersonen, Bedeutung zugemessen (vgl. Abschnitt 6.1). Qualitätsmerkmale des Lehrangebots sind beispielsweise in der systematischen Zusammenstellung in Kapitel 4 zu finden (vgl. auch Rach et al., 2013). Aus der Unterrichtsforschung ist bekannt, dass insbesondere die Tiefenstruktur des Lehrangebots im Gegensatz zur Sichtstruktur einen Einfluss auf den individuellen Lernerfolg besitzt. Inwiefern die der Tiefenstruktur zugeordneten mathematikspezifischen Qualitätskriterien Verknüpfung von concept image und concept definition sowie Explizierung von Beweisstrategien substanziell den Studienerfolg der Studentinnen und Studenten beeinflussen, ist eine offene Frage (vgl. Rach et al., 2013). Diese Frage ist wahrscheinlich nur in einem experimentellen Design überzeugend zu beantworten, in dem Merkmale des Lehrangebots, z. B. in den Tutorien, systematisch variiert werden. An diese Überlegungen schließt sich die Frage nach der Interaktion zwischen der Qualität des Lehrangebots und der Angebotsnutzung sowie deren Auswirkung auf den Studienerfolg an.

In der vorliegenden Arbeit wurde der Studienerfolg ausschließlich für das erste Semester im Fach Mathematik durch den kognitiven und motivationalen Lernerfolg sowie den Modulerfolg definiert. Auf theoretischer Ebene wird vermutet, dass der tatsächliche Studienerfolg in einem Mathematikstudium – in Form der Beendigung eines Studiums mit einem Abschluss – stark mit dem Studienerfolg im ersten Semester zusammenhängt (vgl. Abschnitt 6.2) und sich die in der vorliegenden Untersuchung identifizierten Prädiktoren auf individueller Ebene auch auf den tatsächlichen Studienerfolg übertragen lassen. Diese Vermutung sollte empirisch in weiteren Studien untermauert werden.

10.4 Praktische Implikationen

In dieser Arbeit wurde auf theoretischer Ebene die Lernumwelt in der mathematischen Studieneingangsphase analysiert (vgl. Zusammenfassung in Kapitel 5). Durch die Kombination mit den empirischen Ergebnissen zu Personenmerkmalen der Studierenden (vgl. Zusammenfassung in Abschnitt 10.1) können Ansätze für die Verbesserung des Lehrangebots in einem Mathematikstudium entwickelt werden. Diese Verbesserungen zielen vornehmlich darauf ab, die Passung zwischen den Personen- und den Umweltmerkmalen zu verbessern (vgl. Abschnitt 2.1). Ergebnisse der vorliegenden Arbeit sind schon in Unterstützungsangebote im Rahmen des Projekts PerLe (2012) an der CAU Kiel eingeflossen.

Förderung selbstbestimmter Lernprozesse

Nach den Ergebnissen der vorliegenden empirischen Untersuchung scheinen motivationale Merkmale der Studierenden als wenig relevant (mathematikbezogenes Selbstkonzept) bzw. als nicht relevant (Interesse an Mathematik, extrinsische Studienmotivation) für den Modulerfolg bzw. für den frühen Modulabbruch im ersten Semester zu sein. Warum die explizite Förderung des Interesses an Mathematik und des mathematikbezogenen Selbstkonzepts trotzdem als sinnvoll erachtet werden kann, wird mit den folgenden beiden Aspekten begründet: Zum Ersten ist die Entwicklung von fachspezifischem Interesse und Selbstkonzept ein eigenständiges und wichtiges Ziel fachspezifischer Lehr-Lern-Prozesse. Zum Zweiten könnte durch die Förderung dieser motivationalen Merkmale eine stärkere, individuelle Beschäftigung mit den mathematischen Inhalten induziert werden, was sich wiederum auf die Qualität der verwendeten Lernstrategien und somit möglicherweise auf den mathematischen Kompetenzerwerb auswirken könnte.

Die Förderung selbstbestimmter Lernprozesse und der positiven Veränderung motivationaler Merkmale ist über Annahmen der Selbstbestimmungstheorie möglich (Deci & Ryan, 1993). Diese Theorie postuliert, dass durch ein ausreichendes Maß an Autonomieerleben, Kompetenzerleben und Erleben von sozialer Eingebundenheit selbstbestimmte Lernprozesse ermöglicht werden und die Lernmotivation erhöht wird. Konkret könnte das Autonomieerleben in einem Mathematikstudium dadurch gefördert werden, dass einzelne Übungsaufgaben frei wählbar sind und vor allem dass sich die Studierenden mit den Anforderungen der Übungsaufgaben identifizieren sowie deren Bewältigung als sinnvoll erachten. Insbesondere bei einigen Lehramtsstudierenden scheint die Identifikation mit den Anforderungen in der mathematischen Studieneingangsphase nicht hinreichend gegeben zu sein (vgl. Geyer, 2011). Das Kompetenzerleben könnte durch eine bessere Passung zwischen Anforderungen und individuellen Lernvorausset-zungen erreicht werden. Da die meisten – die nachvollziehenden und die selbsterklären-den – Studierenden die mathematischen Übungsaufgaben oft nicht eigenständig bewäl-tigen können und die Aufgaben als zu anspruchsvoll einschätzen (vgl. Geyer, 2011; Tetsch, 2011), sollte an eine Modifikation der Implementation der mathematischen Übungsaufgaben gedacht werden. Die abgewandelten Übungsaufgaben könnten bezüg-lich der Anforderungen denselben Komplexitätsgrad aufweisen, aber zusätzlich didakti-sche Hilfen enthalten oder in Unteraufgaben unterteilt sein. Mögliche Implementationen könnten auf Ansätzen der Instruktionspsychologie, z. B. dem Cognitive Apprenticeship Ansatz, beruhen (vgl. Ableitinger, 2013). Mit Hilfe solcher Maßnahmen könnten unge-wohnte Anforderungen, z. B. im Bereich des Beweisens (vgl. Abschnitt 3.4) und der Begriffsbildung (vgl Abschnitt 3.5), für Studierende schrittweise bewältigbar werden. Dieses Vorgehen würde nicht nur auf kognitiver, sondern auch auf motivationaler Ebe-ne positive Auswirkungen besitzen, da derartige Maßnahmen Erfolgserlebnisse der Studierenden induzieren könnten. Durch diese Erfolgserlebnisse kombiniert mit indivi-duellem und konstruktivem Feedback könnte das fachbezogene Selbstkonzept der Ler-nenden gesteigert werden (vgl. Moschner & Dickhäuser, 2010).

Insgesamt sollten Lerngelegenheiten (z. B. in Form von Übungsaufgaben) in einem Mathematikstudium selbstbestimmte Lernprozesse initiieren (Prenzel, 1996). Diese Initiierung sollte nicht primär dazu dienen, den Lernenden möglichst viele Freiräume zu geben (Schmitz, 2003), sondern die Lernenden beim Erleben von Autonomie und Kom-petenz zu unterstützen, um den Interessen- und Selbstkonzeptverlust abzumildern oder sogar zu verhindern.

Förderung von Elaborationsstrategien

In der Literatur gelten Strategien als gut trainierbar (vgl. Dignath & Büttner, 2008; Streblow & Schiefele, 2006). Da die in der vorliegenden Arbeit untersuchte, spezielle Elaborationsstrategie „Verwenden von Selbsterklärungen" scheinbar erst im Studium erworben wird bzw. an Bedeutung gewinnt sowie einen substanziellen Einfluss auf den Studienerfolg im ersten Semester besitzt (vgl. Abschnitt 9.2 und Abschnitt 9.3), könnte ein längerfristig angelegtes Training zur Verwendung von Selbsterklärungen den indi-viduellen Lernprozess unterstützen. Dieser Vorschlag ist konsistent mit der Arbeit von Donker et al. (2014), die für das Schulfach Mathematik insbesondere Trainings zur Verwendung von Elaborationsstrategien als geeignet herausstellen (vgl. die Meta-Analyse zu Interventionsstudien im schulischen Kontext bezüglich selbstregulativem Lernen von Dignath und Büttner, 2008). Neben der Verwendung von Selbsterklärungen können weitere Elaborationsstrategien, um mathematische Inhalte im ersten Semester im individuellen Lernprozess aufzuarbeiten, aus den theoretischen Analysen in den Abschnitten 3.4 und 3.5 generiert werden (vgl. auch Göller et al., 2013). Für den Be-reich der Begriffsbildung sind es beispielsweise Strategien zur Entwicklung eines adä-quaten Modells zu einem mathematischen (abstrakten) Begriff (vgl. Engelbrecht, 2010), für den Bereich des Beweisens Techniken zur Exploration von Vermutungen (vgl. Ufer & Lorenz, 2009).

Es ist eine offene Frage, ob von solchen Trainingsmaßnahmen insbesondere leistungsstärkere Studierende profitieren (vgl. Abschnitt 6.4.2). Diese Frage könnte aus theoretischen Gründen positiv beantwortet werden, da diese Lernstrategien zusätzlich zu den mathematischen Inhalten explizit erlernt werden müssen. Um demnach genügend Lernzeit zum Automatisieren dieser Strategien für alle Studierenden zur Verfügung zu stellen, sollte ein derartiges Training nicht nur als Zusatzangebot etabliert, sondern auch im regulären Veranstaltungsbetrieb umgesetzt werden. Für die Umsetzung im regulären Veranstaltungsbetrieb müssten die Dozierenden in den Vorlesungen und die Tutorenleitungen methodisch und fachdidaktisch entsprechend geschult werden (vgl. Biehler et al., 2012), so dass in den Lehrveranstaltungen derartige mathematische Arbeitsweisen und Erkenntniswege stärker expliziert werden (vgl. Rach et al., 2013). Aus den theoretischen Überlegungen und den empirischen Ergebnissen kann insgesamt gefolgert werden, dass insbesondere die Förderung fachspezifischer Strategien im Gegensatz zu allgemeinen Lernorientierungen sinnvoll ist.

Steuerung der Studienwahl

An den bekannten hohen Studienabbruchquoten (vgl. Dieter, 2012) bzw. an den in dieser Arbeit vorgestellten Modulerfolgsquoten im ersten Semester eines Mathematikstudiums (vgl. Tabelle 8.1) wird deutlich, dass viele Studierende ihr Mathematikstudium nicht erfolgreich beenden und schon im ersten Semester erhebliche Probleme mit den Anforderungen besitzen. Nicht nur am Ende des Semesters bei der abschließenden Leistungsüberprüfung, sondern schon während des ersten Semesters geben Studentinnen und Studenten das untersuchte Studienmodul auf (vgl. Tabelle 8.1). Insbesondere Studentinnen und Studenten mit einem geringen mathematikbezogenen Selbstkonzept zählen zur Gruppe der Studierenden, die schon in den ersten Wochen des Semesters zu der Überzeugung gelangen, dass sie sich möglicherweise für ein falsches Studium entschieden haben. Die identifizierten kognitiv-motivationalen Profile der Studierenden zu Studienbeginn illustrieren, dass sich die Gruppe der „mathematisch Uninteressierten und wenig Selbstkompetenten" anhand ihrer motivationalen Merkmale für ein Studienfach mit geringen Erfolgsaussichten (im ersten Semester) entschieden hat. Gerade für Studentinnen und Studenten, die schon zu Studienbeginn mit ungünstigen Lernvoraussetzungen im motivationalen Bereich ihr Studium beginnen, könnten Studienberatungen (vgl. Brandstätter et al., 2002; Zimmerhofer, 2008) oder Selbsteinschätzungstests, die auf Anforderungen der wissenschaftlichen Mathematik fokussieren, die möglicherweise falsche Studienwahl verhindern.

Eine weitere Gruppe von Studierenden, die durch die Analyse von kognitiv-motivationalen Profilen zu Studienbeginn identifiziert wurde, könnte ebenfalls von Unterstützungsangeboten vor Beginn des Studiums profitieren. Die relativ große Gruppe der „Leistungsschwachen mit Selbstüberschätzung", die eine sehr geringe Modulerfolgsquote zeigt, weist schulische Leistungen und mathematische Kompetenzen auf, die in Relation zu ihren Kommilitoninnen und Kommilitonen als unterdurchschnittlich zu bezeichnen sind. Neben Informationen durch Studienberatungen könnte für diese Gruppe von Studienanfängerinnen und Studienanfängern auch die an vielen Standorten angebotenen Brückenkurse (z. B. Reichersdorfer et al., 2014) hilfreich sein, wobei der Erfolg von Brückenkursen bisher noch wenig empirisch bestätigt wurde. Besonders diese Studierenden könnten von einem Training zur Verwendung von Elaborationsstrategien potentiell profitieren.

Spezielle Angebote für Lehramtsstudierende

Vielfach wird diskutiert, Lehrveranstaltungen speziell für Studierende in einem mathematischen Lehramtsstudium schon in den ersten Semestern anzubieten (Beutelspacher et al., 2010). Mit einer stärkeren Leistungshomogenisierung der Lernenden kann dieser Vorschlag jedoch wenig begründet werden (vgl. Abschnitt 10.1.1). Eine weitere Begründung wäre, dass in Lehrveranstaltungen für Lehramtsstudierende stärker vielfältige Verbindungen zwischen der Schulmathematik und der wissenschaftlichen Mathematik aufgezeigt werden könnten (z. B. Ableitinger et al., 2013a; Bauer & Partheil, 2009; Leufer & Prediger, 2007). Diese Verknüpfung zwischen schulischen und universitären Inhalten könnte möglicherweise auf die Entwicklung des Studien- bzw. Fachinteresses von Lehramtsstudierenden positiv wirken, da hierdurch die Erwartungen dieser Studierendengruppe teilweise befriedigt werden (vgl. Abschnitt 2.1).[84] Denn insbesondere Lehramtsstudierende scheinen das Mathematikstudium als Übergangsbereich zwischen Schule in der Rolle einer Schülerin bzw. eines Schülers und Schule als Lehrperson zu verstehen (vgl. Ableitinger et al., 2013b; Geyer, 2011). Aus diesem Grund könnten Lehramtsstudierende vermuten, dass die Schulmathematik der zentrale Inhalt in universitären Lehrveranstaltungen ist und die universitäre Beschäftigung mit schulischen Inhalten eine große Bedeutung für die späteren, schulischen Lehrtätigkeiten besitzt. Sicherlich ist eine Verknüpfung zwischen universitären und schulischen Inhalten wichtig in einem Lehramtsstudium, damit das Wissen im Gebiet der Schulmathematik der zukünftigen Lehrkräfte angereichert wird. Bei dieser Diskussion um spezielle Angebote für Lehramtsstudierende sollte aber ebenfalls beachtet werden, dass eine derartige Verknüpfung zwischen Schulmathematik und wissenschaftlicher Mathematik nicht nur den motivationalen, sondern auch den kognitiven Lernprozess im Studium unterstützen könnte. Alle Studentinnen und Studenten im Fach Mathematik, nicht nur im Studiengang Lehramt, könnten durch ein derartiges Vorgehen die ihnen in der Hochschule präsentierten Inhalte mit den in der Schule erworbenen Kenntnissen verknüpfen.

Um diese Diskussion um spezielle Angebote für Lehramtsstudierende zu fundieren, ist es hilfreich, sich mit den Lernzielen eines Mathematikstudiums im Bereich Lehramt auseinander zu setzen (vgl. Hefendehl-Hebeker, 2013b). Die Lehramtsstudierenden

---

84   Solche speziellen Angebote zusätzlich anzubieten, bringt das Problem mit sich, dass Lehramtsstudierende durch ihr Studium mit zwei Hauptfächern und den pädagogischen Studien meistens zeitlich ausgelastet sind und somit solche Angebote möglicherweise nicht adäquat nutzen könnten. Inwieweit solche Verknüpfungen auch für Studierende in ingenieur- oder wirtschaftswissenschaftlichen Studiengängen hilfreich sind, wird in anderen Projekten untersucht (z. B. Projekt MP², Mathe Praxis, Rooch, Kiss & Härterich, 2014).

antworten in den Interviews von Geyer (2011) auf die Frage nach dem Berufsbezug der fachwissenschaftlichen Lehrveranstaltungen, dass sie wenige Bezüge erkennen und die fachdidaktischen Lehrveranstaltungen – die sie zum Zeitpunkt der Interviews noch nicht besucht haben – als deutlich relevanter einschätzen. Um das Fach Mathematik mit dessen Zielen in der Schule adäquat zu vertreten – damit ist auch die Grunderfahrung „Mathematik als deduktive Wissenschaft zu erfahren" gemeint (Winter, 1995) – und sich ggf. in der Zukunft in neue inhaltliche Gebiete einarbeiten zu können (z. B. in den letzten Jahrzehnten in den Bereich Stochastik), scheint das Kennen mathematischer Arbeitsweisen und Erkenntnismethoden unabdingbar zu sein (vgl. Beutelspacher et al., 2010; Loch et al., 2013). Aufgrund dieser unterschiedlichen Perspektiven ist möglicherweise die Frage nach Zielen eines Mathematikstudiums nicht nur für Fachstudierende (vgl. Kapitel 5), sondern auch für Lehramtsstudierende noch nicht hinreichend geklärt.

11 Schluss

Ausgangspunkt dieser Arbeit waren vor allem die scheinbar unbefriedigenden Lernprozesse von Studierenden in einem Mathematikstudium, die in vielen Fällen in einem späteren Studienabbruch münden. Bedenkenswert an der substanziellen Studienabbruchquote ist, dass eine große Anzahl an Studienanfängerinnen und Studienanfänger im Fach Mathematik zwar erfolgreich die Schullaufbahn durchlaufen hat, aber freiwillig einen für sie anscheinend nicht adäquaten Studiengang gewählt hat. Dieses Phänomen hat insbesondere die Fragen aufgeworfen, *welche Charakteristika ein mathematisches Hochschulstudium zu Beginn des Studiums aufweist und welche individuellen Faktoren für ein erfolgreiches Mathematikstudium verantwortlich sind.*

Zur Beantwortung dieser Fragen verfolgte die Arbeit zwei Hauptziele:

I   Theoretische Grundlegung der Besonderheiten mathematischer Lehr-Lern-Prozesse in der Studieneingangsphase

II Generierung empirisch gestützter Erkenntnisse über Lehr-Lern-Prozesse im ersten Studiensemester im Fach Mathematik, konkret über

(a) motivationale und kognitive Lernvoraussetzungen von Studierenden,

(b) die Nutzung des Lehrangebots durch Studierende und

(c) den Einfluss der Merkmale (a) und (b) auf den individuellen Studienerfolg im ersten Semester.

Die theoretische Grundlegung hat die Besonderheiten mathematischer Lehr-Lern-Prozesse in der Studieneingangsphase aufgezeigt, insbesondere bezüglich des Charakters des Lerngegenstands, der wissenschaftlichen Mathematik, und der Lernumgebung, der Hochschule. Die aus der Lernumwelt resultierenden Anforderungen führen zu unbekannten Herausforderungen für die Studierenden in ihrem Lernprozess. Die Erkenntnisse der sich anschließenden, empirischen Untersuchung mit 182 Studierenden zu mathematischen Lernprozessen im ersten Studiensemester können in drei Hauptergebnisse zusammengefasst werden:

(a) Motivationale Merkmale vieler Studienanfängerinnen und Studienanfänger im Fach Mathematik entwickeln sich im Verlauf des ersten Semesters negativ.

(b) Die Verwendung von Selbsterklärungen scheint eine geeignete Lernstrategie in dieser Lernumwelt zu sein.

(c) Die spezifische, mathematische Kompetenz zu Studienbeginn und die allgemeine Schulleistung sind signifikante Prädiktoren für den kognitiven Lernerfolg und den Studienerfolg im ersten Semester. Einflüsse motivationaler Merkmale können als deutlich schwächer vermutet werden, konnten aber nicht belegt werden.

Diese Ergebnisse ordnen sich in die mathematikdidaktische Hochschulforschung ein und zeichnen sich durch zwei Aspekte aus: Erstens konnten durch die theoretische

Grundlegung der Besonderheiten der Lernumwelt (fachspezifische) Ursachenhypothesen für die empirischen Ergebnisse entwickelt werden, die bei Arbeiten mit fachheterogenen Stichproben in dieser Weise nicht möglich sind (vgl. Abschnitt 2.4.2). Zweitens
konnte durch die Verwendung von Untersuchungsmethoden, die in der pädagogischen
Psychologie genutzt werden, neben den für die mathematikdidaktische Hochschulforschung typischen deskriptiven Ergebnissen (vgl. Abschnitt 2.4.4) auch aufklärende und
z. T. prognostizierende Ergebnisse generiert werden. Eine derartige Verknüpfung der
beiden genannten Gruppen von Arbeiten scheint in Zukunft an Bedeutung zu gewinnen
und ich bin optimistisch, dass die Ergebnisse dieser Arbeit Anstoß für weitere Untersuchungen, z. B. zur Kompetenzentwicklung über das Mathematikstudium, zur Qualität
des Lehrangebots sowie zum Nutzen der aus fachdidaktischer Perspektive operationali-
sierten Lernstrategien, geben.

Literatur

Ableitinger, C. (2012). Typische Teilprozesse beim Lösen hochschulmathematischer Aufgaben: Kategorienbildung und Ankerbeispiele. *Journal für Mathematik-Didaktik, 33*(1), 87–111.

Ableitinger, C. (2013). Demonstrationsaufgaben im Projekt „Mathematik besser verstehen". In C. Ableitinger, J. Kramer & S. Prediger (Hrsg.), *Zur doppelten Diskontinuität in der Gymnasiallehrerbildung. Ansätze zu Verknüpfungen der fachinhaltlichen Ausbildung mit schulischen Vorerfahrungen und Erfordernissen* (S. 17–38). Wiesbaden: Springer Fachmedien.

Ableitinger, C., Hefendehl-Hebeker, L. & Herrmann, A. (2013a). Aufgaben zur Vernetzung von Schul- und Hochschulmathematik. In H. Allmendinger, K. Lengnink, A. Vohns & G. Wickel (Hrsg.), *Mathematik verständlich unterrichten. Perspektiven für Unterricht und Lehrerbildung* (S. 217–233). Wiesbaden: Springer Fachmedien.

Ableitinger, C., Kramer, J. & Prediger, S. (2013b). *Zur doppelten Diskontinuität in der Gymnasiallehrerbildung: Ansätze zu Verknüpfungen der fachinhaltlichen Ausbildung mit schulischen Vorerfahrungen und Erfordernissen*. Wiesbaden: Springer Fachmedien.

Albrecht, A. (2011). *Längsschnittstudie zur Identifikation von Risikofaktoren für einen erfolgreichen Studieneinstieg in das Fach Physik*. Dissertation, Freie Universität Berlin. Heruntergeladen von http://www.diss.fu-berlin.de/diss/servlets/MCRFileNodeServlet/FUDISS_derivate_000000010456/Dissertation_Druckversion_Andre_Albrecht_UB.pdf am 05.03.2014.

Alcock, L. & Simpson, A. (2001). The Warwick Analysis Project: Practice and Theory. In D. Holton, M. Artigue, U. Kirchgräber, J. Hillel, M. Niss & S. Schoenfeld (Hrsg.), *The teaching and learning of mathematics at university level. An ICMI study* (S. 99–111). Dordrecht: Kluwer Academic.

Alcock, L. & Simpson, A. (2002). Definitions: Dealing with Categories Mathematically. *For the Learning of Mathematics, 22*(2), 28–34.

Alcock, L. & Simpson, A. (2004). Convergence of sequences and series: Interactions between visual reasoning and the learner's beliefs about their own role. *Educational Studies in Mathematics, 57*(1), 1–32.

Alcock, L. & Weber, K. (2005). Proof validation in real analysis: Inferring and checking warrants. *The Journal of Mathematical Behavior, 24*, 125–134.

Almeida, D. (2000). A survey of mathematics undergraduates' interaction with proof: some implications for mathematics education. *International Journal of Mathematical Education in Science and Technology, 31*(6), 869–890.

Alsina, C. (2001). Why the Professor Must be a Stimulating Teacher: Towards a New Paradigm of Teaching Mathematics at University Level. In D. Holton, M. Artigue, U. Kirchgräber, J. Hillel, M. Niss & S. Schoenfeld (Hrsg.), *The teaching and learning of mathematics at university level. An ICMI study* (S. 3–12). Dordrecht: Kluwer Academic.

Anderson, J. A. (1994). The answer is not the solution – inequalities and proof in undergraduate mathematics. *International Journal of Mathematical Education in Science and Technology, 25*(5), 655–663.

Anderson, L. W., Jacobs, J., Schramm, S. & Splittgerber, F. (2000). School transitions: beginning of the end or a new beginning? *International Journal of Educational Research, 33*(4), 325–339.

Anthony, G. (1996). When Mathematics Students Fail to Use Appropriate Learning Strategies. *Mathematics Education Research Journal, 8*(1), 23–37.

Artelt, C. (1998). *Lernstrategien und Lernerfolg – Ein Methodenvergleich.* Heruntergeladen von http://opus.kobv.de/ubp/volltexte/2005/505/pdf/LERNSTRA.pdf am 05.03.2014.

Artelt, C. (1999). Lernstrategien und Lernerfolg – Eine handlungsnahe Studie. *Zeitschrift für Entwicklungspsychologie und Pädagogische Psychologie, 31*(2), 86–96.

Artelt, C. (2000). Wie prädiktiv sind retrospektive Selbstberichte über den Gebrauch von Lernstrategien für strategisches Lernen? *Zeitschrift für Pädagogische Psychologie, 14*(2/3), 72–84.

Artelt, C. & Lompscher, J. (1996). Lernstrategien und Studienprobleme bei Potsdamer Studierenden. In J. Lompscher & H. Mandl (Hrsg.), *Lehr- und Lernprobleme im Studium. Bedingungen und Veränderungsmöglichkeiten* (S. 161–184). Bern: Huber.

Artigue, M. (1999). The Teaching and Learning of Mathematics at the University Level: Crucial Questions for Contemporary Research in Education. *Notices of the AMS, 46*(11), 1377–1385.

Askell-Williams, H., Lawson, M. & Murray-Harvey, R. (2007). „What happens in my university classes that helps me to learn?" Teacher Education Students' Instructional Metacognitive Knowledge. *International Journal for the Scholarship of Teaching and Learning, 1*(1), 1–21.

Aust, K., Watermann, R. & Grube, D. (2010). Selbstkonzeptentwicklung und der Einfluss von Zielorientierungen nach dem Übergang in die weiterführende Schule. *Zeitschrift für Pädagogische Psychologie, 24*(2), 95–109.

Autorengruppe Bildungsberichterstattung (2012). *Bildung in Deutschland 2012. Ein indikatorengestützter Bericht mit einer Analyse zur kulturellen Bildung im Lebenslauf.* Heruntergeladen von http://www.bildungsbericht.de/daten2012/bb_2012.pdf am 05.03.2014.

Backhaus, K., Erichson, B., Plinke, W. & Weiber, R. (2011). *Multivariate Analysemethoden: Eine anwendungsorientierte Einführung* (13. Auflage). Berlin, Heidelberg: Springer.

Balacheff, N. (1999). Is argumentation an obstacle? Invitation to a debate … *International Newsletter on the Teaching and Learning of Mathematical Proof, 05/06,* 1–6.

Baron-Boldt, J., Schuler, H. & Funke, U. (1988). Prädiktive Validität von Schulabschlussnoten: Eine Metaanalyse. *Zeitschrift für Pädagogische Psychologie, 2*(2), 79–90.

Barth, C. B. (2010). *Kompetentes Diagnostizieren von Lernvoraussetzungen in Unterrichtssituationen: Eine theoretische Betrachtung zur Identifikation bedeutsamer Voraussetzungen.* Dissertation, Pädagogische Hochschule Weingarten. Heruntergeladen von hsbwgt.bsz-bw.de/files/50/Dissertation_Barth_Veroeffentlichung.pdf am 05.03.2014.

Bauer, T. & Partheil, U. (2009). Schnittstellenmodule in der Lehramtsausbildung im Fach Mathematik. *Mathematische Semesterberichte, 56*(1), 85–103.

Baumert, J., Bos, W., Brockmann, J., Gruehn, S., Klieme, E., Köller, O., Lehmann, R., Lehrke, M., Neubrand, J., Schnabel, K. U., Schwippert, K. & Watermann, R. (2000). *TIMSS/III-Deutschland: Der Abschlussbericht; Zusammenfassung ausgewählter Ergebnisse der Dritten Internationalen Mathematik- und Naturwissenschaftsstudie zur mathematischen und naturwissenschaftlichen Bildung am Ende der Schullaufbahn.* Berlin: Max-Planck-Institut für Bildungsforschung.

Baumert, J. & Köller, O. (1996). Lernstrategien und Schulleistungen. In J. Möller (Hrsg.), *Emotionen, Kognitionen und Schulleistung* (S. 137–153). Weinheim: Beltz PVU.

Baumert, J. & Kunter, M. (2011). Das mathematikspezifische Wissen von Lehrkräften, kognitive Aktivierung im Unterricht und Lernfortschritte von Schülerinnen und Schülern. In M. Kunter, J. Baumert, W. Blum, U. Klusmann, S. Krauss & M. Neubrand (Hrsg.), *Professionelle Kompetenz von Lehrkräften. Ergebnisse des Forschungsprogramms COACTIV* (S. 163–192). Münster: Waxmann.

Bausch, I., Biehler, R., Bruder, R., Fischer, P. R., Hochmuth, R., Koepf, W., Schreiber, S. & Wassong, T. (2014). *Mathematische Vor- und Brückenkurse: Konzepte, Probleme und Perspektiven.* Wiesbaden: Springer Spektrum.

Bender, P. (1991). Fehlvorstellungen und Fehlverständnisse bei Folgen und Grenzwerten. *MNU, 44*(4), 238–243.

Benner, A. D. (2011). The Transition to High School: Current Knowledge, Future Directions. *Educational Psychology Review, 23*(3), 299–328.

Berger, J.-L. & Karabenick, S. A. (2011). Motivation and students' use of learning strategies: Evidence of unidirectional effects in mathematics classrooms. *Learning and Instruction, 21*(3), 416–428.

Bergsten, C. (2007). Investigating Quality of Undergraduate Mathematics Lectures. *Mathematics Education Research Journal, 19*(3), 48–72.

Bescherer, C. (2003). *Selbsteinschätzung mathematischer Studierfähigkeit von Studienanfängerinnen und -anfängern: Empirische Untersuchung und praktische Konsequenz.* Dissertation, Pädagogische Hochschule Ludwigsburg. Heruntergeladen von http://christine.bescherer.de/Bescherer_Mathematische_Studierfaehigkeit.pdf am 05.03.2014.

Beutelspacher, A., Danckwerts, R. & Nickel, G. (2010). *Mathematik Neu Denken: Empfehlungen zur Neuorientierung der universitären Lehrerbildung im Fach Mathematik für das gymnasiale Lehramt.* Heruntergeladen von https://dmv.mathematik.de/component/docman/doc_download/240-dts-mathematik-neu-denken-2010.html am 05.03.2014.

Bezuidenhout, J. (2001). Limits and continuity: some conceptions of first-year students. *International Journal of Mathematical Education in Science and Technology, 32*(4), 487–500.

Biehler, R., Hochmuth, R., Klemm, J., Schreiber, S. & Hänze, M. (2012). Fachbezogene Qualifizierung von MathematiktutorInnen – Konzeption und erste Erfahrungen im LIMA-Projekt. In M. Zimmermann, C. Bescherer & C. Spannagel (Hrsg.), *Mathematik lehren in der Hochschule – Didaktische Innovationen für Vorkurse, Übungen und Vorlesungen* (S. 45–56). Hildesheim, Berlin: Franzbecker.

Bielig-Schulz, G., Jahnke, T. & Wuttke, H. (2009). *Analysis: Grund- und Leistungskurs.* Berlin: Cornelsen.

Biggs, J. B. (1987). *Student approaches to learning and studying. ACER research monograph.* Melbourne: Australian Council for Educational Research.

Bikner-Ahsbahs, A. & Schäfer, I. (2013). Ein Aufgabenkonzept für die Anfängervorlesung im Lehramt Mathematik. In C. Ableitinger, J. Kramer & S. Prediger (Hrsg.), *Zur doppelten Diskontinuität in der Gymnasiallehrerbildung: Ansätze zu Verknüpfungen der fachinhaltlichen Ausbildung mit schulischen Vorerfahrungen und Erfordernissen* (S. 57–76). Wiesbaden: Springer Fachmedien.

Biza, I. & Zachariades, T. (2010). First year mathematics undergraduates' settled images of tangent line. *The Journal of Mathematical Behavior, 29*(4), 218–229.

Blömeke, S. (2009). Ausbildungs- und Berufserfolg im Lehramtsstudium im Vergleich zum Diplom-Studium – Zur prognostischen Validität kognitiver und psycho-motivationaler Auswahlkriterien. *Zeitschrift für Erziehungswissenschaft, 12*(1), 82–110.

Blömeke, S. (2013). *Der Übergang von der Schule in die Hochschule – Empirische Erkenntnisse.* Vortrag auf der 2. KHDM-Arbeitstagung „Mathematik im Übergang Schule – Hochschule und im ersten Studienjahr" (20.02.-23.02.2013), Paderborn.

Blömeke, S., Kaiser, G. & Lehmann, R. (2010). *TEDS-M 2008: Professionelle Kompetenz und Lerngelegenheiten angehender Mathematiklehrkräfte für die Sekundarstufe I im internationalen Vergleich.* Münster: Waxmann.

Blum, W. & Kirsch, A. (1991). Preformal proving: examples and reflections. *Educational Studies in Mathematics, 22*(2), 183–203.

Blum, W. et al. (2002). ICMI Study 14: Applications and Modelling in Mathematics Education – Discussion Document. *Educational Studies in Mathematics, 51,* 149–171.

Blüthmann, I. (2012). Individuelle und studienbezogene Einflussfaktoren auf die Zufriedenheit von Bachelorstudierenden. *Zeitschrift für Erziehungswissenschaft, 15*(2), 273–303.

Blüthmann, I., Lepa, S. & Thiel, F. (2008). Studienabbruch und -wechsel in den neuen Bachelorstudiengängen: Untersuchung und Analyse von Abbruchgründen. *Zeitschrift für Erziehungswissenschaft, 11*(3), 406–429.

BMBF (2012). Qualitätspakt Lehre. Heruntergeladen von http://www.qualitaetspakt-lehre.de/ am 05.03.2014.

Boero, P. (1999). Argumentation and mathematical proof: a complex, productive, unavoidable relationship in mathematics and mathematics education. *International Newsletter on the Teaching and Learning of Mathematical Proof, 7, 8.*

Bong, M. & Skaalvik, E. M. (2003). Academic Self-Concept and Self-Efficacy: How Different Are They Really? *Educational Psychology Review, 15*(1), 1–40.

Borel, A. (1981). Mathematik: Kunst und Wissenschaft. *Collected Papers, 3* (S. 685-701). Berlin u. a.: Springer.

Borneleit, P., Danckwerts, R., Henn, H.-W. & Weigand, H.-G. (2001). Expertise zum Mathematikunterricht in der gymnasialen Oberstufe. In H.-E. Tenorth (Hrsg.), *Kerncurriculum Oberstufe* (S. 26-53). Weinheim: Beltz.

Bornkessel, P. & Asdonk, J. (2011). *Der Übergang Schule – Hochschule: Zur Bedeutung sozialer, persönlicher und institutioneller Faktoren am Ende der Sekundarstufe II.* Wiesbaden: VS Verl. für Sozialwiss.

Borromeo Ferri, R., Greefrath, G. & Kaiser, G. (2013). *Realitätsbezüge im Mathematikunterricht. Mathematisches Modellieren für Schule und Hochschule: Theoretische und didaktische Hintergründe.* Wiesbaden: Springer Fachmedien.

Bortz, J. & Döring, N. (2006). *Forschungsmethoden und Evaluation: Für Human- und Sozialwissenschaftler* (4. Auflage). Berlin, Heidelberg: Springer Medizin.

Bouffard, T., Marcoux, M.-F., Vezeau, C. & Bordeleau, L. (2003). Changes in self-perceptions of competence and intrinsic motivation among elementary schoolchildren. *British Journal of Educational Psychology, 73*(2), 171–186.

Brandell, G., Hemmi, K. & Thunberg, H. (2008). The Widening Gap – A Swedish Perspective. *Mathematics Education Research Journal, 20*(2), 38–56.

Brandstätter, H. & Farthofer, A. (2003). Erste Prüfungen – weiterer Studienerfolg. *Psychologie in Erziehung und Unterricht, 50,* 58–70.

Brandstätter, H., Grillich, L. & Farthofer, A. (2002). Studienverlauf nach Studienberatung. *Zeitschrift für Pädagogische Psychologie, 16*(1), 15–28.

Braun, E. & Hannover, B. (2008). Zum Zusammenhang zwischen Lehr-Orientierung und Lehr-Gestaltung von Hochschuldozierenden und subjektivem Kompetenzzuwachs bei Studierenden. *Zeitschrift für Erziehungswissenschaft, 9*, 277–291.

Brousseau, G. (2002). The Didactical Contract: The Teacher, the Student and the Milieu. In N. Balacheff, M. Cooper, R. Sutherland & V. Warfield (Hrsg.), *Theory of Didactical Situations in Mathematics. Didactique des Mathématiques, 1970-1990* (S. 226–249). Dordrecht: Springer Netherlands.

Brügmann, U. (2011). *Wie gut ist die Lehre in den Analysis-Übungen im 1. Semester? Eine empirische Untersuchung.* Unveröffentlichte Staatsexamensarbeit, CAU Kiel.

Brunner, E. (2013). *Innermathematisches Beweisen und Argumentieren in der Sekundarstufe I: Mögliche Erklärungen für systematische Bearbeitungsunterschiede und leistungsförderliche Aspekte.* Münster: Waxmann.

Buchholtz, N. & Kaiser, G. (2013). Improving mathematics teacher education in Germany: empirical results from a longitudinal evaluation of innovative programs. *International Journal of Science and Mathematics Education, 11*, 949–977.

Buchholtz, N. & Schwarz, B. (2009). Vergleich des mathematischen und fachdidaktischen Wissens zum Thema „Argumentieren und Beweisen" von Lehramtsstudierenden in Deutschland, Hongkong und Australien. In M. Neubrand (Hrsg.), *Beiträge zum Mathematikunterricht 2009.* Münster: WTM.

Buck, H., Dürr, R., Freudigmann, H., Reinelt, G. & Zinser, M. (2001). *LS Analysis: Leistungskurs Gesamtband.* Stuttgart, Düsseldorf, Leipzig: Klett.

Busker, M. (2010). *Entwicklung einer adressatenorientierten Übungskonzeption im Übergang Schule – Universität auf Basis empirischer Analysen von Studieneingangsvoraussetzungen im Fach Chemie.* Tönning: Der Andere Verlag.

CERME 7 (2011). *Papers der working group 14.* Heruntergeladen von http://www.cerme7.univ.rzeszow.pl/index.php?id=wg14 am 05.03.2014.

CERME 8 (2013). *Papers der working group 14.* Heruntergeladen von http://cerme8.metu.edu.tr/wgpapers/wg14_papers.html am 05.03.2014.

Chen, M.-C. & Yeh, Y.-F. (2008). Self-Explanation Strategies in Undergraduate Students. *The Journal of Human Ressource and Adult Learning, 4*(1), 179–188.

Chen, S.-K., Yeh, Y.-C., Hwang, F.-M. & Lin, S. S. J. (2013). The relationship between academic self-concept and achievement: A multicohort–multioccasion study. *Learning and Individual Differences, 23*, 172–178.

Chi, M. T. H., de Leeuw, N., Chiu, M.-H. & Lavancher, C. (1994). Eliciting Self-Explanations Improves Understanding. *Cognitive Science, 18*(3), 439–477.

Chinnappan, M. & Lawson, M. J. (1996). The effects of training in the use of executive strategies in geometry problem solving. *Learning and Instruction, 6*(1), 1–17.

Clark, M. & Lovric, M. (2008). Suggestion for a Theoretical Model for Secondary-Tertiary Transition in Mathematics. *Mathematics Education Research Journal, 20*(2), 25–37.

Clark, M. & Lovric, M. (2009). Understanding secondary-tertiary transition in mathematics. *International Journal of Mathematical Education in Science and Technology, 40*(6), 755–776.

Clausen, M. (2002). *Unterrichtsqualität: eine Frage der Perspektive?: Empirische Analysen zur Übereinstimmung, Konstrukt- und Kriteriumsvalidität.* Münster u. a.: Waxmann.

Clausen, M., Reusser, K. & Klieme, E. (2003). Unterrichtsqualität auf der Basis hochinferenter Unterrichtsbeurteilungen: Ein Vergleich zwischen Deutschland und der deutschsprachigen Schweiz. *Unterrichtswissenschaft, 31*(2), 122–141.

Coertjens, L., van Daal, T., Donche, V., de Maeyer, S., Vanthournout, G. & van Petegem, P. (2013). Analysing change in learning strategies over time: A comparison of three statistical techniques. *Studies in Educational Evaluation, 39*(1), 49–55.

Cohen, J. (1992). A Power Primer. *Psychological Bulletin, 112*(1), 155–159.

Cortina, K. S. (2006). Psychologie der Lernumwelt. In A. Krapp & B. Weidenmann (Hrsg.), *Pädagogische Psychologie. Ein Lehrbuch* (5. Auflage, S. 477–524). Weinheim: Beltz PVU.

Cottrill, J., Dubinsky, E., Nichols, D., Schwingendorf, K., Thomas, K. & Vidakovic, D. (1996). Understanding the Limit Concept: Beginning with a Coordinated Process Scheme. *The Journal of Mathematical Behavior, 15*(2), 167–192.

Courant, R. & Robbins, H. (2010). *Was ist Mathematik?* (5. Auflage). Berlin: Springer.

Crawford, K., Gordon, S., Nicholas, J. & Prosser, M. (1998). Qualitatively different experiences of learning mathematics at university. *Learning and Instruction, 8*(5), 455–468.

Creß, U. (2006). Lernorientierungen, Lernstile, Lerntypen und kognitive Stile. In H. Mandl & H. F. Friedrich (Hrsg.), *Handbuch Lernstrategien* (S. 365–377). Göttingen: Hogrefe.

Creß, U. & Friedrich, H. F. (2000). Selbst gesteuertes Lernen Erwachsener: Eine Lernertypologie auf der Basis von Lernstrategien, Lernmotivation und Selbstkonzept. *Zeitschrift für Pädagogische Psychologie, 14*(4), 194–205.

Danckwerts, R., Prediger, S. & Vasarhelyi, E. (2003). Perspektiven der universitären Lehrerausbildung im Fach Mathematik für die Sekundarstufen. *Mitteilungen der Deutschen Mathematiker-Vereinigung, 12*(2), 76-77.

Davis, J. D. (2012). An examination of reasoning and proof opportunities in three differently organized secondary mathematics textbook units. *Mathematics Education Research Journal, 24*(4), 467–491.

Davis, P. J. & Hersh, R. (1985). *Erfahrung Mathematik*. Basel, Boston: Birkhäuser.

Davis, R. B. & Vinner, S. (1986). The Notion of Limit: Some Seemingly Unavoidable Misconception Stages. *The Journal of Mathematical Behavior, 5*(3), 281–303.

Dawkins, P. C. (2012). Metaphor as a possible pathway to more formal understanding of the definition of sequence convergence. *The Journal of Mathematical Behavior, 31*(3), 331-343.

Deci, E. L. & Ryan, R. M. (1993). Die Selbstbestimmungstheorie der Motivation und ihre Bedeutung für die Pädagogik. *Zeitschrift für Pädagogik, 39*(2), 223–238.

de Guzmán, M., Hodgson, B. R., Robert, A. & Villani, V. (1998). Difficulties in the passage from secondary to tertiary education. In G. Fischer (Hrsg.), *Documenta Mathematica*, (S. 747–762). Rosenheim: Geronimo.

Deiser, O., Reiss, K. & Heinze, A. (2012). Elementarmathematik vom höheren Standpunkt: Warum ist $0,\overline{9}=1$? In W. Blum, R. Borromeo Ferri & K. Maaß (Hrsg.), *Mathematikunterricht im Kontext von Realität, Kultur und Lehrerprofessionalität* (S. 249-264). Springer Spektrum.

de Villiers, M. (1990). The role and function of proof in mathematics. *Pythagoras, 24*, 17-24.

de Vleeschouwer, M. (2010). An institutional point of view of the secondary–university transition: the case of duality. *International Journal of Mathematical Education in Science and Technology, 41*(2), 155–171.

Dickhäuser, O. (2006). Fähigkeitsselbstkonzepte: Entstehung, Auswirkung, Förderung. *Zeitschrift für Pädagogische Psychologie, 20*(1/2), 5–8.

Dieter, M. (2012). *Studienabbruch und Studienfachwechsel in der Mathematik: Quantitative Bezifferung und empirische Untersuchung von Bedingungsfaktoren.* Dissertation, Universität Duisburg-Essen. Heruntergeladen von http://duepublico.uni-duisburg-essen.de/servlets/DerivateServlet/Derivate-30759/ Dieter_Miriam.pdf am 05.03.2014.

Dignath, C. & Büttner, G. (2008). Components of fostering self-regulated learning among students. A meta-analysis on intervention studies at primary and secondary school level. *Metacognition Learning, 3*(3), 231–264.

Dinsmore, D. L. & Alexander, P. A. (2012). A Critical Discussion of Deep and Surface Processing: What It Means, How It Is Measured, the Role of Context, and Model Specification. *Educational Psychology Review, 24*(4), 499–567.

Dinsmore, D. L., Alexander, P. A. & Loughlin, S. M. (2008). Focusing the Conceptual Lens on Metacognition, Self-regulation, and Self-regulated Learning. *Educational Psychology Review, 20*(4), 391–409.

Distel, B. & Feuerlein, R. (2009). *Mathematik 11.* München: Bayerischer Schulbuch-Verlag.

DMV (2004). *Einführung von Bachelor-Master-Studiengängen.* Heruntergeladen von https://dmv.mathematik.de/index.php/aktuell-presse/stellungnahmen/der-dmv/177-archiv/1709-2004-einfuehrung-von-bachelor-master-studiengaengen am 05.03.2014.

Donker, A. S., de Boer, H., Kostons, D., Dignath van Ewijk, C.C. & van der Werf, M.P.C. (2014). Effectiveness of learning strategy instruction on academic performance: A meta-analysis. *Educational Research Review, 11*, 1–26.

Dörfler, W. & McLone, R. R. (1986). Mathematics as a school subject. In B. Christiansen, A. G. Howson & M. Otte (Hrsg.), *Perspectives on mathematics education* (S. 49–97). Dordrecht: Reidel.

Dörner, D. (1976). *Problemlösen als Informationsverarbeitung.* Stuttgart, Berlin, Köln, Mainz: Kohlhammer.

Dreyfus, T. (1991). Advanced Mathematical Thinking Processes. In D. Tall (Hrsg.), *Advanced mathematical thinking* (S. 25–41). Dordrecht: Kluwer Academic.

Drollinger-Vetter, B. (2011). *Verstehenselemente und strukturelle Klarheit: Fachdidaktische Qualität der Anleitung von mathematischen Verstehensprozessen im Unterricht.* Münster, New York, München, Berlin: Waxmann.

Drüke-Noe, C., Herd, E., König, A., Stanzel, M. & Stühler, A. (2009). *Lambacher Schweizer 10: Mathematik für Gymnasien.* Stuttgart, Leipzig: Klett.

Dubberke, T., Kunter, M., McElvany, N., Brunner, M. & Baumert, J. (2008). Lerntheoretische Überzeugungen von Mathematiklehrkräften: Einflüsse auf die Unterrichtsgestaltung und den Lernerfolg von Schülerinnen und Schülern. *Zeitschrift für Pädagogische Psychologie, 22*(3–4), 193–206.

Dubinsky, E. & McDonald, M. A. (2001). APOS: a constructivist theory of learning in undergraduate mathematics education research. In D. Holton, M. Artigue, U. Kirchgräber, J. Hillel, M. Niss & S. Schoenfeld (Hrsg.), *The teaching and learning of mathematics at university level. An ICMI study* (S. 275–282). Dordrecht: Kluwer Academic.

Eccles, J. S. & Wigfield, A. (2002). Motivational beliefs, values, and goals. *Annual Review of Psychology, 53*, 109–132.

Edwards, B. S. & Ward, M. B. (2004). Surprises from Mathematics Education Research: Student (Mis)use of Mathematical Definitions. *The American Mathematical Monthly, 111*(5), 411–424.

Eilerts, K. (2009). *Kompetenzorientierung in der Mathematik-Lehrerausbildung: Empirische Untersuchung zu ihrer Implementierung.* Zürich, Münster: LIT.

Eisenmann, P. (2007). Unendliche Reihen. In *Beiträge zum Mathematikunterricht 2007.* (S. 775–778). Hildesheim, Berlin: Franzbecker.

Endl, K. & Luh, W. (1989). *Analysis: Eine integrierte Darstellung; Studienbuch für Studierende der Mathematik, Physik und anderer Naturwissenschaften ab 1. Semester* (9. Auflage). Wiesbaden: Aula-Verl.

Engelbrecht, J. (2010). Adding structure to the transition process to advanced mathematical activity. *International Journal of Mathematical Education in Science and Technology, 41*(2), 143–154.

Entwistle, N. (2000). *Promoting deep learning through teaching and assessment: conceptual frameworks and educational contexts.* Heruntergeladen von http://www.tlrp.org/pub/acadpub/Entwistle2000.pdf am 05.03.2014.

Entwistle, N. & McCune, V. (2004). The Conceptual Bases of Study Strategy Inventories. *Educational Psychology Review, 16*(4), 325–345.

Fahr, P. (2005). Ist die Mathematik eine Geisteswissenschaft? *FORUM, 2.* Heruntergeladen von http://www.math.uni-bielefeld.de/~philfahr/download/FESBeitragForum905.pdf am 05.03.2014.

Fellenberg, F. & Hannover, B. (2006). Kaum begonnen, schon zerronnen? Psychologische Ursachenfaktoren für die Neigung von Studienanfängern, das Studium abzubrechen oder das Fach zu wechseln. *Empirische Pädagogik, 20*(4), 381–399.

Fend, H. (2002). Mikro- und Makrofaktoren eines Angebot-Nutzungsmodells von Schulleistungen. *Zeitschrift für Pädagogische Psychologie, 16*(3/4), 141–149. Heruntergeladen von http://www.psycontent.com/content/46tr055215378v64/fulltext.html am 05.03.2014.

Fenollar, P., Román, S. & Cuestas, P. J. (2007). University students' academic performance: An integrative conceptual framework and empirical analysis. *The British Psychological Society, 77*(4), 873–891.

Ferrini-Mundy, J. & Geuther Graham, K. (1991). An Overview of the Calculus Curriculum Reform Effort: Issues for Learning, Teaching, and Curriculum Development. *The American Mathematical Monthly, 98*(7), 627–635.

Field, A. (2009). *Discovering statistics using SPSS* (3. Auflage). Los Angeles, California: Sage.

Fischer, A. (2006). *Vorstellungen zur linearen Algebra: Konstruktionsprozesse und -ergebnisse von Studierenden.* Dissertation, Universität Dortmund. Heruntergeladen von https://eldorado.tu-dortmund.de/bitstream/2003/22202/2/AstridFischerDissertation.pdf am 05.03.2014.

Fischer, A., Heinze, A. & Wagner, D. (2009). Mathematiklernen in der Schule – Mathematiklernen an der Hochschule: die Schwierigkeiten von Lernenden beim Übergang ins Studium. In A. Heinze & M. Grüßing (Hrsg.), *Mathematiklernen vom Kindergarten bis zum Studium. Kontinuität und Kohärenz als Herausforderung für den Mathematikunterricht* (S. 245–264). Münster: Waxmann.

Focus (2012). Professoren beklagen sinkendes Niveau. Focus vom 23.07.2012. Heruntergeladen von http://www.focus.de/wissen/mensch/campus/hochschulen-professoren-beklagen-sinkendes-niveau_aid_786153.html am 05.03.2014.

Forster, O. (2004). *Analysis 1: Differential- und Integralrechnung einer Veränderlichen* (7. Auflage). Wiesbaden: Vieweg+Teubner.

Frederick, W. C. & Walberg, H. J. (1980). Learning as a Function of Time. *Journal of Educational Research, 73*(4), 183–194.

Frenzel, A. C., Goetz, T., Pekrun, R. & Watt, H. M. G. (2010). Development of Mathematics Interest in Adolescence: Influences of Gender, Family, and School Context. *Journal of Research on Adolescence, 20*(2), 507–537.

Freudenthal, H. (1973). *Mathematik als pädagogische Aufgabe*. Stuttgart: Klett.

Freytag, C., Herz, A., Kammermeyer, F., Kurz, K., Peteranderl, M., Schmähling, R., Schmitt, B., Sinzinger, M., Zebhauser, E. & Zebhauser, M. (2008). *Fokus Mathematik 10: Gymnasium Bayern*. Berlin: Cornelsen Verlag.

Friedrich, H. F. & Mandl, H. (2006). Lernstrategien: Zur Strukturierung des Forschungsfeldes. In H. Mandl & H. F. Friedrich (Hrsg.), *Handbuch Lernstrategien* (S. 1–23). Göttingen: Hogrefe.

Frischemeier, D., Panse, A. & Pecher, T. (2013). Schwierigkeiten von Studienanfängern bei der Bearbeitung mathematischer Übungsaufgaben. In G. Greefrath, F. Käpnick, & M. Stein (Hrsg.), *Beiträge zum Mathematikunterricht 2013* (S. 328-331). Münster: WTM.

Fuchs, J. (2010). *Untersuchung von Kompetenzanforderungen im Fach Mathematik zu Beginn des Studiums*. Unveröffentlichte Staatsexamensarbeit, CAU Kiel.

Fukawa-Connelly, T. P. (2012). A case study of one instructor's lecture-based teaching of proof in abstract algebra: making sense of her pedagogical moves. *Educational Studies in Mathematics, 81*(3), 325–345.

Garcia, T. & Pintrich, P. R. (1995). *Assessing Students' Motivation and Learning Strategies: The Motivated Strategies for Learning Questionnaire*. San Francisco: Vortrag auf der AERA.

Gellert, U. (2010). *Verdeckt und verborgen: Anforderungen beim Übergang vom Mathematikunterricht der Grundschule zum Mathematikunterricht am Gymnasium*. Heruntergeladen von http://www.sinus-an-grundschulen.de/fileadmin/uploads/Material_aus_SGS /Handreichung_Gellert.pdf am 05.03.2014.

Geyer, M. (2011). *Erwartungen und Motivation am Anfang des Mathematikstudiums – eine Interviewstudie*. Unveröffentlichte Staatsexamensarbeit, CAU Kiel.

Godfrey, D. & Thomas, M. O. J. (2008). Student Perspectives on Equation: The Transition from School to University. *Mathematics Education Research Journal, 20*(2), 71–92.

Gojdka, K. (2012). *Erstellung eines Kriterienmodells zum Vergleich von Schulbüchern und Universitätslehrwerken der Mathematik unter mathematikdidaktischer Sicht*. Unveröffentlichte Staatsexamensarbeit, CAU Kiel.

Gold, A. & Souvignier, E. (2005). Prognose der Studierfähigkeit: Ergebnisse aus Längsschnittanalysen. *Zeitschrift für Entwicklungspsychologie und Pädagogische Psychologie, 37*(4), 214–222.

Goldberg, L. R. (1990). An Alternative „Description of Personality": The Big-Five Factor Structure. *Journal of Personality and Social Psychology, 59*(6), 1216–1229.

Göller, R., Kortemeyer, J., Liebendörfer, M., Biehler, R., Hochmuth, R., Krämer, J., Ostsieker, L. & Schreiber, S. (2013). Instrumentenentwicklung zur Messung von Lernstrategien in mathematikhaltigen Studiengängen. In G. Greefrath, F. Käpnick & M. Stein (Hrsg.), *Beiträge zum Mathematikunterricht 2013* (S. 360–363). Münster: WTM.

González-Martín, A. S., Giraldo, V. & Souto, A. M. (2013). The introduction of real numbers in secondary education: an institutional analysis of textbooks. *Research in Mathematics Education, 15*(3), 230-248.

Gray, E. M. & Tall, D. (1994). Duality, Ambiguity and Flexibility: A Proceptual View of Simple Arithmetic. *Journal for Research in Mathematics Education, 25*(2), 116–140.

Griebel, W. & Niesel, R. (2004). *Transitionen: Fähigkeit von Kindern in Tageseinrichtungen fördern, Veränderungen erfolgreich zu bewältigen.* Weinheim: Beltz.

Griese, B., Glasmachers, E., Härterich, J., Kallweit, M. & Roesken, B. (2011). Engineering students and their learning of mathematics. In B. Roesken & M. Casper (Hrsg.), *Current State of Research on Mathematical Beliefs XVII, Proceedings of the MAVI-17 Conference* (S. 85–96). Bochum: Professional School of Education, RUB. Heruntergeladen von http://www.ruhr-uni-bochum.de/imperia/md/content/stochastik/griese_mavi_article.pdf am 05.03.2014.

Griesel, H., Postel, H. & Suhr, F. (2007). *Elemente der Mathematik: Leistungskurs Analysis.* Hannover: Schroedel Verlag.

Griffiths, P. A. (2000). Mathematics at the Turn of the Millennium. *The American Mathematical Monthly, 107*(1), 1–14.

Grigutsch, S. & Törner, G. (1998). *Mathematische Weltbilder von Hochschul-Lehrenden im Fach Mathematik.* Duisburg: Universität.

Grünwald, N., Kossow, A., Sauerbier, G. & Klymchuk, S. (2004). Der Übergang von der Schul- zur Hochschulmathematik: Erfahrungen aus internationaler und deutscher Sicht. *Global Journal of Engineering Education, 8*(3), 283–293.

Grüßing, M. (2009). Mathematische Kompetenzentwicklung zwischen Elementar- und Primarbereich: Zusammenfassung und Forschungsdesiderata. In A. Heinze & M. Grüßing (Hrsg.), *Mathematiklernen vom Kindergarten bis zum Studium. Kontinuität und Kohärenz als Herausforderung für den Mathematikunterricht* (S. 53–58). Münster: Waxmann.

Gueudet, G. (2008). Investigating the secondary-tertiary transition. *Educational Studies in Mathematics, 67*(3), 237–254.

Hailikari, T., Nevgi, A. & Komulainen, E. (2008). Academic self-beliefs and prior knowledge as predictors of student achievement in Mathematics: a structural model. *Educational Psychology: An International Journal of Experimental Educational Psychology, 28*(1), 59–71.

Hailikari, T., Nevgi, A. & Lindblom-Ylänne, S. (2007). Exploring alternative ways of assessing prior knowledge, its components and their relation to student achievement: a mathematics based case study. *Studies in Educational Evaluation, 33*(3-4), 320–337.

Halverscheid, S. & Pustelnik, K. (2013). Studying math at the university: Is dropout predictable? In A. M. Lindmeier & A. Heinze (Hrsg.), *Proceedings of the 37th Conference of the international group for the psychology of mathematics education* (Vol. 2, S. 417–424). Kiel: PME.

Hänisch, C. (2011). *Denkformen des formalen Denkens – Eine qualitative empirische Studie zur spezifischen Kognition von Studienanfängern im Fach Mathematik.* Heruntergeladen von http://darwin.bth.rwth-aachen.de/opus3/volltexte/2012/3995/pdf/3995.pdf am 05.03.2014.

Hanna, G. (1990). Some Pedagogical Aspects of Proof. *Interchange, 21*(1), 6–13.

Hannula, M. S., Maijala, H. & Pehkonen, E. (2004). Development of understanding and self-confidence in mathematics; grades 5-8. In M. Johnsen Høines & A. B. Fuglestadt (Hrsg.), *Proceedings of the 28th conference of the International Group for the Psychology of Mathematics Education* (Vol. 3, S. 17–24). Bergen: Univ. College.

Harel, G., Selden, A. & Selden, J. (2006). Advanced Mathematical Thinking. In A. Gutiérrez & P. Boero (Hrsg.), *Handbook of Research on the Psychology of Mathematics Education. Past, Present and Future [PME 1976–2006]* (S. 147–172). Rotterdam: Sense Publ.

Harel, G. & Sowder, L. (1998). Students' proof schemes: Results from exploratory studies. In A. H. Schoenfeld, J. Kaput & E. Dubinsky (Hrsg.), *Research in collegiate mathematics education III* (S. 234–283). Providence, R.I.: American Mathematical Society.

Harel, G. & Tall, D. (1991). The General, the Abstract, and the Generic on Advanced Mathematics. *For the Learning of Mathematics, 11*(1), 38–42.

Hasenberg, S. & Schmidt-Atzert, L. (2013). Die Rolle von Erwartungen zu Studienbeginn: Wie bedeutsam sind realistische Erwartungen über Studieninhalte und Studienaufbau für die Studienzufriedenheit? *Zeitschrift für Pädagogische Psychologie, 27*(1–2), 87–93.

Hattie, J. (2008). *Visible learning: A synthesis of over 800 meta-analyses relating to achievement.* London: Routledge.

Healy, L. & Hoyles, C. (1998). *Technical Report On the Nationwide Survey: Justifying and Proving in School Mathematics.* London: University of London.

Heckhausen, J. & Heckhausen, H. (2010). *Motivation und Handeln* (4. Auflage). Heidelberg: Springer.

Hefendehl-Hebeker, L. (2013a). *Mathematische Wissensbildung in Schule und Hochschule – Gemeinsamkeiten und Unterschiede.* Vortrag auf der 2. KHDM-Arbeitstagung „Mathematik im Übergang Schule – Hochschule und im ersten Studienjahr" (20.02.-23.02.2013), Paderborn.

Hefendehl-Hebeker, L. (2013b). Doppelte Diskontinuität oder die Chance der Brückenschläge. In C. Ableitinger, J. Kramer & S. Prediger (Hrsg.), *Zur doppelten Diskontinuität in der Gymnasiallehrerbildung: Ansätze zu Verknüpfungen der fachinhaltlichen Ausbildung mit schulischen Vorerfahrungen und Erfordernissen* (S. 1–15). Wiesbaden: Springer Fachmedien.

Heikkilä, A., Lonka, K., Nieminen, J. & Niemivirta, M. (2012). Relations between teacher students' approaches to learning, cognitive and attributional strategies, well-being, and study success. *Higher Education, 64*(4), 455–471.

Heikkilä, A., Niemivirta, M., Nieminen, J. & Lonka, K. (2011). Interrelations among university students' approaches to learning, regulation of learning, and cognitive and attributional strategies: a person oriented approach. *Higher Education, 61*(5), 513–529.

Heintz, B. (2000). *Die Innenwelt der Mathematik: Zur Kultur und Praxis einer beweisenden Disziplin.* Wien, New York: Springer.

Heinze, A. (2004a). Schülerprobleme beim Lösen von geometrischen Beweisaufgaben – eine Interviewstudie. *ZDM, 36*(5), 150–161.

Heinze, A. (2004b). The proving process in the mathematics classroom – methods and results of a video study. In M. Johnsen Høines & A. B. Fuglestad (Hrsg.), *Proceedings of the 28th conference of the International Group for the Psychology of Mathematics Education* (Vol. 3, S. 41–48). Bergen: Univ. College.

Heinze, A. (2007). Problemlösen im mathematischen und außermathematischen Kontext. *Journal für Mathematikdidaktik, 28*(1), 3–30.

Heinze, A. & Grüßing, M. (2009). Mathematiklernen vom Kindergarten bis zum Studium: Zusammenfassung und Ausblick. In A. Heinze & M. Grüßing (Hrsg.), *Mathematiklernen vom Kindergarten bis zum Studium. Kontinuität und Kohärenz als Herausforderung für den Mathematikunterricht* (S. 329–335). Münster: Waxmann.

Heinze, A. & Reiss, K. (2004a). Reasoning and Proof: Methodological Knowledge as a Component of Proof Competence. In M. A. Mariotti (Hrsg.), *Proceedings of the Third Conference of the European Society for Research in Mathematics Education (CERME 3)*. Bellaria (Italien).

Heinze, A. & Reiss, K. (2004b). The teaching of proof at the lower secondary level – a video study. *ZDM, 36*(3), 98–104.

Heinze, A. & Wiedenhofer, L. (2005). Vorstellungen über das Lehren und Lernen von Mathematik bei Lehramtsstudierenden. In G. Graumann (Hrsg.), *Beiträge zum Mathematikunterricht 2005* (S. 247–250). Hildesheim: Franzbecker.

Hellmich, F. (2005). *Interessen, Selbstkonzepte und Kompetenzen*. Oldenburg: BIS-Verlag.

Helmke, A. (2010). Unterrichtsqualität. In D. H. Rost (Hrsg.). *Handwörterbuch pädagogische Psychologie* (4. Auflage, S. 886–895). Weinheim u. a.: Beltz PVU.

Helmke, A. & Schrader, F.-W. (1996). Kognitive und motivationale Bedingungen des Studierverhaltens: Zur Rolle der Lernzeit. In J. Lompscher & H. Mandl (Hrsg.), *Lehr- und Lernprobleme im Studium. Bedingungen und Veränderungsmöglichkeiten* (S. 39–53). Bern: Huber.

Helmke, A. & Schrader, F.-W. (2010). Hochschuldidaktik. In D. H. Rost (Hrsg.), *Handwörterbuch pädagogische Psychologie* (4. Auflage, S. 273-279). Weinheim u. a.: Beltz PVU.

Hemmi, K. (2008). Students' encounter with proof: the condition of transparency. *ZDM, 40*(3), 413–426.

Henn, H.-W. & Kaiser, G. (2001). Mathematik – ein polarisierendes Schulfach. *Zeitschrift für Erziehungswissenschaft, 4*(3), 359–380.

Heublein, U., Hutzsch, C., Schreiber, J., Sommer, D. & Besuch, G. (2009). *Ursachen des Studienabbruchs in Bachelor- und in herkömmlichen Studiengängen: Ergebnisse einer bundesweiten Befragung von Exmatrikulierten des Studienjahres 2007/08*. Hannover: HIS.

Heublein, U., Richter, J., Schmelzer, R. & Sommer, D. (2012). *Die Entwicklung der Schwund- und Studienabbruchquoten an den deutschen Hochschulen. Statistische Berechnungen auf der Basis des Absolventenjahrgangs 2010*. Heruntergeladen von http://www.his.de/pdf/pub_fh/fh-201203.pdf am 05.03.2014.

Heuser, H. (1994). *Lehrbuch der Analysis* (11. Auflage). Stuttgart, Leipzig, Wiesbaden: Teubner.

Heuß, J., Kemmler, B., Knorr, S., Kolupa, I., Schwehr, S., Stark, J. & Weber, T. (2008). *Lambacher Schweizer – Mathematik für berufliche Gymnasien: Jahrgangsstufenband*. Stuttgart, Leipzig: Klett.

Heymann, H. W. (1997). Allgemeinbildung als Aufgabe der Schule und als Maßstab für Fachunterricht. *Pädagogik, 49*(1), 42–45.

Hilbert, T. S., Renkl, A., Kessler, S. & Reiss, K. (2008). Learning to prove in geometry: Learning from heuristic examples and how it can be supported. *Learning and Instruction, 18*(1), 54–65.

Hill, H. C., Rowan, B. & Ball, D. L. (2005). Effects of Teachers' Mathematical Knowledge for Teaching on Student Achievement. *American Educational Research Journal, 42*(2), 371–406.

Himmelbauer, M. (2009). *Das neue Prüfungssystem im Medizincurriculum Wien: Promotor oder Hindernis für bedeutungsorientiertes Lernen? Eine Studie zur Beziehung von Lernorientierung, erlebter Selbststeuerung im Lernen und Prüfungsleistung von Studierenden.* Dissertation, Universität Wien. Heruntergeladen von http://othes.univie.ac.at /10053/1/2009-12-22_8505119.pdf am 05.03.2014.

Hodds, M., Alcock, L. & Inglis, M. (2014). Self-Explanation Training Improves Proof Comprehension. *Journal for Research in Mathematics Education, 45*(1), 62–101.

Holland, J. L. (1997). *Making vocational choices: A theory of vocational personalities and work environments* (3. Auflage). Odessa: Psychological Assessment Resources.

Hong, Y. Y., Kerr, S., Klymchuck, S., McHardy, J., Murphy, P., Spencer, S., Thomas, M. O. J. & Watson, P. (2009). A comparison of teacher and lecturer perspectives on the transition from secondary to tertiary mathematics education. *International Journal of Mathematical Education in Science and Technology, 40*(7), 877–889.

Hoyles, C., Newman, K. & Noss, R. (2001). Changing patterns of transition from school to university mathematics. *International Journal of Mathematical Education in Science and Technology, 32*(6), 829–845.

Iannone, P. & Inglis, M. (2011). Undergraduate students' use of deductive arguments to solve „Prove that …" tasks. In E. Swoboda (Hrsg.), *Proceedings of the 7th Congress of the European Society for Research in Mathematics Education* (S. 2012–2021). Heruntergeladen von http://www.cerme7.univ.rzeszow.pl/WG/14/CERME7-WG14---Iannone-&-Inglis-REVISED-Dec2010.pdf am 05.03.2014.

Iannone, P., Inglis, M., Mejía-Ramos, J. P., Simpson, A. & Weber, K. (2011). Does generating examples aid proof production? *Educational Studies in Mathematics, 77*(1), 1–14.

Inglis, M. & Alcock, L. (2012). Expert and Novice Approaches to Reading Mathematical Proofs. *Journal for Research in Mathematics Education, 43*(4), 358–390.

Johnson-Laird, P. N. (1983). *Mental models: Towards a cognitive science of language, inference, and consciousness.* Cambridge: Cambridge Univ. Press.

Jordan, A., Krauss, S., Löwen, K., Blum, W., Neubrand, M., Brunner, M., Kunter, M. & Baumert, J. (2008). Aufgaben im COACTIV-Projekt: Zeugnisse des kognitiven Aktivierungspotentials im deutschen Mathematikunterricht. *Journal für Mathematik-Didaktik, 29*(2), 83–107.

Juter, K. (2006). *Limits of Functions – University Students' Concept Development.* Dissertation, Luleå University of Technology. Heruntergeladen von http://epubl.ltu.se/1402-1544/2006/08/LTU-DT-0608-SE.pdf am 05.03.2014.

Juter, K. (2007). Students' concept development of limits. In D. Pitta-Pantazi & G. Philippou (Hrsg.). *Proceedings of the 5th Congress of the European Society for Research in Mathematics Education* (S. 2320–2329). Heruntergeladen von http://www.diva-portal.org/smash/get/diva2:282709/FULLTEXT01.pdf am 05.03.2014.

Juter, K. (2011). University students linking limits, derivatives, integrals and continuity. In E. Swoboda (Hrsg.), *Proceedings of the 7th Congress of the European Society for Research in Mathematics Education.* (S. 2043–2052). Heruntergeladen von http://www.cerme7.univ.rzeszow.pl/WG/14/CERME7-WG14---Juter-REVISED-Dec2010.pdf am 05.03.2014.

Kajander, A. & Lovric, M. (2009). Mathematics textbooks and their potential role in supporting misconceptions. *International Journal of Mathematical Education in Science and Technology, 40*(2), 173–181.

Kamp, R. J. A., Dolmans, D. H. J. M., van Berkel, H. J. M. & Schmidt, H. G. (2012). The relationship between students' small group activities, time spent on self-study, and achievement. *Higher Education, 64*(3), 385–397.

Kaufmann, M. & Marquart, M. (2012). Streitthema Fachkräfte „Die Hälfte der Ingenieure geht bald in Rente". *Spiegel ONLINE* vom 15.02.2012. Heruntergeladen von http://www.spiegel.de/karriere/berufsleben/streitthema-fachkraefte-die-haelfte-der-ingenieure-geht-bald-in-rente-a-805470.html am 05.03.2014.

Kauper, T., Retelsdorf, J., Bauer, J., Rösler, L., Möller, J. & Prenzel, M. (2012). *PaLea – Panel zum Lehramtsstudium: Skalendokumentation und Häufigkeitsauszählungen des BMBF-Projektes.* Heruntergeladen von http://www.palea.uni-kiel.de/wp-content/uploads /2012/04/PaLea%20Skalendokumentation%204_%20Welle.pdf am 05.03.2014.

Kidron, I. (2011). Tacit models, treasured intuitions and the discrete-continuous interplay. *Educational Studies in Mathematics, 78*(1), 109–126.

Kiel, E. (2009). Unterrichtsforschung. In R. Tippelt & B. Schmidt (Hrsg.), *Handbuch Bildungsforschung* (2. Auflage, S. 773–790). Wiesbaden: VS Verlag für Sozialwissenschaften.

Killen, R. (1994). Differences between Students' and Lecturers' Perceptions of Factors Influencing Students' Academic Success at University. *Higher Education Research & Development, 13*(2), 199–211.

Kirsch, B. & Vo Thi Anh, T. (1996). Problemerleben und Problembewältigung beim Übergang von der Schule zur Hochschule. In J. Lompscher & H. Mandl (Hrsg.), *Lehr- und Lernprobleme im Studium. Bedingungen und Veränderungsmöglichkeiten* (S. 185–206). Bern: Huber.

Klafki, W. (1991). *Neue Studien zur Bildungstheorie und Didaktik: Zeitgemäße Allgemeinbildung und Kritisch-Konstruktive Didaktik* (2. Auflage). Weinheim, Basel: Beltz.

Klieme, E. & Leutner, D. (2006). Kompetenzmodelle zur Erfassung individueller Lernergebnisse und zur Bilanzierung von Bildungsprozessen. Beschreibung eines neu eingerichteten Schwerpunktprogramms der DFG. *Zeitschrift für Pädagogik, 52*(6), 876–903.

Klieme, E. & Rakoczy, K. (2008). Empirische Unterrichtsforschung und Fachdidaktik. Outcome-orientierte Messung und Prozessqualität des Unterrichts. *Zeitschrift für Pädagogik, 54*(2), 222–237.

KMK (Sekretariat der ständigen Konferenz der Kultusminister der Länder in der Bundesrepublik Deutschland) (2002). *Rahmenordnung für die Diplomprüfung im Studiengang Mathematik – Universitäten und gleichgestellte Hochschulen.* Heruntergeladen von http://www.kmk.org/fileadmin/veroeffentlichungen_beschluesse/2002/2002_12_13-RO-Mathematik-HS.pdf am 05.03.2014.

KMK (Sekretariat der ständigen Konferenz der Kultusminister der Länder in der Bundesrepublik Deutschland) (2008). *Ländergemeinsame inhaltliche Anforderungen für die Fachwissenschaften und Fachdidaktiken in der Lehrerbildung.* Heruntergeladen von http://www.akkreditierungsrat.de/fileadmin/Seiteninhalte/KMK/Vorgaben/KMK _Lehrerbildung_ inhaltliche_Anforderungen_aktuell.pdf am 05.03.2014.

KMK (Sekretariat der ständigen Konferenz der Kultusminister der Länder in der Bundesrepublik Deutschland) (2012). *Bildungsstandards im Fach Mathematik für die Allgemeine Hochschulreife.* Heruntergeladen von http://www.kmk.org/fileadmin/veroeffentlichungen_beschluesse/2012/2012_10_18-Bildungsstandards-Mathe-Abi.pdf am 05.03.2014.

Knuth, E. J. (2002). Teachers' conceptions of proof in the context of secondary school mathematics. *Journal of Mathematics Teacher Education, 5*, 61–88.

Ko, Y.-Y. & Knuth, E. (2009). Undergraduate mathematics majors' writing performance producing proofs and counterexamples about continuous functions. *The Journal of Mathematical Behavior, 28*(1), 68–77.

Kolar, V. M. & Cadez, T. H. (2012). Analysis of factors influencing the understanding of the concept of infinity. *Educational Studies in Mathematics, 80*(3), 389–412.

Köller, O. (2009). Bildungsstandards. In R. Tippelt & B. Schmidt (Hrsg.), *Handbuch Bildungsforschung* (2. Auflage, S. 529–548). Wiesbaden: VS Verlag für Sozialwissenschaften.

Köller, O., Schnabel, K.-U. & Baumert, J. (2000). Der Einfluß der Leistungsstärke von Schulen auf das fachspezifische Selbstkonzept der Begabung und das Interesse. *Zeitschrift für Entwicklungspsychologie und Pädagogische Psychologie, 32*(2), 70–80.

Köller, O., Trautwein, U., Lüdtke, O. & Baumert, J. (2006). Zum Zusammenspiel von schulischer Leistung, Selbstkonzept und Interesse in der gymnasialen Oberstufe. *Zeitschrift für Pädagogische Psychologie, 20*(1/2), 27–39.

Königsberger, K. (2004). *Analysis 1* (6. Auflage). Berlin: Springer.

Krapp, A. (1993). Lernstrategien: Konzepte, Methoden und Befunde. *Unterrichtswissenschaft, 21*(4), 291–311.

Krapp, A. (2010). Interesse. In D. H. Rost (Hrsg.). *Handwörterbuch pädagogische Psychologie* (4. Auflage, S. 311–323). Weinheim u. a.: Beltz PVU.

Krapp, A. & Ryan, R. M. (2002). Selbstwirksamkeit und Lernmotivation: Eine kritische Betrachtung der Theorie von Bandura aus der Sicht der Selbstbestimmungstheorie und der pädagogisch-psychologischen Interessentheorie. *Zeitschrift für Pädagogik, 44*, 54-82.

Krause, U.-M. & Stark, R. (2006). Vorwissen aktivieren. In H. Mandl & H. F. Friedrich (Hrsg.), *Handbuch Lernstrategien* (S. 38–49). Göttingen: Hogrefe.

Krauss, S., Blum, W., Brunner, M., Neubrand, M., Baumert, J., Kunter, M., Besser, M. & Elsner, J. (2011). Konzeptualisierung und Testkonstruktion zum fachbezogenen Professionswissen von Mathematiklehrkräften. In M. Kunter, J. Baumert, W. Blum, U. Klusmann, S. Krauss & M. Neubrand (Hrsg.), *Professionelle Kompetenz von Lehrkräften. Ergebnisse des Forschungsprogramms COACTIV* (S. 135–161). Münster: Waxmann.

Krauss, S., Neubrand, M., Blum, W., Baumert, J., Brunner, M., Kunter, M. & Jordan, A. (2008). Die Untersuchung des professionellen Wissens deutscher Mathematik-Lehrerinnen und -Lehrer im Rahmen der COACTIV-Studie. *Journal für Mathematik-Didaktik, 29*, 223–258.

Kroß, A. & Lind, G. (2001). Einfluss des Vorwissens auf Intensität und Qualität des Selbsterklärens beim Lernen mit biologischen Beispielaufgaben. *Unterrichtswissenschaft, 29*(1), 5–25.

Künsting, J. & Lipowsky, F. (2011). Studienwahlmotivation und Persönlichkeitseigenschaften als Prädiktoren für Zufriedenheit und Strategienutzung im Lehramtsstudium. *Zeitschrift für Pädagogische Psychologie, 25*(2), 105–114.

Kunter, M. & Voss, T. (2011). Das Modell der Unterrichtsqualität in COACTIV: Eine multikriteriale Analyse. In M. Kunter, J. Baumert, W. Blum, U. Klusmann, S. Krauss & M. Neubrand (Hrsg.), *Professionelle Kompetenz von Lehrkräften. Ergebnisse des Forschungsprogramms COACTIV* (S. 85–113). Münster: Waxmann.

Kuntze, S. & Reiss, K. (2006). Profile mathematikbezogener motivationaler Prädispositionen: Zusammenhänge zwischen Motivation, Interesse, Fähigkeitsselbstkonzepten und Schulleistungsentwicklung in verschiedenen Lernumgebungen. *mathematica didactica, 29*(2), 24–48.

Kutscha, G. (1991). Übergangsforschung – Zu einem neuen Forschungsbereich. In K. Beck, A. Kell & F. Achtenberger (Hrsg.), *Bilanz der Bildungsforschung. Stand und Zukunftsperspektiven* (S. 113–155). Weinheim: Deutscher Studien Verlag.

Laakmann, H. (2013). *Darstellungen und Darstellungswechsel als Mittel zur Begriffsbildung: Eine Untersuchung in rechnerunterstützten Lernumgebungen.* Wiesbaden: Springer Spektrum.

Lai, Y. & Weber, K. (2014). Factors mathematicians profess to consider when presenting pedagogical proofs. *Educational Studies in Mathematics, 85,* 93–108.

Leopold, C. & Leutner, D. (2002). Der Einsatz von Lernstrategien in einer konkreten Lernsituation bei Schülern unterschiedlicher Jahrgangsstufen. In M. Prenzel & J. Doll (Hrsg.), *Bildungsqualität von Schule. Schulische und außerschulische Bedingungen mathematischer, naturwissenschaftlicher und überfachlicher Kompetenzen* (Zeitschrift für Pädagogik: 45. Beiheft, S. 240–258). Weinheim: Beltz.

Leppink, J., Broers, N. J., Imbos, T., van der Vleuten, C. P. M. & Berger, M. P. F. (2012). Self-explanation in the domain of statistics: an expertise reversal effect. *Higher Education, 63*(6), 771–785.

Leufer, N. & Prediger, S. (2007). „Vielleicht brauchen wir das ja doch in der Schule": Sinnstiftung und Brückenschläge in der Analysis als Bausteine zur Weiterentwicklung der fachinhaltlichen gymnasialen Lehrerausbildung. In A. Büchter, H. Humenberger, S. Hußmann, & S. Prediger (Hrsg.), *Realitätsnaher Mathematikunterricht – vom Fach aus und für die Praxis. Festschrift für Wolfgang Henn zum 60. Geburtstag* (S. 265-276). Hildesheim: Franzbecker.

Leviatan, T. (2008). Bridging a Cultural Gap. *Mathematics Education Research Journal, 20*(2), 105–116.

Liebendörfer, M. & Hochmuth, R (2013). Interest in mathematics and the first steps at the university. *Proceedings of the 8th Conference of the European Society for Research in Mathematics Education.* Heruntergeladen von http://cerme8.metu.edu.tr/wgpapers /WG14/WG14_Liebendorfer.pdf am 05.03.2014.

Liebendörfer, M. & Kolter, J. (2013). Mathe – nein danke? Interesse im und am Mathematikstudium bei Grundschullehramtsstudierenden mit Pflichtfach. In A. Hoppenbrock, S. Schreiber, R. Göller, R. Biehler, B. Büchler, R. Hochmuth & H.-G. Rück, *Extended abstracts zur 2. khdm-Arbeitstagung* (S. 101-102). Heruntergeladen von https://kobra. bibliothek.uni-kassel.de/bitstream/urn:nbn:de:hebis:34-2013081343293/3/khdm_report _13_01.pdf am 05.03.2014.

Lienert, G. A. & Raatz, U. (1998). *Testaufbau und Testanalyse* (6. Auflage). Weinheim: Beltz PVU.

Lind, G. & Sandmann, A. (2003). Lernstrategien und Domänenwissen. *Zeitschrift für Psychologie, 211*(4), 171–192.

Lindmeier, A., Neumann, K., Bernholt, S., Eckhardt, M., Harms, U., Härtig, H., Heinze, A. & Parchmann, I. (2013). Diagnostische Instrumente für die Erfassung mathematischer und naturwissenschaftlicher Kompetenzen und deren Adaption für die Analyse der Zusammenhänge zwischen allgemeinen und beruflichen Kompetenzen. In R. Nickolaus, J. Retelsdorf, E. Winther & O. Köller (Hrsg.), *Mathematisch-naturwissenschaftliche Kompetenzen in der beruflichen Erstausbildung. Stand der Forschung und Desiderata* (Zeitschrift für Berufs- und Wirtschaftspädagogik: 26. Beiheft, S. 161–182). Stuttgart: Franz Steiner.

Lindmeier, A., Reiss, K., Barchfeld, P. & Sodian, B. (2012). Make your choice – students' early abilities to compare probabilities of events in an urn-context. In T. Y. Tso (Hrsg.), *Proceedings of the 36th Conference of the International Group for the Psychology of Mathematics Education* (Vol. 3, S. 161–168). Taipeh, Taiwan: PME.

Liston, M. & O'Donoghue, J. (2009). Factors influencing the transition to university service mathematics: part I a quantitive study. *Teaching Mathematics and Its Applications, 28*(2), 77–87.

Liston, M. & O'Donoghue, J. (2010). Factors influencing the transition to university service mathematics: part 2 a qualitative study. *Teaching Mathematics and Its Applications, 29*(2), 53–68.

Loch, C., Lindmeier, A. & Heinze, A. (2013). Instrumententwicklung zur Erfassung professionellen Wissens von Lehramtsstudierenden. In G. Greefrath, F. Käpnick & M. Stein (Hrsg.), *Beiträge zum Mathematikunterricht 2013* (S. 624–627). Münster: WTM.

Lübeck, D. (2010). Wird fachspezifisch unterschiedlich gelehrt? Empirische Befunde zu hochschulischen Lehransätzen in verschiedenen Fachdisziplinen. *Zeitschrift für Hochschulentwicklung, 5*(2), 7–24.

Lubinski, D. & Benbow, C. P. (2000). States of Excellence. *American Psychologist, 55*(1), 137–150.

Lüdtke, O., Trautwein, U., Nagy, G. & Köller, O. (2004). Eine Validierungsstudie zum NEO-FFI in einer Stichprobe junger Erwachsener: Effekte des Itemformats, faktorielle Validität und Zusammenhänge mit Schulleistungsindikatoren. *Diagnostica, 50*(3), 134-144.

Ludwig, A. (2014). Matheschwäche von Studenten: Vor dem Studium zur Mathenachhilfe. *ZEIT ONLINE* vom 13.01.2014. Heruntergeladen von http://www.zeit.de/studium/hochschule/2014-01/matheschwaeche-studenten-hochschulen am 05.03.2014.

Lühring, H. & Seibel, H. D. (1981). Beanspruchung durch die Arbeit und psychische Gesundheit: Auswirkungen von Diskrepanzen zwischen Arbeitserfahrungen und Arbeitserwartungen bei Industriearbeitern. *Zeitschrift für Soziologie, 10*(4), 395–412.

Luk, H. S. (2005). The gap between secondary school and university mathematics. *International Journal of Mathematical Education in Science and Technology, 36*(2–3), 161–174.

Maaz, K., Hausen, C., McElvany, N. & Baumert, J. (2006). Stichwort: Übergänge im Bildungssystem: Theoretische Konzepte und ihre Anwendung in der empirischen Forschung beim Übergang in die Sekundarstufe. *Zeitschrift für Erziehungswissenschaft, 9*(3), 299–327.

Mackensen-Friedrichs, I. (2009). Die Rolle von Selbsterklärungen aufgrund vorwissensangepasster, domänenspezifischer Lernimpulse beim Lernen mit biologischen Beispielaufgaben. *Zeitschrift für Didaktik der Naturwissenschaften, 15*, 155–172.

Mamona-Downs, J. (2001). Letting the intuitive bear on the formal; a didactical approach for the understanding of the limit of a sequence. *Educational Studies in Mathematics, 48*, 259–288.

Manin, J. I. (2010). *A course in mathematical logic for mathematicians* (2. Auflage). New York: Springer.

Marsh, H. W. (2005). Big-Fish-Little-Pond Effect on Academic Self-Concept. *Zeitschrift für Pädagogische Psychologie, 19*(3), 119–127.

Marsh, H. W., Trautwein, U., Lüdtke, O., Baumert, J. & Köller, O. (2007). The Big-Fish-Little-Pond Effect: Persistent Negative Effects of Selective High Schools on Self-Concept After Graduation. *American Educational Research Journal, 44*(3), 631–669.

Marsh, H. W., Trautwein, U., Lüdtke, O., Köller, O. & Baumert, J. (2005). Academic Self-Concept, Interest, Grades, and Standardized Test Scores: Reciprocal Effects Models of Causal Ordering. *Child Development, 76*(2), 397–416.

Martínez-Planell, R., Gonzalez, A. C., DiChristina, G. & Acevedo, V. (2012). Students' conception of infinite series. *Educational Studies in Mathematics, 81*(2), 235–249.

Marton, F. & Säljö, R. (1984). Approaches to learning. In F. Marton, D. Hounsell & N. J. Entwistle (Hrsg.), *The experience of learning* (S. 39–58). Edinburgh: Scottish Academic Press.

Mathematisches Seminar (2013). Modulhandbuch und Erläuterungen für Studierende. Heruntergeladen von http://www.math.uni-kiel.de/de/studium_und_lehre/material/modulhandbuch/ am 05.03.2014.

Matthews, A. R., Hoessler, C., Jonker, L. & Stockley, D. (2013). Academic Motivation in Calculus. *Canadian journal of science, mathematics and technology education, 13*(1), 1-17.

Meiner, S., Seiler, R. & Wagner, D. (2009). Übergänge beim Mathematiklernen gestalten: von der Sekundarstufe II in das Studium. In A. Heinze & M. Grüßing (Hrsg.), *Mathematiklernen vom Kindergarten bis zum Studium. Kontinuität und Kohärenz als Herausforderung für den Mathematikunterricht* (S. 301–312). Münster: Waxmann.

Mejía-Ramos, J. P., Fuller, E., Weber, K., Rhoads, K. & Samkoff, A. (2012). An assessment model for proof comprehension in undergraduate mathematics. *Educational Studies in Mathematics, 79*(1), 3–18.

Metz-Göckel, S., Kamphans, M. & Scholkmann, A. (2012). Hochschuldidaktische Forschung zur Lehrqualität und Lernwirksamkeit: Ein Rückblick, Überblick und Ausblick. *Zeitschrift für Erziehungswissenschaft, 15*(2), 213–232.

Meyer, A. & Fischer, A. (2013). Wie algebraische Symbolsprache die Möglichkeiten für algebraisches Denken erweitert – Eine Theorie symbolsprachlichen algebraischen Denkens. *Journal für Mathematik-Didaktik, 34*(2), 177–208.

Ministerium für Bildung und Kultur des Landes Schleswig-Holstein, Fachkommission für das Zentralabitur im Fach Mathematik. (2008). *Handreichung zum Zentralabitur im Kernfach Mathematik der Profiloberstufe vom November 2008.* Heruntergeladen von http://za.schleswig-holstein.de/docs/2011/Handreichung_Zentralabitur_Mathe_2011%20mit%20Lehrplanvergleich.pdf am 05.03.2014.

Ministerium für Bildung, Wissenschaft, Forschung und Kultur des Landes Schleswig-Holstein. (2002). *Lehrplan für die Sekundarstufe II Gymnasium, Gesamtschule: Mathematik.* Heruntergeladen von lehrplan.lernnetz.de/index.php?DownloadID=78 am 05.03.2014.

Mittelstraß, J. (1996). Vom Elend der Hochschuldidaktik. In G. Brinek & A. Schirlbauer (Hrsg.), *Vom Sinn und Unsinn der Hochschuldidaktik* (S. 59–76). Wien: WUV-Univ.-Verl.

Möller, J. & Köller, O. (2004). Die Genese akademischer Selbstkonzepte: Effekte dimensionaler und sozialer Vergleiche. *Psychologische Rundschau, 55*(1), 19–27.

Möller, J., Retelsdorf, J., Köller, O. & Marsh, H. W. (2011). The Reciprocal Internal/External Frame of Reference Model: An Integration of Models of Relations Between Academic Achievement and Self-Concept. *American Educational Research Journal, 48*(6), 1315–1346.

Monaghan, J. (1991). Problems with the language of limits. *For the Learning of Mathematics, 11*(3), 20–24.

Moore, R. C. (1994). Making the transition to formal proof. *Educational Studies in Mathematics, 27*(3), 249–266.

Moormann, M. (2007). Einige Ansätze zur Kategorisierung begrifflichen Wissens und ihre Konkretisierung am Beispiel des Ableitungsbegriffs. In *Beiträge zum Mathematikunterricht 2007* (S. 883–886). Hildesheim, Berlin: Franzbecker.

Moosbrugger, H. & Kelava, A. (2008). *Testtheorie und Fragebogenkonstruktion*. Berlin: Springer.

Moschner, B. & Dickhäuser, O. (2010). Selbstkonzept. In D. H. Rost (Hrsg.). *Handwörterbuch pädagogische Psychologie* (4. Auflage, S. 760-767). Weinheim u. a.: Beltz PVU.

Müller, F. H., Palekcic, M. & Radeka, I. (2006). Determinanten der Lernbereitschaft und der Leistung im Studium. *Odgojne znanosti, 8*(2), 401–419.

Müller, G. & Wittmann, E. C. (1978). *Der Mathematikunterricht in der Primarstufe: Ziele, Inhalte, Prinzipien, Beispiele* (2. Auflage). Braunschweig: Vieweg.

Murphy, P. K. & Alexander, P. A. (2000). A Motivated Exploration of Motivation Terminology. *Contemporary Educational Psychology, 25*(1), 3–53.

Musch, M., Rach, S. & Heinze, A. (2009). Zum Spannungsverhältnis zwischen mathematischen Anforderungen im Schulunterricht und im Berufsleben. In A. Heinze & M. Grüßing (Hrsg.), *Mathematiklernen vom Kindergarten bis zum Studium. Kontinuität und Kohärenz als Herausforderung beim Mathematiklernen* (S. 217-227). Münster: Waxmann.

Nagy, G. (2006). *Berufliche Interessen, kognitive und fachgebundene Kompetenzen: Ihre Bedeutung für die Studienfachwahl und die Bewährung im Studium*. Dissertation, Freie Universität Berlin. Heruntergeladen von http://www.diss.fu-berlin.de/diss/receive /FUDISS_thesis_000000002714 am 05.03.2014.

Nardi, E. (1996). *The novice mathematician's encounter with mathematical abstraction: Tensions in concept-image construction and formalisation*. Dissertation, University of Oxford. Heruntergeladen von http://ora.ox.ac.uk/objects/uuid%3A19d55975-7af9-4ed4-ab98-3be18da31e16/datastreams/THESIS04 am 05.03.2014.

Naue, J. (2014). Viele Abbrecher: So schaffen Mathe-Studenten das Studium. *Spiegel ONLINE* vom 12.01.2014. Heruntergeladen von http://www.spiegel.de/unispiegel/ studium/mathematik-studenten-hohe-abbrecherquote-muss-nicht-sein-a-940681.html am 05.03.2014.

Neugebauer, M. (2013). Wer entscheidet sich für ein Lehramtsstudium – und warum? Eine empirische Überprüfung der These von der Negativselektion in den Lehrerberuf. *Zeitschrift für Erziehungswissenschaft, 16*(1), 157–184.

Nicholson, L., Putwain, D., Connors, L. & Hornby-Atkinson, P. (2013). The key to successful achievement as an undergraduate student: confidence and realistic expectations? *Studies in Higher Education, 38*(2), 285–298.

Niegemann, H. (2010). Lehr-Lern-Forschung. In D. H. Rost (Hrsg.). *Handwörterbuch pädagogische Psychologie* (4. Auflage, S. 386–392). Weinheim u. a.: Beltz PVU.

Nordlander, M. C. & Nordlander, E. (2012). On the concept image of complex numbers. *International Journal of Mathematical Education in Science and Technology, 43*(5), 627–641.

Ostsieker, L. (2013). Konvergenz von Folgen – Eine Studie zur Wissensentwicklung im Rahmen einer Analysis 1-Vorlesung. In G. Greefrath, F. Käpnick & M. Stein (Hrsg.), *Beiträge zum Mathematikunterricht 2013* (S. 728–731). Münster: WTM.

Pajares, F. & Miller, M. D. (1994). Role of self-efficacy and self-concept beliefs in mathematical problem-solving: A path analysis. *Journal of Educational Psychology, 86*(2), 193–203.

Palla, M., Potari, D. & Spyrou, P. (2012). Secondary school students' understanding of mathematical induction: structural characteristics and the process of proof construction. *International Journal of Science and Mathematics Education, 10*(5), 1023–1045.

Pauli, C., Drollinger-Vetter, B., Hugener, I. & Lipowsky, F. (2008). Kognitive Aktivierung im Mathematikunterricht. *Zeitschrift für Pädagogische Psychologie, 22*(2), 127–133.

Pawlik, Andrea (2014). Jobgarantie für Mathematiker. *Hamburger Abendblatt* vom 14.02.2014. Heruntergeladen von http://www.abendblatt.de/wirtschaft/ karriere/article124834588/Jobgarantie-fuer-Mathematiker.html am 05.03.2014.

Pehkonen, E., Hannula, M. S., Maijala, H. & Soro, R. (2006). Infinity of numbers: How students understand it. In J. Novotná, H. Moraová, M. Krátká & N. Stehlíková (Hrsg.), *Proceedings of the 30th Conference of the International Group for the Psychology of Mathematics Education* (Vol. 4, S. 345–352). Prague: PME.

Pekrun, R., Goetz, T., Titz, W. & Perry, R. P. (2002). Positive Emotions in Education. In E. Frydenberg (Hrsg.), *Beyond coping. Meeting goals, visions, and challenges* (S. 149-173). Oxford: Oxford University Press.

Perels, F., Gürtler, T. & Schmitz, B. (2005). Training of self-regulatory and problem-solving competence. *Learning and Instruction, 15*(2), 123–139.

PerLe (2012). PerLe – Projekt erfolgreiches Lehren und Lernen [Internetpräsenz]. Heruntergeladen von http://www.perle.uni-kiel.de/de am 05.03.2014.

Petko, D., Waldis, M., Pauli, C. & Reusser, K. (2003). Methodologische Überlegungen zur videogestützten Forschung in der Mathematikdidaktik: Ansätze der TIMSS 1999 Video Studie und ihrer schweizerischen Erweiterung. *ZDM, 35*(6), 265–280.

Petocz, P., Reid, A., Wood, L. N., Smith, G. H., Mather, G., Harding, A., Engelbrecht, J., Houston, K, Hillel, J. & Perrett, G. (2007). Undergraduate Students' Conceptions of Mathematics: An International Study. *International Journal of Science and Mathematics Education, 5*(3), 439–459.

Peverly, S. T., Ramaswamy, V., Brown, C., Sumowski, J., Alidoost, M. & Garner, J. (2007). What Predicts Skill in Lecture Note Taking? *Journal of Educational Psychology, 99*(1), 167–180.

Pintrich, P. R. & de Groot, E. V. (1990). Motivational and Self-Regulated Learning Components of Classroom Academic Performance. *Journal of Educational Psychology, 82*(1), 33–40.

Pixner, J. (2008). *Erfolgskritische Anforderungen im Hochschulstudium: Entwicklung und Validierung eines Analyseverfahrens.* Dissertation, Albert-Ludwigs-Universität Freiburg im Breisgau. Heruntergeladen von http://www.freidok.uni-freiburg.de/volltexte /5939/pdf/Diss_Pixner_Final_.pdf am 05.03.2014.

Plant, E. A., Ericsson, K. A., Hill, L. & Asberg, K. (2005). Why study time does not predict grade point average across college students: Implications of deliberate practice for academic performance. *Contemporary Educational Psychology, 30*(1), 96–116.

Prenzel, M. (1996). Bedingungen für selbstbestimmt motiviertes und interessiertes Lernen im Studium. In J. Lompscher & H. Mandl (Hrsg.), *Lehr- und Lernprobleme im Studium. Bedingungen und Veränderungsmöglichkeiten* (S. 11–22). Bern: Huber.

Pritchard, D. (2010). Where learning starts? A framework for thinking about lectures in university mathematics. *International Journal of Mathematical Education in Science and Technology, 41*(5), 609–623.

Rabe, T. & Mikelskis, H. F. (2007). Kohärenzbildungshilfen und Selbsterklärungen: Fördern sie das Physiklernen? *Zeitschrift für Didaktik der Naturwissenschaften, 13*, 33–52.

Rach, S. & Heinze, A. (2013a). Welche Studierenden sind im ersten Semester erfolgreich? Zur Rolle von Selbsterklärungen beim Mathematiklernen in der Studieneingangsphase. *Journal für Mathematik-Didaktik, 34*(1), 121–147.

Rach, S. & Heinze, A. (2013b). Students' expectations about mathematics at university. In A. M. Lindmeier & A. Heinze (Hrsg.), *Proceedings of the 37th Conference of the International Group for the Psychology of Mathematics Education* (Vol. 5, S. 254). Kiel: PME.

Rach, S., Siebert, U. & Heinze, A. (2013). Lehrqualität in der Studieneingangsphase im Fach Mathematik: Konzeptualisierung und erste Ergebnisse. In G. Greefrath, F. Käpnick & M. Stein (Hrsg.), *Beiträge zum Mathematikunterricht 2013* (S. 781–784). Münster: WTM.

Rakoczy, K., Buff, A. & Lipowsky, F. (2005). *Dokumentation der Erhebungs- und Auswertungsinstrumente zur schweizerisch-deutschen Videostudie „Unterrichtsqualität, Lernverhalten und mathematisches Verständnis".* Frankfurt am Main: GFPF [u. a.].

Ramm, M. (2008). *Das Studium der Naturwissenschaften: Eine Fachmonographie aus studentischer Sicht.* Heruntergeladen von http://www.uni-saarland.de/uploads/media/ Das_Studium_der_Naturwissenschaften _2008.pdf am 05.03.2014.

Rasmussen, C. L. (2001). New directions in differential equations: A framework for interpreting students' understandings and difficulties. *The Journal of Mathematical Behavior, 20*(1), 55–87.

Reichersdorfer, E. (2013). *Unterstützungsmaßnahmen am Beginn des Mathematikstudiums: Heuristische Lösungsbeispiele und Problemlösen in problembasierten Lernumgebungen zur Förderung mathematischer Argumentationskompetenz.* Dissertation, TUM, München. Heruntergeladen von http://d-nb.info/1034641956/34 am 05.03.2014.

Reichersdorfer, E., Ufer, S., Lindmeier, A. & Reiss, K. (2014). Der Übergang von der Schule zur Universität: Theoretische Fundierung und praktische Umsetzung einer Unterstützungsmaßnahme am Beginn des Mathematikstudiums. In I. Bausch, R. Biehler, R. Bruder, P. R. Fischer, R. Hochmuth, W. Koepf, S. Schreiber & T. Wassong (Hrsg.), *Mathematische Vor- und Brückenkurse: Konzepte, Probleme und Perspektiven* (S. 37–53). Wiesbaden: Springer Fachmedien.

Reinders, H. (2006). Kausalanalysen in der Längsschnittforschung. Das Crossed-Lagged-Panel Design. *Diskurs Kindheits- und Jugendforschung, 1*(4), 569–587.

Reinelt, G. (2008). *Lambacher Schweizer – Mathematik für die Fachhochschulreife.* Stuttgart, Leipzig: Klett.

Reiss, K. & Heinze, A. (2000). Begründen und Beweisen im Verständnis von Abiturienten. In M. Neubrand (Hrsg.), *Beiträge zum Mathematikunterricht 2000* (S. 520–523). Hildesheim: Franzbecker.

Reiss, K. & Thomas, J. (2000). Wissenschaftliches Denken beim Beweisen in der Geometrie: Ergebnisse einer Studie mit Schülerinnen und Schülern der gymnasialen Oberstufe. *mathematica didactica, 23*(1), 96–112.

Reiss, K. & Törner, G. (2007). Problem solving in the mathematics classroom: the German perspective. *ZDM, 39*(5-6), 431–441.

Reiss, K. & Ufer, S. (2009a). Fachdidaktische Forschung im Rahmen der Bildungsforschung. Eine Diskussion wesentlicher Aspekte am Beispiel der Mathematikdidaktik. In R. Tippelt & B. Schmidt (Hrsg.), *Handbuch Bildungsforschung* (2. Auflage, S. 199-213). Wiesbaden: VS Verlag für Sozialwissenschaften.

Reiss, K. & Ufer, S. (2009b). Was macht mathematisches Arbeiten aus? Empirische Ergebnisse zum Argumentieren, Begründen und Beweisen. *DMV Jahresbericht, 111*(4), 155-177.

Renkl, A. (1997). Learning from Worked-Out Examples: A Study on Individual Differences. *Cognitive Science, 21*(1), 1–29.

Renkl, A., Stark, R., Gruber, H. & Mandl, H. (1998). Learning from Worked-Out Examples: The Effects of Example Variability and Elicited Self-Explanations. *Contemporary Educational Psychology, 23*(1), 90–108.

Reusser, K. & Pauli, C. (2003). *Mathematikunterricht in der Schweiz und in weiteren sechs Ländern: Bericht über die Ergebnisse einer internationalen und schweizerischen Video-Unterrichtsstudie.* Heruntergeladen von http://www.google.de/url?sa=t&rct=j&q=& esrc=s&source=web&cd=1&cad=rja&ved=0CC4QFjAA &url=http%3A%2F%2Fwww. didac.uzh.ch%2Fscvs%2Fdownloads%2FVideostudieCH.pdf&ei=3r5vUsDMIM qRtQbupYHoAQ&usg=AFQjCNGVF2HtT1KN6nTjG8JlErlPOQeFSQ&bvm =bv.55123115,d.Yms am 05.03.2014.

Reusser, K. & Pauli, C. (2010). Unterrichtsgestaltung und Unterrichtsqualität – Ergebnisse einer internationalen und schweizerischen Videostudie zum Mathematikunterricht: Einleitung und Überblick. In K. Reusser, C. Pauli & M. Waldis (Hrsg.), *Unterrichtsgestaltung und Unterrichtsqualität. Ergebnisse einer internationalen und schweizerischen Videostudie zum Mathematikunterricht* (S. 9–32). Münster: Waxmann.

Rheinberg, F. (2008). *Motivation* (7. Auflage). Stuttgart: Kohlhammer.

Richardson, J. T. (2004). Methodological Issues in Questionnaire-Based Research on Student Learning in Higher Education. *Educational Psychology Review, 16*(4), 347–358.

Richardson, M., Abraham, C. & Bond, R. (2012). Psychological Correlates of University Students' Academic Performance: A Systematic Review and Meta-Analysis. *Psychological Bulletin, 138*(2), 353–387.

Riedl, A. (2004). *Didaktik der beruflichen Bildung.* Stuttgart: Steiner.

Rindermann, H. & Oubaid, V. (1999). Auswahl von Studienanfängern durch Universitäten – Kriterien, Verfahren und Prognostizierbarkeit des Studienerfolgs. *Zeitschrift für Differentielle und Diagnostische Psychologie, 20*(3), 172–191. Heruntergeladen von http://www.psycontent.com/content/5281m8r1263r3k62/fulltext.html am 05.03.2014.

Robbins, S. B., Lauver, K., Le, H., Davis, D., Langley, R. & Carlstrom, A. (2004). Do Psychosocial and Study Skill Factors Predict College Outcomes? A Meta-Analysis. *Psychological Bulletin, 130*(2), 261–288.

Robitzsch, A. (2010). *Methodische Herausforderungen bei der Kalibrierung von Leistungstests.* Heruntergeladen von https://sites.google.com/site/alexanderrobitzsch/Robitzsch _%282009%29_BELTZ_Methodische _Herausforderungen_hp2.pdf?attredirects=0 am 05.03.2014.

Roh, K. H. (2008). Students' images and their understanding of definitions of the limit of a sequence. *Educational Studies in Mathematics, 69*(3), 217–233.

Rooch, A., Kiss, C. & Härterich, J. (2014). Brauchen Ingenieure Mathematik? – Wie Praxis-bezug die Ansichten über das Pflichtfach Mathematik verändert. In I. Bausch, R. Biehler, R. Bruder, P. R. Fischer, R. Hochmuth, W. Koepf, S. Schreiber & T. Wassong (Hrsg.), *Mathematische Vor- und Brückenkurse. Konzepte, Probleme und Perspektiven* (S. 398-409). Wiesbaden: Springer Spektrum.

Roos, J. & Schöler, H. (2013). *Transitionen in der Bildungsbiographie: Der Übergang vom Primar- zum Sekundarbereich*. Wiesbaden: Springer Fachmedien.

Rösken, B. & Rolka, K. (2007). Integrating Intuition: the Role of Concept Image and Con-cept Definition for Students' Learning of Integral Calculus. *The Montana Mathematics Enthusiast, 3*, 181–204.

Sarcletti, A. & Müller, S. (2011). Zum Stand der Studienabbruchforschung. Theoretische Perspektiven, zentrale Ergebnisse und methodische Anforderungen an künftige Studien. *Zeitschrift für Bildungsforschung, 1*(3), 235–248.

Schichl, H. & Steinbauer, R. (2009). *Einführung in das mathematische Arbeiten*. Berlin, Heidelberg: Springer.

Schiefele, U. & Jacob-Ebbinghaus, L. (2006). Lernermerkmale und Lehrqualität als Bedin-gungen der Studienzufriedenheit. *Zeitschrift für Pädagogische Psychologie, 20*(3), 199-212.

Schiefele, U. & Köller, O. (2010). Intrinsische und extrinsische Motivation. In D. H. Rost (Hrsg.), *Handwörterbuch pädagogische Psychologie* (4. Auflage, S. 336–344). Wein-heim u. a.: Beltz PVU.

Schiefele, U., Krapp, A. & Schreyer, I. (1993a). Metaanalyse des Zusammenhangs von Interesse und schulischer Leistung. *Zeitschrift für Entwicklungspsychologie und Päda-gogische Psychologie, 25*(2), 120–148.

Schiefele, U., Krapp, A., Wild, K.-P. & Winteler, A. (1993b). Der Fragebogen zum Studien-interesse (FSI). *Diagnostica, 39*, 335–351.

Schiefele, U., Moschner, B. & Husstegge, R. (2002). *Skalenhandbuch SMILE-Projekt*. Uni-versität Bielefeld, Abteilung für Psychologie (unveröffentlicht).

Schiefele, U. & Schreyer, I. (1994). Intrinsische Lernmotivation und Lernen: ein Überblick zu Ergebnissen der Forschung. *Zeitschrift für Pädagogische Psychologie, 8*(1), 1–13.

Schiefele, U., Streblow, L. & Brinkmann J. (2007). Aussteigen oder Durchhalten: Was un-terscheidet Studienabbrecher von anderen Studierenden? *Zeitschrift für Entwicklungs-psychologie und Pädagogische Psychologie, 39*(3), 127–140.

Schiefele, U., Streblow, L., Ermgassen, U. & Moschner, B. (2003). Lernmotivation und Lernstrategien als Bedingungen der Studienleistung: Ergebnisse einer Längsschnittstu-die. *Zeitschrift für Pädagogische Psychologie, 17*(3/4), 185–198.

Schiefele, U., Wild, K. P. & Winteler, A. (1995). Lernaufwand und Elaborationsstrategien als Mediatoren der Beziehung von Studieninteresse und Studienleistung. *Zeitschrift für Pädagogische Psychologie, 9*(3/4), 181–188.

Schmidt, G., Körner, H. & Lergenmüller, A. (2010). *Mathematik Neue Wege: Arbeitsbuch für Gymnasien, Analysis*. Braunschweig: Schroedel Verlag.

Schmitz, B. (2003). Selbstregulation – Sackgasse oder Weg mit Forschungsperspektive? Diskussion der Beiträge in diesem Sonderheft. *Zeitschrift für Pädagogische Psychologie, 17*(3/4), 221–232.

Schoenfeld, A. H. (1992). Learning to think mathematically: Problem solving, metacogni-tion, and sense-making in mathematics. In D. A. Grouws (Hrsg.), *Handbook of research on mathematics teaching and learning* (S. 334–370). New York, NY: Macmillan [u. a.].

Schukajlow, S. & Leiss, D. (2011). Selbstberichtete Strategienutzung und mathematische Modellierungskompetenz. *Journal für Mathematik-Didaktik, 32*(1), 53–77.

Schulmeister, R. & Metzger, C. (2011). *Die Workload im Bachelor: Zeitbudget und Studierverhalten: Eine empirische Studie.* Münster: Waxmann.

Schütt, C. (2005). *Analysis.* Heruntergeladen von http://analysis.math.uni-kiel.de/schuett/Analysis2013-7.pdf am 05.03.2014.

Schwarz, B., Leung, I. K. C., Buchholtz, N., Kaiser, G., Stillman, G., Brown, J. & Vale, C. (2008). Future teachers' professional knowledge on argumentation and proof: a case study from universities in three countries. *ZDM, 40*(5), 791–811.

Schwarzer, R., Lange, B. & Jerusalem, M. (1982). Selbstkonzeptentwicklung nach einem Bezugsgruppenwechsel. *Zeitschrift für Entwicklungspsychologie und Pädagogische Psychologie, 14*(2), 125–140.

Seaton, M., Parker, P., Marsh, H. W., Craven, R. G. & Yeung, A. S. (2014). The reciprocal relations between self-concept, motivation and achievement: juxtaposing academic self-concept and achievement goal orientations for mathematics success. *Educational Psychology, 34*(1), 49–72.

Seidel, T. (2006). The role of student characteristics in studying micro teaching-learning environments. *Learning Environments Research, 9*(3), 253–271.

Selden, A. (2005). New developments and trends in tertiary mathematics education: or, more of the same? *International Journal of Mathematical Education in Science and Technology, 36*(2–3), 131–147.

Selden, J. & Selden, A. (1995). Unpacking the logic of mathematical statements. *Educational Studies in Mathematics, 29*(2), 123–151.

Sierpinska, A. (1987). Humanities students and epistemological obstacles related to limits. *Educational Studies in Mathematics, 18*(4), 371–397.

Sofronas, K. S., DeFranco, T. C., Vinsonhaler, C., Gorgievski, N., Schroeder, L. & Hamelin, C. (2011). What does it mean for a student to understand the first-year calculus? Perspectives of 24 experts. *The Journal of Mathematical Behavior, 30*(2), 131–148.

Spinath, B., van Ophuysen, S. & Heise, E. (2005). Individuelle Voraussetzungen von Studierenden zu Studienbeginn: Sind Lehramtsstudierende so schlecht wie ihr Ruf? *Psychologie in Erziehung und Unterricht, 52*, 186–197.

Spörer, N. & Brunstein, J. C. (2006). Erfassung selbstregulierten Lernens mit Selbstberichtsverfahren: Ein Überblick zum Stand der Forschung. *Zeitschrift für Pädagogische Psychologie, 20*(3), 147–160.

Staub, F. C. (2006). Notizenmachen: Funktionen, Formen und Werkzeugcharakter von Notizen. In H. Mandl & H. F. Friedrich (Hrsg.), *Handbuch Lernstrategien* (S. 59–71). Göttingen: Hogrefe.

Staub, F. C. & Stern, E. (2002). The nature of teachers' pedagogical content beliefs matters for students' achievement gains: Quasi-experimental evidence from elementary mathematics. *Journal of Educational Psychology, 94*(2), 344–355.

Streblow, L. & Schiefele, U. (2006). Lernstrategien im Studium. In H. Mandl & H. F. Friedrich (Hrsg.), *Handbuch Lernstrategien* (S. 352–364). Göttingen: Hogrefe.

Stylianides, A. J. (2007). Proof and Proving in School Mathematics. *Journal for Research in Mathematics Education, 38*(3), 289–321.

Swanson, J. L. & Fouad, N. A. (1999). Applying Theories of Person-Environment Fit to the Transition From School to Work. *The Career Development Quarterly, 47*(4), 337–347.

Szydlik, J. E. (2000). Mathematical beliefs and conceptual understanding of the limit of a function. *Journal for Research in Mathematics Education, 31*(3), 258–276.

Tall, D. (1992a). Conflicts and Catastrophes in the Learning of Mathematics. In D. A. Grouws (Hrsg.), *Handbook of research on mathematics teaching and learning* (S. 2–18). New York, NY: Macmillan [u. a.].

Tall, D. (1992b). The Transition to Advanced Mathematical Thinking: Functions, Limits, Infinity and Proof. In D. A. Grouws (Hrsg.), *Handbook of research on mathematics teaching and learning* (S. 495–511). New York, NY: Macmillan [u. a.].

Tall, D. (2008). The Transition to Formal Thinking in Mathematics. *Mathematics Education Research Journal, 20*(2), 5–24.

Tall, D. & Vinner, S. (1981). Concept image and concept definition in mathematics with particular reference to limits and continuity. *Educational Studies in Mathematics, 12*(7), 151–169.

Tetsch, A. (2011). *Zur Rolle von kooperativen Lernformen beim Kompetenzerwerb von Mathematikstudierenden in der Studieneingangsphase*. Unveröffentlichte Staatsexamensarbeit, CAU Kiel.

Thomas, M. O. J. & Klymchuk, S. (2012). The school-tertiary interface in mathematics: teaching style and assessment practice. *Mathematics Education Research Journal, 24*(3), 283–300.

Thurston, W. P. (1994). On proof and progress in mathematics. *Bulletin of the American Mathematical Society, 30*(2), 161–177.

Tiberius, V. (2011). *Hochschuldidaktik der Zukunftsforschung*. Wiesbaden: Verlag für Sozialwissenschaften.

Tinto, V. (1975). Dropout from Higher Education: A Theoretical Synthesis of Recent Research. *Review of Educational Research, 45*(1), 89–125.

Toeplitz, O. & Köthe, G. (1949). *Die Entwicklung der Infinitesimalrechnung: eine Einleitung in die Infinitesimalrechnung nach der genetischen Methode*. Berlin, Göttingen, Heidelberg: Springer.

Törner, G. & Grigutsch, S. (1994). „Mathematische Weltbilder" bei Studienanfängern – eine Erhebung. *Journal für Mathematik-Didaktik, 15*(3–4), 211–251.

Trapmann, S., Hell, B., Weigand, S. & Schuler, H. (2007). Die Validität von Schulnoten zur Vorhersage des Studienerfolgs – eine Metaanalyse. *Zeitschrift für Pädagogische Psychologie, 21*(1), 11–27.

Trautwein, U., Köller, O. & Baumert, J. (2001). Lieber oft als viel: Hausaufgaben und die Entwicklung von Leistung und Interesse im Mathematik-Unterricht der 7. Jahrgangsstufe. *Zeitschrift für Pädagogik, 47*(5), 703–724.

Trautwein, U., Lüdtke, O., Schnyder, I. & Niggli, A. (2006). Predicting Homework Effort: Support for a Domain-Specific, Multilevel Homework Model. *Journal of Educational Psychology, 98*(2), 438–456.

Trigwell, K., Ashwin, P. & Millan, E. S. (2013). Evoked prior learning experience and approach to learning as predictors of academic achievement. *British Journal of Educational Psychology, 83*(3), 363–378.

Trigwell, K., Prosser, M. & Ginns, P. (2005). Phenomenographic pedagogy and a revised Approaches to teaching inventory. *Higher Education Research & Development, 24*(4), 349–360.

Ufer, S. (2009). Der Übergang von der Primarstufe in die Sekundarstufe. In A. Heinze & M. Grüßing (Hrsg.), *Mathematiklernen vom Kindergarten bis zum Studium. Kontinuität und Kohärenz als Herausforderung für den Mathematikunterricht* (S. 87–104). Münster: Waxmann.

Ufer, S. & Lorenz, E. (2009). Wahr oder falsch? Der Umgang mit Vermutungen als mathematische Kompetenz. In M. Neubrand (Hrsg.), *Beiträge zum Mathematikunterricht 2009* (S. 911–914). Münster: WTM.

Ulriksen, L., Møller Madsen, L. & Holmegaard, H. T. (2010). What do we know about explanations for drop out/opt out among young people from STM higher education programmes? *Studies in Science Education, 46*(2), 209–244.

Valentine, J. C., DuBois, D. L. & Cooper, H. (2004). The Relation Between Self-Beliefs and Academic Achievement: A Meta-Analytic Review. *Educational Psychologist, 39*(2), 111–133.

Valle, A., Cabanach, R. G., Núñez, J. C., González-Pienda, J., Rodríguez, S. & Pineiro, I. (2003). Cognitive, motivational, and volitional dimensions of learning: An Empirical Test of a Hypothetical Model. *Research in Higher Education, 44*(5), 557–580.

van Hiele, P. M. (1986). *Structure and insight: A theory of mathematics education.* Orlando u. a.: Academic Press.

Vanthournout, G., Coertjens, L., Gijbels, D., Donche, V. & van Petegem, P. (2013). Assessing students' development in learning approaches according to initial learning profiles: A person-oriented perspective. *Studies in Educational Evaluation, 39*(1), 33–40.

Vermunt, J. D. & Vermetten, Y. J. (2004). Patterns in Student Learning: Relationships Between Learning Strategies, Conceptions of Learning, and Learning Orientations. *Educational Psychology Review, 16*(4), 359–384.

Vinner, S. (1983). Concept definition, concept image and the notion of function. *International Journal of Mathematical Education in Science and Technology, 14*(3), 293–305.

Vogel, R. (2001). *Lernstrategien in Mathematik. Eine empirische Untersuchung mit Lehramtsstudierenden.* Hildesheim: Franzbecker.

Vollrath, H.-J. (1983). Die umwelterschließende Funktion des Mathematikunterrichts. *Pädagogische Welt, 37*, 726-730, 743.

Vollrath, H.-J. (1984). *Methodik des Begriffslehrens im Mathematikunterricht.* Stuttgart: Klett.

Vollrath, H.-J. (1992). Zur Rolle des Begriffs im Problemlöseprozeß des Beweisens. *Mathematische Semesterberichte, 39*(2), 127–136.

Vollstedt, M., Heinze, A., Gojdka, K. & Rach, S. (2014). A Framework for Examining the Transformation of Mathematics and Mathematics Learning in the Transition from School to University: An Analysis of German Textbooks from Upper Secondary School and the First Semester. In S. Rezat, M. Hattermann & A. Peter-Koop (Hrsg.), *Transformation – A Fundamental Idea of Mathematics Education* (S. 29–50). New York: Springer.

vom Hofe, R. (1995). *Grundvorstellungen mathematischer Inhalte.* Heidelberg: Spektrum Akad. Verl.

Wagner, D. (2011). Mathematische Kompetenzanforderungen in Schule und Hochschule: Die Rolle des formal-abstrahierenden Denkens. In R. Haug & L. Holzäpfel (Hrsg.), *Beiträge zum Mathematikunterricht 2011* (S. 879–882). Münster: WTM.

Waldis, M., Grob, U., Pauli, C. & Reusser, K. (2010). Der Einfluss der Unterrichtsgestaltung auf Fachinteresse und Mathematikleistung. In K. Reusser, C. Pauli & M. Waldis (Hrsg.), *Unterrichtsgestaltung und Unterrichtsqualität. Ergebnisse einer internationalen und schweizerischen Videostudie zum Mathematikunterricht* (S. 209–251). Münster: Waxmann.

Wartha, S. & Güse, M. (2009). Zum Zusammenhang zwischen Grundvorstellungen zu Bruchzahlen und arithmetischem Grundwissen. *Journal für Mathematik-Didaktik, 30*(3/4), 256–280.

Wawro, M., Sweeney, G. F. & Rabin, J. M. (2011). Subspace in linear algebra: investigating students' concept images and interactions with the formal definition. *Educational Studies in Mathematics, 78*(1), 1–19.

Weber, K. (2001). Student difficulty in constructing proofs: the need for strategic knowledge. *Educational Studies in Mathematics, 48*(1), 101–119.

Weber, K. (2004). Traditional instruction in advanced mathematics courses: a case study of one professor's lectures and proofs in an introductory real analysis course. *The Journal of Mathematical Behavior, 23*(2), 115–133.

Weber, K. (2005). Problem-solving, proving, and learning: The relationship between problem-solving processes and learning opportunities in the activity of proof construction. *The Journal of Mathematical Behavior, 24*(3–4), 351–360.

Weber, K. (2008). The role of affect in learning Real Analysis: a case study. *Research in Mathematics Education, 10*(1), 71–85.

Weber, K. & Mejía-Ramos, J. P. (2011). Why and how mathematicians read proofs: an exploratory study. *Educational Studies in Mathematics, 76*(3), 329–344.

Weigand, H.-G. (1993). *Zur Didaktik des Folgenbegriffs.* Mannheim u. a.: BI-Wiss.-Verl.

Weinert, F.-E. (1982). Selbstgesteuertes Lernen als Voraussetzung, Methode und Ziel des Unterrichts. *Unterrichtswissenschaft, 10*(2), 99–110.

Weinstein, C. E. & Mayer, R. E. (1986). The Teaching of Learning Strategies. In M. C. Wittrock (Hrsg.), *Handbook of research on teaching.* (3. Auflage, S. 315–327). New York: Macmillan [u. a.].

Wild, E., Hofer, M. & Pekrun, R. (2006). Psychologie des Lerners. In A. Krapp & B. Weidenmann (Hrsg.), *Pädagogische Psychologie. Ein Lehrbuch* (5. Auflage, S. 203–267). Weinheim: Beltz PVU.

Wild, K.-P. (2005). Individuelle Lernstrategien von Studierenden. Konsequenzen für die Hochschuldidaktik und die Hochschullehre. *Beiträge zur Lehrerbildung, 23*(2), 191–206.

Wild, K.-P. (2010). Lernstrategien und Lernstile. In D. H. Rost (Hrsg.). *Handwörterbuch pädagogische Psychologie* (4. Auflage, S. 479–485). Weinheim u. a.: Beltz PVU.

Wild, K.-P. & Schiefele, U. (1993). Induktiv versus deduktiv entwickelte Fragebogenverfahren zur Erfassung von Merkmalen des Lernverhaltens. *Unterrichtswissenschaft, 21*(4), 312–326.

Wild, K.-P. & Schiefele, U. (1994). Lernstrategien im Studium. Ergebnisse zur Faktorenstruktur und Reliabilität eines neuen Fragebogens. *Zeitschrift für Differentielle und Diagnostische Psychologie, 15*, 185–200.

Wilhelm, O. & Nickolaus, R. (2013). Was grenzt das Kompetenzkonzept von etablierten Kategorien wie Fähigkeit, Fertigkeit oder Intelligenz ab? *Zeitschrift für Erziehungswissenschaft, 16*(1), 23–26.

Wilkerson-Jerde, M. H. & Wilensky, U. J. (2011). How do mathematicians learn math?: resources and acts for constructing and understanding mathematics. *Educational Studies in Mathematics, 78*(1), 21–43.

Williams, S. (1990). The understanding of limit: three perspectives. In G. Booker, P. Cobb & T. N. de Mendicuti (Hrsg.), *Proceedings of the 14ᵗʰ International Conference for the Psychology of Mathematical Education* (S. 101–108). Mexiko City: PME.

Winter, H. (1995). Mathematikunterricht und Allgemeinbildung. *Mitteilungen der Gesellschaft für Didaktik der Mathematik, 61*, 37–46.

Winter, M. (2003). Einstellungen von Lehramtsstudierenden im Fach Mathematik: Erfahrungen und Perspektiven. *mathematica didactica, 26*(1), 86–110.

Wirtz, M. & Nachtigall, C. (2012). *Deskriptive Methoden: Statistische Methoden für Psychologen Teil 1* (6. Auflage). Weinheim, Basel: Beltz Juventa.

Wittenberg, A. I. (1957). *Vom Denken in Begriffen. Mathematik als Experiment des reinen Denkens.* Dissertation, Eidgenössische Technische Hochschule, Zürich.

Wittmann, E. C. & Müller, G. (1988). Wann ist ein Beweis ein Beweis? In P. Bender (Hrsg.), *Mathematikdidaktik – Theorie und Praxis. Festschrift für Heinrich Winter* (S. 237–258). Berlin: Cornelsen.

Wittwer, J. & Renkl, A. (2010). How Effective are Instructional Explanations in Example-Based Learning? A Meta-Analytic Review. *Educational Psychology Review, 22*(4), 393-409.

Witzke, I. (2009). *Die Entwicklung des Leibnizschen Calculus: Eine Fallstudie zur Theorieentwicklung in der Mathematik.* Hildesheim, Berlin: Franzbecker.

Witzke, I. (2012). Mathematik – eine (naive) Naturwissenschaft im Schulunterricht? In M. Ludwig & M. Kleine (Hrsg.), *Beiträge zum Mathematikunterricht 2012* (S. 949–952). Münster: WTM.

Wong, R. M. F., Lawson, M. J. & Keeves, J. (2002). The effects of self-explanation training on students' problem solving in high-school mathematics. *Learning and Instruction, 12*(2), 233–262.

Wood, L. N. (2001). The secondary-tertiary interface. In D. Holton, M. Artigue, U. Kirchgräber, J. Hillel, M. Niss & S. Schoenfeld (Hrsg.), *The teaching and learning of mathematics at university level. An ICMI study* (S. 87–98). Dordrecht: Kluwer Academic.

Yang, K.-L. & Lin, F.-L. (2008). A model of reading comprehension of geometry proof. *Educational Studies in Mathematics, 67*(1), 59–76.

Yip, M. C. W. (2013). Learning strategies and their relationships to academic performance of high school students in Hong Kong. *Educational Psychology, 33*(7), 817–827.

Yoon, C., Kensington-Miller, B., Sneddon, J. & Bartholomew, H. (2011). It's not the done thing: social norms governing students' passive behaviour in large undergraduate mathematics lectures. *International Journal of Mathematical Education in Science and Technology, 42*(8), 1107–1122.

Yusof, Y. M. & Tall, D. (1999). Changing attitudes to university mathematics through problem solving. *Educational Studies in Mathematics, 37*(1), 67–82.

Zimmerhofer, A. (2008). *Studienberatung im deutschen Hochschulsystem auf der Basis psychologischer Tests: Studienfachprofile, Vorhersagevalidität und Akzeptanz.* Dissertation, Rheinisch-Westfälische Technische Hochschule Aachen. Heruntergeladen von http://darwin.bth.rwth-aachen.de/opus3/volltexte/2008/2418/pdf/Zimmerhofer _Alexander.pdf am 05.03.2014.

Zimmermann, M., Bescherer, C. & Spannagel, C. (2012). *Mathematik lehren in der Hochschule – Didaktische Innovationen für Vorkurse, Übungen und Vorlesungen.* Hildesheim, Berlin: Franzbecker.

Abbildungsverzeichnis

Abbildung A.1 ist unter www.waxmann.com/buch3126 abrufbar.

Folgende Verlage bzw. Institutionen haben die Verwendung ihrer Abbildungen im Rahmen dieser Arbeit freundlicherweise genehmigt:

Bayerischer Schulbuchverlag (Oldenbourg Schulbuchverlag GmbH)

Distel, B. & Feuerlein, R. (2009). *Mathematik 11* (1. Auflage). München: Bayerischer Schulbuch-Verlag, S. 18.

Cornelsen Schulverlag (© Cornelsen Schulverlage GmbH)

Bielig-Schulz, G., Jahnke, T. & Wuttke, H. (2009). *Analysis: Mathematik: Schülerband*. Berlin: Cornelsen Verlag. S. 23.

Freytag, C., Herz, A., Kammermeyer, F., Kurz, K., Peteranderl, M., Schmähling, R., Schmitt, B., Sinzinger, M., Zebhauser, E. & Zebhauser, M. (2008). *Fokus Mathematik 10: Gymnasium Bayern*. Berlin: Cornelsen Verlag, S. 164.

Ernst Klett Verlag (© Ernst Klett Verlag GmbH)

Buck, H., Dürr, R., Freudigmann, H., Reinelt, G. & Zinser, M. (2001). *LS Analysis: Leistungskurs Gesamtband*. Stuttgart, Düsseldorf, Leipzig: Ernst Klett Verlag. S. 30.

Drüke-Noe, C., Herd, E., König, A., Stanzel, M. & Stühler, A. (2009). *Lambacher Schweizer 10: Mathematik für Gymnasien* (1. Auflage). Stuttgart, Leipzig: Klett Verlag, S. 208.

Reinelt, G. (2008). *Lambacher Schweizer – Mathematik für die Fachhochschulreife*. Stuttgart, Leipzig: Klett-Schulbuchverl, S. 92, 146, 179.

Springer Verlag

Courant, R. & Robbins, H. (2010). *Was ist Mathematik?* (5. Aufl.). Berlin: Springer. S. 232.

Heuser, H. (1994). *Lehrbuch der Analysis* (11. Aufl). Stuttgart, Leipzig, Wiesbaden: Teubner. Seiten 270-271.

Königsberger, K. (2004). *Analysis* (6. Aufl). *Springer-Lehrbuch*. Berlin [u.a.]: Springer, S. 80, 197.

Tabellenverzeichnis

Die Tabellen A.1–A.23 sind unter www.waxmann.com/buch3126 abrufbar.

Julia Bruns

Adaptive Förderung in der elementarpädagogischen Praxis

Eine empirische Studie zum didaktischen Handeln von Erzieherinnen und Erziehern im Bereich Mathematik

Empirische Studien zur Didaktik der Mathematik, Band 21
2014, 218 Seiten, br., 32,90 €
ISBN 978-3-8309-3105-8
E-Book-Preis: 29,99 €; ISBN 978-3-8309-8105-3

Frühkindliche Bildung als Mittel zur Erhöhung der Chancengerechtigkeit ist ein zentrales Thema in der Elementarpädagogik. Ziel ist es, dass Kinder aus allen sozialen Schichten und Kulturen ihre Fähigkeiten und Interessen entfalten können. Empirische Studien zeigen, dass die elementarpädagogischen Institutionen bezüglich der Art der Interaktionen sowie der der Aktivitäten vor allem auch in Bezug auf bereichsspezifische mathematische Förderung Schwächen aufweisen. Gleichzeitig kann der Binnendifferenzierung und der individuellen Anpassung der kognitiven Herausforderung eine bedeutende Rolle für die Entwicklung zugemessen werden. Vor diesem Hintergrund entstand diese Studie mit dem Ziel, die adaptive Förderleistung in der Praxis zu untersuchen und Zusammenhänge zu anderen Komponenten der elementarpädagogischen Arbeit aufzudecken.

Anne Fellmann

Handlungsleitende Orientierungen und professionelle Entwicklung in der Lehrerbildung

Eine Studie zur Umsetzung eines innovativen Lehr-Lernformats im Mathematikunterricht der Klassen 1 bis 6

Empirische Studien zur Didaktik der Mathematik, Band 20
2014, 276 Seiten, br., 39,90 €
ISBN 978-3-8309-3087-7
E-Book-Preis: 35,99 €; ISBN 978-3-8309-8087-2

In dieser Publikation wird ein spezifisches Design einer phasenübergreifend konzipierten Veranstaltung in der Lehrerbildung für Studierende, Lehrkräfte im Vorbereitungsdienst und aktive Lehrkräfte dargestellt. Auf empirischer Ebene erfolgte die Umsetzung durch strukturierte kooperative Lehr-Lernformen. Auf Forschungsebene fand das Paradigma der interpretativen Unterrichtsforschung Anwendung. Der Fokus der Analysen richtet sich auf die Rekonstruktion der handlungsleitenden Orientierungen mittels dokumentarischer Interpretation, welche die beteiligten Personen bei der Einführung und Umsetzung der kooperativen Lehr-Lernmethoden erkennen lassen. Es werden mögliche Typen rekonstruiert und es wird herausgearbeitet, ob diese Orientierungen phasentypischen bzw. phasenunabhängigen Erfahrungsräumen zugeordnet werden können, so dass letztlich eine mehrdimensionale Typologie generiert werden kann.

WAXMANN